IT 실전 워크북 시리즈는

학습하시는 분들이 좀 더 쾌적한 환경에서 손쉽게 배울 수 있도록 체계적인 기획 하에 다음과 같은 특징을 가지고 만든 책입니다.

❶ 따라하기 형태의 내용 구성

각 기능들을 쉬운 단계부터 시작하여 실습 형태로 따라하면서 자연스럽게 익혀 실무에 활용할 수 있도록 하였습니다.

❷ 풍부하고도 다양한 예제 제공

실무에서 실제로 사용하는 예제 위주 편성으로 인해 학습을 하는데 친밀감이 들도록 하여 학습 효율을 강화시켰습니다.

❸ 베테랑 강사들의 노하우 제공

일선에서 다년간 경험을 쌓으면서 수첩 등에 꼼꼼히 적어놓았던 보물 같은 내용들을 [Tip], [Power Upgrade] 등의 코너를 만들어 배치시켜 놓아 효율을 극대화 시켰습니다.

❹ 대형 판형에 의한 시원한 편집

A4 사이즈에 맞춘 큰 판형으로 디자인하여 보기에도 시원하고 쾌적하게 학습할 수 있도록 하였습니다.

❺ 스스로 풀어보는 다양한 실전 예제 수록

각 단원이 끝날 때마다 배운 내용을 실습하면서 완벽히 익힐 수 있도록 난이도별로 다양한 실습 문제를 제시하여 복습할 수 있도록 하였습니다.

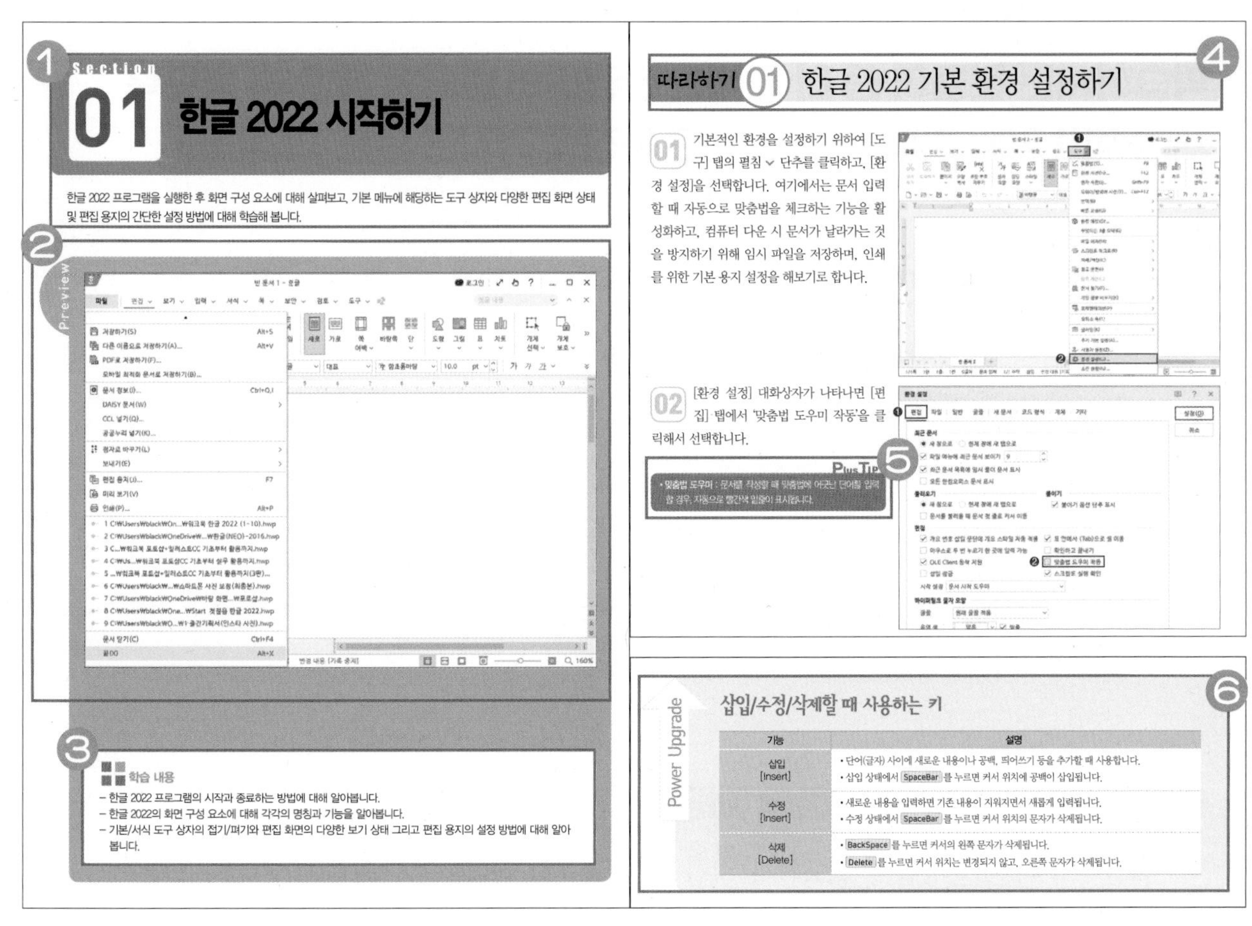

① 섹션 설명

해당 단원에서 배울 내용에 대한 전체적인 개념을 설명함으로써 단원에 대한 이해도를 증진시키도록 합니다.

② Preview

해당 단원에서 만들어볼 결과물을 미리 보여줌으로써 실습하는데 따르는 전체적인 틀을 이해할 수 있도록 하여 학습 효율을 극대화시켜 줍니다.

③ 학습 내용

해당 단원에서 배울 내용들에 대한 차례를 기록하여 흐름을 파악할 수 있습니다.

④ 따라하기

본문 내용을 하나씩 따라해 가면서 실습하다 보면 자연스럽게 관련 기능을 이해할 수 있도록 구성하여 누구나 쉽게 한글을 사용할 수 있도록 하였습니다.

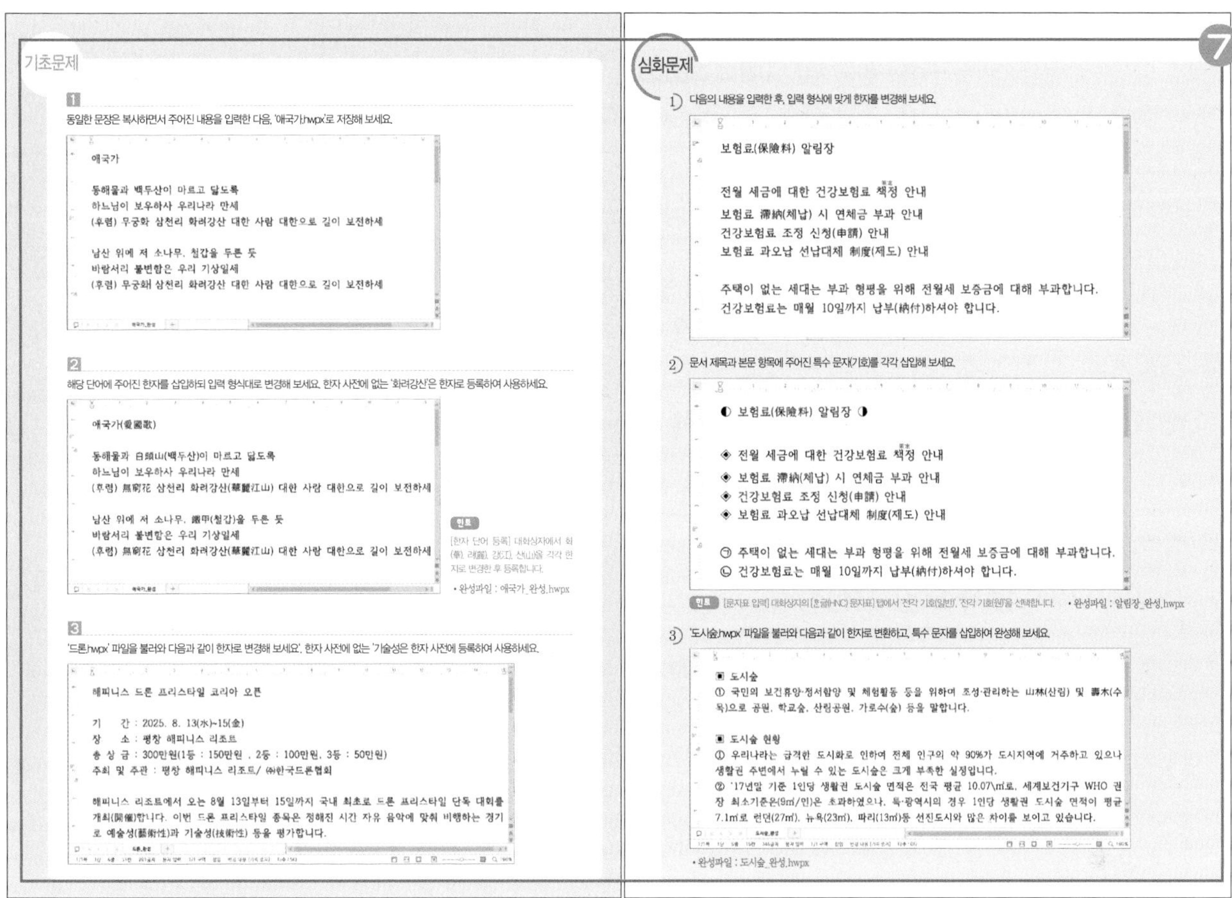

기초문제

1
동일한 문장은 복사하면서 주어진 내용을 입력한 다음, '애국가.hwpx'로 저장해 보세요.

애국가

동해물과 백두산이 마르고 닳도록
하느님이 보우하사 우리나라 만세
(후렴) 무궁화 삼천리 화려강산 대한 사람 대한으로 길이 보전하세

남산 위에 저 소나무, 철갑을 두른 듯
바람서리 불변함은 우리 기상일세
(후렴) 무궁화 삼천리 화려강산 대한 사람 대한으로 길이 보전하세

2
해당 단어에 주어진 한자를 삽입하되 입력 형식대로 변경해 보세요. 한자 사전에 없는 '화려강산'은 한자로 등록하여 사용하세요.

애국가(愛國歌)

동해물과 白頭山(백두산)이 마르고 닳도록
하느님이 보우하사 우리나라 만세
(후렴) 無窮花 삼천리 화려강산(華麗江山) 대한 사람 대한으로 길이 보전하세

남산 위에 저 소나무, 鐵甲(철갑)을 두른 듯
바람서리 불변함은 우리 기상일세
(후렴) 無窮花 삼천리 화려강산(華麗江山) 대한 사람 대한으로 길이 보전하세

힌트
[한자 단어 등록] 대화상자에서 화(華) 려(麗) 강(江) 산(山)을 각각 한자로 변경한 후 등록합니다.

• 완성파일 : 애국가_완성.hwpx

3
'드론.hwpx' 파일을 불러와 다음과 같이 한자로 변경해 보세요'. 한자 사전에 없는 '기술성'은 한자 사전에 등록하여 사용하세요.

해피니스 드론 프리스타일 코리아 오픈

기 간 : 2025. 8. 13(水)~15(金)
장 소 : 평창 해피니스 리조트
총 상 금 : 300만원(1등 : 150만원, 2등 : 100만원, 3등 : 50만원)
주최 및 주관 : 평창 해피니스 리조트/ ㈔한국드론협회

해피니스 리조트에서 오는 8월 13일부터 15일까지 국내 최초로 드론 프리스타일 단독 대회를 개최(開催)합니다. 이번 드론 프리스타일 종목은 정해진 시간 자유 음악에 맞춰 비행하는 경기로 예술성(藝術性)과 기술성(技術性) 등을 평가합니다.

심화문제

1) 다음의 내용을 입력한 후, 입력 형식에 맞게 한자를 변경해 보세요.

보험료(保險料) 알림장

전월 세금에 대한 건강보험료 책정 안내
보험료 滯納(체납) 시 연체금 부과 안내
건강보험료 조정 신청(申請) 안내
보험료 과오납 선납대체 制度(제도) 안내

주택이 없는 세대는 부과 형평을 위해 전월세 보증금에 대해 부과합니다.
건강보험료는 매월 10일까지 납부(納付)하셔야 합니다.

2) 문서 제목과 본문 항목에 주어진 특수 문자(기호)를 각각 삽입해 보세요.

◐ 보험료(保險料) 알림장 ◑

◈ 전월 세금에 대한 건강보험료 책정 안내
◈ 보험료 滯納(체납) 시 연체금 부과 안내
◈ 건강보험료 조정 신청(申請) 안내
◈ 보험료 과오납 선납대체 制度(제도) 안내

㉠ 주택이 없는 세대는 부과 형평을 위해 전월세 보증금에 대해 부과합니다.
㉡ 건강보험료는 매월 10일까지 납부(納付)하셔야 합니다.

힌트 [문자표 입력] 대화상자의 [호글(HNC) 문자표] 탭에서 '전각 기호(일반)', '전각 기호(원)'을 선택합니다. • 완성파일 : 알림장_완성.hwpx

3) '도시숲.hwpx' 파일을 불러와 다음과 같이 한자로 변환하고, 특수 문자를 삽입하여 완성해 보세요.

▣ 도시숲
① 국민의 보건휴양·정서함양 및 체험활동 등을 위하여 조성·관리하는 山林(산림) 및 壽木(수목)으로 공원, 학교숲, 산림공원, 가로수(숲) 등을 말합니다.

▣ 도시숲 현황
① 우리나라는 급격한 도시화로 인하여 전체 인구의 약 90%가 도시지역에 거주하고 있으나 생활권 주변에서 누릴 수 있는 도시숲은 크게 부족한 실정입니다.
② '17년말 기준 1인당 생활권 도시숲 면적은 전국 평균 10.07㎡로, 세계보건기구 WHO 권장 최소기준은(9㎡/인)은 초과하였으나, 특·광역시의 경우 1인당 생활권 도시숲 면적이 평균 7.1㎡로 런던(27㎡), 뉴욕(23㎡), 파리(13㎡)등 선진도시와 많은 차이를 보이고 있습니다.

• 완성파일 : 도시숲_완성.hwpx

❺ Plus Tip

저자만이 가지고 있는 다양한 노하우 및 좀 더 편리하게 접근하기 위한 정보들을 제공합니다.

❻ Power Upgrade

난이도가 높아 본문의 따라하기에서 다루지는 않았지만 익혀놓으면 나중에 실무에서 도움이 될 것 같은 내용들을 별도로 구성해 놓았습니다.

❼ 기초문제, 심화문제

본문에서 배운 내용을 다양한 예제를 통하여 실습하면서 확실하게 익힐 수 있도록 난이도별로 나누어 실습 문제를 담았습니다.

C · O · N · T · E · N · T · S

HANGEUL 2022

Section

01 한글 2022 시작하기

한글 2022 프로그램을 실행한 후 화면 구성 요소에 대해 살펴보고, 기본 메뉴에 해당하는 도구 상자와 다양한 편집 화면 상태 및 편집 용지의 간단한 설정 방법에 대해 학습해 봅니다.

Preview

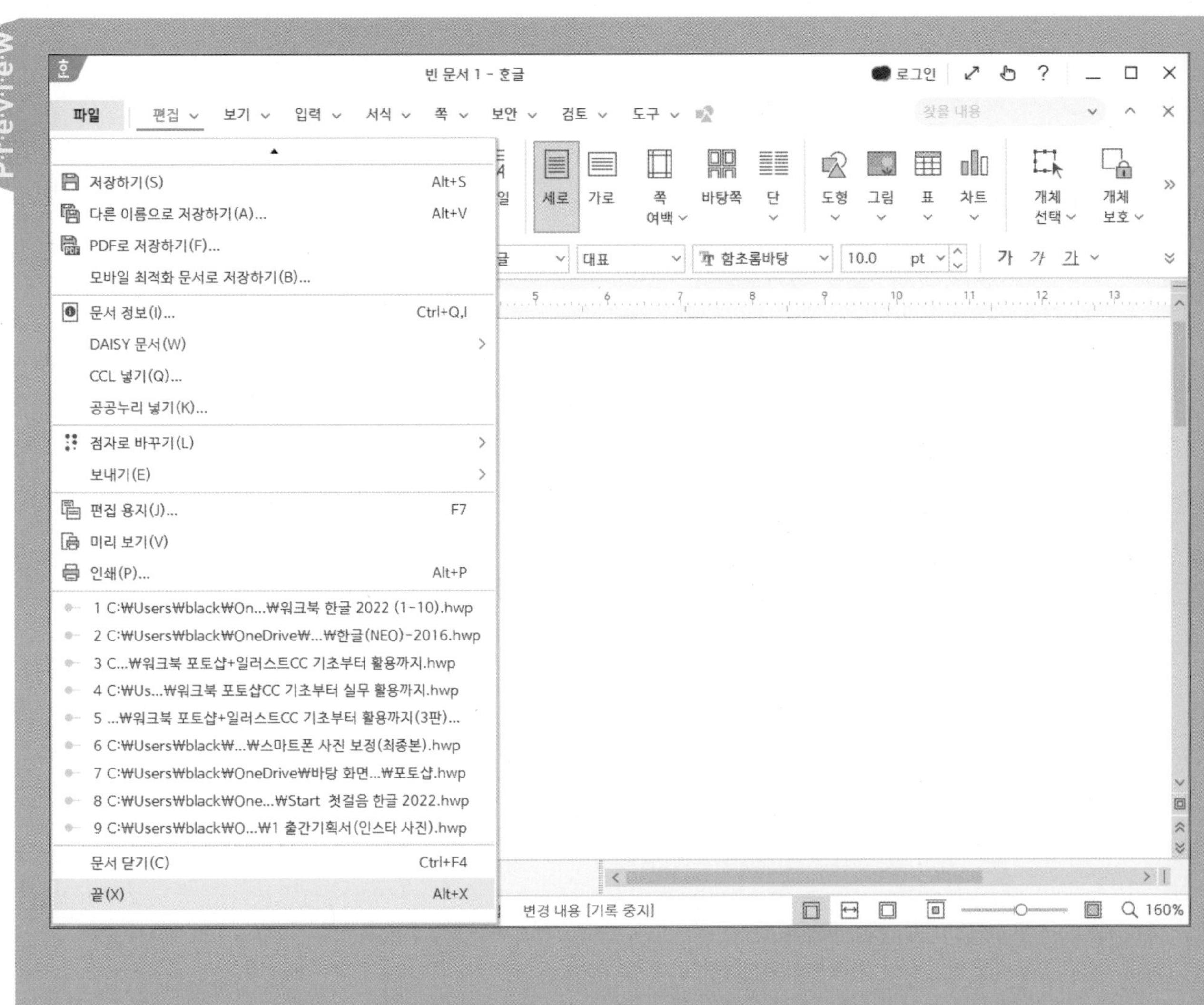

학습 내용

- 한글 2022 프로그램의 시작과 종료하는 방법에 대해 알아봅니다.
- 한글 2022의 화면 구성 요소에 대해 각각의 명칭과 기능을 알아봅니다.
- 기본/서식 도구 상자의 접기/펴기와 편집 화면의 다양한 보기 상태 그리고 편집 용지의 설정 방법에 대해 알아봅니다.

따라하기 01 한글 2022 시작과 종료하기

01 시작 단추를 클릭하고 [한글 2022]를 선택하거나, 바탕 화면에서 한글 2022 바로가기 아이콘을 더블클릭합니다.

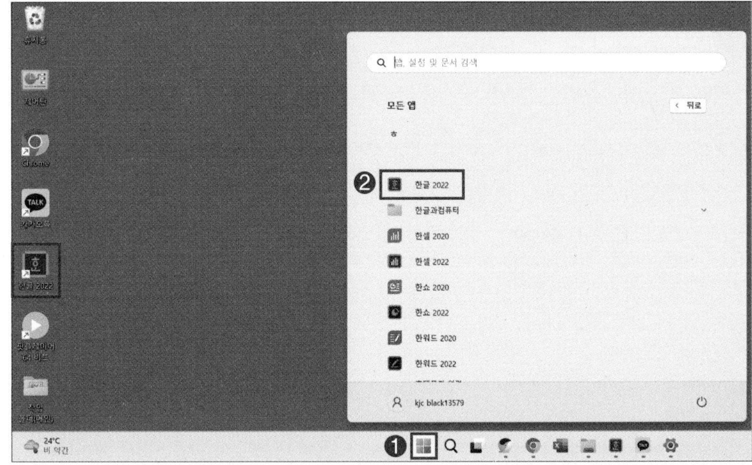

02 한글 2022 프로그램이 실행되면서 빈 문서의 한글 초기 화면이 나타납니다.

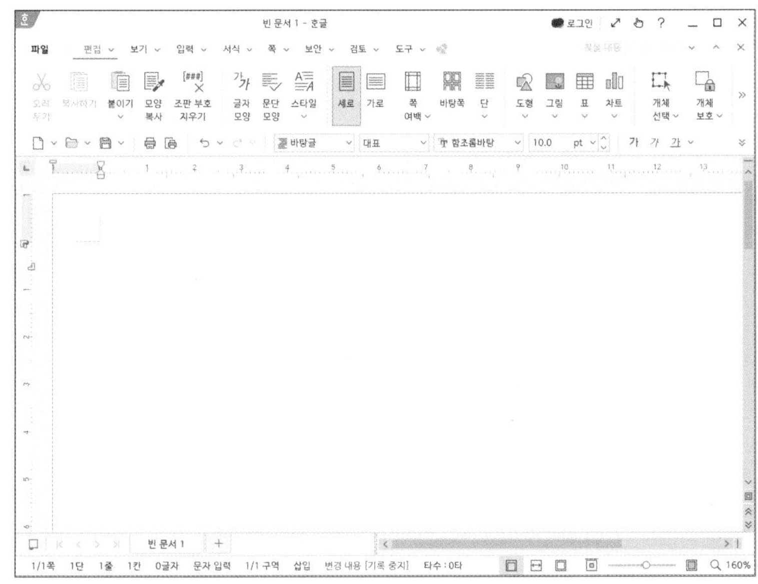

03 한글 2022 프로그램을 종료하려면 [파일] 탭을 클릭하고 [끝]을 선택하거나, 단축키 Alt + X 를 누릅니다.

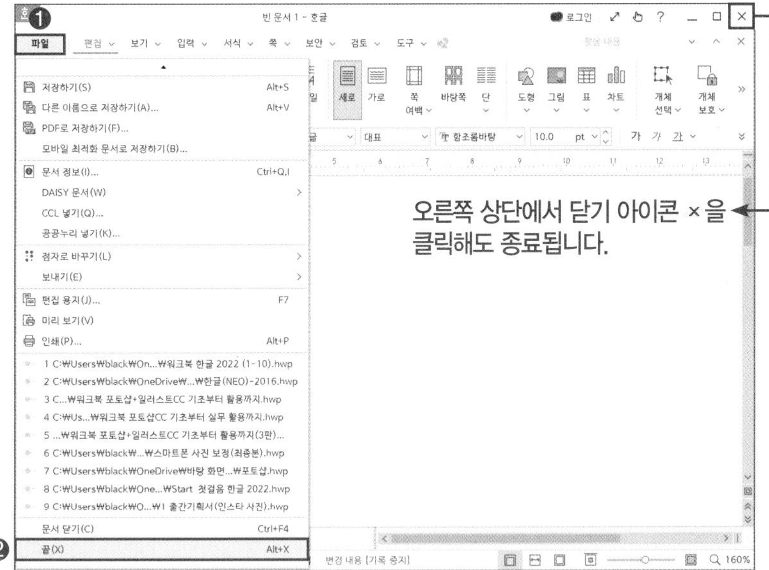

오른쪽 상단에서 닫기 아이콘 ×을
클릭해도 종료됩니다.

따라하기 02 한글 2022 화면 구성 이해하기

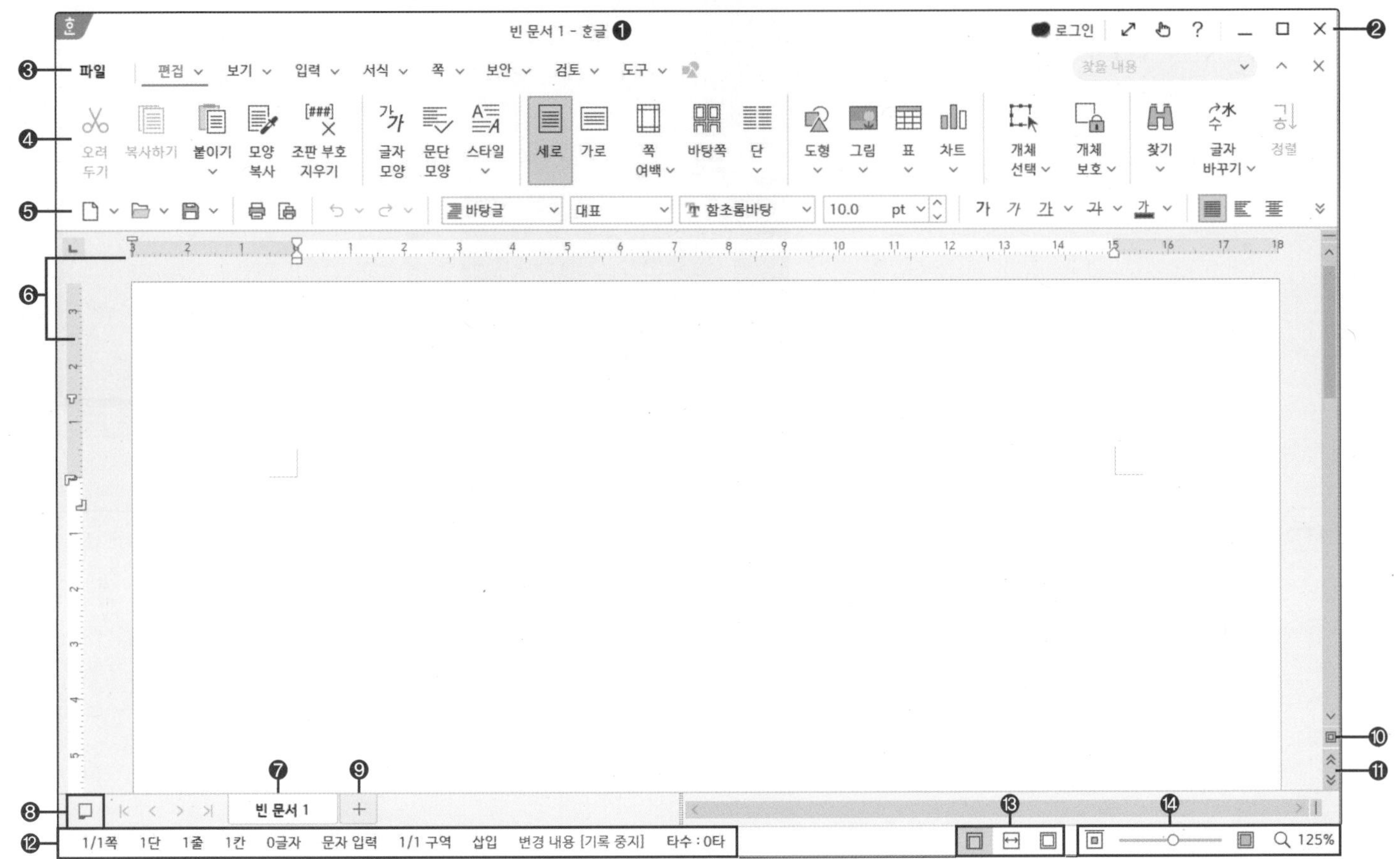

❶ **제목 표시줄 :** 현재 문서 파일이 저장된 위치와 파일 이름을 표시합니다.

❷ **창 조절 단추 :** 현재 문서 창의 크기를 최소화, 최대화, 이전 크기로 복원, 닫기의 형태로 표시합니다.

최소화 ＿	창을 최소화하여 작업 표시줄에 표시합니다.
최대화 □	창의 크기를 최대로 확대하여 표시합니다.
이전 크기로 복원 ⧉	창이 최대화된 상태에서 이전 크기로 축소합니다(최대화 되었을 때만 나타납니다).
도움말 ?	한글 2022의 도움말을 볼 수 있도록 도움말 화면이 나타납니다.
끝 ✕	한글 2022 프로그램을 종료합니다.

❸ **메뉴 탭 :** 문서 작업에 필요한 다양한 기능을 풀다운 메뉴 형식으로 표시합니다.

하위 메뉴 보이기 ⌄	클릭하면 하위 메뉴가 보이기/접기 합니다.
문서 닫기 ✕	현재 문서 창만을 닫기합니다. 위 ❷번에 나오는 [끝] ✕ 아이콘은 한글 2022 프로그램 자체를 종료하는 기능이고, 이곳의 [문서 닫기] ✕ 아이콘은 현재 문서만을 닫는 기능입니다.

❹ 기본 도구 상자 : 자주 사용하는 메뉴를 아이콘 형태로 표시하며, 작업 상황에 따라 그에 맞는 메뉴가 나타납니다.

❺ 서식 도구 상자 : 자주 사용하는 서식 관련 기능을 한 번의 클릭으로 바로 실행할 수 있도록 아이콘으로 표시합니다.

❻ 눈금자 : 탭 위치, 오른쪽/왼쪽 여백, 눈금 단위, 행 길이, 들여쓰기/내어쓰기 등을 설정합니다.

❼ 문서 탭 : 작성 중인 문서의 파일명을 표시합니다. 저장하지 않은 상태일 때는 빨간 글자로, 저장한 상태일 때는 검정 글자로 나타납니다.

❽ 문서 탭 목록 : 열려 있는 문서 탭의 이름을 표시합니다.

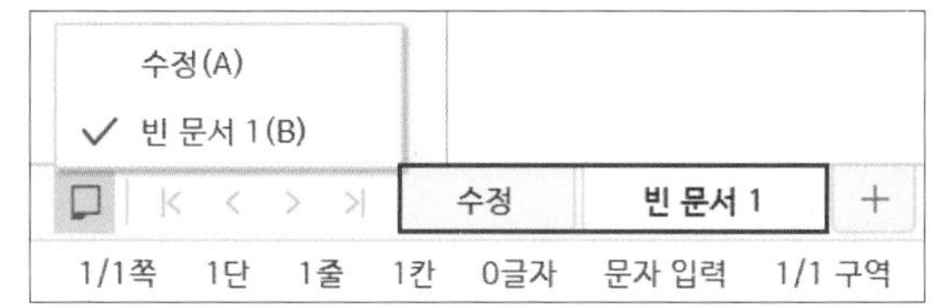

❾ 새 탭 : 새로운 문서 탭을 삽입합니다.

❿ 보기 선택 아이콘 : 쪽 윤곽, 문단 부호/조판 부호/투명 선 보이기/숨기기, 격자 설정, 찾기, 쪽/구역/줄 찾아가기, 스타일/조판 부호/책갈피/개체 찾아가기 설정 등의 기능을 선택할 수 있습니다.

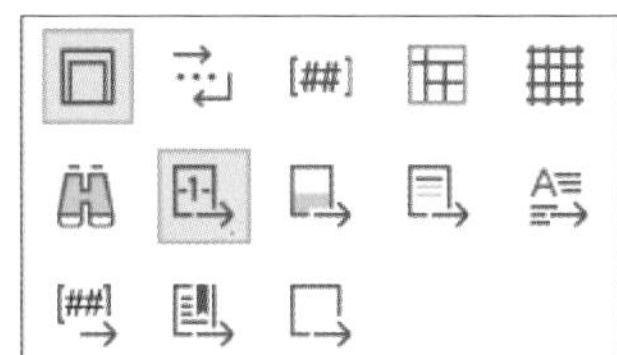

⓫ 쪽 이동 단추 : 작성 중인 문서가 여러 쪽일 때 쪽(페이지) 단위로 이동합니다.

⓬ 상태 표시줄 : 편집 화면의 여러 정보가 표시되는 줄로 커서 위치, 쪽 번호, 삽입/ 수정 상태 등을 표시합니다.

⓭ 문서 보기 : 현재 문서 화면을 전체 화면, 쪽 윤곽, 폭 맞춤, 쪽 맞춤 형태로 보여줍니다.

쪽 윤곽	용지 여백, 머리말/꼬리말, 쪽 테두리 등 해당 쪽에서 인쇄될 모든 내용과 모양을 화면으로 직접 보면서 편집할 수 있습니다.
폭 맞춤	편집 용지의 너비가 문서 창의 너비에 맞도록 축소하거나 확대합니다.
쪽 맞춤	편집 용지의 한 쪽 분량을 한 화면에서 모두 볼 수 있는 비율로 축소하거나 확대합니다.

⓮ 확대/축소 : 현재 문서 화면의 크기를 원하는 크기로 조절할 수 있습니다.

145%

축소 확대/축소 슬라이더 확대 확대 · 축소 비율

확대 · 축소 슬라이더	마우스로 드래그하여 화면의 크기를 조절합니다.
확대/축소 비율	클릭하면 [확대/축소] 대화상자가 나타나서 비율을 정할 수 있습니다.
축소	클릭할 때마다 화면의 크기 비율을 5% 단위로 축소합니다.
확대	클릭할 때마다 화면의 크기 비율을 5% 단위로 확대합니다.

따라하기 03 한글 2022 기본 화면 이해하기

01 화면에서 기본 도구 상자를 숨기려면 [보기] 탭의 펼침 ∨ 단추를 클릭하고, [도구 상자]-[기본]을 선택하여 체크 표시를 해제합니다.

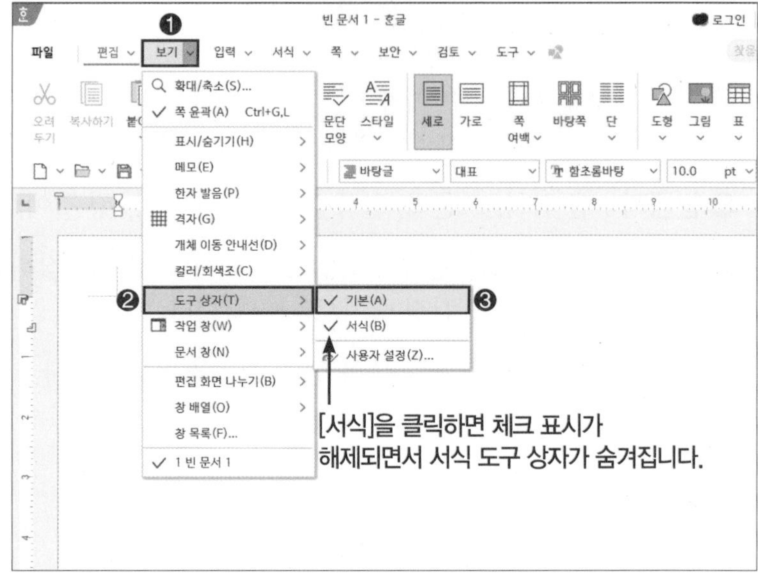

[서식]을 클릭하면 체크 표시가
해제되면서 서식 도구 상자가 숨겨집니다.

02 다시 기본 도구 상자를 표시하려면 [보기] 탭의 펼침 ∨ 단추를 클릭하고, [도구 상자]-[기본]을 선택하여 체크 표시를 해줍니다.

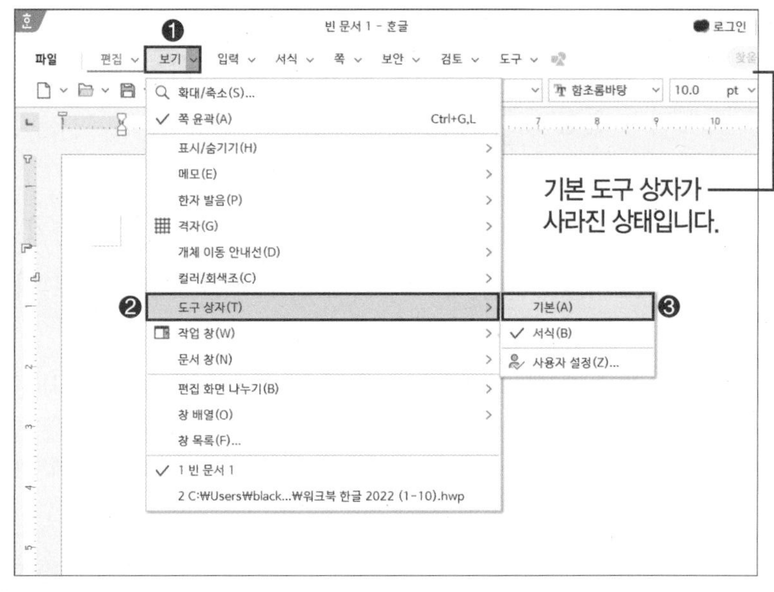

03 화면의 쪽 윤곽을 해제하려면 [보기] 탭의 펼침 ∨ 단추를 클릭하고 [쪽 윤곽]을 선택하여 체크 표시를 해제합니다.

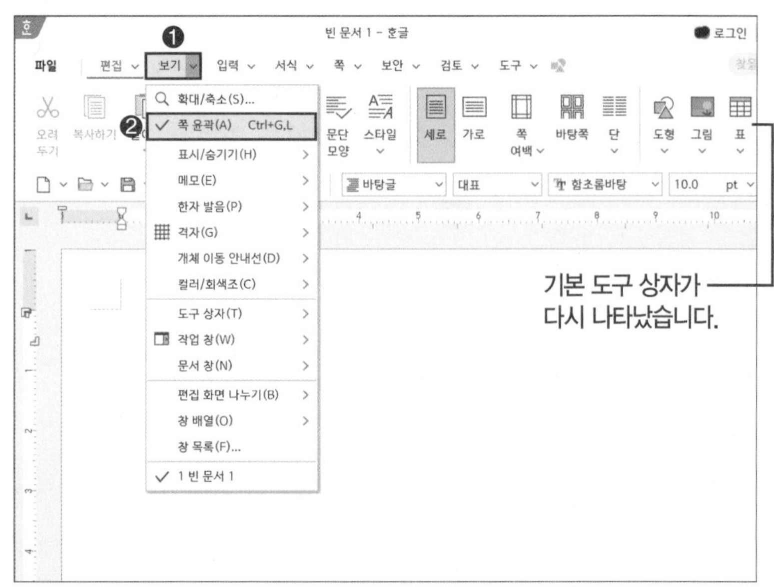

04 그 결과 쪽 윤곽이 해제된 넓은 작업 화면이 나타납니다.

Power Upgrade

쪽 윤곽

- 인쇄 용지의 상하좌우 여백 등을 미리 보면서 문서를 작성하거나 편집할 수 있는 화면입니다.
- [쪽 윤곽] 메뉴에 체크 표시가 있으면 선택된 상태이고, 체크 표시가 없으면 해제된 상태입니다.
- 쪽 윤곽 지정 및 해제 단축기 : Ctrl + G , L

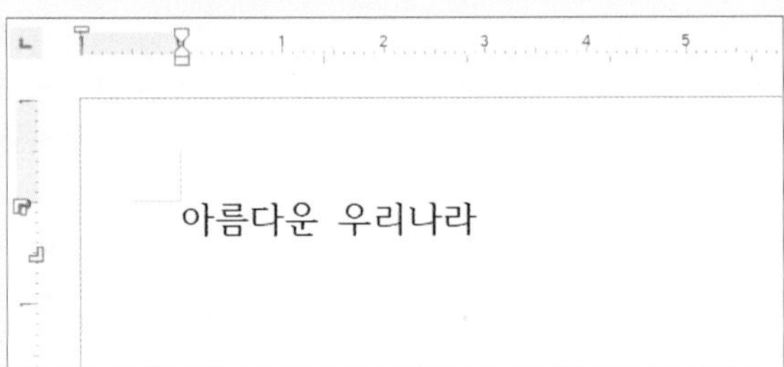

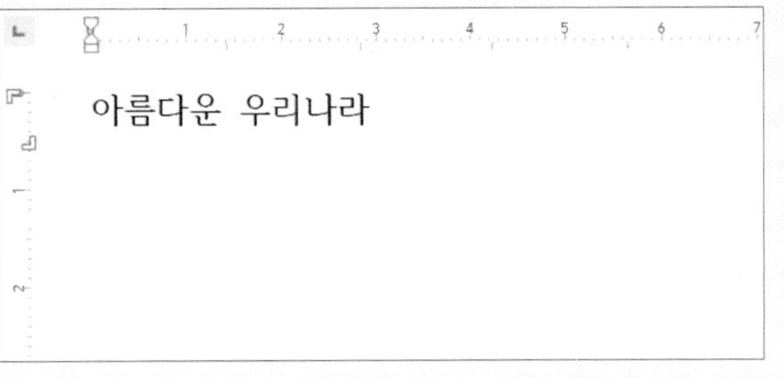

05 화면에 격자점을 표시하려면 [보기] 탭의 펼침 ∨ 단추를 클릭하고 [격자]-[격자 보기]를 선택합니다(격자를 해제하려면 다시 [격자]-[격자 보기]를 선택합니다).

Plus Tip

- 격자(Grid) 표시 : 편집 화면에 가로/세로 일정한 간격으로 점을 찍거나 선을 표시하는 기능으로, 그림을 삽입하거나 편집할 때 격자를 설정하면 정확한 간격을 맞추어 세밀한 편집을 할 수 있습니다.

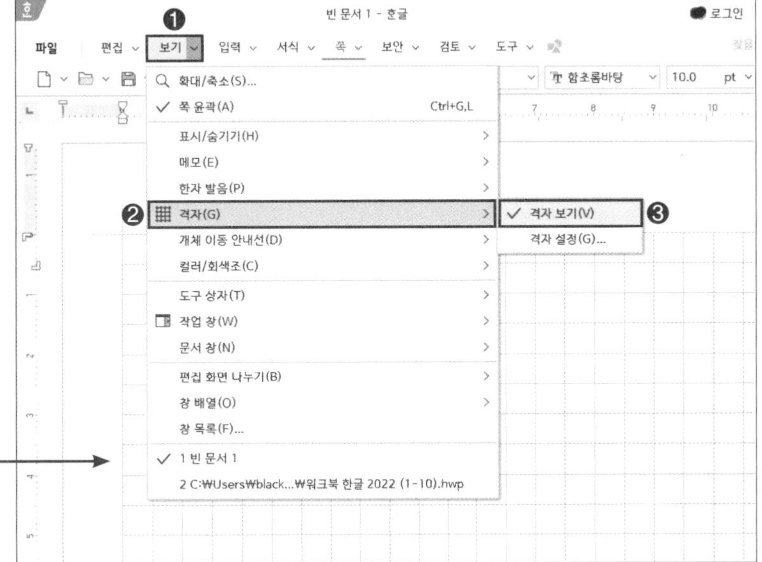

격자가 설정된 모습입니다.

06 편집 화면을 반으로 나누어 작업할 수도 있습니다. 가로로 나누려면 [보기] 탭의 펼침 ∨ 단추를 클릭하고, [편집 화면 나누기]-[가로로 나누기]를 선택합니다.
(단축키 : Ctrl + W, H)

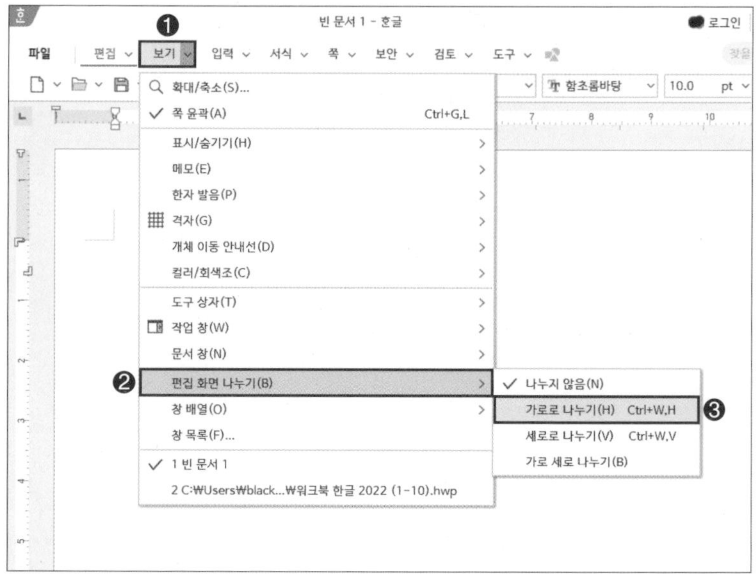

07 다시 편집 화면을 세로로 나누려면 [보기] 탭의 펼침 ∨ 단추를 클릭하고, [편집 화면 나누기]-[세로로 나누기]를 선택합니다(단축키 : Ctrl + W, V).

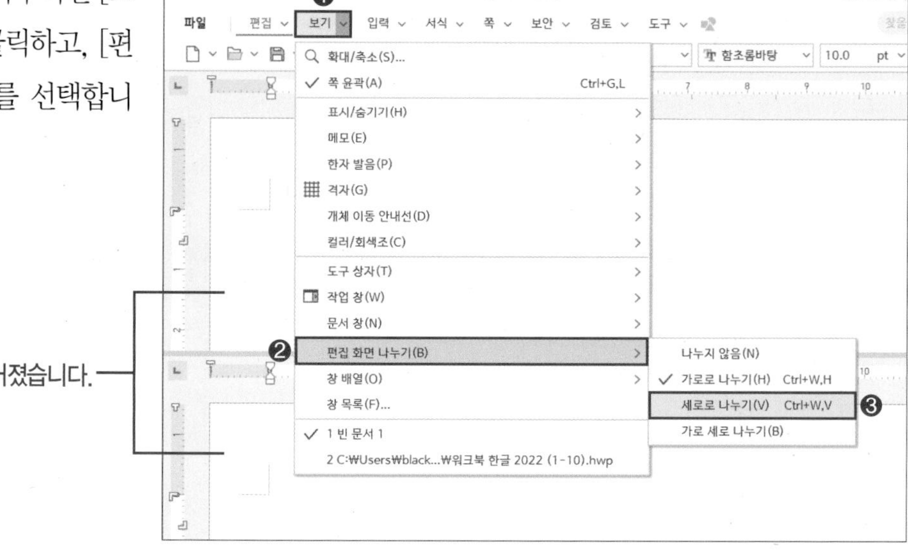
2개의 가로 화면으로 나누어졌습니다.

08 편집 화면을 원위치하려면 [보기] 탭의 펼침 ∨ 단추를 클릭하고, [편집 화면 나누기]-[나누지 않음]을 선택합니다.

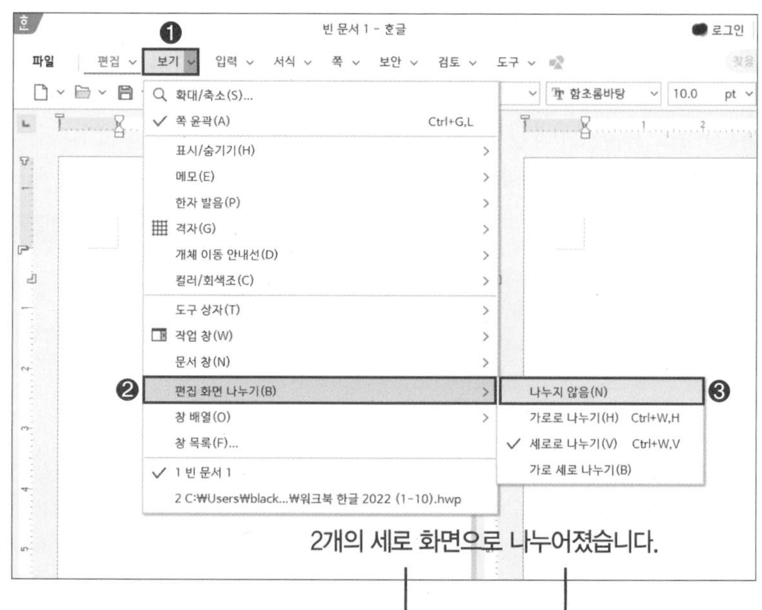
2개의 세로 화면으로 나누어졌습니다.

09 이번에는 편집 용지를 설정하기 위하여 [쪽] 탭의 펼침 ∨ 단추를 클릭하고, [편집 용지]를 선택합니다(단축키 : F7).

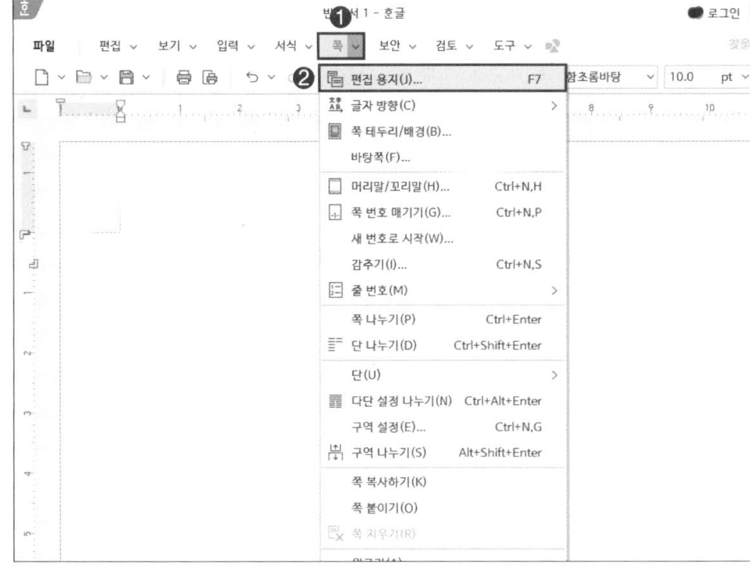

10 [편집 용지] 대화상자의 [기본] 탭에서 용지 종류, 용지 방향, 용지 여백 등을 다음과 같이 각각 지정하고, [설정] 단추를 클릭합니다.

PlusTip

- **편집 용지 :** 실제 인쇄할 때의 형태를 지정하는 기능입니다. 용지 종류와 용지 방향을 설정하고, 용지 여백에서 위쪽, 아래쪽, 왼쪽, 오른쪽, 머리말, 꼬리말의 여백을 각각 설정할 수 있습니다. 자세한 내용은 20단원(200쪽)을 참조합니다.

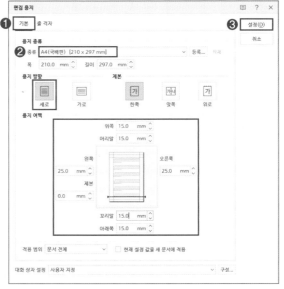

11 편집 용지를 확인하려면 [파일]-[미리 보기]를 선택하거나, 서식 도구 상자에서 미리 보기 아이콘을 클릭합니다.

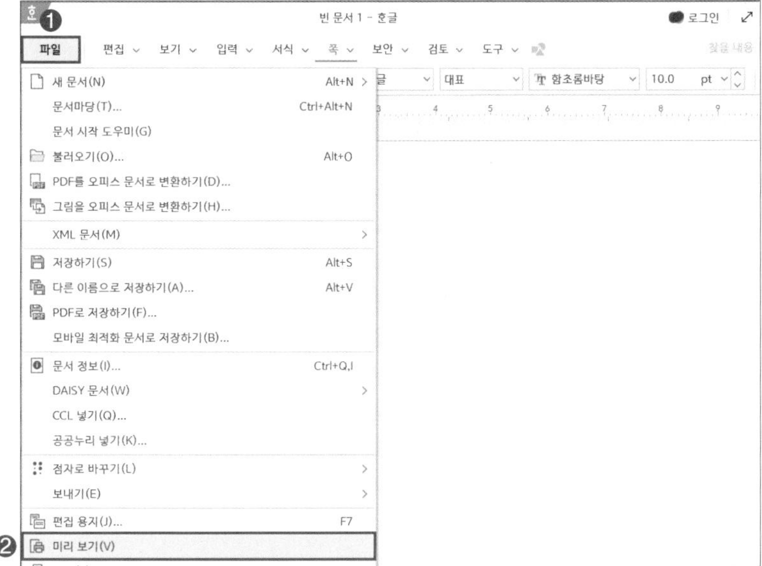

12 [미리 보기] 탭에서 여백 보기 아이콘을 클릭하면 [편집 용지] 대화상자에서 설정한 용지 여백이 빨간색 점선으로 표시됩니다.

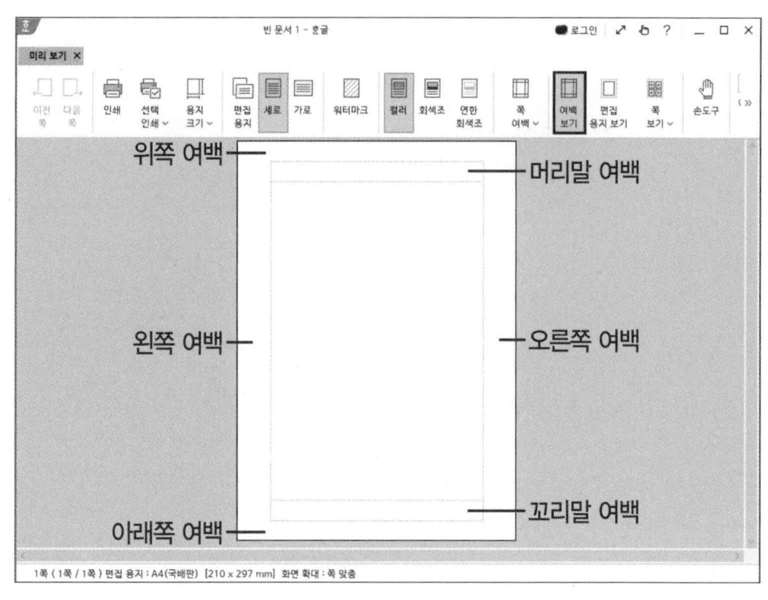

Power Upgrade

화면 확대/축소

- [보기] 탭의 펼침 단추를 클릭하고 [화면 확대/축소]를 선택합니다.
- [확대/축소] 대화상자에서 지정된 비율을 선택하거나 사용자 임의로 화면 비율을 조절할 수 있습니다.

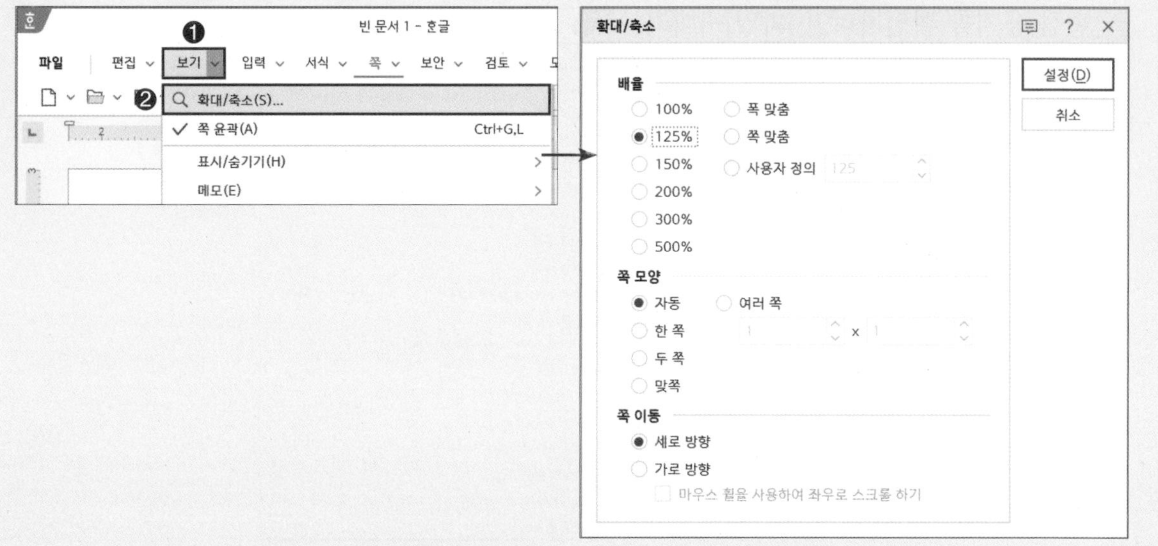

기초문제

1

한글 2022의 편집 화면을 가로와 세로로 나누기 해 보세요.

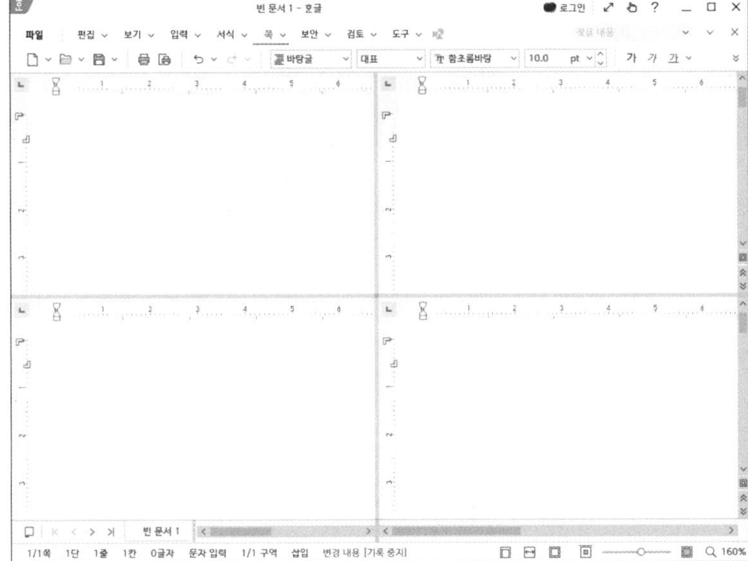

2

가로/세로 나누기를 해제하고, 편집 용지를 다음과 같이 설정해 보세요.

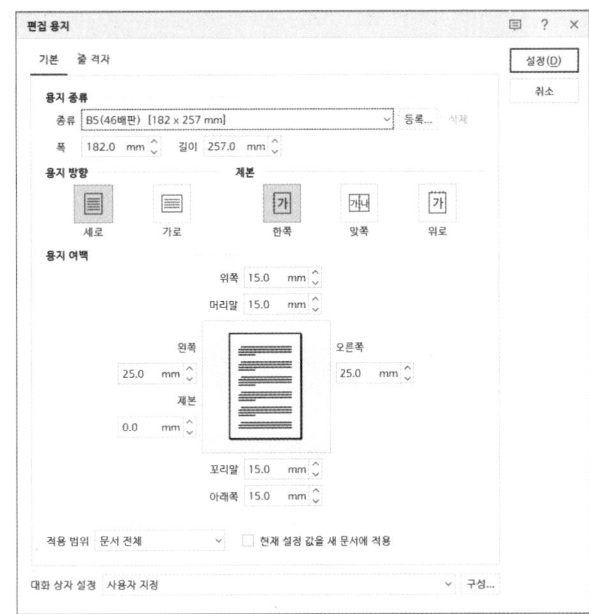

3

현재의 편집 화면을 최대 '500%'로 확대해 보세요.

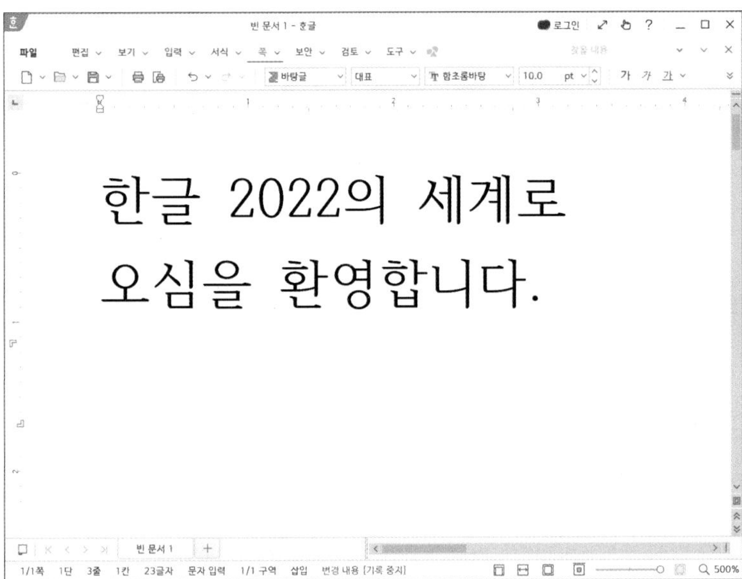

Section
02 기본 환경 설정과 문서 작성하고 저장하기 (복사하기, 오려두기, 붙이기)

한글 2022의 작업 환경에 필요한 기본적인 설정 사항을 살펴보고, 삽입과 수정 상태에 따라 문서 내용을 입력해 봅니다. 그리고 새로운 문서를 작성한 후, 이를 저장하고 불러오는 방법에 대해서 학습해 봅니다.

Preview

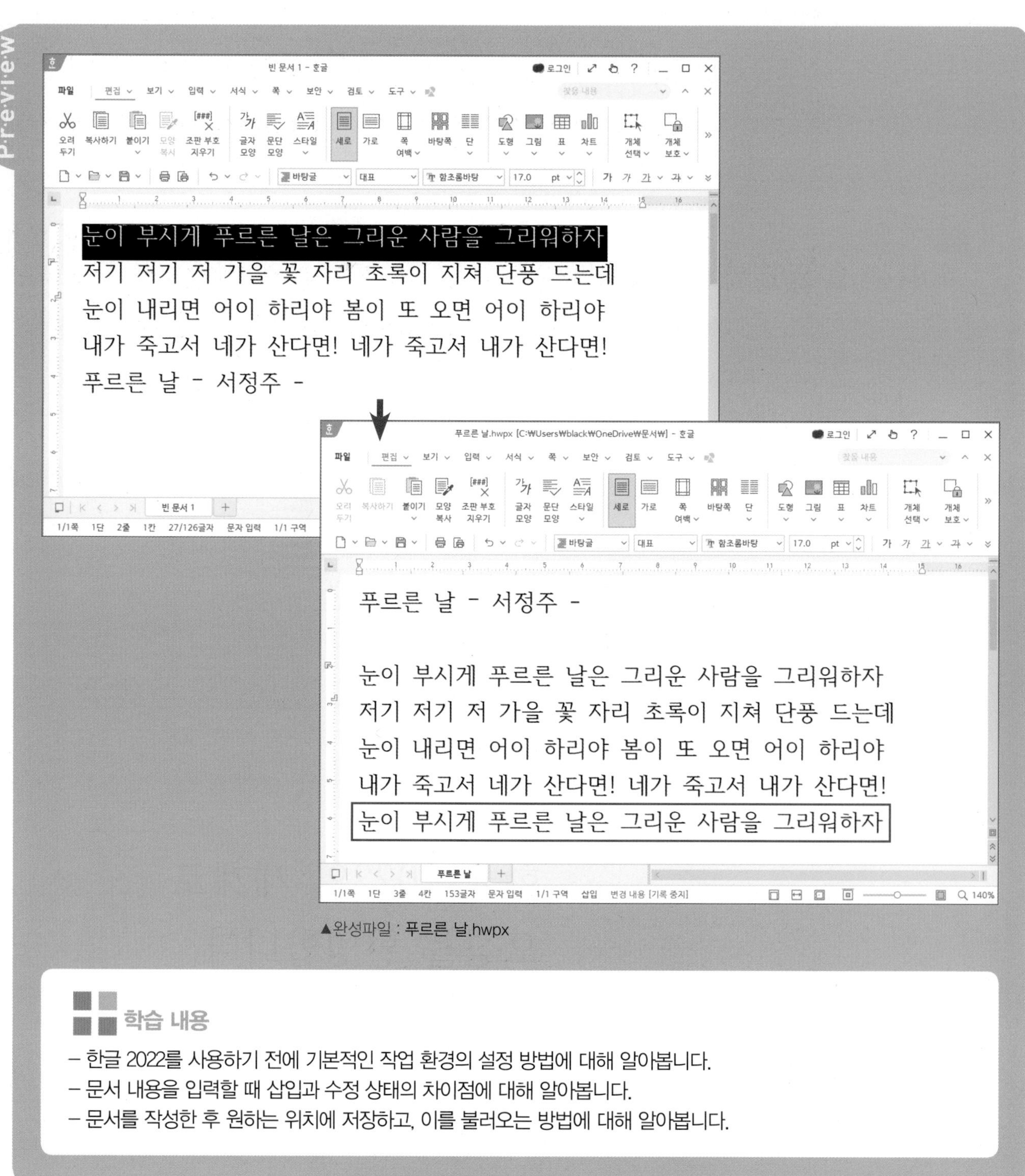

▲완성파일 : 푸르른 날.hwpx

학습 내용

- 한글 2022를 사용하기 전에 기본적인 작업 환경의 설정 방법에 대해 알아봅니다.
- 문서 내용을 입력할 때 삽입과 수정 상태의 차이점에 대해 알아봅니다.
- 문서를 작성한 후 원하는 위치에 저장하고, 이를 불러오는 방법에 대해 알아봅니다.

따라하기 01 한글 2022 기본 환경 설정하기

01 기본적인 환경을 설정하기 위하여 [도구] 탭의 펼침 ∨ 단추를 클릭하고, [환경 설정]을 선택합니다. 여기에서는 문서 입력할 때 자동으로 맞춤법을 체크하는 기능을 활성화하고, 컴퓨터 다운 시 문서가 날라가는 것을 방지하기 위해 임시 파일을 저장하며, 인쇄를 위한 기본 용지 설정을 해보기로 합니다.

02 [환경 설정] 대화상자가 나타나면 [편집] 탭에서 '맞춤법 도우미 작동'을 클릭해서 선택합니다.

Plus Tip

- **맞춤법 도우미** : 문서를 작성할 때 맞춤법에 어긋난 단어를 입력할 경우, 자동으로 빨간색 밑줄이 표시됩니다.

03 계속해서 [파일] 탭에서 무조건 자동 저장은 '60분', 쉴 때 자동 저장은 '360초'로 각각 지정합니다.

Plus Tip

- **복구용 임시 파일 자동 저장** : 지정한 시간이 되면 [저장] 명령을 내리지 않아도 자동으로 파일이 저장되어 복구용 파일이 만들어집니다. 단, 이때는확장자가 .HWPX가 아닌 .ASP인 임시 파일로 저장됩니다.

Power Upgrade

저장 옵션

❶ 백업 파일 만듦 : 저장 공간에 같은 이름의 .HWPX 파일이 있으면 파일 확장자를 .BAK로 바꾸어 저장하는 기능으로, 문서 저장 시 백업 파일(.BAK)을 만들어 실수로 삭제한 경우에 대비할 수 있습니다.

❷ 변경 내용 저장 시 최종본 함께 저장 : 변경 추적 문서 저장 시 최종본을 함께 저장해야 이전에 변경된 내용을 최종본으로 확인할 수 있습니다.

❸ 미리 보기 이미지 저장 : [불러오기] 대화상자의 미리 보기 창에 나타난 이미지를 문서에 저장하는 기능으로, 해당 항목을 선택하면 미리 보기 속도가 빨라집니다.

❹ 한글 문서 압축 저장 : 한글 파일의 용량을 작은 크기로 줄여서 저장하는 기능으로, 중요한 문서를 작업할 때는 압축 저장을 해제하고 작업하는 것이 안전합니다.

❺ 무조건 자동 저장 : 지정한 시간 간격으로 작업 내용을 무조건 자동 저장하는 기능으로, 예기치 않은 사고에 대비할 수 있습니다.

❻ 쉴 때 자동 저장 : 지정된 시간 간격 동안 키보드(글자판)의 입력이 없을 때 자동 저장하는 기능으로 예기치 않은 사고에 대비할 수 있습니다.

04 마지막으로 [새 문서] 탭에서 용지 종류(A4)와 용지 방향(세로)을 확인한 후, 용지 여백은 원하는 만큼 조절하고 [설정] 단추를 클릭합니다.

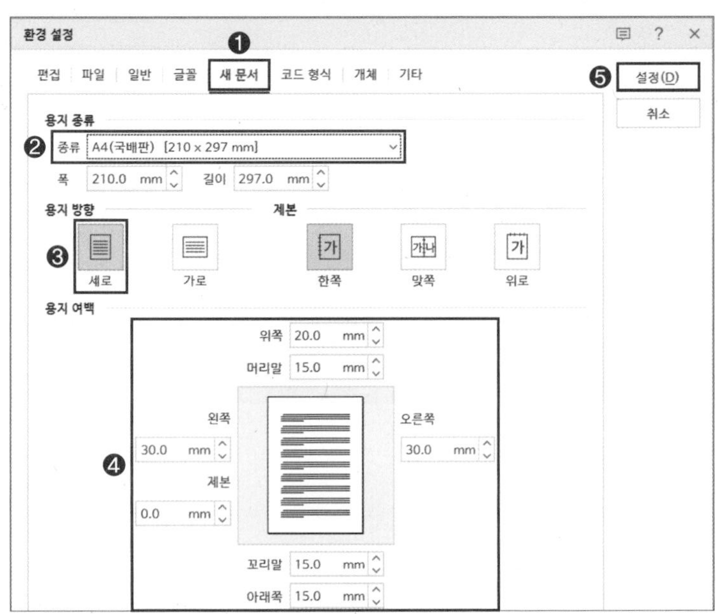

따라하기 02 삽입과 수정 상태 이해하기

01 상태 표시줄의 '삽입' 상태에서 주어진 내용을 입력한 후, '응원하기' 앞에 커서를 위치시킵니다.

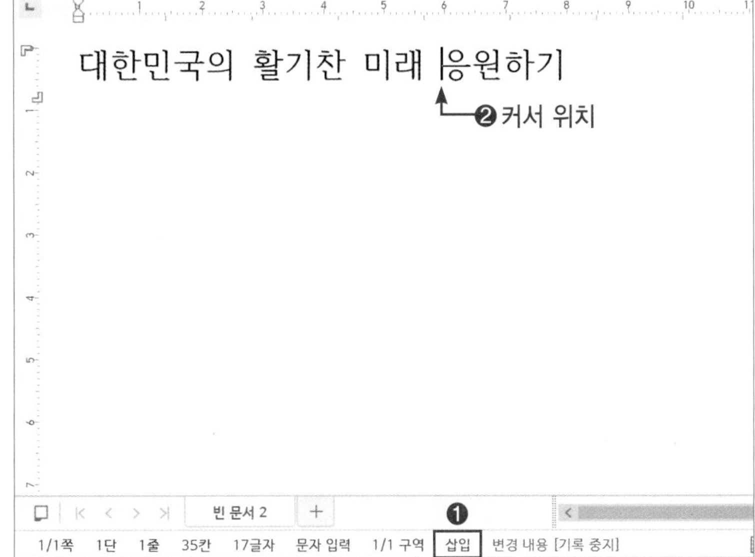

PLUS TIP

- **삽입과 수정 상태 :** Insert 를 한 번씩 누를 때마다 상태 표시줄의 '삽입'과 '수정' 상태가 서로 전환됩니다.

02 커서 위치에서 "적극"을 입력하고 Spacebar 를 누르면 글자가 한 글자씩 뒤로 밀리면서 새로운 내용이 입력됩니다.

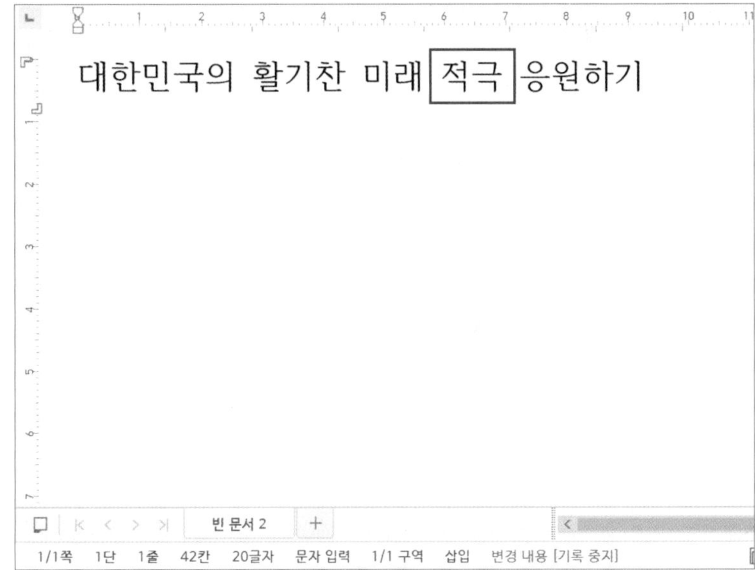

03 이번에는 '활기찬' 앞에 커서를 위치시킨 후, Insert 를 눌러 '수정' 상태로 전환합니다.

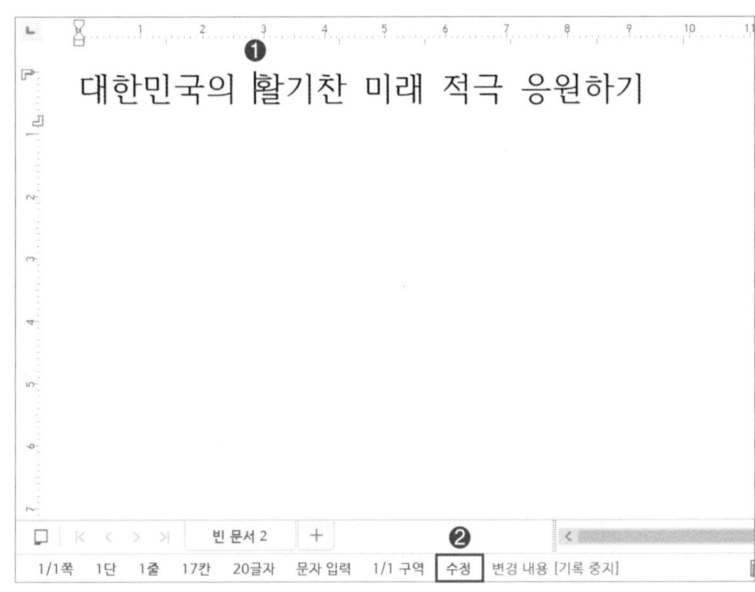

04 커서 위치에서 '희망찬'을 입력하면 글자가 하나씩 지워지면서 새로운 내용이 입력됩니다.

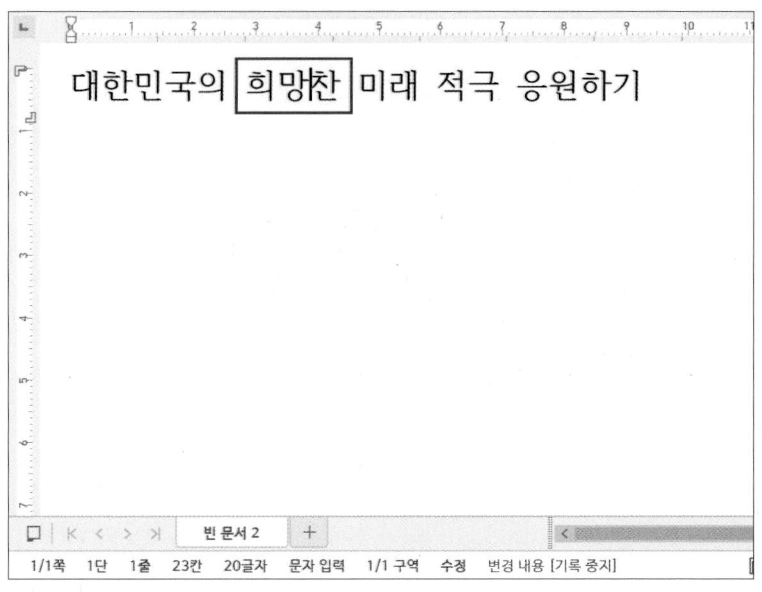

Power Upgrade

삽입/수정/삭제할 때 사용하는 키

기능	설명
삽입 [Insert]	• 단어(글자) 사이에 새로운 내용이나 공백, 띄어쓰기 등을 추가할 때 사용합니다. • 삽입 상태에서 SpaceBar 를 누르면 커서 위치에 공백이 삽입됩니다.
수정 [Insert]	• 새로운 내용을 입력하면 기존 내용이 지워지면서 새롭게 입력됩니다. • 수정 상태에서 SpaceBar 를 누르면 커서 위치의 문자가 삭제됩니다.
삭제 [Delete]	• BackSpace 를 누르면 커서의 왼쪽 문자가 삭제됩니다. • Delete 를 누르면 커서 위치는 변경되지 않고, 오른쪽 문자가 삭제됩니다.

따라하기 03 문서 작성과 저장하기

01 화면에 주어진 내용을 입력한 후, 해당 부분을 마우스로 드래그하여 블록 지정하고 [편집] 탭에서 [복사하기] 메뉴를 클릭하거나, 기본 도구 상자에서 [복사하기] 아이콘을 클릭합니다.

Plus Tip

• **블록 지정 :** 마우스로 원하는 부분을 드래그하거나, F3 을 누른 후 방향키를 눌러 지정합니다.

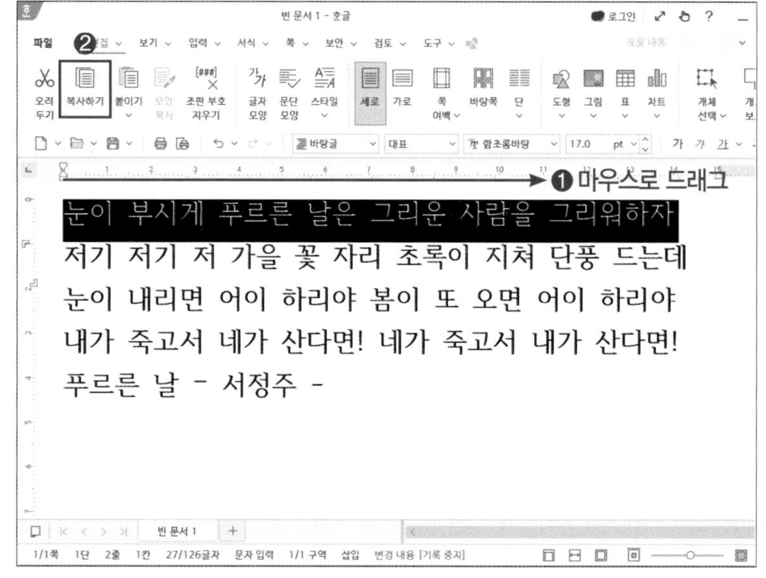

02 '내가 산다면!'의 끝에서 마우스로 클릭하여 커서를 표시한 후, Enter 를 눌러 다음 줄로 커서를 내리고 [편집] 탭에서 [붙이기] 메뉴를 선택하거나 [붙이기] 아이콘을 클릭합니다.

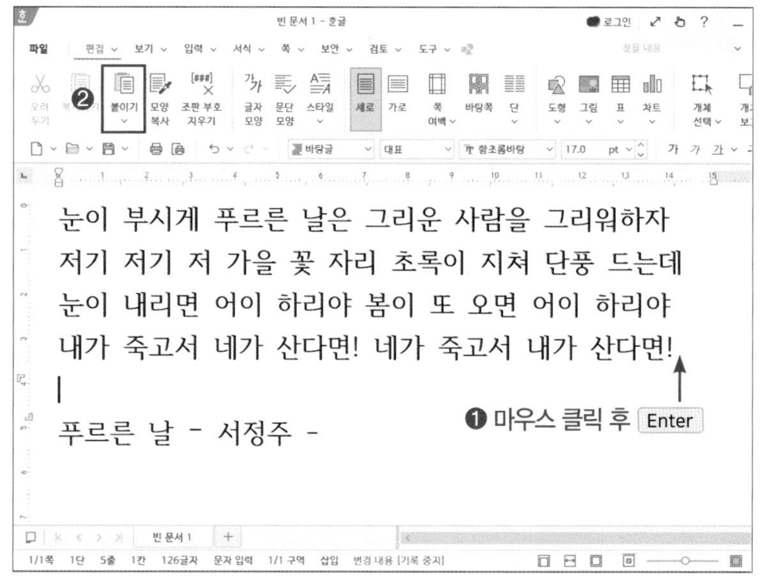

03 이번에는 제목을 맨 위로 이동시키기 위하여 제목을 블록 지정한 후, [편집]-[오려두기] 메뉴를 선택하거나 [오려 두기] 아이콘을 클릭합니다.

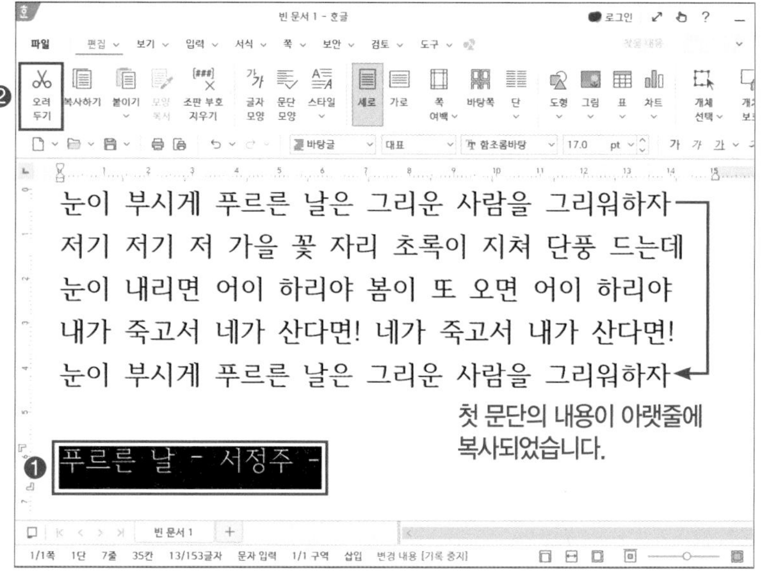

04 붙여넣기 할 문장 맨 앞부분을 마우스로 클릭하여 커서를 표시한 후, [편집]–[붙이기] 메뉴를 선택하거나 붙이기 아이콘을 클릭합니다. 그런 다음 제목과 분리되게 Enter 를 눌러 한 줄을 띄웁니다.

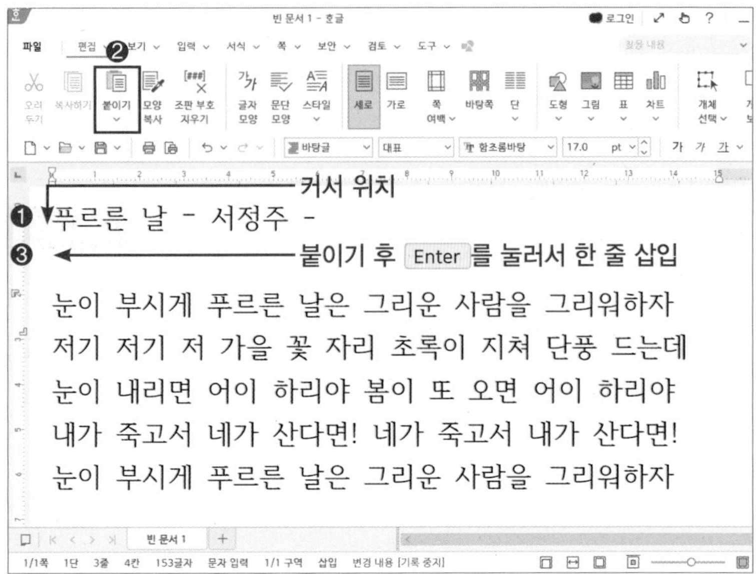

Plus Tip

■ 단축키
- 복사하기 : Ctrl + C , 오려 두기 : Ctrl + X ,
- 붙이기 : Ctrl + V

05 작성한 문서를 저장하려면 [파일] 탭을 클릭하고 [저장하기] 메뉴를 선택합니다(단축키 : Alt + S).

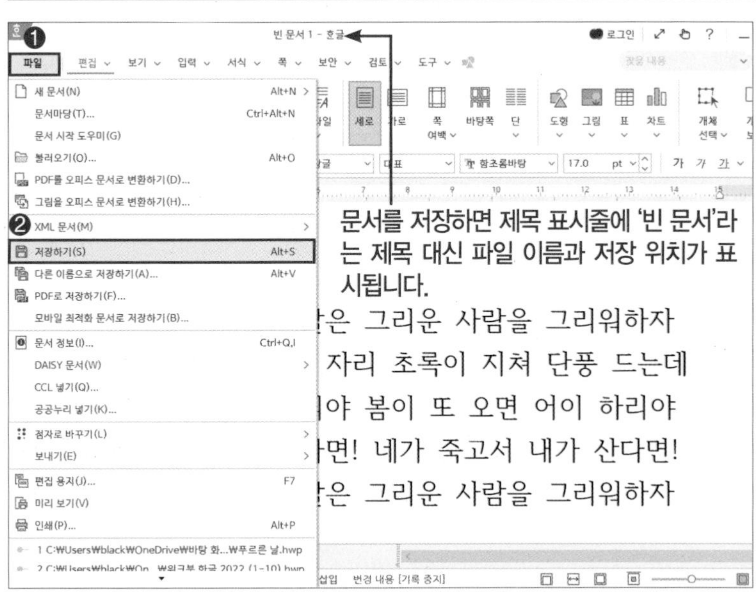

문서를 저장하면 제목 표시줄에 '빈 문서'라는 제목 대신 파일 이름과 저장 위치가 표시됩니다.

Plus Tip

- **저장하기** : 서식 도구 상자에서 저장하기 아이콘을 클릭해도 됩니다.

06 [다른 이름으로 저장하기] 대화상자가 나타나면 저장하려는 폴더를 선택한 후, 파일 이름은 "푸르른 날"로 입력하고 [저장] 단추를 클릭합니다.

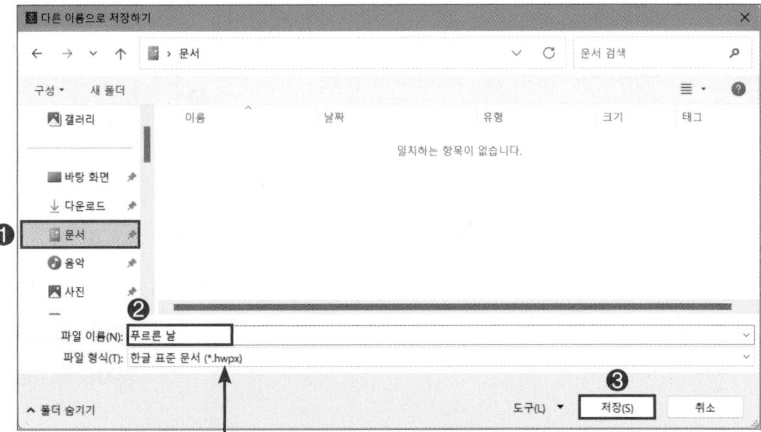

한글 2022로 작성된 문서는 한글 파일임을 인식할 수 있도록 'hwpx'라는 확장자가 붙어 '푸르른날.hwpx' 형태로 저장됩니다. 이전 버전에서는 'hwp'라는 확장자로 저장되었지만 스마트폰 및 태블릿에서도 호환될 수 있도록 변경되었습니다.

Plus Tip

- **다른 이름으로 저장하기 대화상자**

파일을 작성한 후 맨 처음에 저장할 때는 [다른 이름으로 저장하기] 대화상자가 나타납니다. 그 다음부터 저장을 하면 [다른 이름으로 저장] 대화상자가 나타나지 않고 직전에 저장했던 파일 이름으로 자동 저장됩니다. 또한 기존 문서는 그대로 두고 새로운 이름으로 문서를 하나 더 만들고 싶을 때에도 사용합니다.

07 제목 표시줄에서 '파일 이름'과 '저장 위치'를 확인한 후, 현재 파일을 닫기 위하여 화면 오른쪽 상단에서 문서 닫기 × 단추를 클릭합니다.

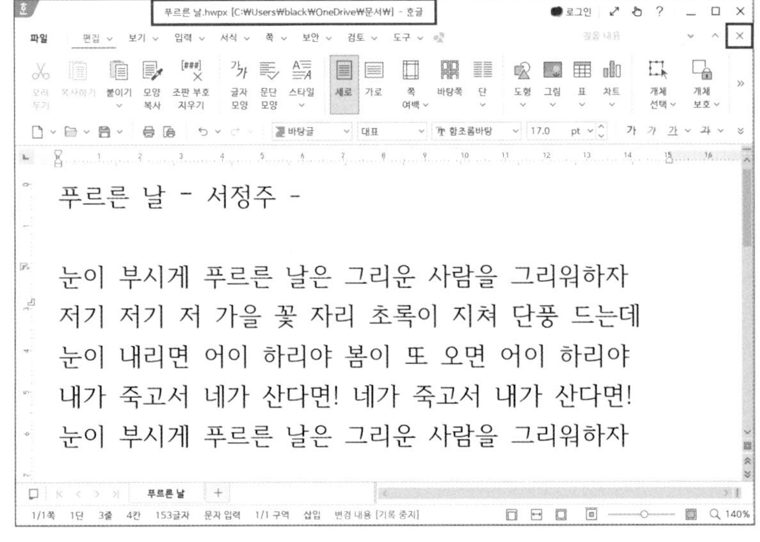

08 저장한 문서를 불러오려면 [파일] 탭을 클릭하고 [불러오기] 메뉴를 선택합니다(단축키 : Alt + O).

PLUS TIP

- **불러오기** : 서식 도구 상자에서 불러오기 아이콘을 클릭해도 됩니다.

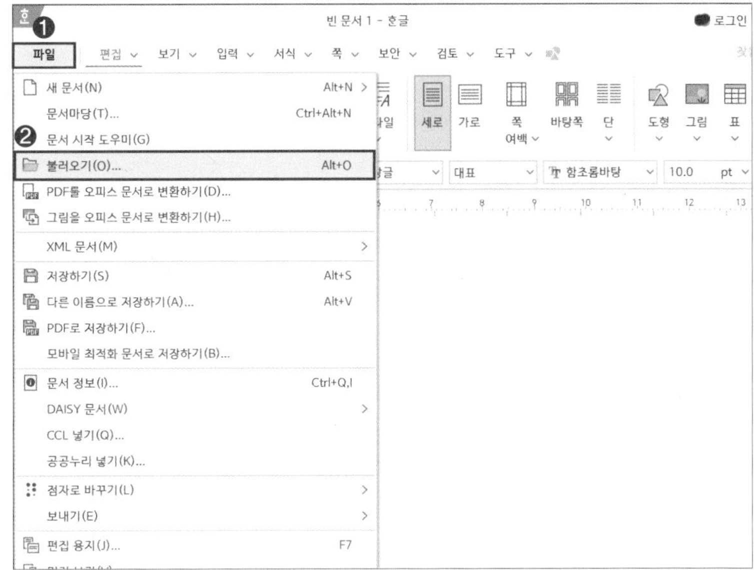

09 [불러오기] 대화상자가 나타나면 찾는 위치는 [문서] 폴더를 지정하고, 파일 이름은 '푸르른 날'을 선택한 후 [열기] 단추를 클릭합니다.

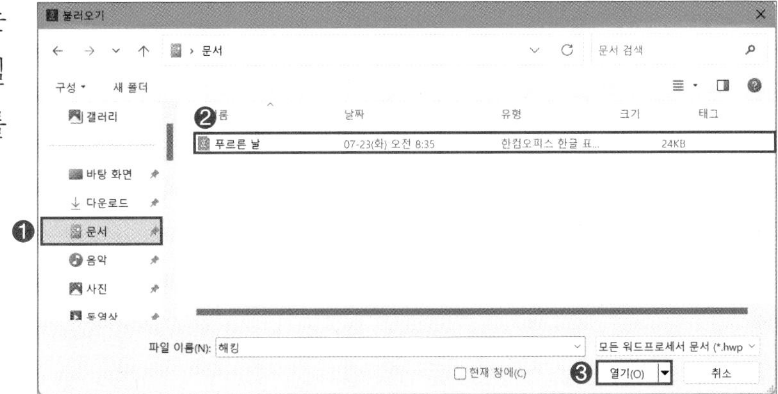

기초문제

1

한글 2022에서 파일의 자동 저장 시간을 원하는 시간으로 조정해 보세요.

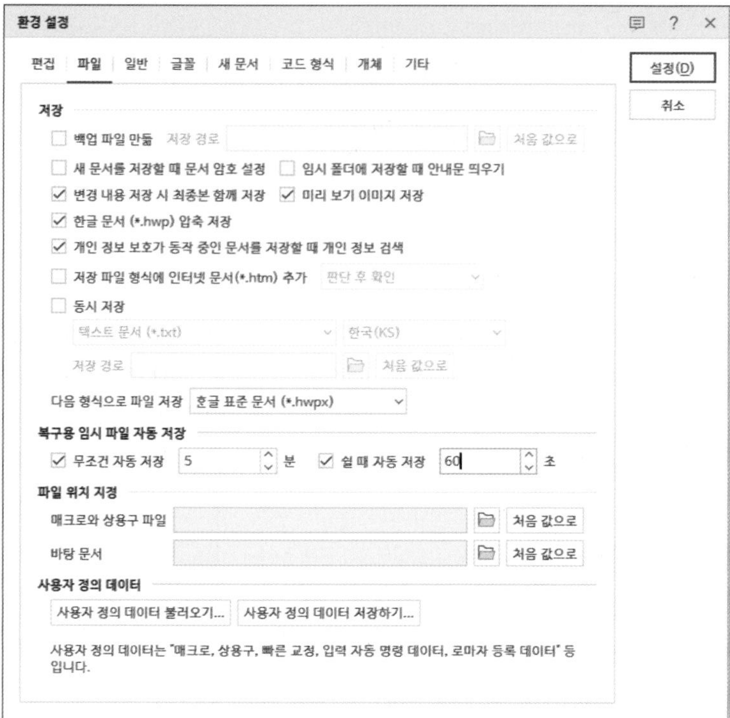

2

화면에 주어진 내용을 입력한 후, '개인정보.hwpx'로 저장해 보세요.

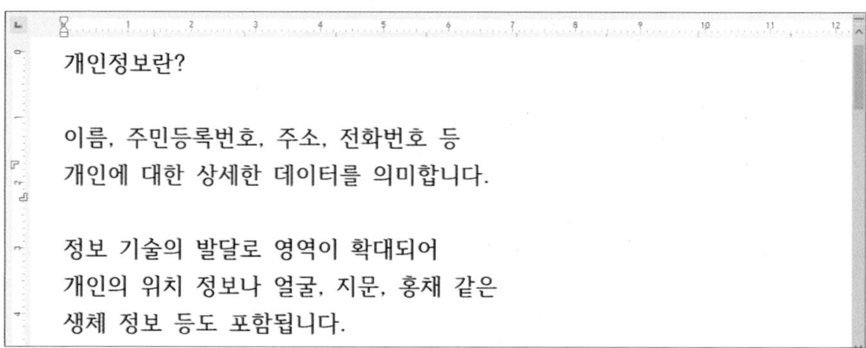

개인정보란?
이름, 주민등록번호, 주소, 전화번호 등
개인에 대한 상세한 데이터를 의미합니다.
정보 기술의 발달로 영역이 확대되어
개인의 위치 정보나 얼굴, 지문, 홍채 같은
생체 정보 등도 포함됩니다.

3

삽입과 수정 모드를 이용하여 해당 부분의 내용을 수정해 보세요.

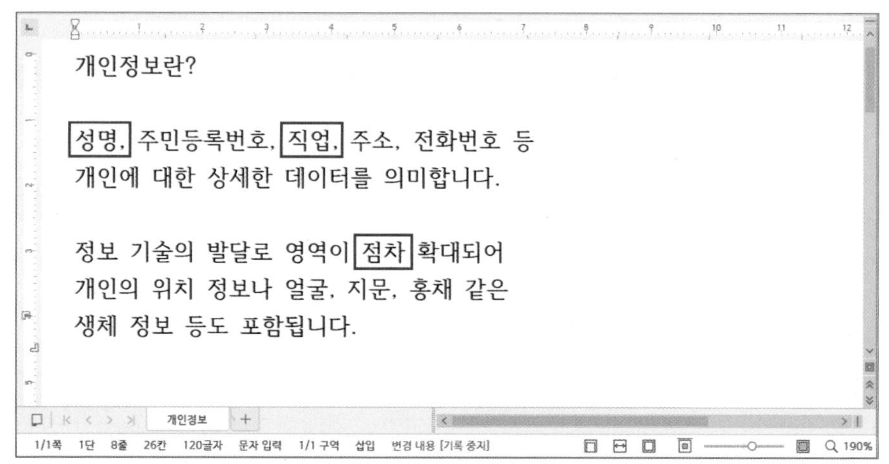

개인정보란?
성명, 주민등록번호, 직업, 주소, 전화번호 등
개인에 대한 상세한 데이터를 의미합니다.
정보 기술의 발달로 영역이 점차 확대되어
개인의 위치 정보나 얼굴, 지문, 홍채 같은
생체 정보 등도 포함됩니다.
개인정보
1/1쪽 1단 8줄 26칸 120글자 문자 입력 1/1 구역 삽입 변경 내용 [기록 중지] 190%

힌트

Insert를 이용하되 '성명'은 수정 모드, '직업'과 '점차'는 삽입 모드에서 입력합니다.

심화문제

1) 화면에 주어진 내용을 입력하되 동일한 내용은 복사해서 작성해 보세요.

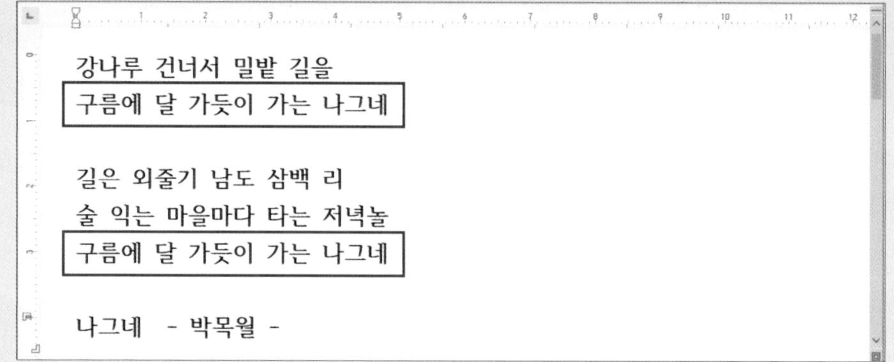

힌트
[복사하기]-[붙이기]에 해당하는 메뉴, 아이콘, 단축키 중 원하는 방법을 사용합니다.

2) 제목을 내용 맨 위쪽으로 이동시킨 후, '나그네.hwpx'로 저장해 보세요.

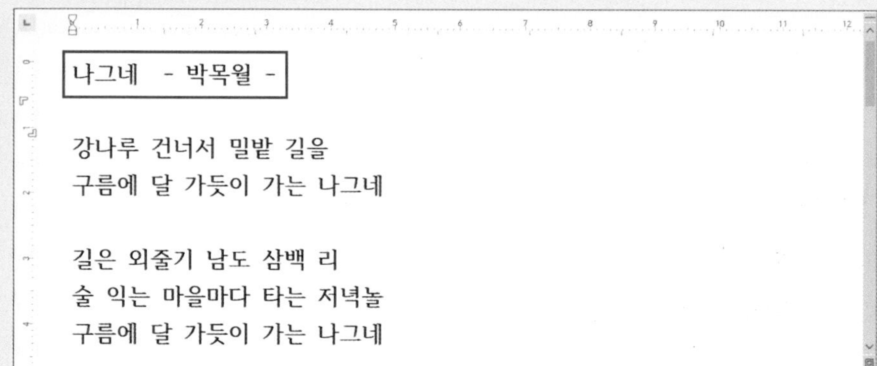

힌트
[오려 두기]-[붙이기]에 해당하는 메뉴, 아이콘, 단축키 중 원하는 방법을 사용합니다.

3) 현재 파일을 닫기 한 후, '나그네.hwpx' 파일을 다시 불러오기 해 보세요.

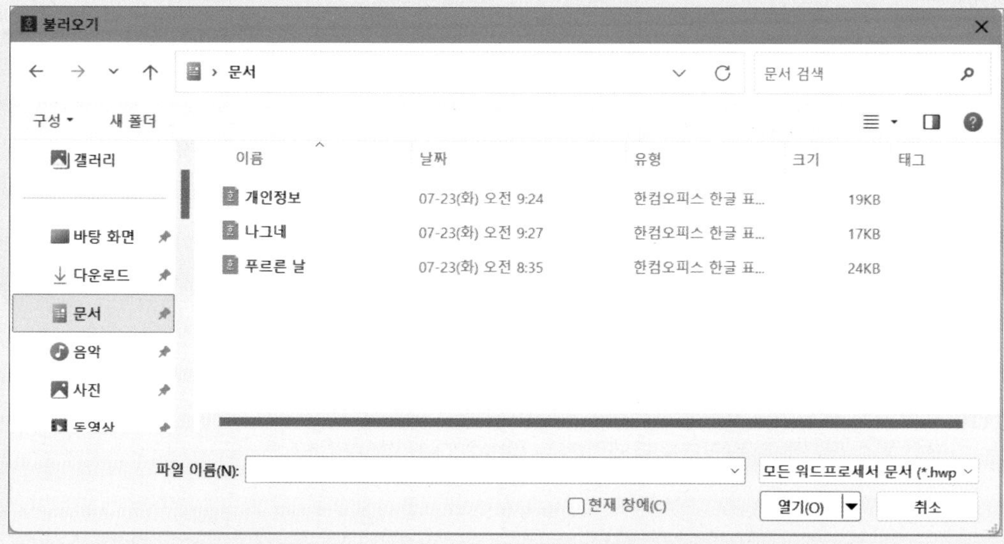

Section

03 한자와 특수 문자 입력하기

문서 내용을 입력하면서 한자와 다양한 특수 문자(기호)를 입력(삽입)하고 편집하는 방법 및 한글2022에서 제공하지 않는 한자 단어를 등록하여 사용하는 방법에 대해 학습해 봅니다.

Preview

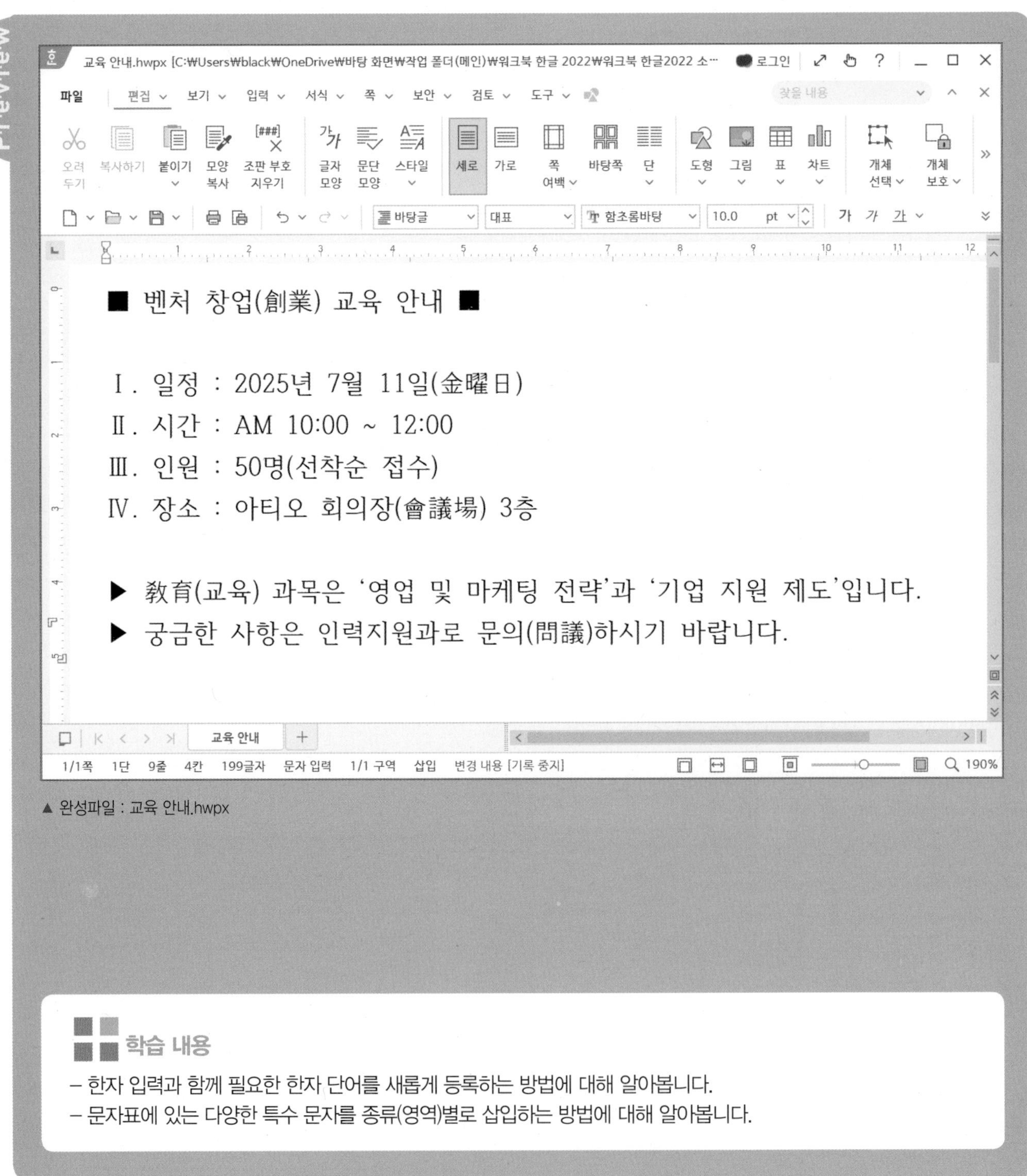

▲ 완성파일 : 교육 안내.hwpx

학습 내용

- 한자 입력과 함께 필요한 한자 단어를 새롭게 등록하는 방법에 대해 알아봅니다.
- 문자표에 있는 다양한 특수 문자를 종류(영역)별로 삽입하는 방법에 대해 알아봅니다.

따라하기 01 한자 입력과 등록하기

01 화면에 주어진 문서 내용을 입력한 후, '교육 안내.hwpx'로 저장합니다.

벤처 창업 교육 안내

일정 : 2025년 7월 11일(금요일)
시간 : AM 10:00 ~ 12:00
인원 : 50명(선착순 접수)
장소 : 아티오 회의장 3층

교육 과목은 '영업 및 마케팅 전략'과 '기업 지원 제도'입니다.
궁금한 사항은 인력지원과로 문의하시기 바랍니다.

Plus Tip

빠른 진행을 하려면 다운받은 소스 파일의 'Section 03' 폴더에서 '교육 안내.hwpx' 파일을 불러와도 됩니다. 그러나 가능하면 빠른 숙련을 위해 직접 입력하는 것을 권합니다.

02 '창업' 뒤에 커서를 위치시킨 후, [편집] 탭에서 [글자 바꾸기] 아이콘을 클릭하고, [한자로 바꾸기]를 선택합니다.

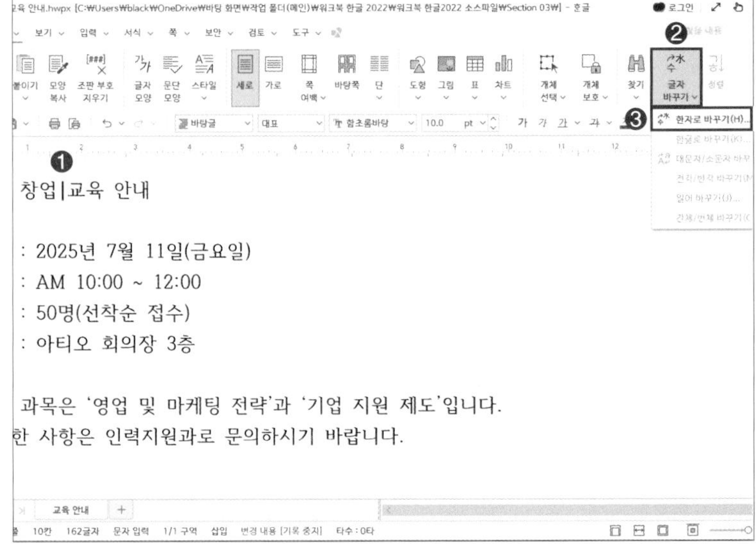

Plus Tip

• **좀더 편한 한자 변경하기 :** 한자 변경 시 단어 뒤에서 F9 이나 한자 키를 눌러도 됩니다.

03 [한자로 바꾸기] 대화상자가 나타나면 해당 '한자'와 '입력 형식'을 각각 선택하고 [바꾸기] 단추를 클릭합니다.

Plus Tip

• **입력 형식 :** '창업'을 표현할 때 다음과 같이 변환됩니다.
漢字 : 創業
漢字(한글) : 創業(창업)
한글(漢字) : 창업(創業)

04 동일한 방법으로 해당 단어들을 한자로 각각 변경합니다(입력 형식을 맞추어 선택).

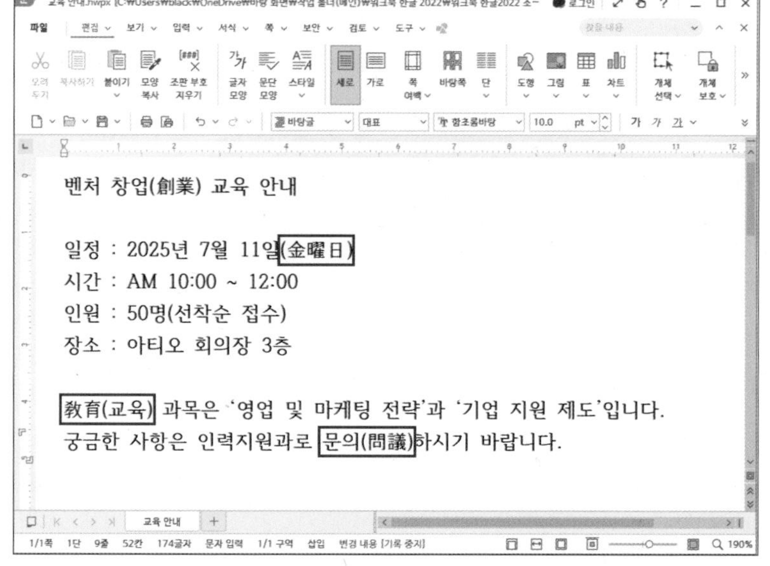

05 이번에는 한자 사전에 없는 단어를 등록해 보기로 합니다. '회의장' 뒤에 커서를 위치시킨 후, F9 을 눌러 나타난 [한자로 바꾸기] 대화상자에서 [한자 단어 등록] + 단추를 눌러 [한자 단어 등록]을 클릭합니다.

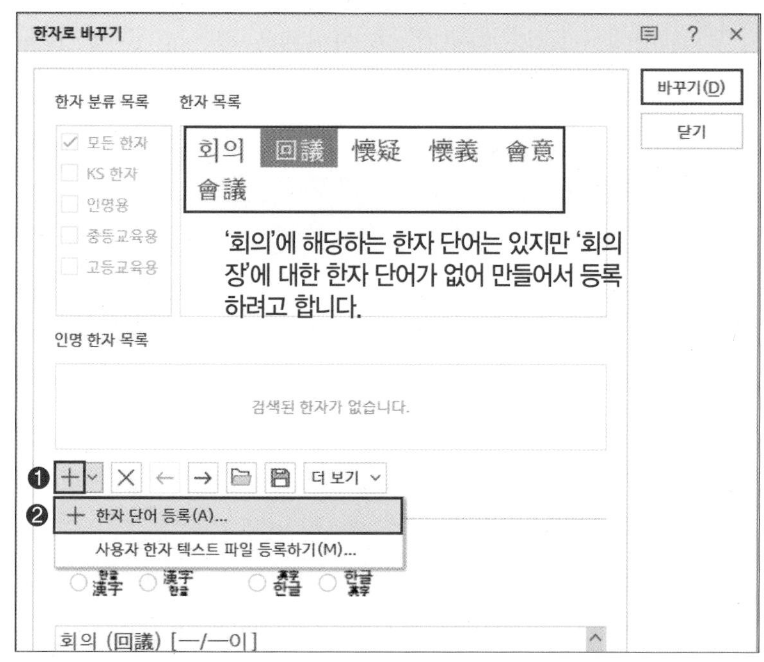

06 [한자 단어 등록] 대화상자가 나타나면 등록할 한자 단어의 한글 입력란에 "회의장"을 입력하고 [한자로] 단추를 클릭합니다.

07 [한자로 바꾸기] 대화상자의 한자 목록에서 '회(會), 의(議), 장(場)'에 해당하는 한자를 차례대로 선택하면서 각각 [바꾸기] 단추를 클릭합니다.

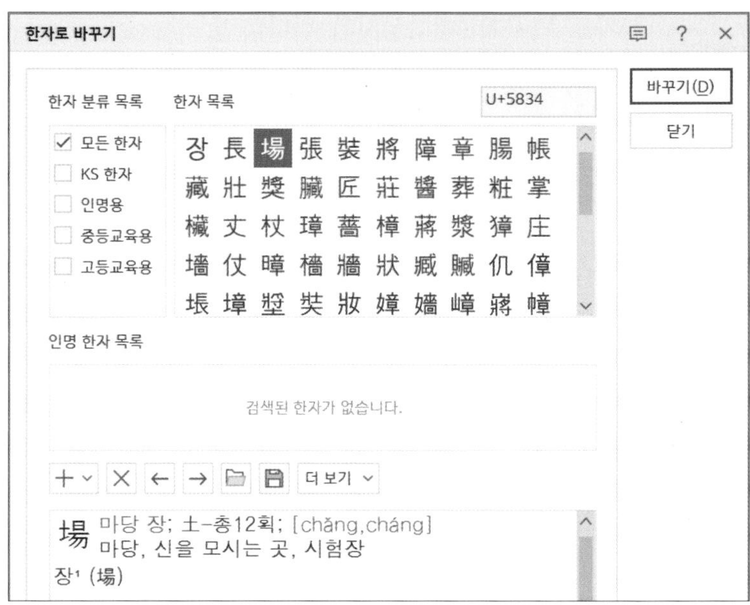

08 바꾸기가 완료되면 [한자 단어 등록] 대화상자에서 한자 입력란에 '會議場'이 제대로 변경되었나 확인하고 [등록] 단추를 클릭합니다.

09 등록이 완료되었으므로 확인해 보기로 합니다. 다시 '회의장' 뒤에 커서를 위치시킨 후 F9 을 누릅니다.

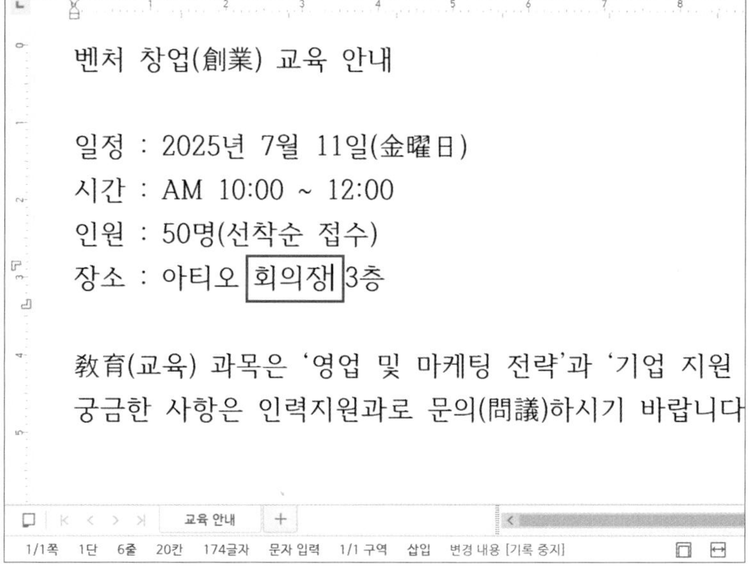

10 [한자로 바꾸기] 대화상자가 나타나면서 '회의장'에 대한 한자가 나타납니다. 해당 '한자'와 '입력 형식'을 각각 선택하고 [바꾸기] 단추를 클릭하여 완료합니다.

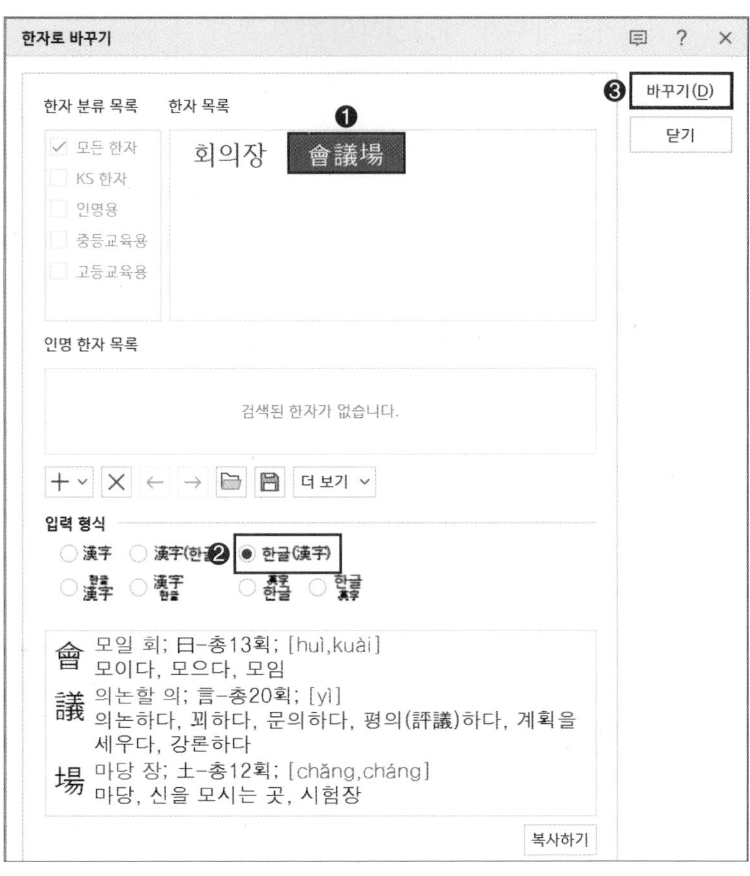

Power Upgrade

[한자로 바꾸기] 대화상자 아이콘

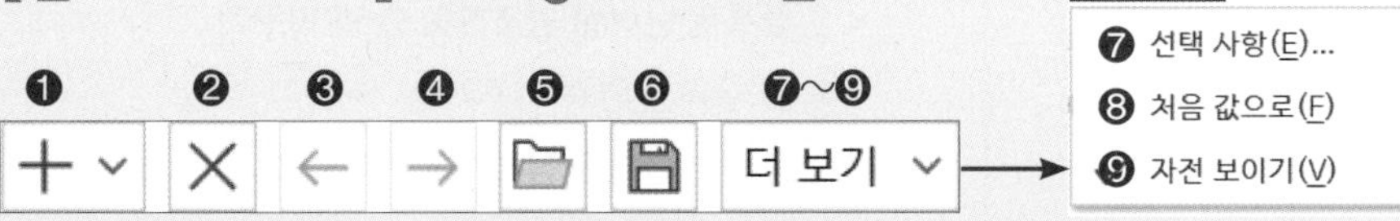

❶ 한자 단어 등록 : 자주 쓰는 한자 단어가 사전에 등록되어 있지 않을 때, 사용자가 해당 단어를 한자 단어 사전에 추가로 등록할 수 있습니다.

❷ 한자 단어 지우기 : 사용자가 한자 사전에 등록한 단어를 삭제합니다.

❸ 왼쪽으로 이동 : [한자 목록] 상자에서 선택한 한자를 한 칸 앞으로 이동시켜 줍니다.

❹ 오른쪽으로 이동 : [한자 목록] 상자에서 선택한 한자를 한 칸 뒤로 이동시켜 줍니다.

❺ 사용자 한자 사전 불러오기 : 다른 시스템에서 만든 사용자 한자 사전 파일(*.dic)을 불러와 현재 한글 프로그램에 덧붙여 사용합니다.

❻ 사용자 한자 사전 저장하기 : 한글에서 기본으로 제공하는 한자 단어 사전 이외에 사용자가 직접 추가한 한자 단어들을 다른 시스템에서 쓰고자 할 때 사용자 한자 사전을 별도의 파일로 저장하여 다른 시스템으로 옮길 수 있습니다.

❼ 선택 사항 : [선택 사항] 대화상자에서 한자로 바꾸기 기능과 관련한 여러 가지 선택 사항을 설정할 수 있습니다.

❽ 처음 값으로 : 사용자가 임의로 변경한 한자 목록을 처음 값으로 되돌려 줍니다.

❾ 자전 보이기 : 한자에는 소리가 같고 뜻이 다른 말이 많으므로 한자 낱말 사전에 등록되어 있는 한자도 두 개 이상일 때가 많습니다. 이때 선택한 한자의 뜻과 음, 부수, 획수, 중국어 발음 기호 등 한자 자전을 뜻풀이 상자에 보여 주므로 원하는 한자를 쉽고 정확하게 선택할 수 있습니다.

따라하기 02 특수 문자 입력하기

01 특수 문자를 입력하기 위하여 제목 앞에 커서를 위치시킨 후, [입력] 탭에서 [문자표]를 클릭합니다(단축키 : Ctrl + F10).

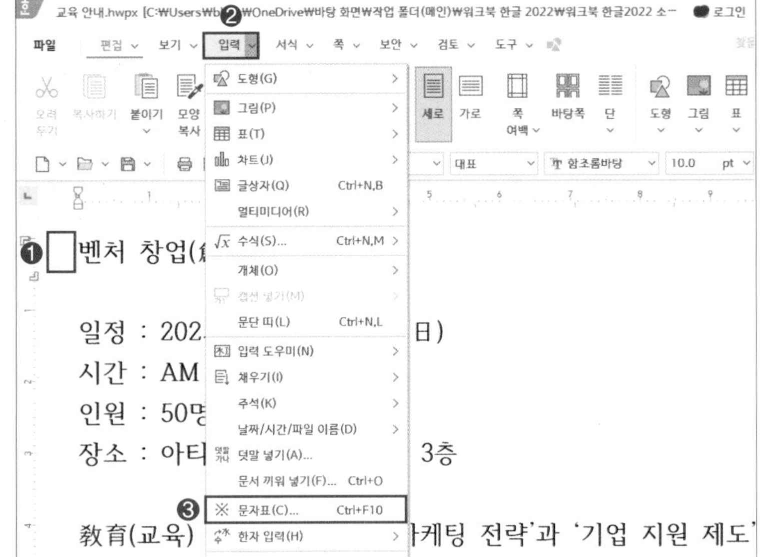

02 [문자표 입력] 대화상자가 나타나면 [한글(HNC) 문자표] 탭에서 문자 영역은 '전각 기호(일반)'을 선택하고, 원하는 모양의 특수 문자(■)를 선택한 후 [넣기] 단추를 클릭합니다.

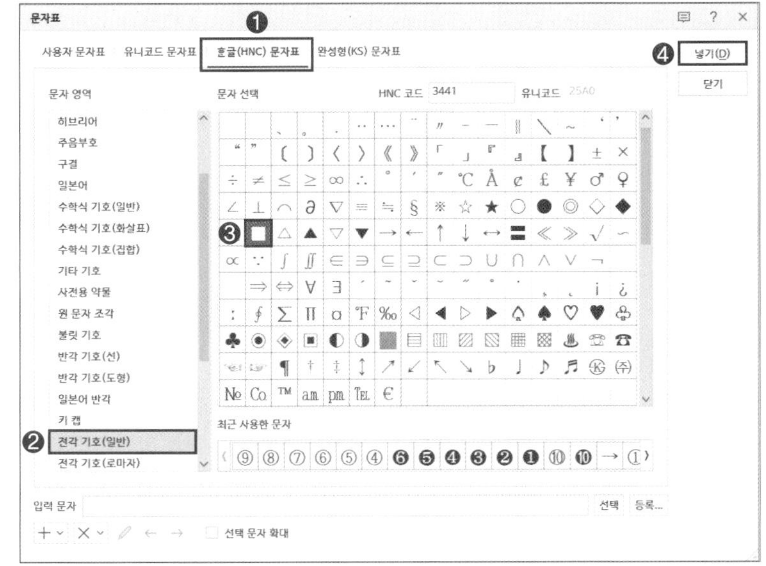

03 특수 문자가 삽입되면 Spacebar 를 한 번 눌러 사이 간격을 띄워줍니다.

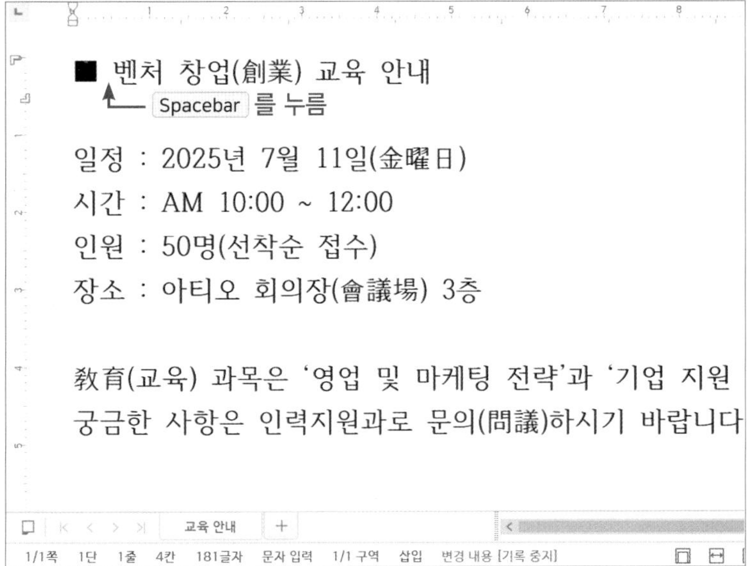

04 동일한 방법으로 제목 끝에도 해당 특수 문자를 삽입하고 Spacebar 를 눌러 간격을 띄웁니다.

■ 벤처 창업(創業) 교육 안내 ■

Spacebar 를 누름

일정 : 2025년 7월 11일(金曜日)
시간 : AM 10:00 ~ 12:00
인원 : 50명(선착순 접수)
장소 : 아티오 회의장(會議場) 3층

教育(교육) 과목은 '영업 및 마케팅 전략'과 '기업 지원
궁금한 사항은 인력지원과로 문의(問議)하시기 바랍니다

교육 안내

1/1쪽 1단 1줄 31칸 183글자 문자 입력 1/1 구역 삽입 변경 내용 [기록 중지]

05 이번에는 '일정' 앞에 커서를 위치시킨 후, Ctrl + F10 을 눌러 나타난 [문자표 입력] 대화상자에서 문자 영역은 '전각 기호(로마자)', 문자 선택은 'Ⅰ'을 선택하고 [넣기] 단추를 클릭합니다.

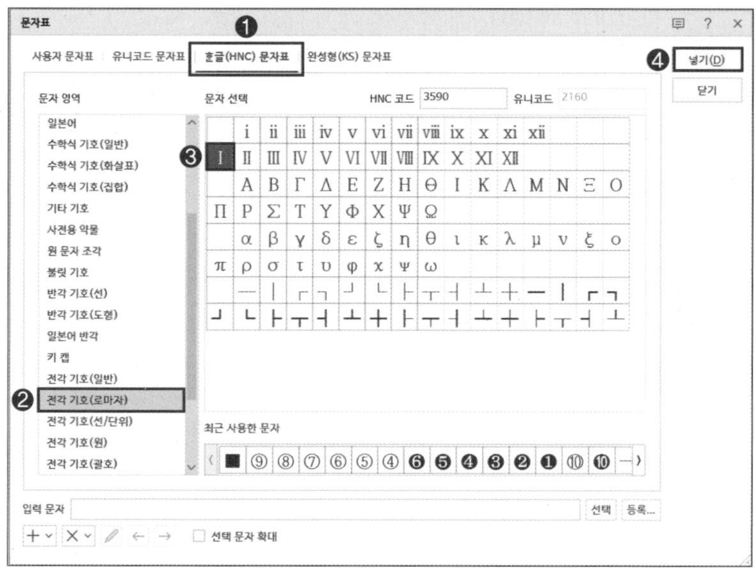

06 특수 문자가 삽입되면 점(.)을 입력하고, Spacebar 를 한 번 눌러 사이 간격을 띄워줍니다.

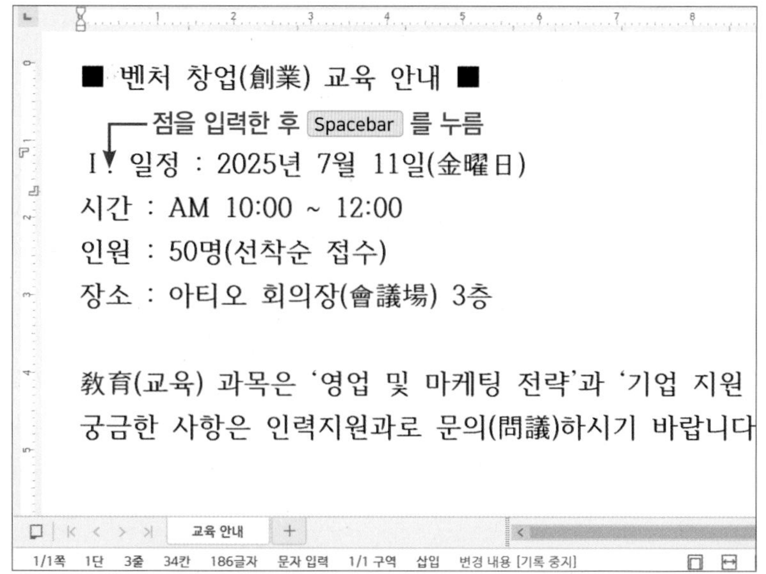

07 동일한 방법으로 나머지 항목에도 해당 특수 문자(Ⅱ, Ⅲ, Ⅳ)를 각각 삽입합니다.

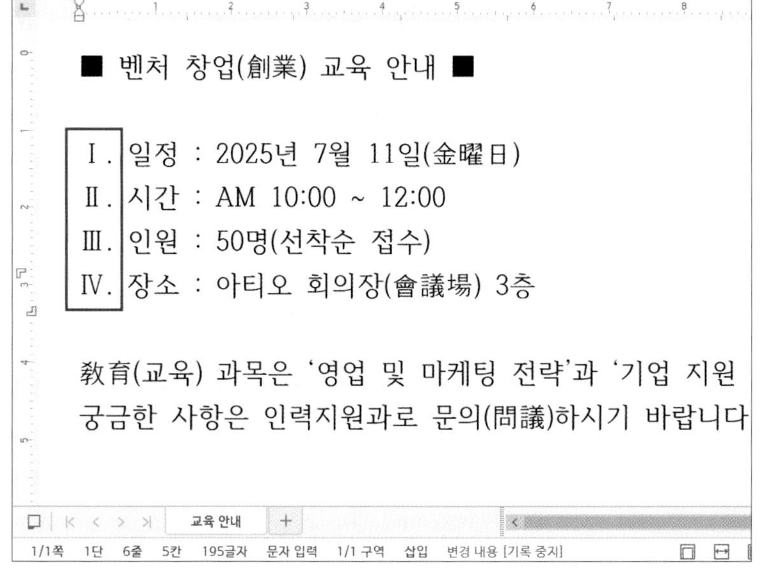

08 마지막 항목에는 '전각 기호(일반)'에서 해당 특수 문자(▶)를 각각 삽입하여 완성합니다.

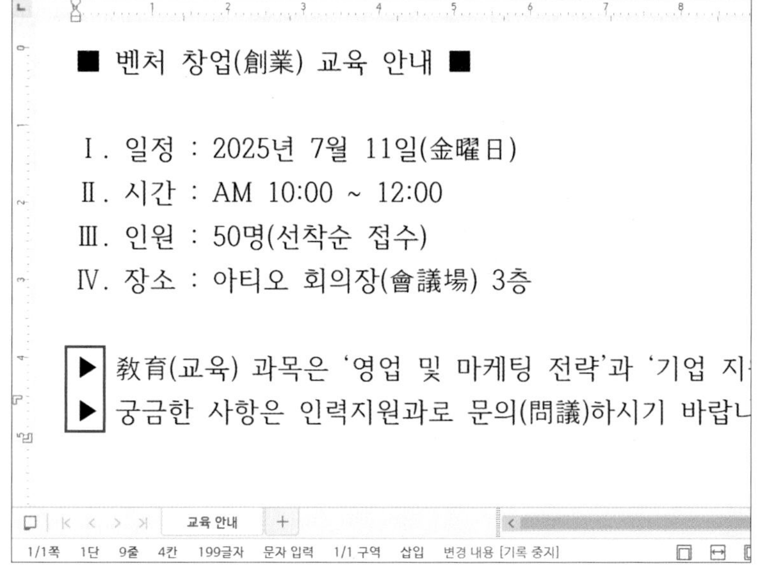

Power Upgrade

[문자표 입력] 대화상자

❶	❷	❸	❹
사용자 문자표	유니코드 문자표	훈글(HNC) 문자표	완성형(KS) 문자표

❶ [사용자 문자표] 탭 : 필요한 문자를 손쉽게 찾아볼 수 있도록 유니코드 문자를 영역별로 새롭게 분류한 문자가 표시됩니다. 또한, 새로운 문자 영역을 만들어 사용자가 자주 사용하는 문자를 모아 추가할 수도 있습니다.

❷ [유니코드 문자표] 탭 : 키보드에 없는 유니코드 문자를 입력할 수 있습니다.

❸ [훈글(HNC) 문자표] 탭 : HNC 코드는 기존 버전의 한글에서 지원하던 문자 코드로, 키보드에 없는 문자를 입력할 수 있습니다.

❹ [완성형(KS) 문자표] 탭 : KS 코드는 1987년 한국 표준 문자 세트로 지정한 2바이트 완성형 코드(KSC 5601)로, 키보드에 없는 문자를 입력할 수 있습니다.

기초문제

1

동일한 문장은 복사하면서 주어진 내용을 입력한 다음, '애국가.hwpx'로 저장해 보세요.

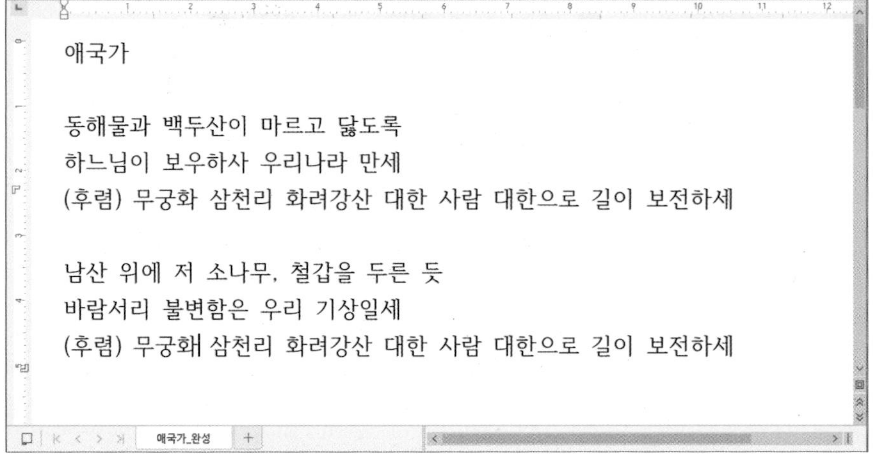
애국가

동해물과 백두산이 마르고 닳도록
하느님이 보우하사 우리나라 만세
(후렴) 무궁화 삼천리 화려강산 대한 사람 대한으로 길이 보전하세

남산 위에 저 소나무, 철갑을 두른 듯
바람서리 불변함은 우리 기상일세
(후렴) 무궁화 삼천리 화려강산 대한 사람 대한으로 길이 보전하세

2

해당 단어에 주어진 한자를 삽입하되 입력 형식대로 변경해 보세요. 한자 사전에 없는 '화려강산'은 한자로 등록하여 사용하세요.

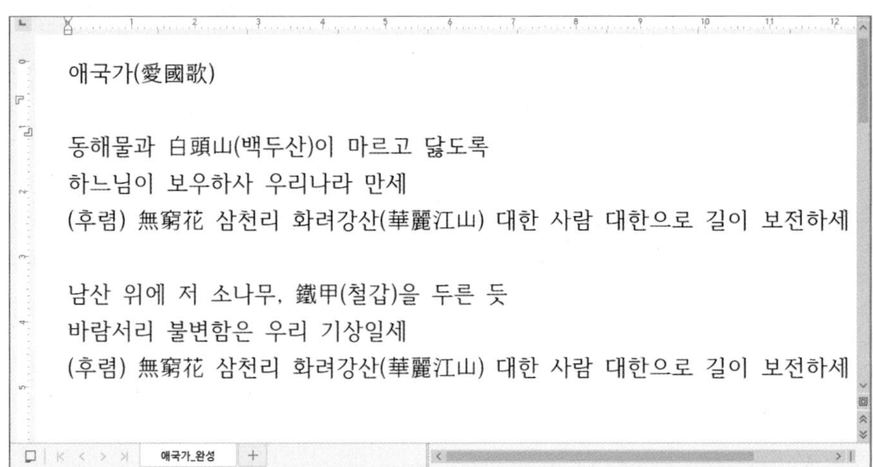
애국가(愛國歌)

동해물과 白頭山(백두산)이 마르고 닳도록
하느님이 보우하사 우리나라 만세
(후렴) 無窮花 삼천리 화려강산(華麗江山) 대한 사람 대한으로 길이 보전하세

남산 위에 저 소나무, 鐵甲(철갑)을 두른 듯
바람서리 불변함은 우리 기상일세
(후렴) 無窮花 삼천리 화려강산(華麗江山) 대한 사람 대한으로 길이 보전하세

힌트

[한자 단어 등록] 대화상자에서 화(華), 려(麗), 강(江), 산(山)을 각각 한자로 변경한 후 등록합니다.

• 완성파일 : 애국가_완성.hwpx

3

'드론.hwpx' 파일을 불러와 다음과 같이 한자로 변경해 보세요'. 한자 사전에 없는 '기술성은 한자 사전에 등록하여 사용하세요.

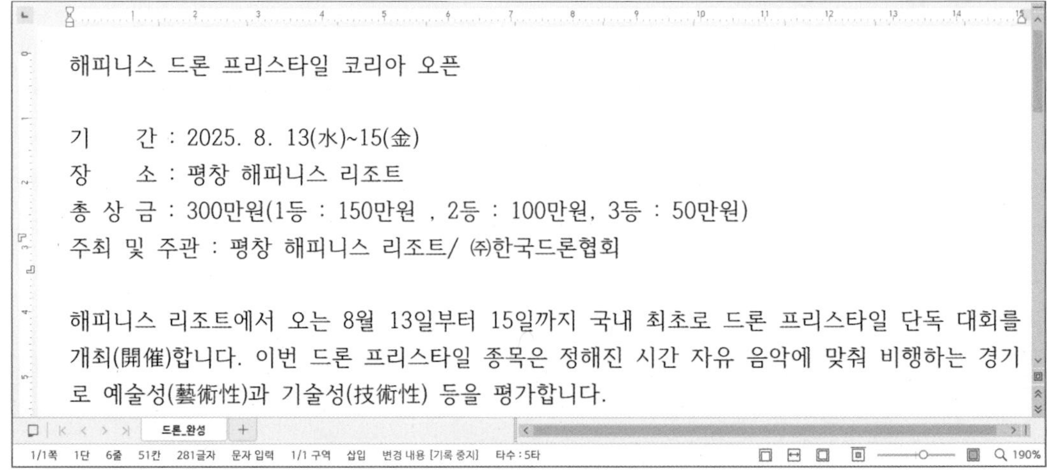
해피니스 드론 프리스타일 코리아 오픈

기　　간 : 2025. 8. 13(水)~15(金)
장　　소 : 평창 해피니스 리조트
총 상 금 : 300만원(1등 : 150만원 , 2등 : 100만원, 3등 : 50만원)
주최 및 주관 : 평창 해피니스 리조트/ ㈜한국드론협회

해피니스 리조트에서 오는 8월 13일부터 15일까지 국내 최초로 드론 프리스타일 단독 대회를 개최(開催)합니다. 이번 드론 프리스타일 종목은 정해진 시간 자유 음악에 맞춰 비행하는 경기로 예술성(藝術性)과 기술성(技術性) 등을 평가합니다.

심화문제

1) 다음의 내용을 입력한 후, 입력 형식에 맞게 한자를 변경해 보세요.

보험료(保險料) 알림장

전월 세금에 대한 건강보험료 책정(策定) 안내
보험료 滯納(체납) 시 연체금 부과 안내
건강보험료 조정 신청(申請) 안내
보험료 과오납 선납대체 制度(제도) 안내

주택이 없는 세대는 부과 형평을 위해 전월세 보증금에 대해 부과합니다.
건강보험료는 매월 10일까지 납부(納付)하셔야 합니다.

2) 문서 제목과 본문 항목에 주어진 특수 문자(기호)를 각각 삽입해 보세요.

◐ 보험료(保險料) 알림장 ◑

◈ 전월 세금에 대한 건강보험료 책정(策定) 안내
◈ 보험료 滯納(체납) 시 연체금 부과 안내
◈ 건강보험료 조정 신청(申請) 안내
◈ 보험료 과오납 선납대체 制度(제도) 안내

㉠ 주택이 없는 세대는 부과 형평을 위해 전월세 보증금에 대해 부과합니다.
㉡ 건강보험료는 매월 10일까지 납부(納付)하셔야 합니다.

힌트 [문자표 입력] 대화상자의 [훈글(HNC) 문자표] 탭에서 '전각 기호(일반)', '전각 기호(원)'을 선택합니다. • 완성파일 : 알림장_완성.hwpx

3) '도시숲.hwpx' 파일을 불러와 다음과 같이 한자로 변환하고, 특수 문자를 삽입하여 완성해 보세요.

▣ 도시숲
① 국민의 보건휴양·정서함양 및 체험활동 등을 위하여 조성·관리하는 山林(산림) 및 壽木(수목)으로 공원, 학교숲, 산림공원, 가로수(숲) 등을 말합니다.

▣ 도시숲 현황
① 우리나라는 급격한 도시화로 인하여 전체 인구의 약 90%가 도시지역에 거주하고 있으나 생활권 주변에서 누릴 수 있는 도시숲은 크게 부족한 실정입니다.
② '17년말 기준 1인당 생활권 도시숲 면적은 전국 평균 10.07\㎡로, 세계보건기구 WHO 권장 최소기준은(9㎡/인)은 초과하였으나, 특·광역시의 경우 1인당 생활권 도시숲 면적이 평균 7.1㎡로 런던(27㎡), 뉴욕(23㎡), 파리(13㎡)등 선진도시와 많은 차이를 보이고 있습니다.

도시숲_완성
1/1쪽 1단 5줄 15칸 346글자 문자 입력 1/1 구역 삽입 변경 내용 [기록 중지] 타수 : 0타 190%

• 완성파일 : 도시숲_완성.hwpx

Section

04 글자 모양 지정하기

다양한 글꼴 서식(모양)을 이용하여 문서 내용의 일부분을 꾸며보고, 문단 첫 글자 장식을 이용하여 문단 시작의 첫 번째 글자를 장식하는 방법에 대해서 학습해 봅니다.

Preview

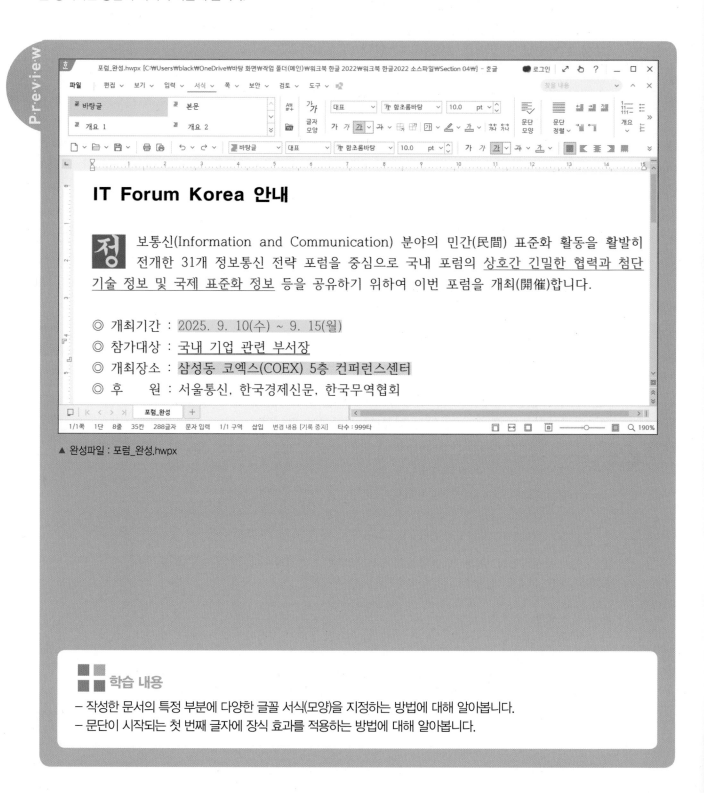

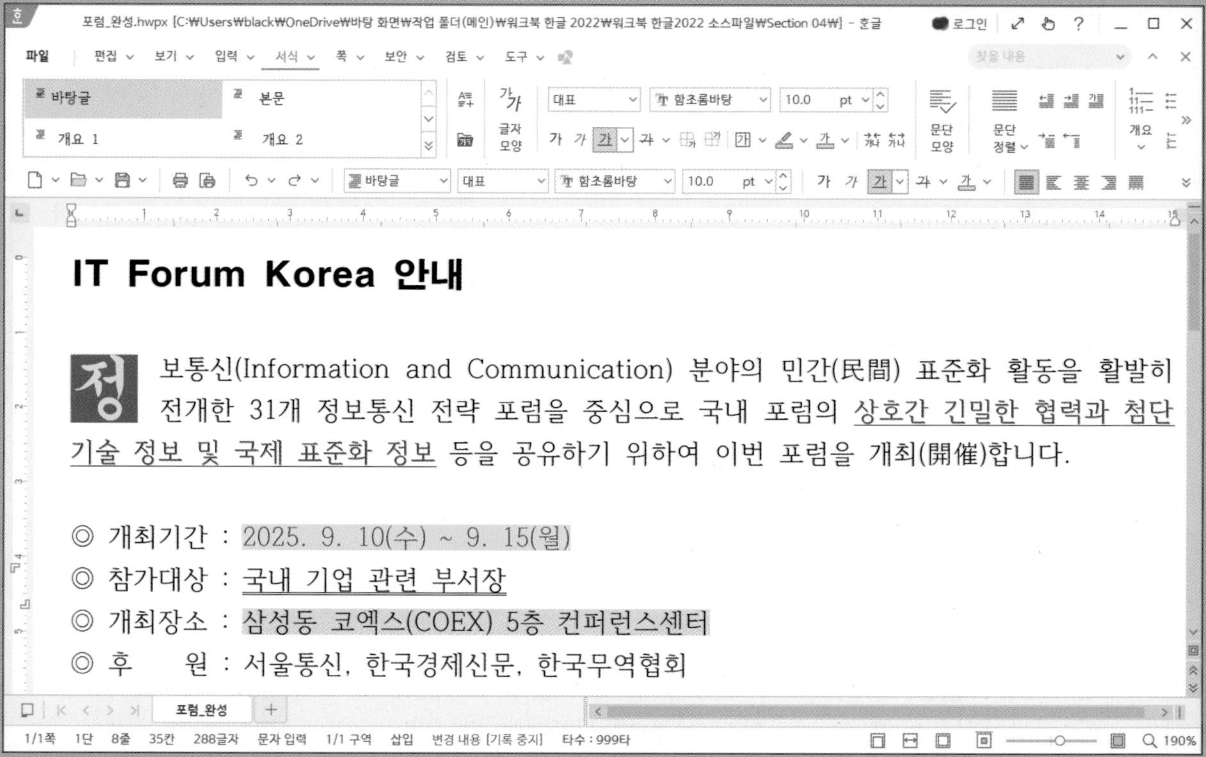

▲ 완성파일 : 포럼_완성.hwpx

학습 내용

– 작성한 문서의 특정 부분에 다양한 글꼴 서식(모양)을 지정하는 방법에 대해 알아봅니다.
– 문단이 시작되는 첫 번째 글자에 장식 효과를 적용하는 방법에 대해 알아봅니다.

따라하기 01 글꼴 서식(모양) 지정하기

01 다운받은 소스 파일에서 '포럼.hwpx' 파일을 불러옵니다. 제목 내용을 블록 지정한 후, [서식] 탭의 펼침 ∨ 단추를 클릭하고 [글자 모양]을 선택합니다.
(단축키 : Alt + L)

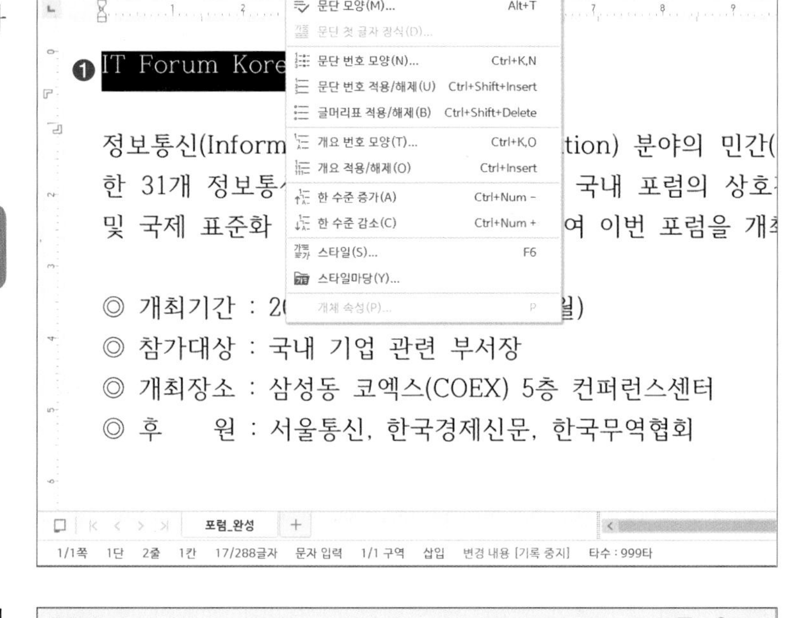

Plus Tip

이후로는 좀더 보기 편하게 강조 처리된 문장을 [서식]-[글자 모양] 형태로 표현하겠습니다.

02 [글자 모양] 대화상자가 나타나면 [기본] 탭에서 기준 크기는 '13pt', 글꼴은 'HY견고딕', 장평은 '110%', 자간은 '-5%'를 각각 지정하고 [설정] 단추를 클릭합니다.

Plus Tip

• **장평과 자간 :** 장평은 글자의 가로(좌우) 비율을 늘리거나 줄이고, 자간은 글자와 글자 사이의 간격을 조절하는 기능입니다.

03 본문에서 해당 내용을 블록 지정한 후, 이번에는 [편집] 탭에 있는 [글자 모양] 아이콘을 클릭합니다.

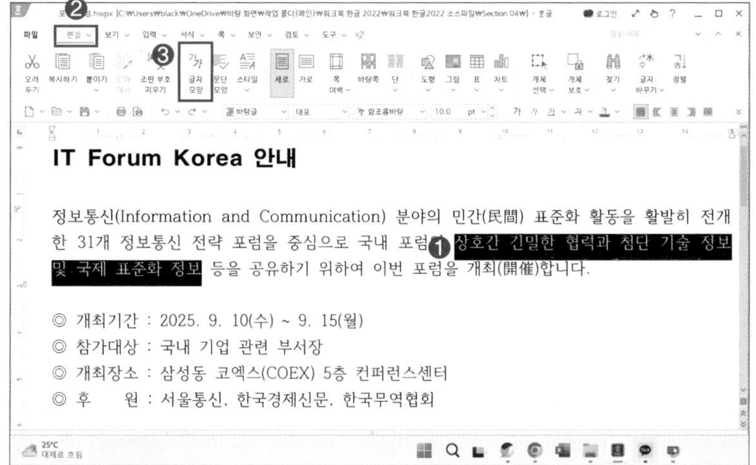

Plus Tip

• [서식]-[글자 모양] 메뉴를 선택해도 되지만 아이콘을 선택하여 [글자 모양] 대화상자를 실행시키고 있습니다.

04 [글자 모양] 대화상자가 나타나면 [기본] 탭에서 속성은 '밑줄'과 '양각', 글자색은 '파랑'을 각각 선택하고 [설정] 단추를 클릭합니다.

Plus Tip

• 개인이 혼자 실습할 때에는 글꼴 종류, 크기, 자간, 장평, 글자색 등을 임의로 지정할 수도 있지만, 그룹으로 실습하는 경우 통일성과 빠른 기능 습득을 위해 명확하게 명시를 하였습니다. 후반부로 가면서 좀더 익숙해진 다음에는 임의로 지정하는 방식으로 설명이 이루어집니다.

05 이번에는 개최기간 영역을 블록 지정하고, [글자 모양] 대화상자 단축키인 Alt + L 을 누릅니다.

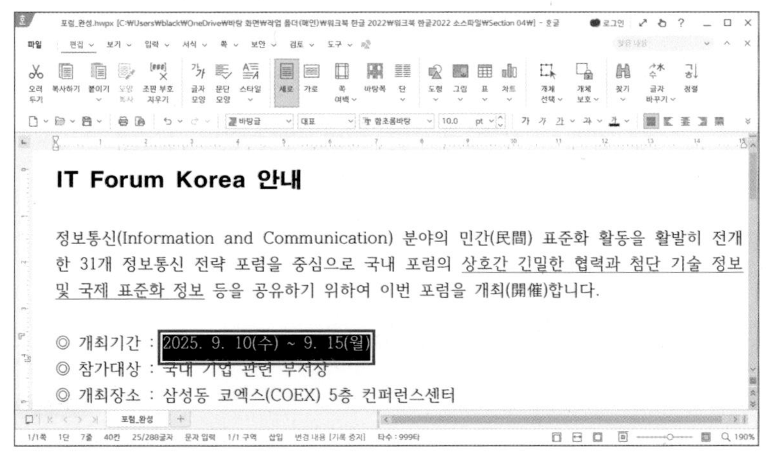

06 [글자 모양] 대화상자가 나타나면 [기본] 탭에서 글자색은 '빨강', 음영색은 '노랑'을 각각 선택하고 [설정] 단추를 클릭합니다.

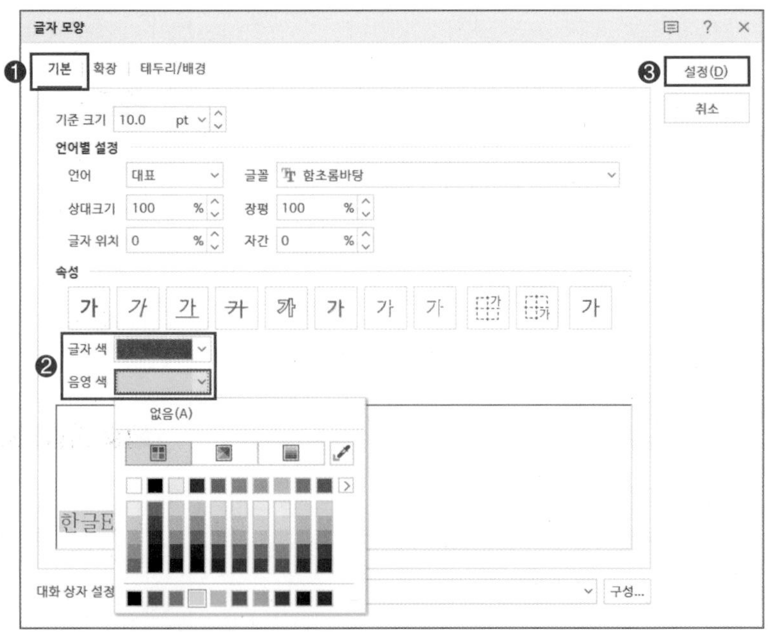

07 계속해서 참가대상 내용을 블록 지정한 후, 서식 도구 상자에서 밑줄의 목록 단추를 클릭하고 '이중 실선'을 선택합니다.

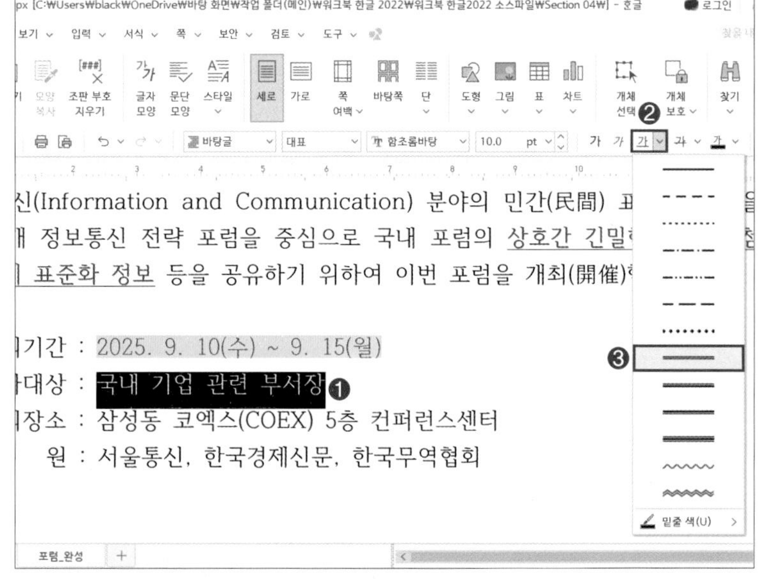

08 마지막으로 개최장소 내용을 블록 지정한 후, [서식] 탭에서 형광펜 아이콘을 클릭하고 보라색을 선택하여 완성합니다.

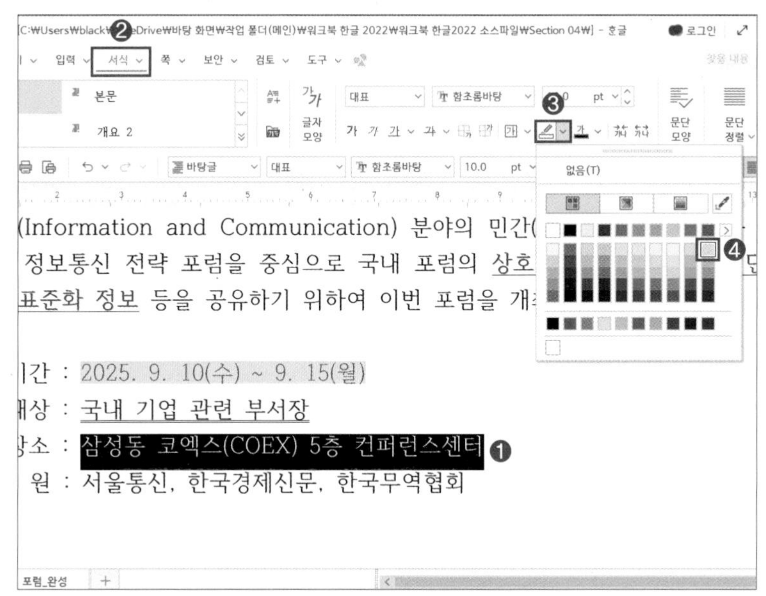

Power Upgrade

글자 속성의 종류

가	가	가	가	가	가	가	가	가	가	가
❶	❷	❸	❹	❺	❻	❼	❽	❾	❿	⓫

❶ 진하게 : **정보통신**
❷ 기울임 : *정보통신*
❸ 밑줄 : 정보통신
❹ 취소선 : ~~정보통신~~
❺ 외곽선 : 정보통신
❻ 그림자 : 정보통신
❼ 양각 : 정보통신
❽ 음각 : 정보통신
❾ 위 첨자 : 정보^{통신}
❿ 아래 첨자 : 정보$_{\text{통신}}$
⓫ 보통 모양 : 정보통신

따라하기 02 문단 첫 글자 장식하기

01 문단 첫 번째 글자 앞에 커서를 위치시킨 후, [서식]-[문단 첫 글자 장식]을 선택합니다.

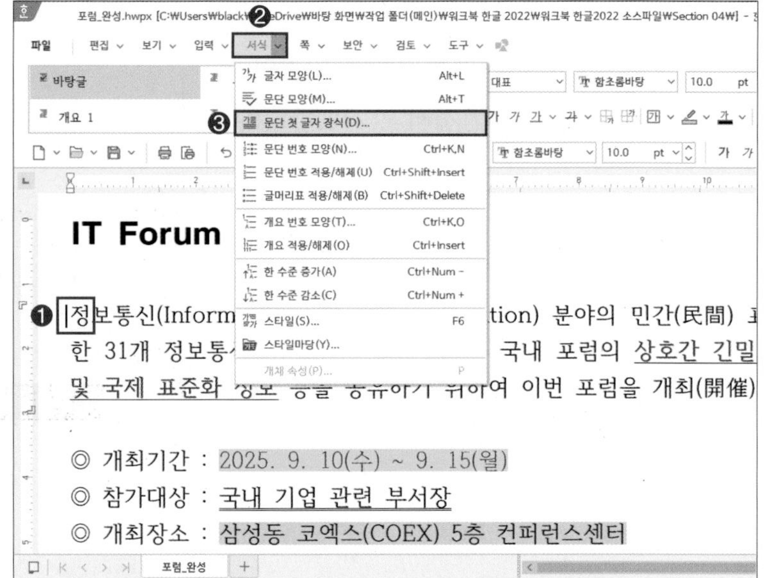

02 [문단 첫 글자 장식] 대화상자가 나타나면 모양은 '2줄', 글꼴은 '궁서체', 면 색은 '초록'을 각각 지정하고 [설정] 단추를 클릭합니다.

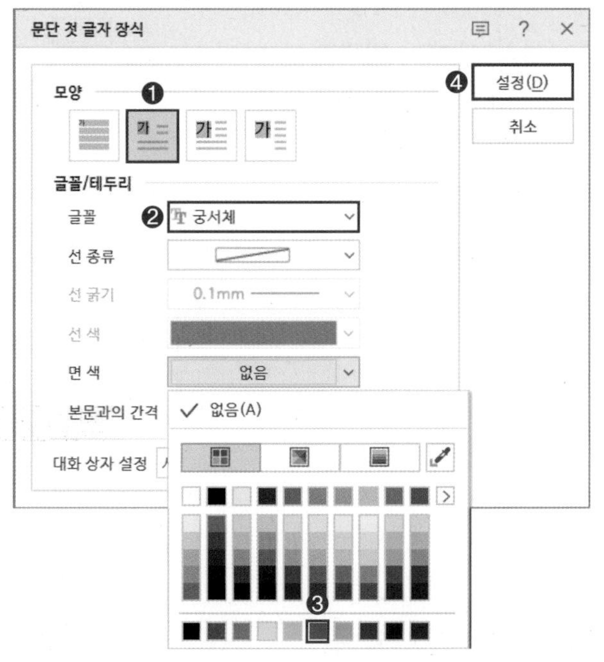

03 그 결과 문단의 첫 번째 글자에 장식 효과가 적용된 것을 확인할 수 있습니다.

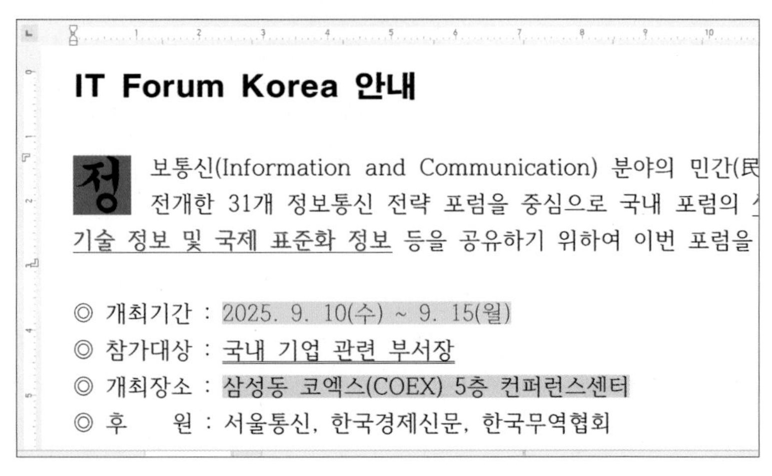

04 문단 첫 글자 장식의 색상을 변경해 보기로 합니다. 해당 글자를 블록 지정한 후, 서식 도구 상자에서 [글자색] 가 아이콘을 클릭하고 '노랑'을 선택합니다.

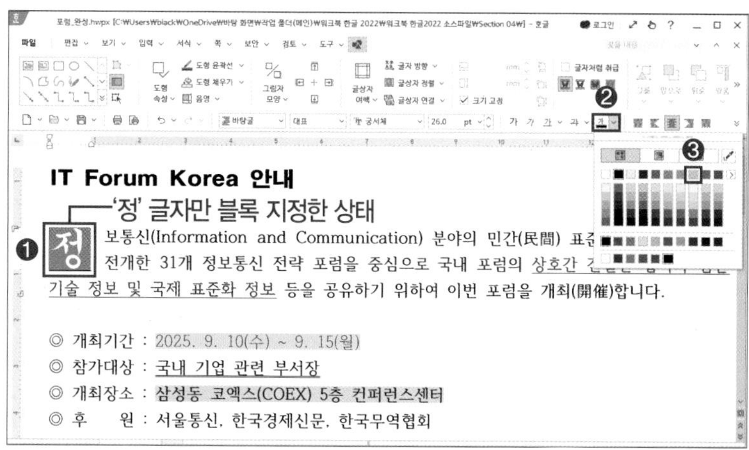

Power Upgrade

첫 글자 장식 모양의 종류

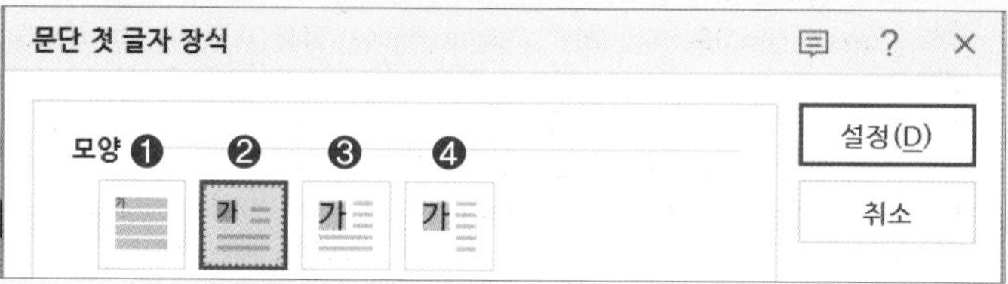

❶ 없음 : 장식 글자를 해제하고, 원래 문단 모양으로 되돌립니다.

❷ 2줄 : 장식 글자를 문단의 왼쪽 끝에 맞추고, 나머지 본문은 장식 글자 오른쪽에 2줄만 걸치도록 배열합니다.

❸ 3줄 : 장식 글자를 문단의 왼쪽 끝에 맞추고, 나머지 본문은 장식 글자 오른쪽에 3줄만 걸치도록 배열합니다.

❹ 여백 : 장식 글자의 크기를 '3줄'과 같은 크기로 만들어 문단의 왼쪽 여백 바깥쪽에 배열합니다.

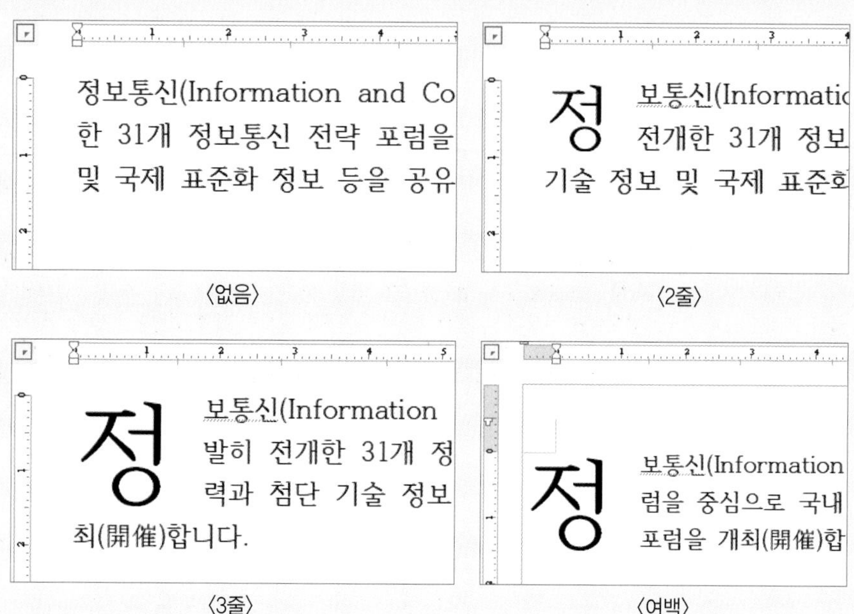

〈없음〉 〈2줄〉 〈3줄〉 〈여백〉

기초문제

1

'토마토.hwpx' 파일을 불러와 다음과 같이 지시사항에 따라 글꼴을 변경해 보세요.

- 완성파일 : 토마토_완성.hwp

글꼴 크기 : 9pt, 자간 : 10%, 글꼴 색 : 초록

슈퍼파워푸드

토 마 토

글꼴 : HY헤드라인M, 글꼴 크기 : 15pt, 자간 : 50%, 글꼴 색 : 빨강, 속성 : 그림자

비타민과 무기질 공급원, 항산화 물질 함유 / 뇌졸중 · 심근경색 예방, 혈당 저하, 암 예방

일년감 토마토 : 토마토는 우리말로 '일년감'이라 하며, 한자명은 남만시(南蠻柹)라고 한다. 우리나라에서는 토마토를 처음에는 관상용으로 심었으나 차츰 영양가가 밝혀지고 밭에 재배하여 대중화되었다.

효용성 : 토마토의 붉은색을 만드는 라이코펜은 노화의 원인이 되는 활성산소를 배출시켜 세포의 젊음을 유지시킨다. 또한 라이코펜은 남성의 전립선암, 여성의 유방암, 소화기계통의 암을 예방하는 데 효과가 있다.

[출처 : 네이버 지식 백과]

글꼴 크기 : 12pt, 속성 : 진하게, 글꼴색 : 파랑, 음영색 : 노랑

2

'커피.hwpx' 파일을 불러와 이중 실선 밑줄과 임의의 자간을 설정해 보세요.

- 제목 : 글꼴(휴먼엑스포), 글꼴 크기(15pt), 자간(-5%), 속성(진하게, 양각), 글꼴 색(주황 (RGB : 255,132,58) 50% 어둡게)
- 본문 : 글꼴(굴림), 글꼴 크기(10.5pt)
- 완성파일 : 커피_완성.hwp

커피[Coffe]

▣ 독특한 풍미를 가진 갈색에 가까운 기호 음료이다. 커피나무 열매(Cherry)속의 씨앗(생두, Green Bean)을 볶고(원두, Coffee Bean), 물을 이용하여 그 성분을 추출하여 만든다.
▣ 세계적으로 커피가 생산되는 곳은 남위 25°부터 북위 25°사이의 열대, 아열대 지역으로 커피 벨트(Coffee Belt) 또는 커피 존(Coffee Zone)이라고 한다.
▣ 중남미(브라질, 콜롬비아, 과테말라, 자메이카 등)에서 중급 이상의 아라비카 커피(Arabica Coffee)가 생산되고 중동·아프리카(에티오피아, 예멘, 탄자니아, 케냐 등)는 커피의 원산지로 유명하다. 세계 3대 커피는 자메이카의 블루 마운틴(Blue Mountain), 하와이의 코나(Kona), 예멘의 모카(Mocha) 커피이다.

[자료 추출 : 두산백과]

3

'청계천.hwpx' 파일을 불러와 문단 첫 글자 장식을 활용하여 문서를 만들어 보세요.

- 주제목 : 글꼴(HY견고딕), 글꼴 크기(15pt), 글꼴색(남색 RGB(58, 60, 312) 40% 밝게)
- 부제목 : 글꼴(HY견고딕), 글꼴 크기(13pt), 글꼴색(하늘색 RGB(97, 130, 214) 50% 어둡게)
- 문단 첫 글자 장식 : 모양(2줄), 글꼴(궁서), 면색(노랑)
- 완성파일 : 청계천_완성.hwp

청계천의 역사와 문화가 숨쉬는...

청계천박물관

청계천의 역사와 문화(文化)를 한 눈에 알 수 있는 청계천박물관은 2005년 9월 26일에 문을 열었습니다. 건물 정면의 긴 유리 튜브 형태는 청계천의 물길을 상징하며 지상 4층, 지하 2층의 1,728평 규모로 상설 전시실과 기획 전시실, 교육실과 강당 등을 갖추고 있습니다. 기획전시실 및 상설전시실은 청계천 문화와 관련된 다양한 주제의 전시가 열리고 있어 시민을 위한 박물관으로 자리매김하고 있습니다.

● 안내전화 : 02-2286-3410
● 홈페이지 : https://museum.seoul.go.kr

심화문제

1) '건강정보.hwpx' 파일을 불러와 한자를 변경하고 글자 모양 서식을 바꿔보세요.

- 주제목 : 글꼴(HY울릉도B), 글꼴 크기(12pt), 글꼴색(초록 RGB(10, 155, 110) 50% 어둡게)
- 부제목 : 글꼴(휴먼명조), 글꼴 크기(12pt)
- 본문 : 글꼴(휴먼명조)
- 완성파일 : 건강정보_완성.hwp

"시리즈! 건강정보

돌발성 난청 감기 후에도 발생할 수 있어요!"

겨울철 감기 후 찾아오는 '돌발성 난청'에 주의해야 됩니다. 돌발성 난청에 걸리지 않도록 조심해야 됩니다.

돌발성 난청, 이명과 어지럼증이 주된 증상
갑자기 수 시간 이나 2~3일에 발생하는 감각신경성 난청 증후군으로 이명과 어지럼증을 동반합니다. 원인은 밝혀지지 않았으나 바이러스 감염과 혈액순환(血液循環) 장애(障礙)가 주된 원인으로 추정

노년층에게 발생하기 쉬운 돌발성 난청
연간 유병률은 미국은 10만명당 5~27명, 한국은 10만명당 10명 이상으로 모든 연령대에서 발병(發病)할 수 있으나 50~60대에서 가장 많이 발생됨.

출처 : 강남세브란스병원 올웨이즈영

2) '차량스티커안내.hwpx' 파일을 불러와 편집 용지와 여백을 설정한 후, 글꼴 서식을 바꾸어 보세요.

- 편집용지 : B5, 위(15), 아래(15), 머리말(0), 꼬리말(0), 왼쪽(25), 오른쪽(25)
- 제목 : 글꼴(HY울릉동B), 글꼴 크기(20pt), 속성(진하게, 양각)
- 본문 : 글꼴(맑은 고딕), 글꼴 크기(11pt)
- 완성파일 : 차량안내스티커_완성.hwp

차량스티커 교체 안내

안녕하세요! 입주민 여러분
외부차량 단속을 위해 차량 스티커를 교체했습니다. 2025년 5월 1일부터 아래와 같이 차량 스티커 교체 예정이오니 입주민 여러분의 적극적인 협조 부탁드립니다.

= 교체기간 : 2025년 5월 1일 ~ 5월 30일
= 교체방법 : 기존 스티커를 관리사무소에 **반납 후** 신규 스티커 발급
= 교체장소 : 행복아파트 관리동 관리사무소(☎ 031-1234-5678)
= 교체비용 : **기존 스티커 반납시 무료** / 신규발급시 기본 5,000원

3) '펫티켓.hwpx' 파일을 불러와 문단 첫 글자 장식을 설정하고 글자 모양 서식을 임의로 바꾸어 보세요.

- 완성파일 : 펫티켓_완성.hwp

지 켜 주 세 요 !

티켓!

펫(Pet) + 에티켓(Etiquette)

① 반려견과 동반 외출 시 **목줄과 가슴줄, 인식표**는 꼭! 착용
② **2개월령 이상**의 반려견은 동물등록대행기관에서 등록 필수!
③ **배변봉투를 꼭** 챙겨주세요! 반려견 배변 미수거시 과태로 최대 10만원
④ 대중교통 이용시 **이동장 사용**!

Section

05 문단 모양 지정하기

작성한 문서 내용에서 다양한 정렬 방식과 왼쪽/오른쪽 여백, 들여쓰기, 내어쓰기, 줄 간격, 문단 위, 문단 아래 등을 설정하는 방법에 대해서 학습해 봅니다.

Preview

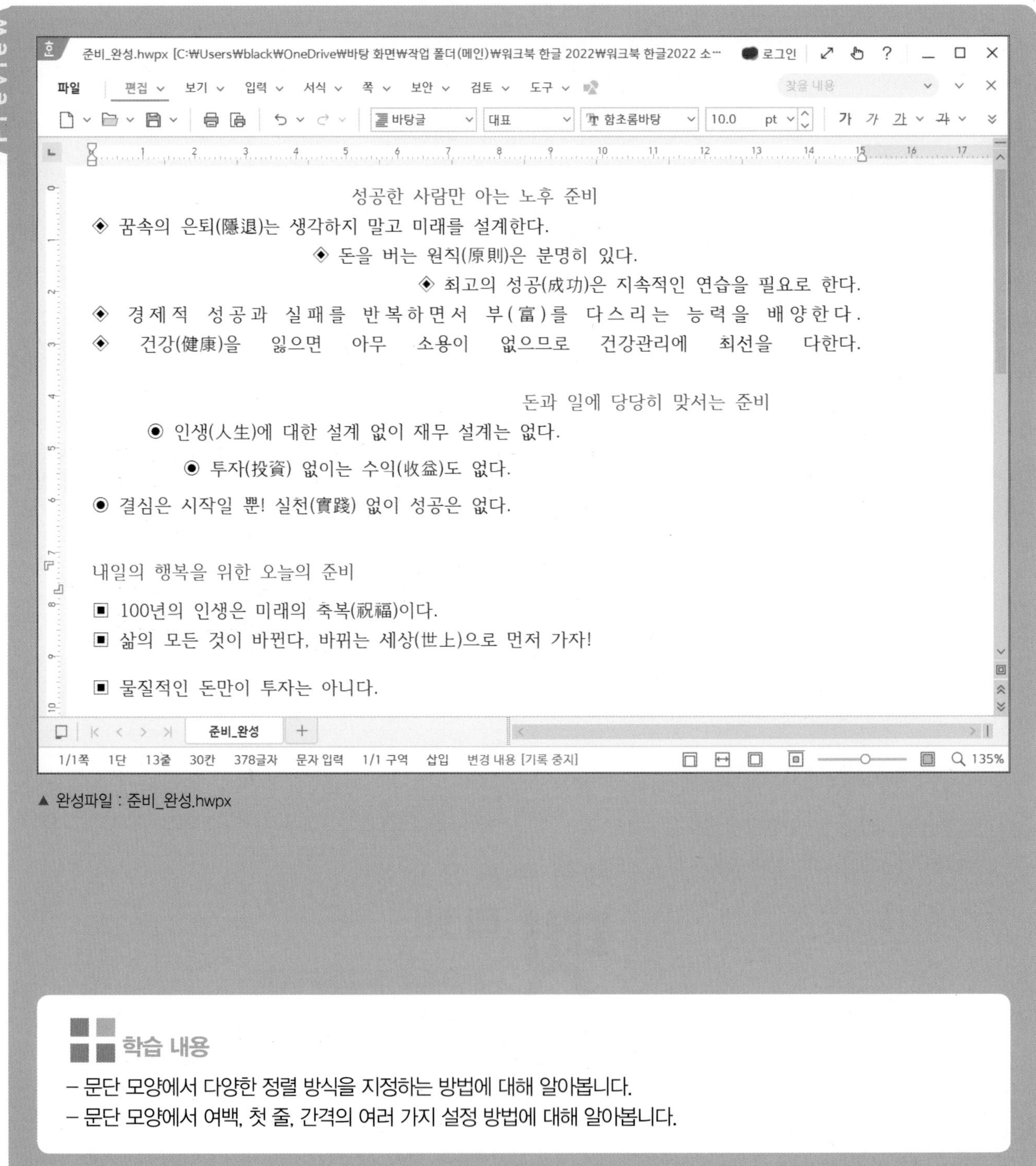

▲ 완성파일 : 준비_완성.hwpx

학습 내용

- 문단 모양에서 다양한 정렬 방식을 지정하는 방법에 대해 알아봅니다.
- 문단 모양에서 여백, 첫 줄, 간격의 여러 가지 설정 방법에 대해 알아봅니다.

따라하기 01 문단 정렬 방식 지정하기

01 '준비.hwpx' 파일을 불러옵니다.

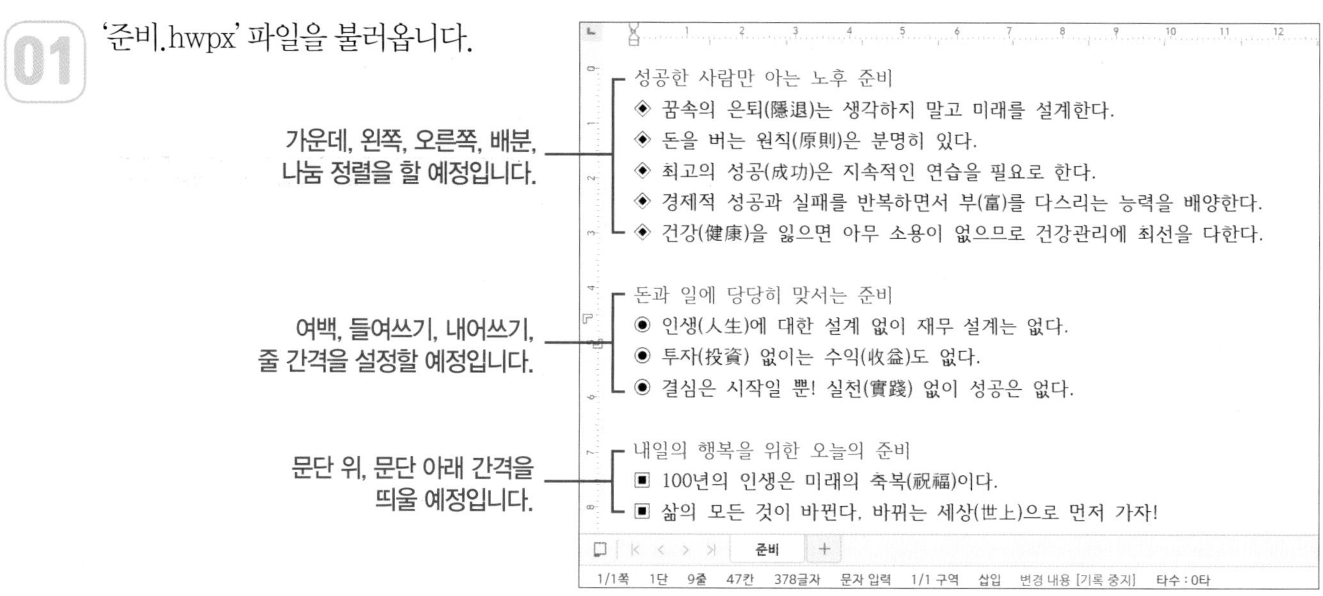

02 첫 번째 문단을 블록 지정한 후, 서식 도구 상자에서 [가운데 정렬] 아이콘을 클릭합니다.

PLUS TIP

■ 정렬 단축키
- 가운데 정렬 : Ctrl + Shift + C,
- 왼쪽 정렬 : Ctrl + Shift + L,
- 오른쪽 정렬 : Ctrl + Shift + R

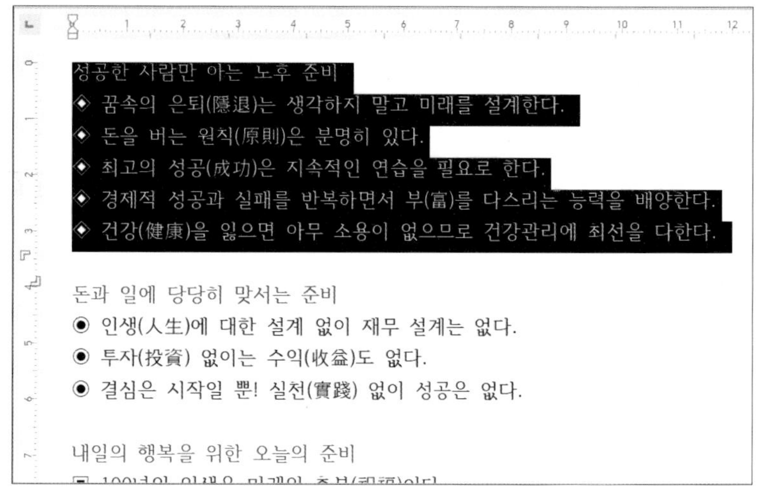

03 문단에서 첫 번째 줄을 블록 지정한 후, 서식 도구 상자에서 [왼쪽 정렬] 아이콘을 클릭합니다.

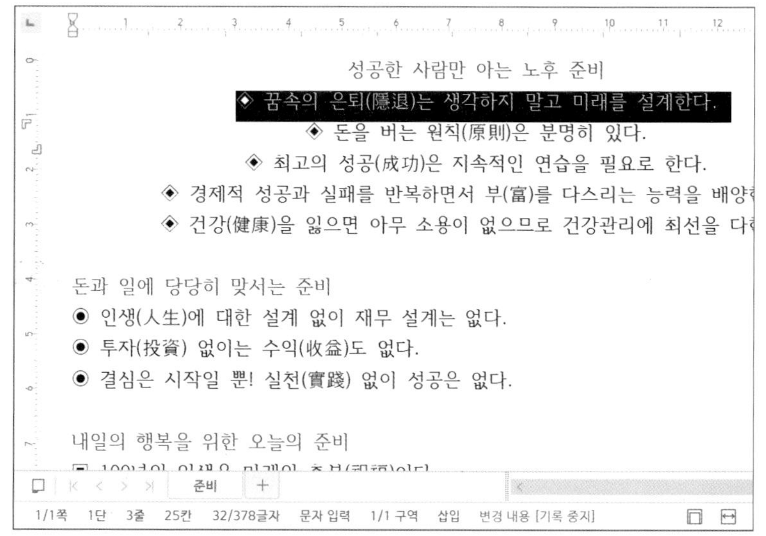

04 문단에서 세 번째 줄을 블록 지정한 후, 서식 도구 상자에서 [오른쪽 정렬] 아이콘을 클릭합니다.

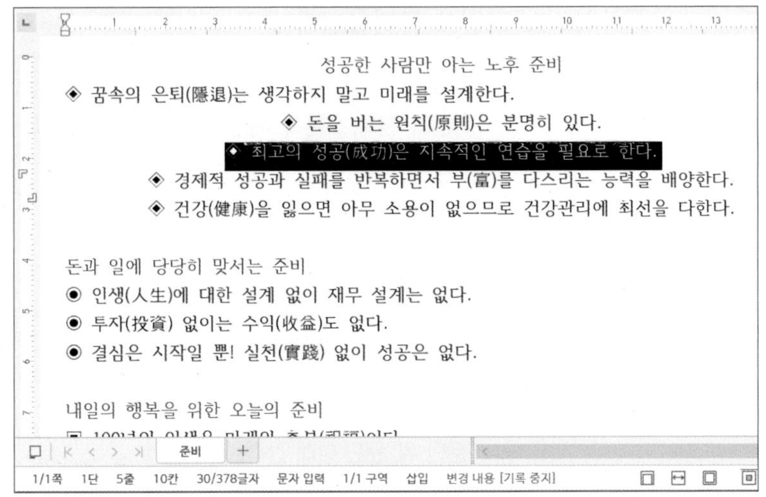
성공한 사람만 아는 노후 준비
◈ 꿈속의 은퇴(隱退)는 생각하지 말고 미래를 설계한다.
◈ 돈을 버는 원칙(原則)은 분명히 있다.
◈ 최고의 성공(成功)은 지속적인 연습을 필요로 한다.
◈ 경제적 성공과 실패를 반복하면서 부(富)를 다스리는 능력을 배양한다.
◈ 건강(健康)을 잃으면 아무 소용이 없으므로 건강관리에 최선을 다한다.

돈과 일에 당당히 맞서는 준비
◉ 인생(人生)에 대한 설계 없이 재무 설계는 없다.
◉ 투자(投資) 없이는 수익(收益)도 없다.
◉ 결심은 시작일 뿐! 실천(實踐) 없이 성공은 없다.

내일의 행복을 위한 오늘의 준비

준비
1/1쪽 1단 5줄 10칸 30/378글자 문자 입력 1/1 구역 삽입 변경 내용 [기록 중지]

05 문단에서 네 번째 줄을 블록 지정한 후, 서식 도구 상자에서 [배분 정렬] 아이콘을 클릭합니다.

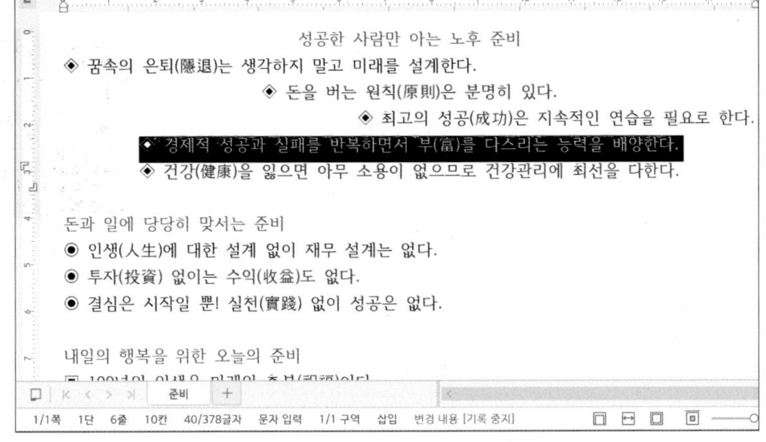
성공한 사람만 아는 노후 준비
◈ 꿈속의 은퇴(隱退)는 생각하지 말고 미래를 설계한다.
◈ 돈을 버는 원칙(原則)은 분명히 있다.
◈ 최고의 성공(成功)은 지속적인 연습을 필요로 한다.
◈ 경제적 성공과 실패를 반복하면서 부(富)를 다스리는 능력을 배양한다.
◈ 건강(健康)을 잃으면 아무 소용이 없으므로 건강관리에 최선을 다한다.

돈과 일에 당당히 맞서는 준비
◉ 인생(人生)에 대한 설계 없이 재무 설계는 없다.
◉ 투자(投資) 없이는 수익(收益)도 없다.
◉ 결심은 시작일 뿐! 실천(實踐) 없이 성공은 없다.

내일의 행복을 위한 오늘의 준비

준비
1/1쪽 1단 6줄 10칸 40/378글자 문자 입력 1/1 구역 삽입 변경 내용 [기록 중지]

Plus Tip

- **배분 정렬** : 글자 수에 상관없이 양쪽 정렬을 하되, 글자 사이를 일정하게 띄우는 정렬 방식입니다.

06 문단에서 다섯 번째 줄을 블록 지정한 후, 서식 도구 상자에서 [나눔 정렬] 아이콘을 클릭합니다.

성공한 사람만 아는 노후 준비
◈ 꿈속의 은퇴(隱退)는 생각하지 말고 미래를 설계한다.
◈ 돈을 버는 원칙(原則)은 분명히 있다.
◈ 최고의 성공(成功)은 지속적인 연습을 필요로 한다.
◈ 경제적 성공과 실패를 반복하면서 부(富)를 다스리는 능력을 배양한다.
◈ 건강(健康)을 잃으면 아무 소용이 없으므로 건강관리에 최선을 다한다.

돈과 일에 당당히 맞서는 준비
◉ 인생(人生)에 대한 설계 없이 재무 설계는 없다.
◉ 투자(投資) 없이는 수익(收益)도 없다.
◉ 결심은 시작일 뿐! 실천(實踐) 없이 성공은 없다.

내일의 행복을 위한 오늘의 준비

준비
1/1쪽 1단 7줄 1칸 41/378글자 문자 입력 1/1 구역 삽입 변경 내용 [기록 중지]

Plus Tip

- **나눔 정렬** : 글자 수에 상관없이 양쪽 정렬을 하되, 어절 사이를 일정하게 띄우는 정렬 방식입니다.

07 그 결과 각 줄마다 정렬 방식이 적용된 것을 확인할 수 있습니다.

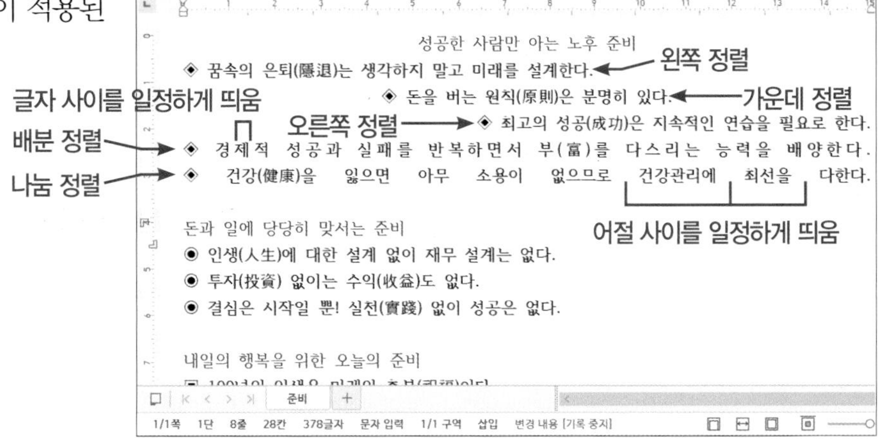

Power Upgrade

문단 정렬하는 또 다른 방법

❶ 해당 내용을 블록 지정한 후, [서식] 탭에서 [문단 정렬] 아이콘을 클릭하고 원하는 정렬 방식을 선택합니다.

❷ 해당 내용을 블록 지정한 후, [서식]−[문단 모양]을 선택합니다(단축키 : Alt + T). [문단 모양] 대화상자가 나타나면 [기본] 탭에서 원하는 정렬 방식을 클릭합니다.

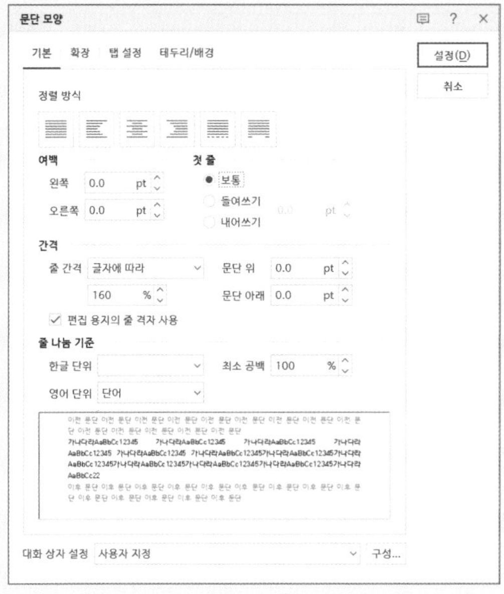

따라하기 02 문단 여백과 간격 지정하기

01 두 번째 문단의 제목을 블록 지정한 후, [서식] 탭에서 [문단 정렬] 아이콘을 클릭하고 [오른쪽 정렬]을 선택합니다.

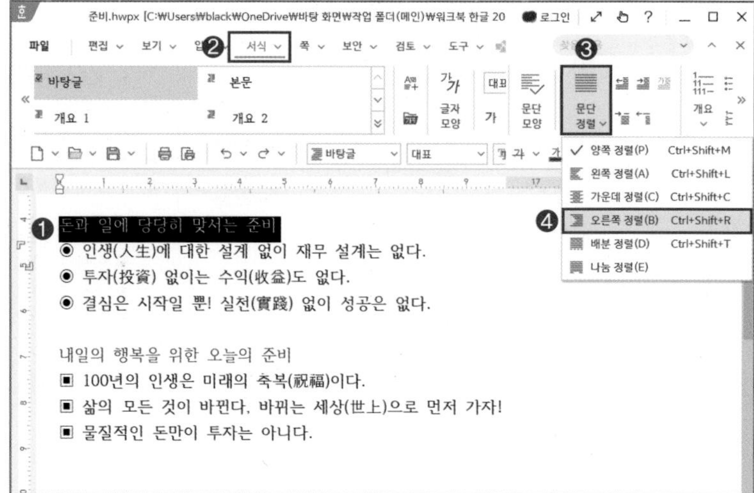

02 지정한 문단이 오른쪽으로 정렬되었습니다. 이번에는 블록이 설정된 상태에서 [서식] 탭에서 [문단 모양] 아이콘을 클릭합니다.

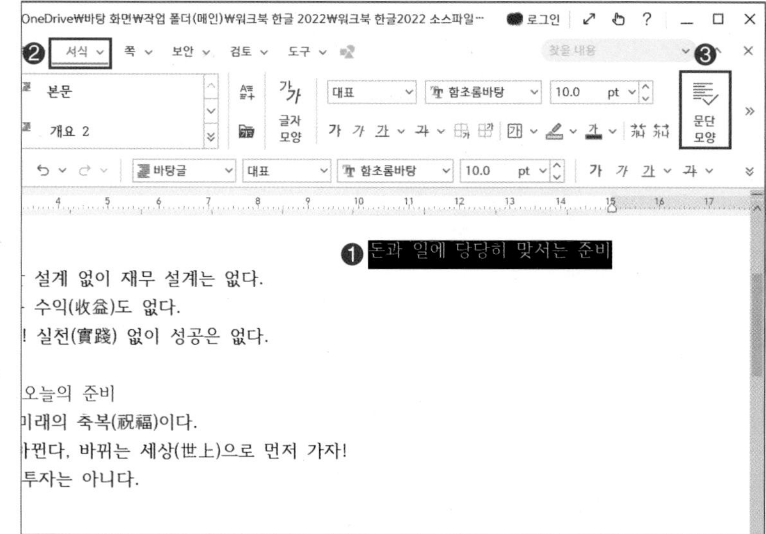

03 [문단 모양] 대화상자가 나타나면 [기본] 탭에서 오른쪽 여백을 '50pt'로 지정하고 [설정] 단추를 클릭합니다.

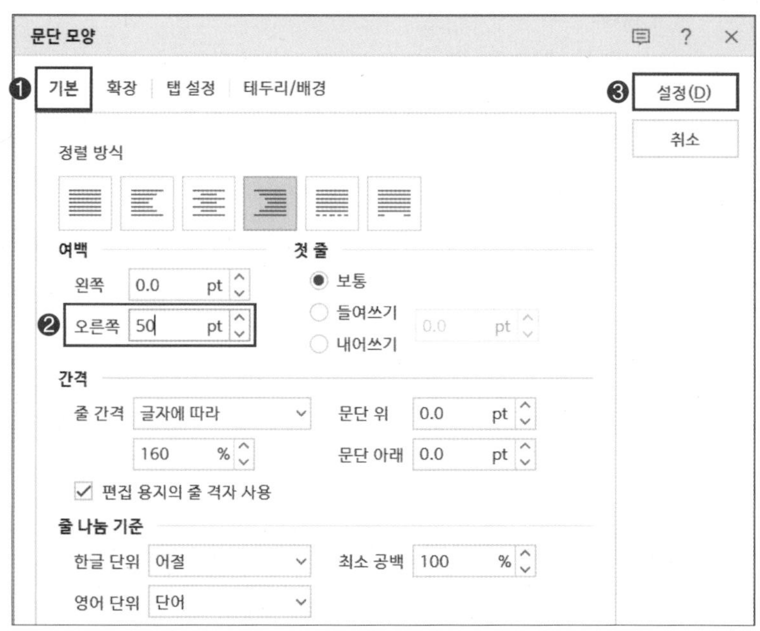

04 이어서 두 번째 문단 왼쪽에 여백을 주기로 합니다. 두 번째 문단 내용을 모두 블록 지정한 후, [서식] 탭에서 [문단 모양] 아이콘을 클릭합니다.

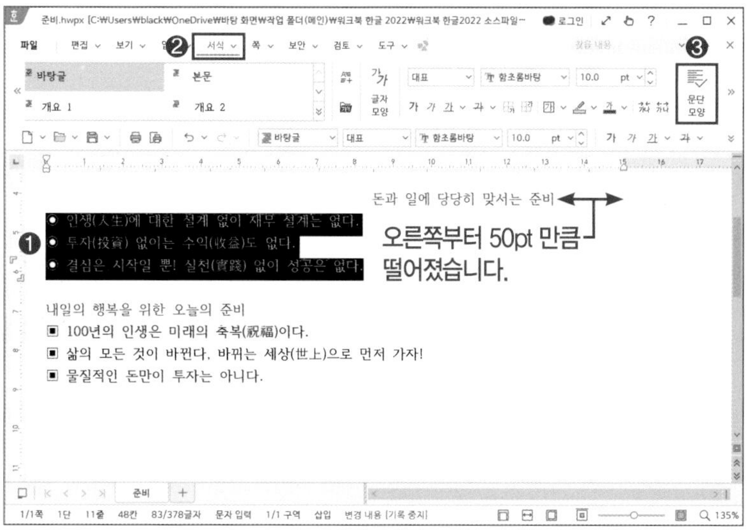

Plus Tip

- **왼쪽/오른쪽 여백 :** 현재 문단 내용의 왼쪽/오른쪽 여백을 어느 정도 띄울 것인지를 지정합니다.

05 [문단 모양] 대화상자가 나타나면 [기본] 탭에서 왼쪽 여백을 '30pt'로 지정하고 [설정] 단추를 클릭합니다.

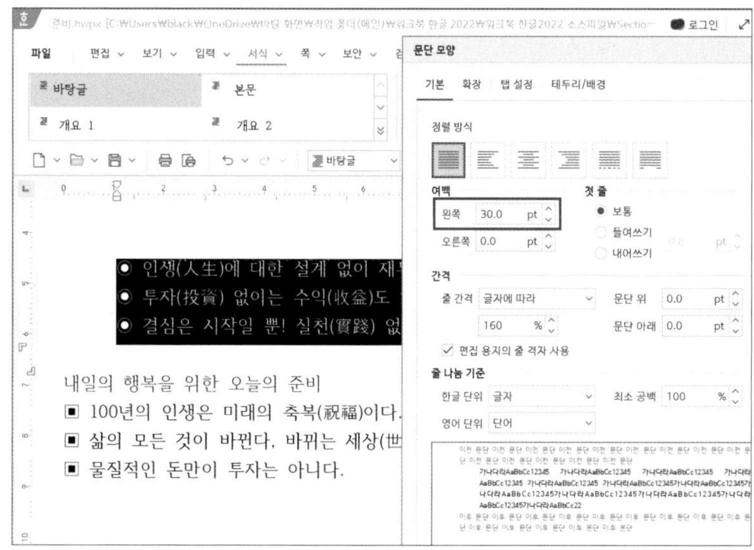

06 두 번째 줄을 블록 지정한 후, [문단 모양] 대화상자의 [기본] 탭에서 들여쓰기를 '20pt'로 지정하고 [설정] 단추를 클릭합니다.

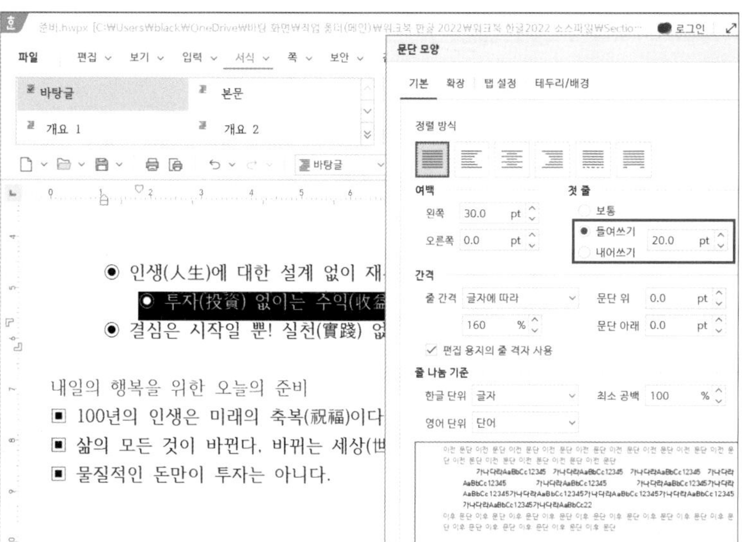

Plus Tip

- **들여쓰기 :** 문단 첫 줄이 해당 문단 전체의 왼쪽 여백보다 오른쪽으로 들어가서 시작되도록 설정합니다.

07 세 번째 줄을 블록 지정한 후, [문단 모양] 대화상자의 [기본] 탭에서 왼쪽 여백은 '0pt', 내어쓰기는 '15pt'로 지정하고 [설정] 단추를 클릭합니다.

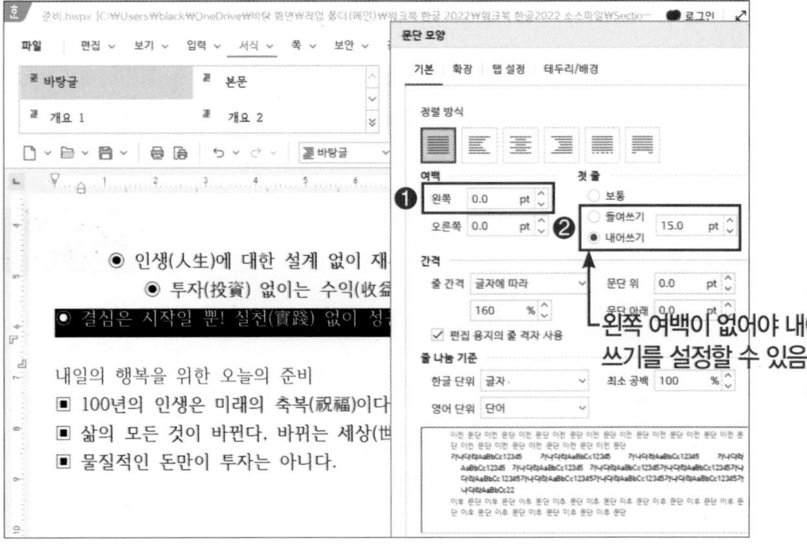

PLUS TIP

- **내어쓰기** : 문단 첫 줄을 제외한 해당 문단 전체의 왼쪽 여백이 내어쓰기 값만큼 들어가서 시작되도록 설정합니다.

08 다시 두 번째 문단 내용을 모두 블록 지정한 후, [문단 모양] 대화상자의 [기본] 탭에서 줄 간격을 '200%'로 지정하고 [설정] 단추를 클릭합니다.

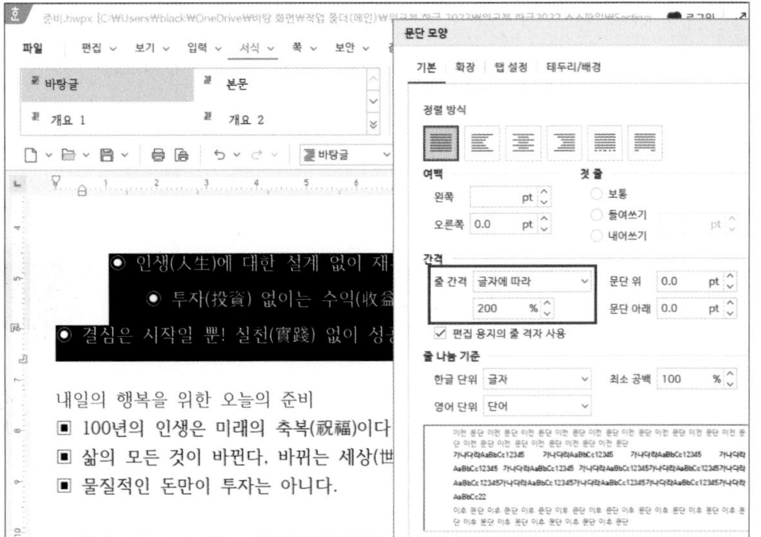

PLUS TIP

- **줄 간격** : 윗줄과 아랫줄 사이의 간격으로 서식 도구 모음에서 줄 간격 목록(줄간격.PNG) 단추를 클릭하여 수치를 조정해도 됩니다.

09 마지막 문단에서 첫 번째 줄을 블록 지정한 후, [문단 모양] 대화상자의 [기본] 탭에서 문단 위를 '5pt'로 지정하고 [설정] 단추를 클릭합니다.

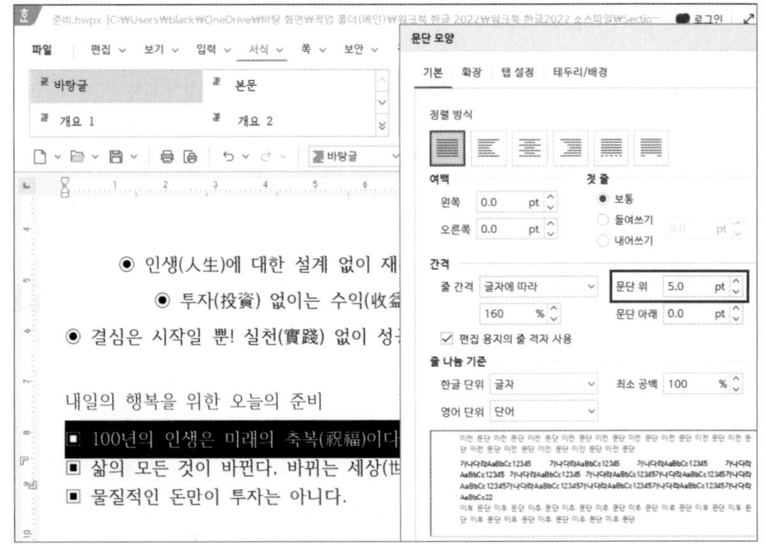

10 두 번째 줄을 블록 지정한 후, [문단 모양] 대화상자의 [기본] 탭에서 문단 아래를 '10pt'로 지정하고 [설정] 단추를 클릭합니다.

Plus Tip

• **문단 위/문단 아래 :** 문단 위는 현재 문단과 위쪽 문단의 사이 간격을 지정하고, 문단 아래는 현재 문단과 아래쪽 문단의 사이 간격을 지정합니다.

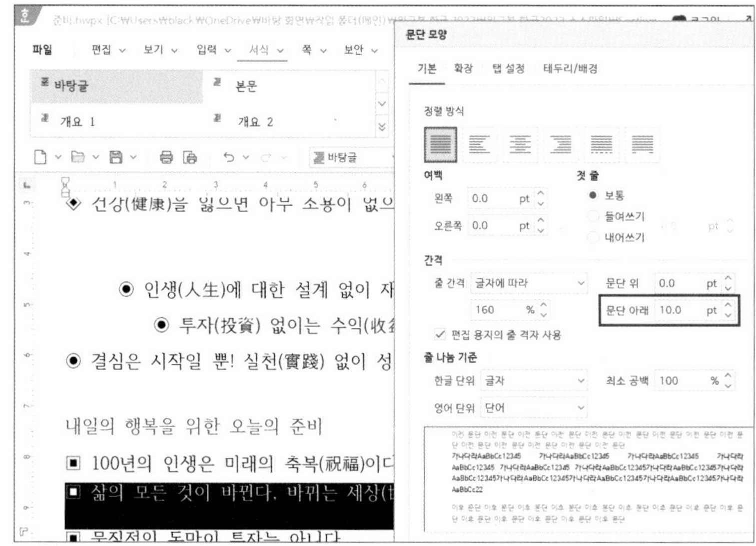

11 그 결과 문단 모양에서 지정한 여백과 간격을 확인할 수 있습니다.

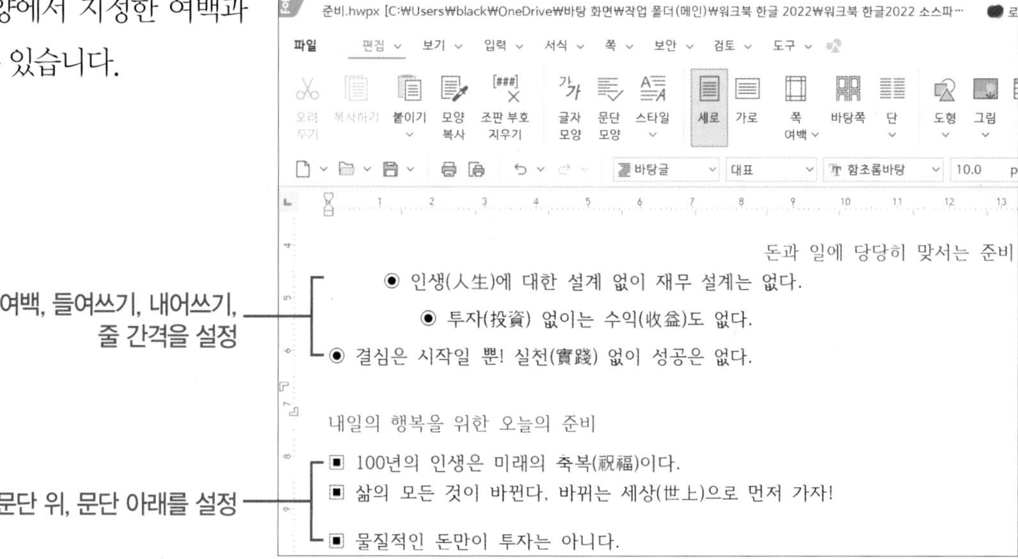

Power Upgrade

줄 나눔 기준

한 낱말의 일부분이 오른쪽 여백에 걸려서 낱말 전체가 다음 줄로 넘어가면 그 앞줄은 낱말과 낱말 사이의 간격이 넓어집니다. 이러한 경우 각 줄의 마지막을 나누는 기준과 앞줄에 있는 낱말들 사이의 빈칸 간격을 조정하여 줄 끝에 낱말이 걸리지 않게 조절합니다.

- 한글 단위 : 필요한 문자를 손쉽게 찾아볼 수 있도록 유니코드 문자를 영역별로 새롭게 분류한 문자가 표시됩니다. 또한, 새로운 문자 영역을 만들어 사용자가 자주 사용하는 문자를 모아 추가할 수도 있습니다.
- 영어 단위 : 각 줄의 마지막에 영어가 올 때 줄 나눔 기준을 '글자' 단위로 할지, '단어' 단위로 할지, '하이픈'을 넣을 것인지를 선택합니다.
- 최소 공백 : 낱말들 사이의 빈칸 간격을 일정한 범위까지 줄임으로써 줄 끝에 걸린 낱말이 다음 줄로 넘어가지 않고 해당 줄에 남을 수 있도록 최소 공백 값을 지정합니다.

기초문제

1

'주차.hwpx' 파일을 불러와 제목을 가운데 정렬하고, 첫 번째 문단을 가운데로 정렬해 보세요.

◎ 고객 주차장 이용 안내 ◎

♣ 주차료는 최초 30분에 2,000원입니다.
♣ 30분 초과 시 10분당 1,000원이 추가됩니다.
♣ 출차 시에는 요금 정산소에 주차표를 제시합니다.

☞ 차량과 물품의 도난 및 파손에 대해서는 일체 책임을 지지 않습니다.
☞ 지하 주차장에 주차하실 때는 주차 위치를 반드시 확인하시기 바랍니다.
☞ 주차표를 분실한 경우에는 매장의 개점 시간부터 주차한 것으로 간주합니다.

2

문서 내용 중 두 번째 문단을 배분 정렬해 보세요.

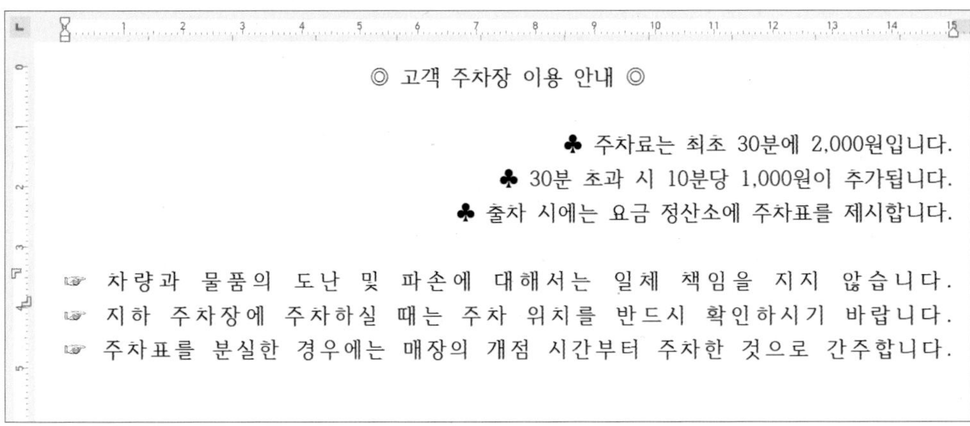

◎ 고객 주차장 이용 안내 ◎

♣ 주차료는 최초 30분에 2,000원입니다.
♣ 30분 초과 시 10분당 1,000원이 추가됩니다.
♣ 출차 시에는 요금 정산소에 주차표를 제시합니다.

☞ 차량과 물품의 도난 및 파손에 대해서는 일체 책임을 지지 않습니다.
☞ 지하 주차장에 주차하실 때는 주차 위치를 반드시 확인하시기 바랍니다.
☞ 주차표를 분실한 경우에는 매장의 개점 시간부터 주차한 것으로 간주합니다.

• 완성파일 : 주차_완성.hwpx

3

'교육내용.hwpx' 파일을 불러와 다음과 같이 문단 서식을 설정해 보세요.

• 제목 : 가운데 정렬, 맨 아래 제목 : 오른쪽 정렬, 첫 줄 들여쓰기 : 10pt , 줄간격 : 165%

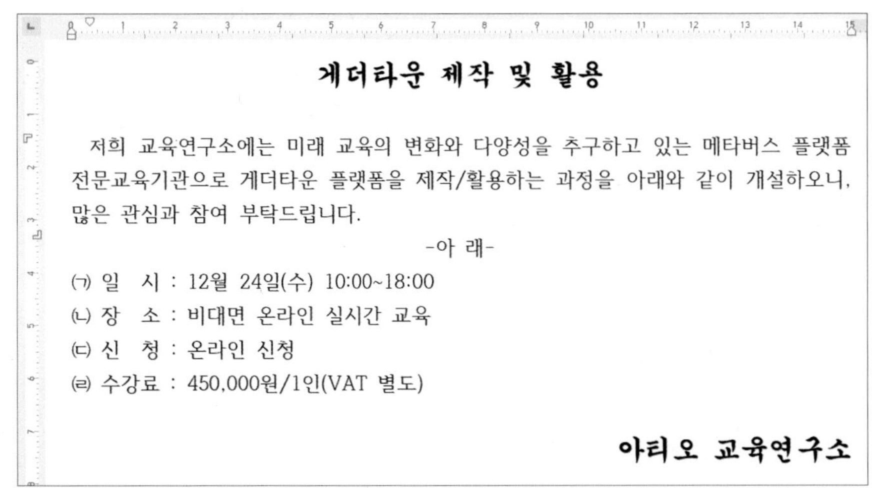

게더타운 제작 및 활용

저희 교육연구소에는 미래 교육의 변화와 다양성을 추구하고 있는 메타버스 플랫폼 전문교육기관으로 게더타운 플랫폼을 제작/활용하는 과정을 아래와 같이 개설하오니, 많은 관심과 참여 부탁드립니다.

-아 래-

㈀ 일 시 : 12월 24일(수) 10:00~18:00
㈁ 장 소 : 비대면 온라인 실시간 교육
㈂ 신 청 : 온라인 신청
㈃ 수강료 : 450,000원/1인(VAT 별도)

아티오 교육연구소

• 완성파일 : 교육내용_완성.hwpx

심화문제

1) '유학.hwpx' 파일을 불러와 첫 문단에 들여쓰기를 '20pt'로 지정해 보세요.

◈ 단기 어학 연수 안내 ◈

비전유학원은 2000년에 창립된 유학원으로 중국의 중심 도시인 북경, 천진, 상해, 청도 등 중국 현지 4곳에 사무실(Branch Office)을 운영(運營)하고 있습니다. 그리고 지방 학생(學生)들을 위해 On-Line 수속을 할 수 있도록 많은 노력을 기울이고 있습니다.
최근 중국과 우리나라와의 무역량(Amount of Trade)도 점차 증가하고 있는 시점에서 중국 유학은 필수적이라고 할 수 있습니다. 입학 수속(Entrance Formalities)을 밟아 주는 것이 유학원의 전부가 아닙니다. 중국 유학은 현지 사무실과 직원들을 통한 철저한 After Service가 매우 중요합니다.

2) 문서 내용에서 왼쪽 여백은 '15pt', 오른쪽 여백은 '10pt'를 각각 지정하고, 전체 줄 간격을 '200%'로 해 보세요.

◈ 단기 어학 연수 안내 ◈

비전유학원은 2000년에 창립된 유학원으로 중국의 중심 도시인 북경, 천진, 상해, 청도 등 중국 현지 4곳에 사무실(Branch Office)을 운영(運營)하고 있습니다. 그리고 지방 학생(學生)들을 위해 On-Line 수속을 할 수 있도록 많은 노력을 기울이고 있습니다.
최근 중국과 우리나라와의 무역량(Amount of Trade)도 점차 증가하고 있는 시점에서 중국 유학은 필수적이라고 할 수 있습니다. 입학 수속(Entrance Formalities)을 밟아 주는 것이 유학원의 전부가 아닙니다. 중국 유학은 현지 사무실과 직원들을 통한 철저한 After Service가 매우 중요합니다.

• 완성파일 : 유학_완성.hwpx

3) '아트페어.hwpx' 파일을 불러와 다음과 같이 문단 서식을 설정해 보세요.

• 제목 : 문단 위, 아래 간격 : 5pt, 줄간격 : 100%
• 전체 내용 줄간격 : 180% 문단 아래 : 5pt, 왼쪽 여백 : 10pt

부산국제아트페어

▶ 부산국제아트페어 소개

문화 도시 부산을 중심으로 열린 미술 시장을 성공적으로 개최해온 부산국제아트페어가 오는 12월 2일부터 12월 6일까지 5일간 더욱 발전된 모습으로 여러분을 찾아간다. 올해로 24회를 맞이하는 부산국제아트페어는 국내외 유명작가 250여 명이 3천여 점의 작품이 출품되는 아시아의 유일한 열린 미술장터로 온라인과 오프라인 양채널을 통해 전시된다.

▶ 기간 : 2025.12.02. (화) ~ 2025.06. (토)

▶ 장소 : 벡스코 제2전시장

▶ 주최 : 사단법인 케이아트국제교류협회

▶ 요금 : 유료-일반: 10,000원 / 학생: 5,000원

• 완성파일 : 아트페어_완성.hwpx

Section

06 문단과 쪽 테두리 지정하기

작성한 문서 내용 중 특정 문단의 테두리를 지정해 보고, 전체 문서에 대해서는 쪽 테두리와 원하는 배경색을 설정하는 방법에 대해서 학습해 봅니다.

Preview

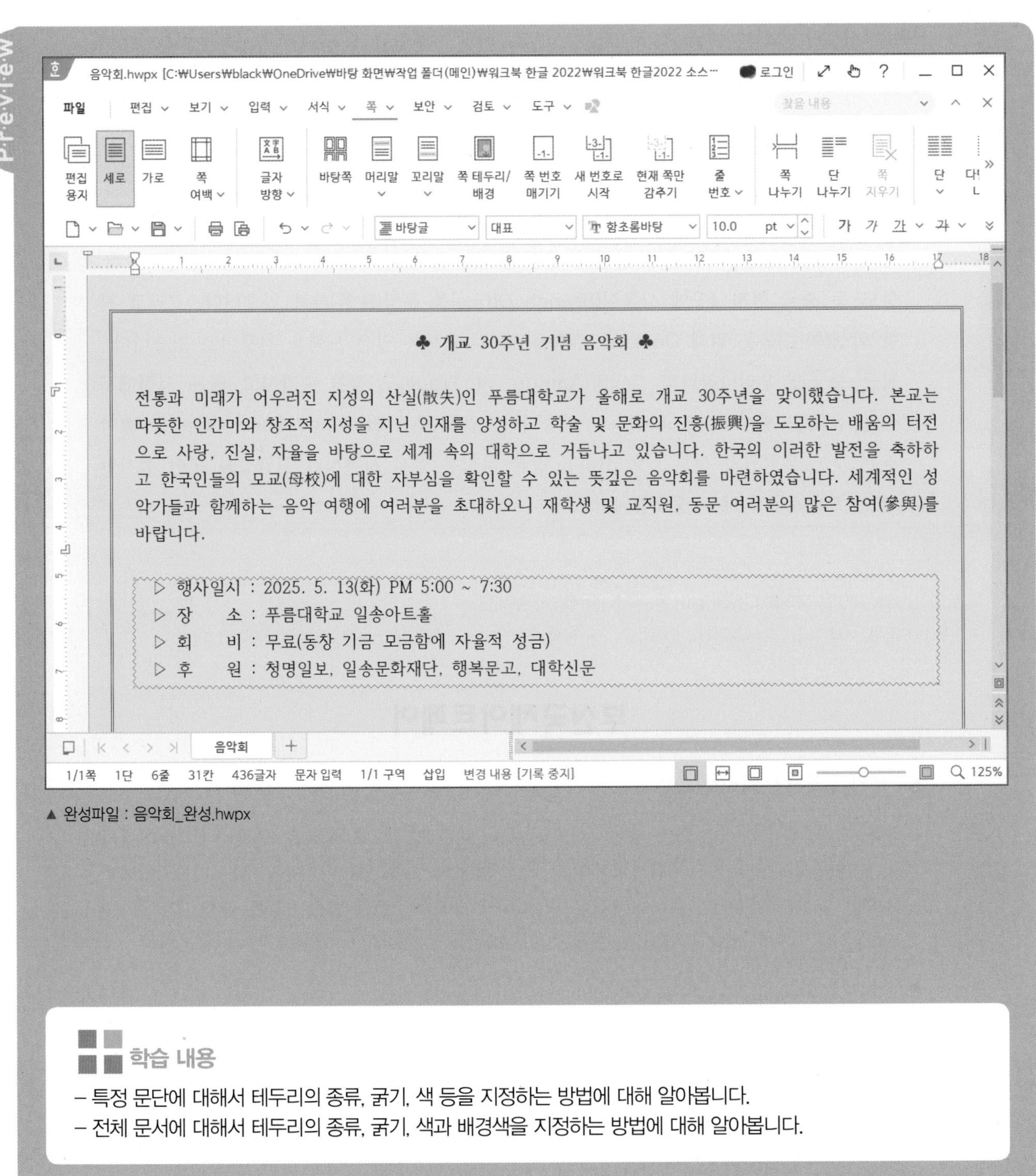

▲ 완성파일 : 음악회_완성.hwpx

학습 내용

- 특정 문단에 대해서 테두리의 종류, 굵기, 색 등을 지정하는 방법에 대해 알아봅니다.
- 전체 문서에 대해서 테두리의 종류, 굵기, 색과 배경색을 지정하는 방법에 대해 알아봅니다.

따라하기 01 문단 테두리 지정하기

01 '음악회.hwpx' 파일을 불러옵니다. 이 파일에 대해 문단 테두리와 쪽 테두리를 설정하고, 배경색을 채우기로 합니다.

02 두 번째 문단 내용을 블록 지정한 후 [서식]-[문단모양] 메뉴를 선택하거나, [편집] 탭에서 [문단 모양] 아이콘을 클릭합니다.

Plus Tip

문단 모양 단축키인 Alt + T 를 눌러도 됩니다.

03 [문단 모양] 대화상자가 나타나면 [테두리/배경] 탭에서 테두리의 종류는 '물결선', 굵기는 '0.5mm', 색은 '빨강'을 각각 지정합니다.

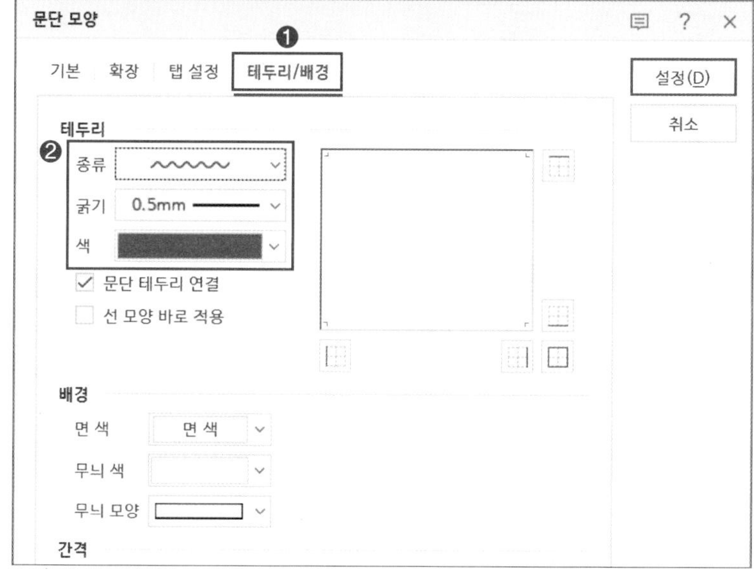

04 계속해서 [모두] ⊞ 단추를 클릭하여 문단 테두리의 미리 보기를 확인한 후, '문단 테두리 연결'을 선택하고 [설정] 단추를 클릭합니다.

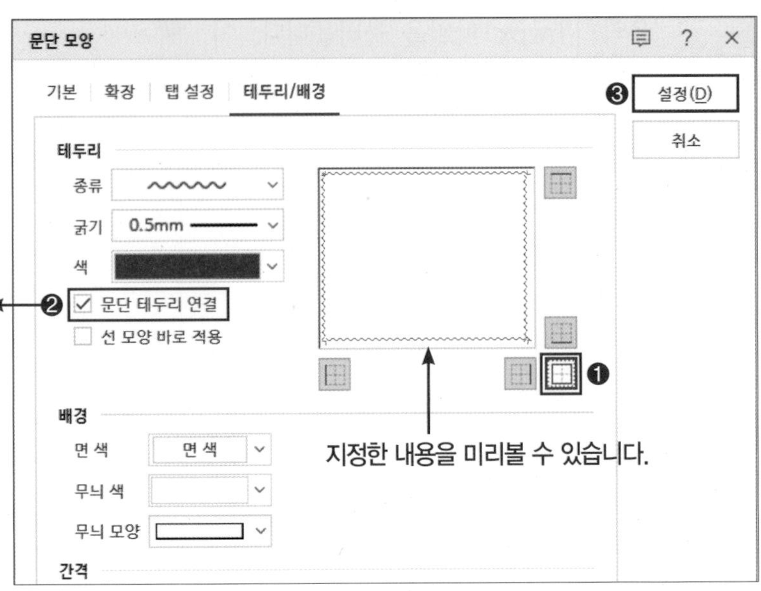

문단 테두리 연결 : 두 개 이상의 문단에서 현재 문단과 이어지는 다음 문단들을 하나의 문단 테두리로 연결하는 것으로, 이를 선택하지 않으면 줄 사이마다 테두리 선이 나타납니다.

05 그 결과 해당 문단에 물결선의 테두리가 적용된 것을 확인할 수 있습니다.

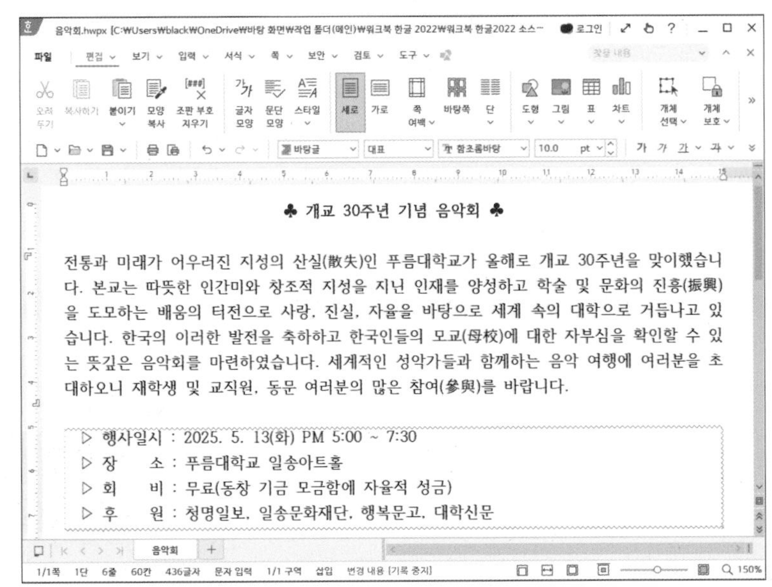

♣ 개교 30주년 기념 음악회 ♣

전통과 미래가 어우러진 지성의 산실(散失)인 푸름대학교가 올해로 개교 30주년을 맞이했습니다. 본교는 따뜻한 인간미와 창조적 지성을 지닌 인재를 양성하고 학술 및 문화의 진흥(振興)을 도모하는 배움의 터전으로 사랑, 진실, 자율을 바탕으로 세계 속의 대학으로 거듭나고 있습니다. 한국의 이러한 발전을 축하하고 한국인들의 모교(母校)에 대한 자부심을 확인할 수 있는 뜻깊은 음악회를 마련하였습니다. 세계적인 성악가들과 함께하는 음악 여행에 여러분을 초대하오니 재학생 및 교직원, 동문 여러분의 많은 참여(參與)를 바랍니다.

▷ 행사일시 : 2025. 5. 13(화) PM 5:00 ~ 7:30
▷ 장　　소 : 푸름대학교 일송아트홀
▷ 회　　비 : 무료(동창 기금 모금함에 자율적 성금)
▷ 후　　원 : 청명일보, 일송문화재단, 행복문고, 대학신문

Power Upgrade

테두리의 종류, 굵기, 색상

- 종류 : 13개의 선 목록 중에서 원하는 선 종류를 선택합니다.
- 굵기 : 테두리의 선 두께를 선택합니다.
- 색 : 테두리의 선 색을 선택합니다.

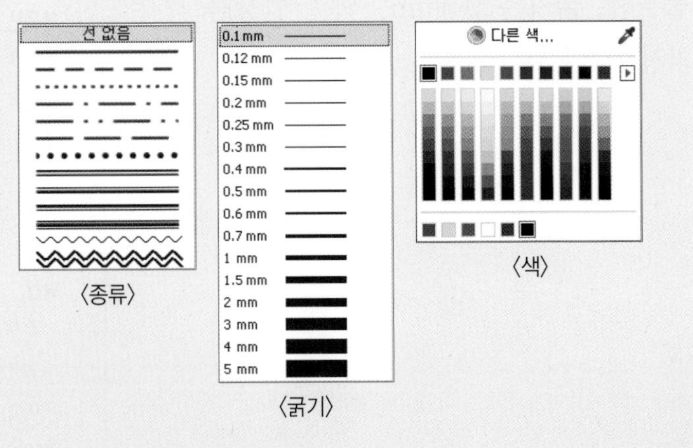

〈종류〉 〈굵기〉 〈색〉

따라하기 02 쪽 테두리 지정하기

01 현재 문서에 쪽 테두리를 지정하려면 [쪽]-[쪽 테두리/배경]을 선택합니다.

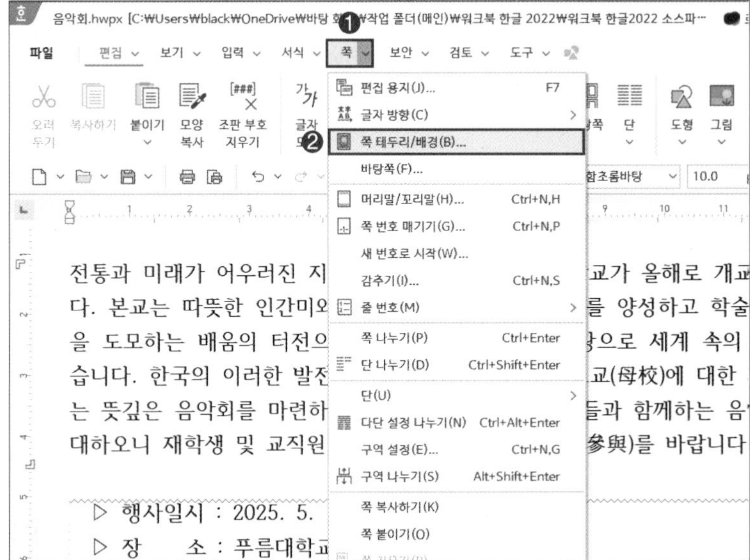

02 [쪽 테두리/배경] 대화상자가 나타나면 [테두리] 탭에서 테두리의 종류는 '이중 실선', 굵기는 '0.5mm', 색은 '파랑'을 각각 지정합니다.

03 계속해서 모두 □ 단추를 클릭하여 쪽 테두리의 미리 보기를 확인한 후, [설정] 단추를 클릭합니다.

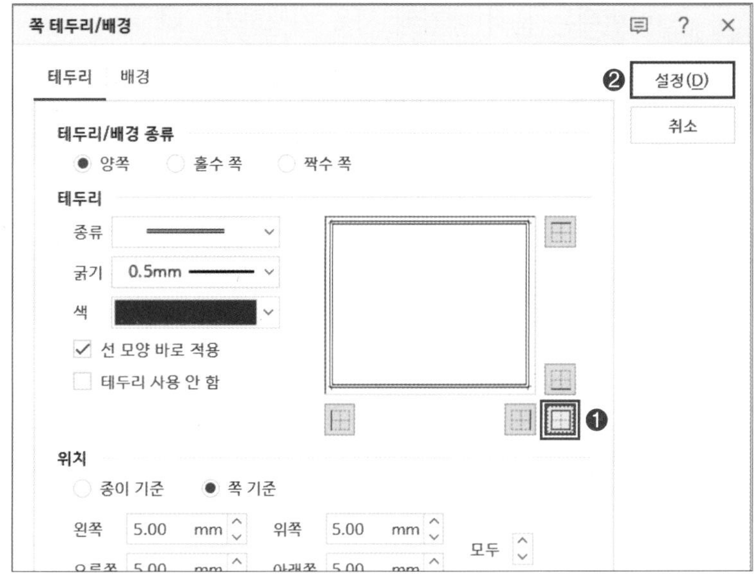

04 쪽 테두리가 제대로 만들어졌나 확인하기 위하여 [보기] 탭에서 [쪽 윤곽] 메뉴를 클릭합니다.

Plus Tip

• **쪽 테두리 확인** : 쪽 테두리는 쪽 윤곽을 해제한 상태에서는 확인할 수 없으며, [파일]-[미리 보기]를 선택하면 전체 내용을 한번에 확인할 수 있습니다.

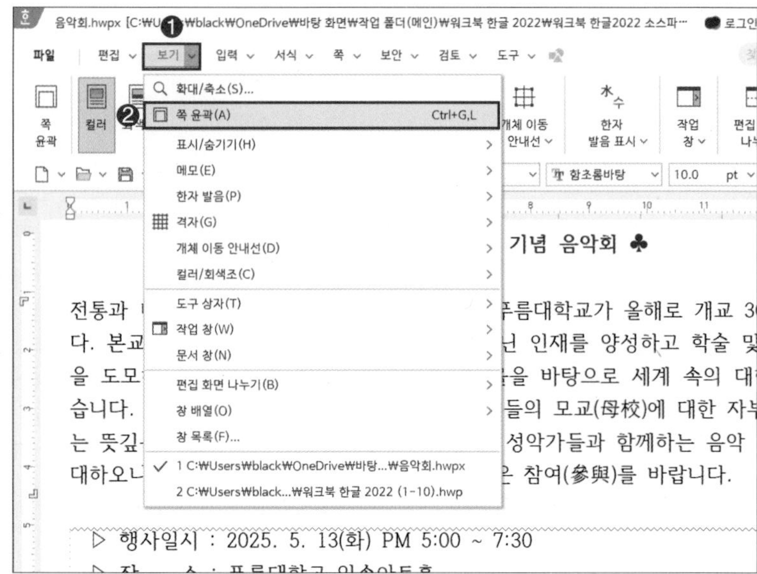

05 그 결과 현재 문서에 쪽 테두리가 적용된 것을 확인할 수 있습니다.

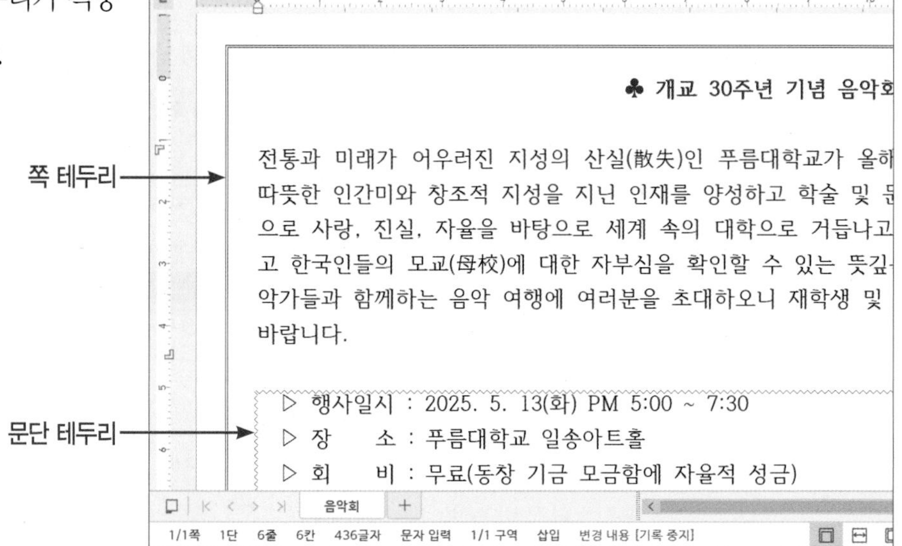

06 이번에는 문서 배경에 색을 지정하기 위하여 [쪽]-[쪽 테두리/배경] 메뉴를 선택하거나, [쪽] 탭에서 쪽 테두리/배경 아이콘을 클릭합니다.

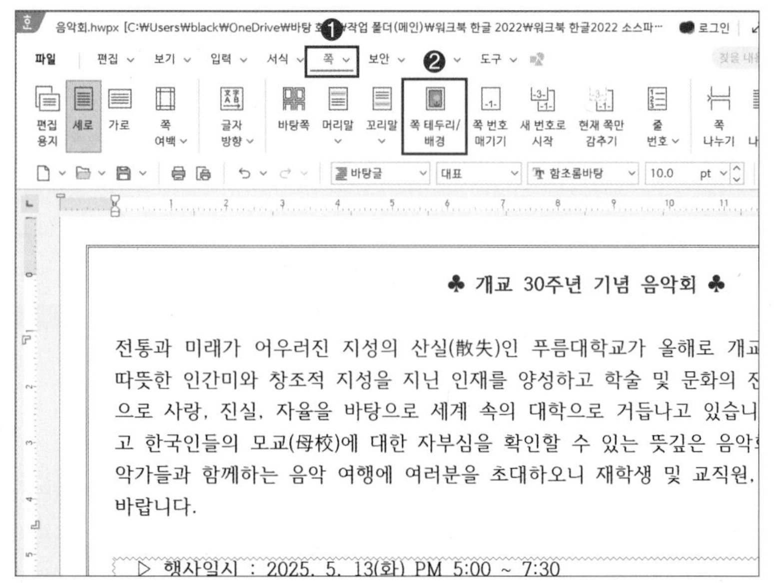

07 [쪽 테두리/배경] 대화상자가 나타나면 [배경] 탭에서 색을 선택한 후, 면 색을 '노랑'으로 지정하고 [설정] 단추를 클릭합니다.

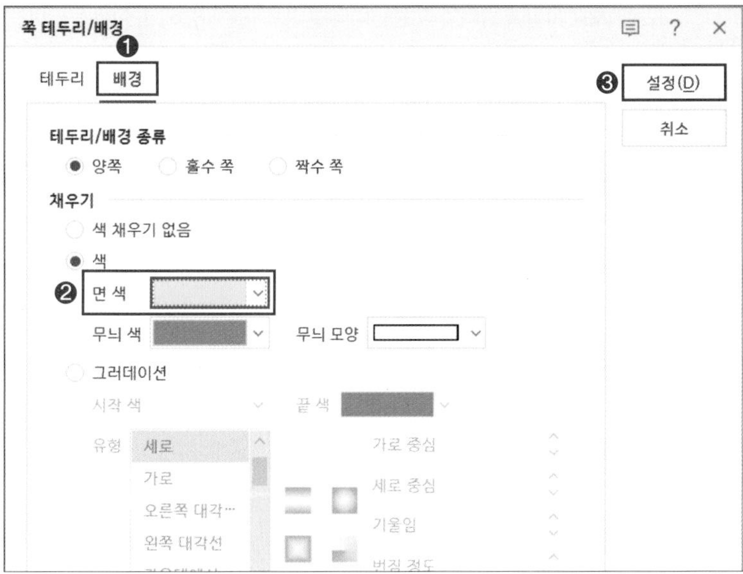

08 그 결과 문서의 전체 배경에 색이 적용되는 것을 확인할 수 있습니다.

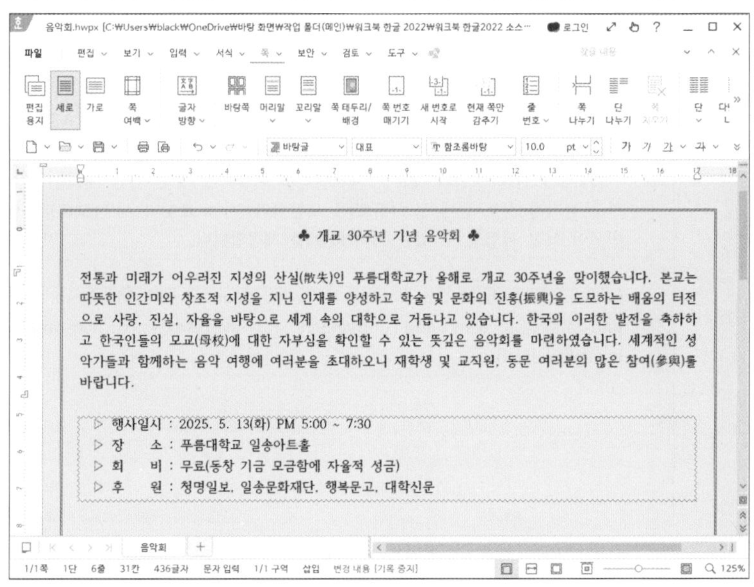

Power Upgrade

[쪽 테두리/배경] 대화상자의 [배경] 탭 메뉴들

- 색 채우기 없음 : 색, 그러데이션, 그림 채우기 효과 등을 적용하지 않습니다.
- 면 색 : 색상표를 눌러 색상 팔레트가 나타나면 배경색을 선택합니다.
- 무늬 색 : 색상표를 눌러 색상 팔레트가 나타나면 배경에 지정할 무늬 색을 선택합니다.
- 무늬 모양 : 무늬 모양 목록에서 배경을 채울 무늬 모양을 선택합니다.
- 그러데이션 : 다단계 색 퍼짐 효과를 주는 그러데이션(Gradation)으로 배경을 채웁니다.
- 그림 : 그림 파일을 불러와서 배경을 그림으로 채웁니다.
- 적용 쪽 : 선택한 배경을 적용할 쪽(페이지)을 선택합니다.
- 적용 범위 : 현재 편집 문서의 구역 수, 커서 위치, 블록 설정 상태에 따라 설정 범위를 제시합니다.
- 채울 영역 : 종이, 쪽, 테두리 중에서 쪽 배경을 채울 영역을 선택합니다.

기초문제

1

'로봇.hwpx' 파일을 불러와 각 문단마다 들여쓰기를 지정하고, 한글 문단에는 점선의 주황색 테두리를 지정해 보세요.

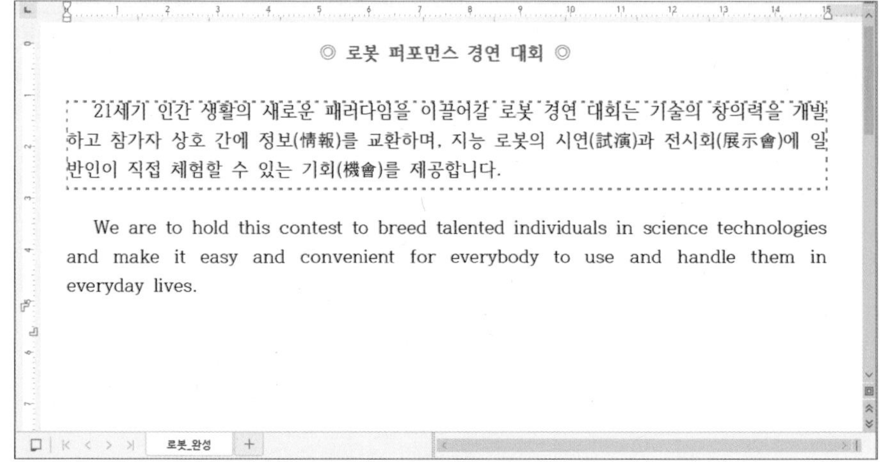

힌트

문단을 블록 지정한 후, [문단 모양] 대화상자의 [기본] 탭에서 들여쓰기를 '15pt'로 각각 지정합니다.

2

영문 문단에는 이중 물결선의 초록색 테두리를 지정해 보세요.

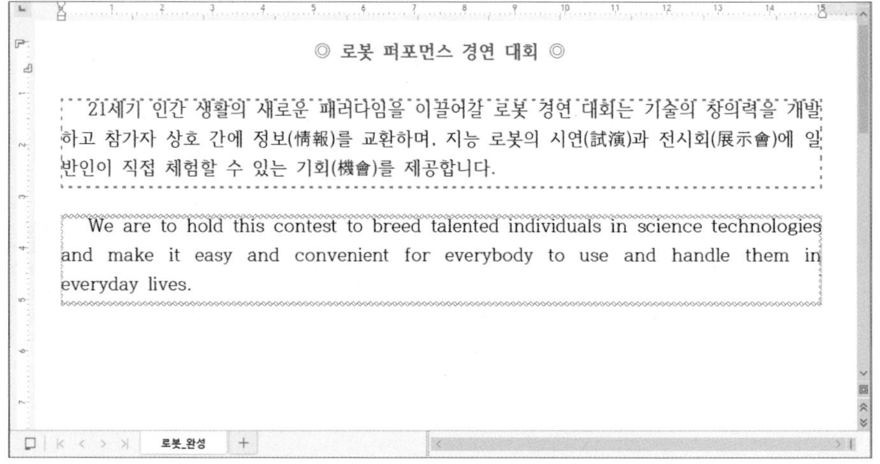

• 완성파일 : 로봇_완성.hwpx

3

'브라우저.hwpx' 파일을 불러와 첫 번째 문단에 빨간색의 파선 테두리를 지정하고, 두 번째 문단에는 파란색의 물결 테두리를 지정해 보세요.

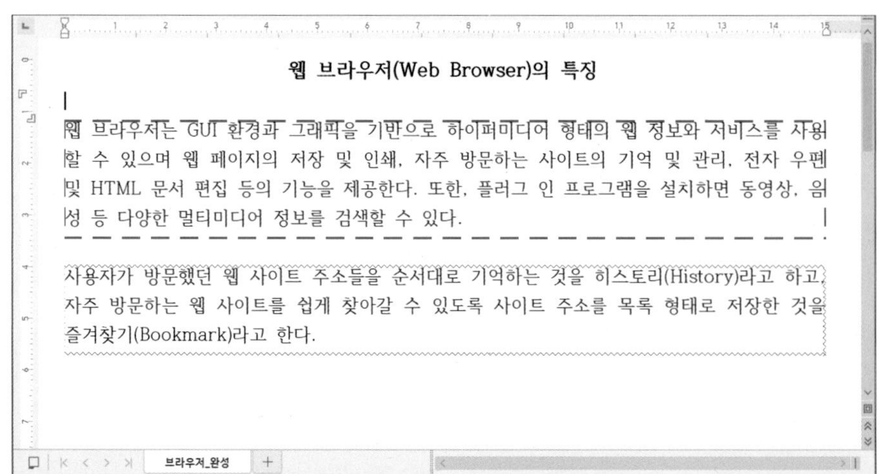

• 완성파일 : 브라우저_완성.hwpx

1) '나들이.hwpx' 파일을 불러와 첫 문단에 물결선의 보라색 테두리와 임의의 면색을 지정해 보세요.

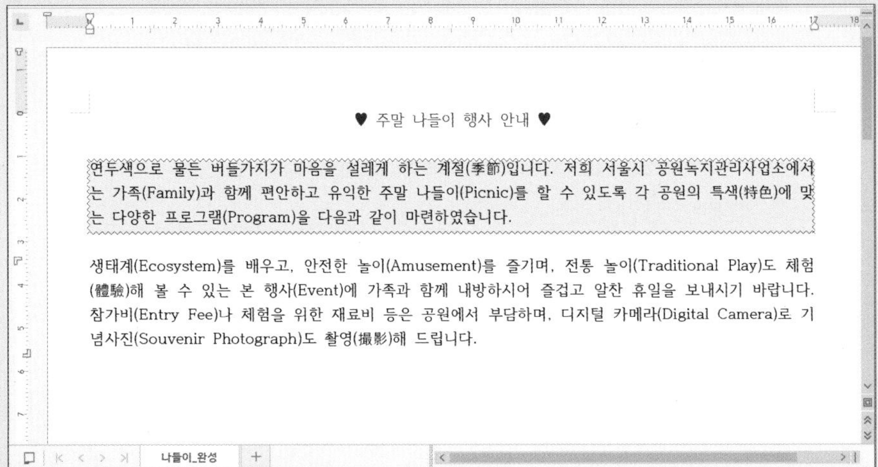

2) 문서 전체에 이중 실선의 빨간색 쪽 테두리를 지정하고, 눈금무늬와 임의의 색으로 배경 무늬를 지정해 보세요.

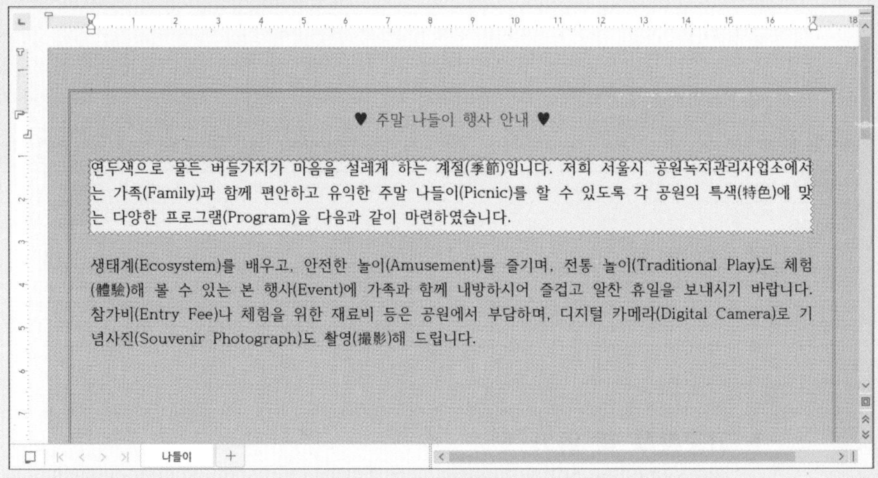

• 완성파일 : 나들이_완성.hwpx

3) '클라우드.hwpx' 파일을 불러와 두 번째 문단에 초록색의 실선 테두리와 임의의 면색을 지정하고, 문서 전체에 이중 실선의 주황색 쪽 테두리를 지정해 보세요.

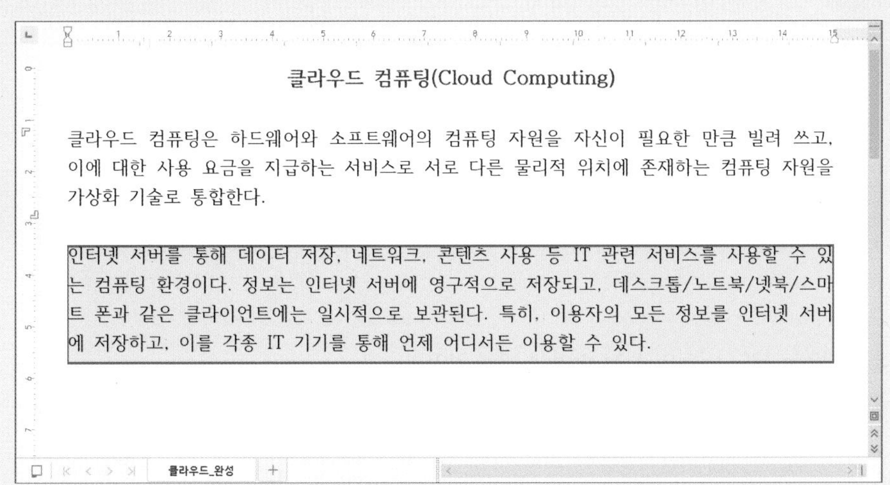

• 완성파일 : 클라우드_완성.hwpx

Section

07 문단 번호와 글머리표 삽입하기

여러 개의 항목을 나열할 경우, 문단의 앞 부분에 순차적으로 번호를 매기거나 글머리표를 삽입할 수 있습니다. 여기에서는 문단의 수준을 지정하는 문단 번호와 글머리표를 삽입하는 방법에 대해서 학습해 봅니다.

Preview

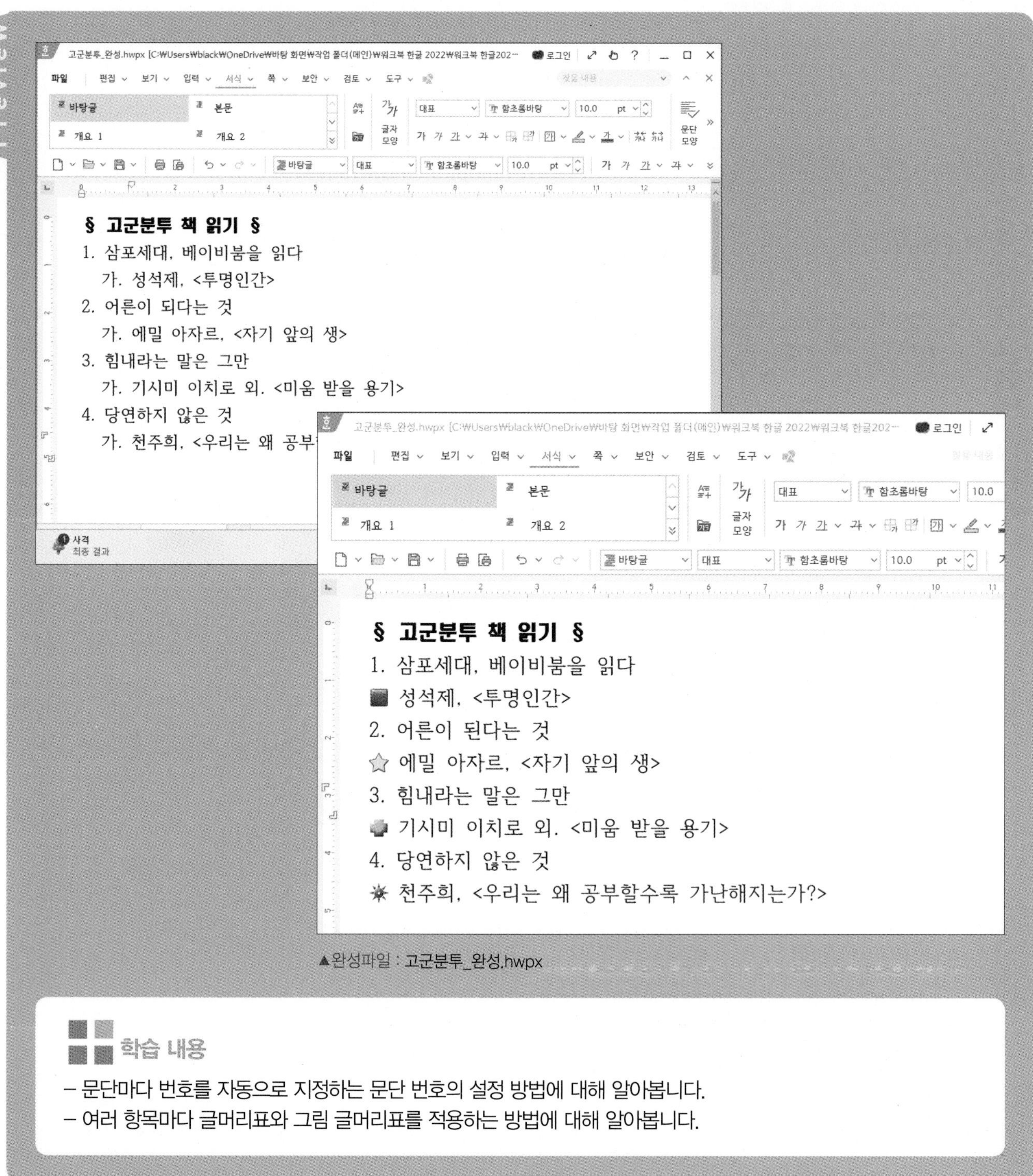

▲완성파일 : 고군분투_완성.hwpx

학습 내용

- 문단마다 번호를 자동으로 지정하는 문단 번호의 설정 방법에 대해 알아봅니다.
- 여러 항목마다 글머리표와 그림 글머리표를 적용하는 방법에 대해 알아봅니다.

따라하기 01 문단 번호 삽입하기

01 화면에 임의의 글꼴 서식으로 제목을 입력합니다.

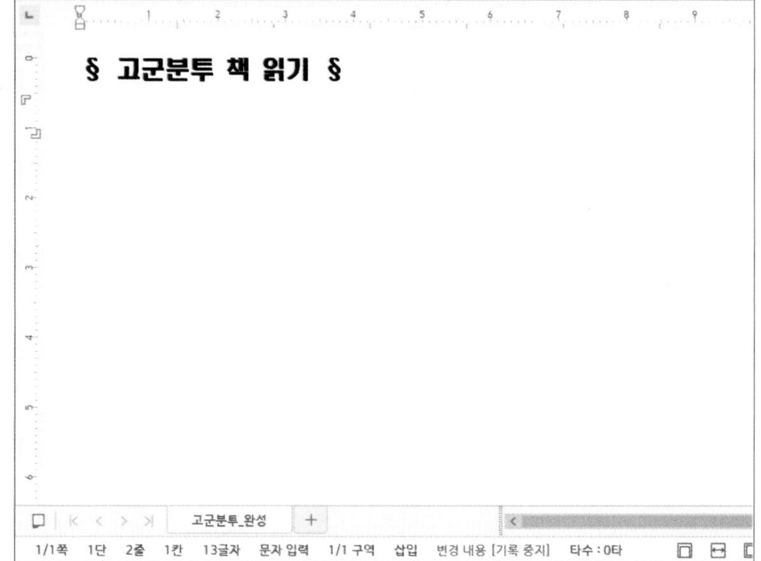

02 제목 밑에 커서를 위치시킨 후 본문을 입력하기 위해 '함초롱 바탕체'로 바꾼 다음, [서식]-[문단 번호 모양]을 선택합니다.

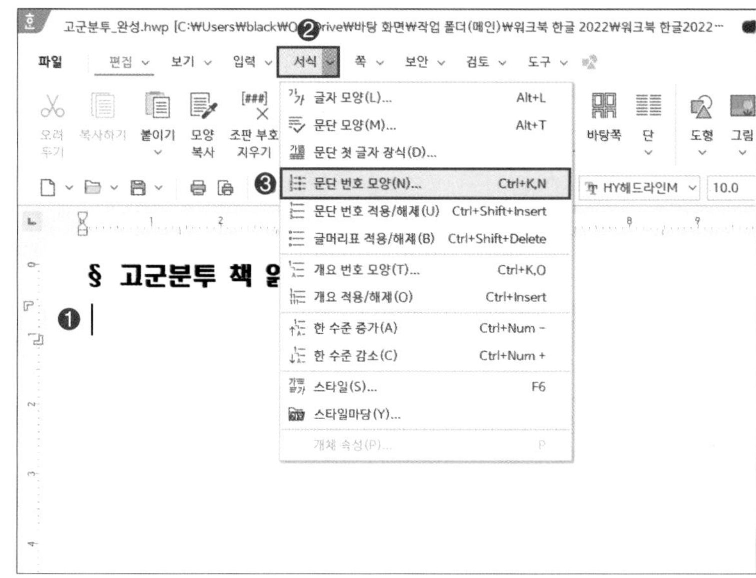

03 [문단 번호/글머리표] 대화상자의 [문단 번호] 탭에서 '문단 번호 모양'과 '시작 번호 방식'을 다음과 같이 선택하고 [설정] 단추를 클릭합니다.

Plus Tip

• [새 번호 목록 시작] 메뉴 : 현재 문단부터 새로운 번호를 시작하는 것으로, 적용할 새로운 문단 번호의 시작 값을 입력할 수 있습니다.

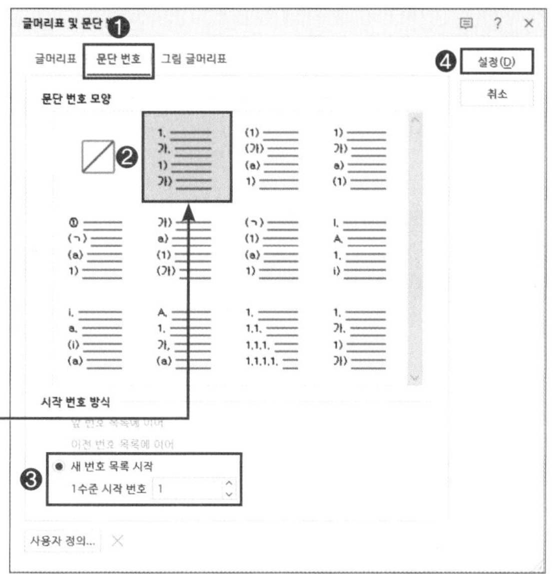

1. 가. 1) 가) 순으로 문단 번호를 만들겠다는 의미입니다.

04 커서 위치에 '1.'이라는 문단 번호가 자동으로 삽입됩니다. 주어진 내용을 입력하고, Enter 를 누릅니다. 그러면 다음 줄에 '2.'이 자동으로 삽입됩니다.

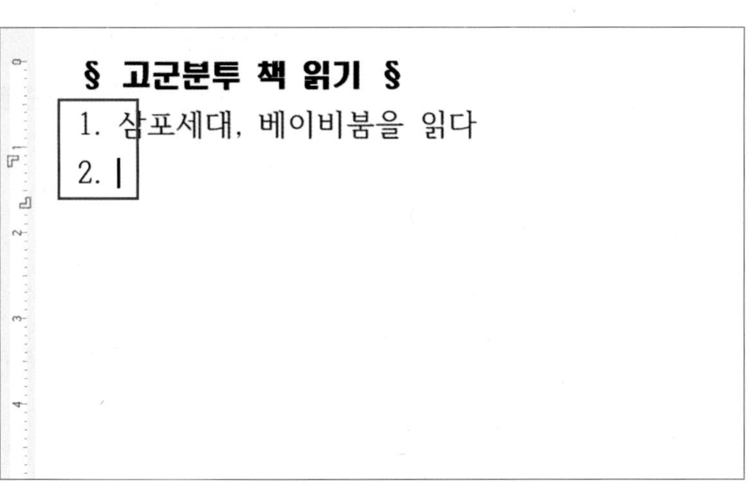

05 앞 번호에 이어진 새로운 문단 번호인 '2.'가 삽입된 상태에서 주어진 내용을 다음처럼 차례대로 입력합니다. 그러면 Enter 를 누를 때마다 3. 4. 5. 순으로 문단 번호가 자동으로 표시됩니다.

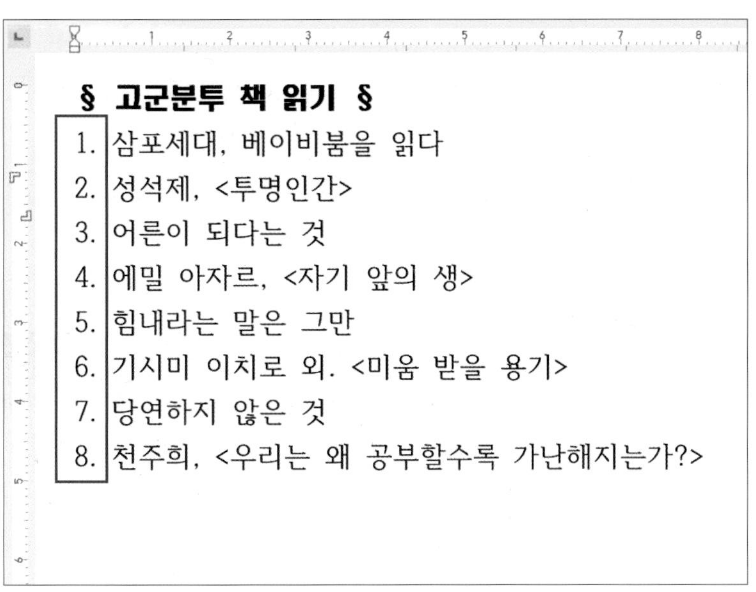

06 문단 번호의 수준을 조절하기로 합니다. '성석제' 앞에 커서를 위치시킨 후, [서식]-[한 수준 감소]를 선택합니다.

Plus Tip

• **한 수준 감소** : [서식] 탭에서 [한 수준 감소] 아이콘을 클릭해도 됩니다.

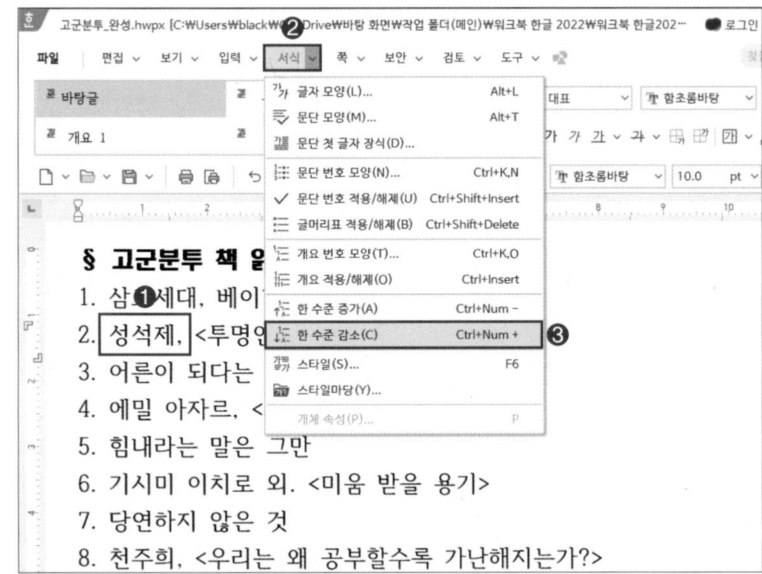

07 '성석제' 앞의 문단 번호가 '1.'에서 '가.'으로 한 단계 낮아졌습니다. 나머지 문단에도 그림처럼 동일한 방법으로 수준을 각각 조절합니다.

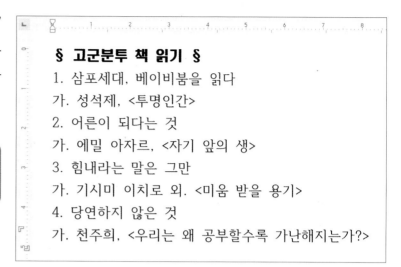

PLUS TIP

• **수준 목록** : 문단 번호는 총 7개(1. → 가. → (1) → (가) → 1) → 가) → ①)의 수준으로 구분되어 처리됩니다. 반대로 [한 수준 증가]를 선택하면 한 단계씩 문단 번호가 증가되어 처리됩니다.

§ 고군분투 책 읽기 §

1. 삼포세대, 베이비붐을 읽다
가. 성석제, <투명인간>
2. 어른이 되다는 것
가. 에밀 아자르, <자기 앞의 생>
3. 힘내라는 말은 그만
가. 기시미 이치로 외. <미움 받을 용기>
4. 당연하지 않은 것
가. 천주희, <우리는 왜 공부할수록 가난해지는가?>

08 '1.'과 '가.'이 같은 줄에 있어 구분이 잘 안되므로 보기좋게 구분해 보기로 합니다. 첫 번째 수준을 블록 지정한 후, Alt + T 를 눌러 나타난 [문단 모양] 대화상자의 [기본] 탭에서 들여쓰기를 '30pt'로 지정하고, [설정] 단추를 클릭합니다.

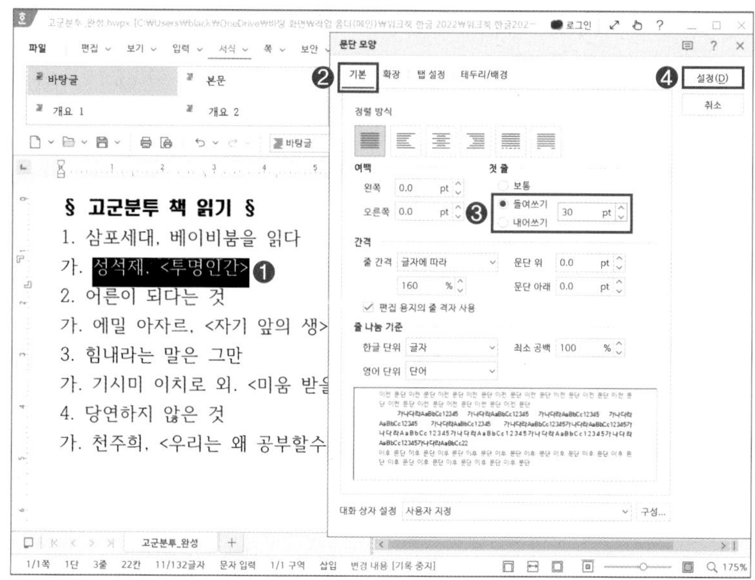

09 동일한 방법으로 나머지 감소된 수준에도 들여쓰기(30pt)를 각각 지정합니다.

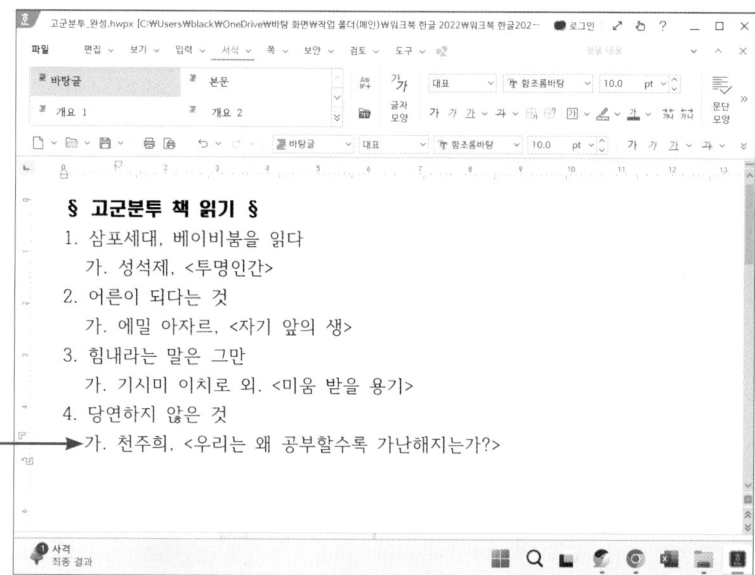

지정한 문단이 안쪽으로 들어가서 보기에 편하게 되었습니다.

따라하기 02 글머리표와 그림 글머리표 삽입하기

01 이번에는 글머리표를 이용하여 구분하는 법을 배우기로 합니다. 글머리표를 삽입하기 위하여 '성석제' 앞에 커서를 위치시킨 후, [서식]–[문단 번호 모양]을 선택합니다.

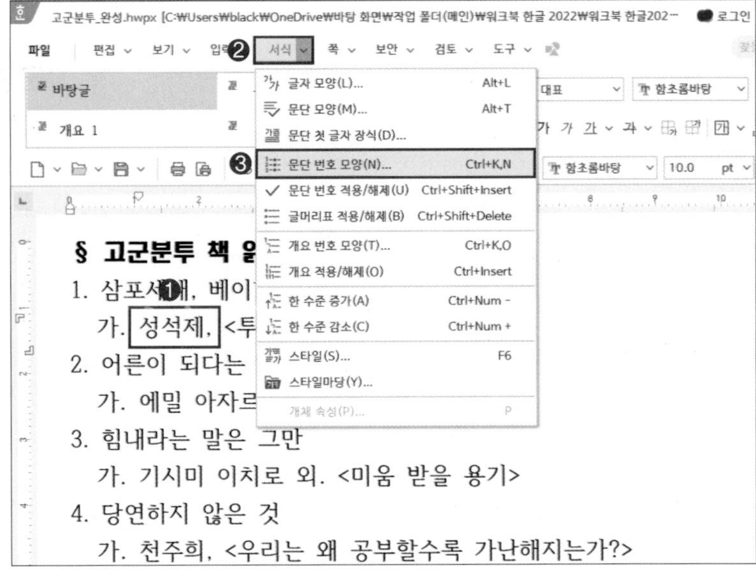

02 [글머리표 및 문단 번호] 대화상자가 나타나면 [글머리표] 탭에서 원하는 글머리표 모양을 선택하고 [설정] 단추를 클릭합니다.

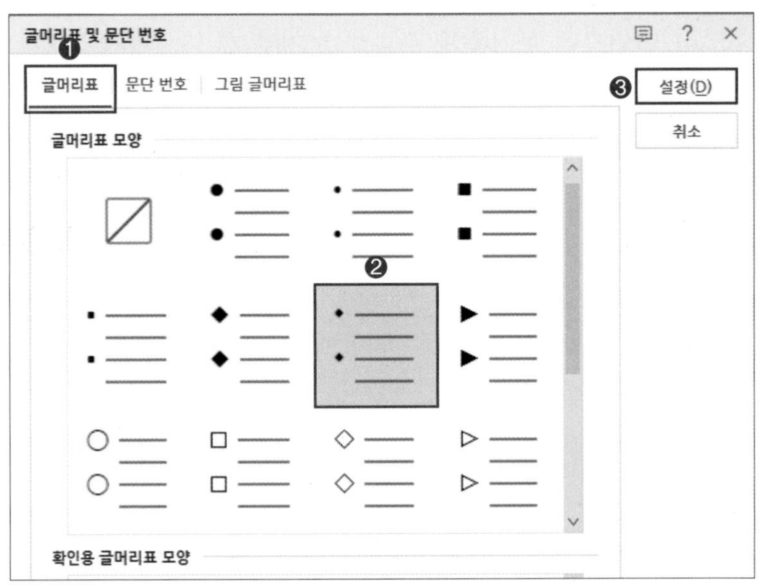

03 동일한 방법으로 나머지 수준 항목에도 원하는 글머리표를 각각 삽입합니다.

PLUS TIP

- **글머리표 삽입시 들여쓰기 형태 :** 글머리표나 그림 글머리표를 삽입하면 지정한 들여쓰기가 해제되는데, 필요한 경우 다시 설정할 수 있습니다.

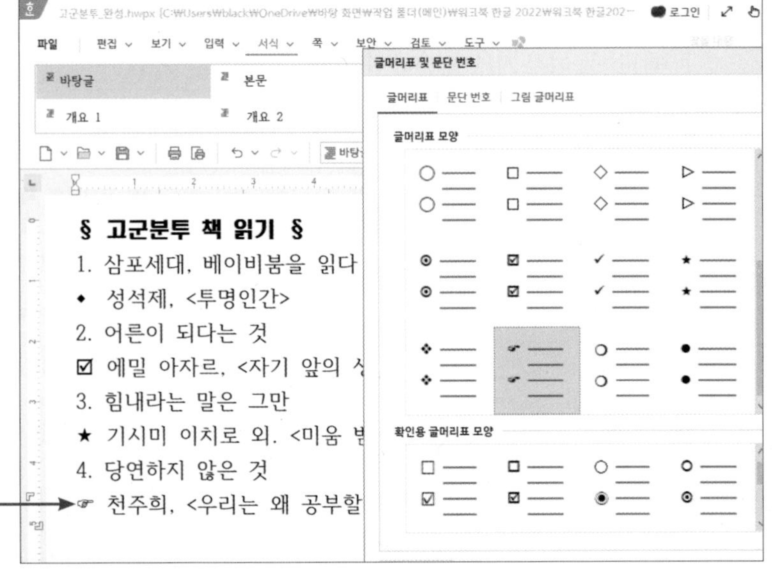

04 이번에는 그림 글머리표로 바꾸기 위하여 해당 부분에 커서를 위치시킨 후, [글머리표 및 문단 번호표] 대화상자를 불러내어 [그림 글머리표] 탭에서 원하는 그림 글머리표 모양을 선택하고 [설정] 단추를 클릭합니다.

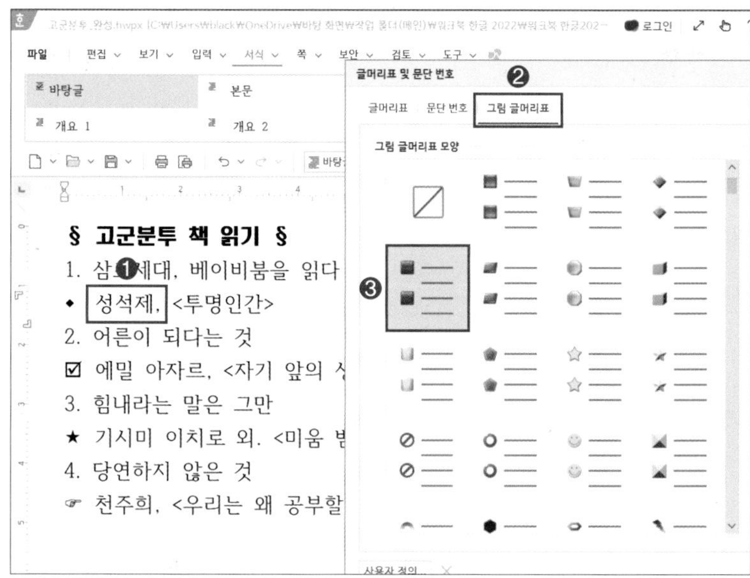

05 동일한 방법으로 나머지 수준 항목에도 원하는 그림 글머리표를 각각 삽입합니다.

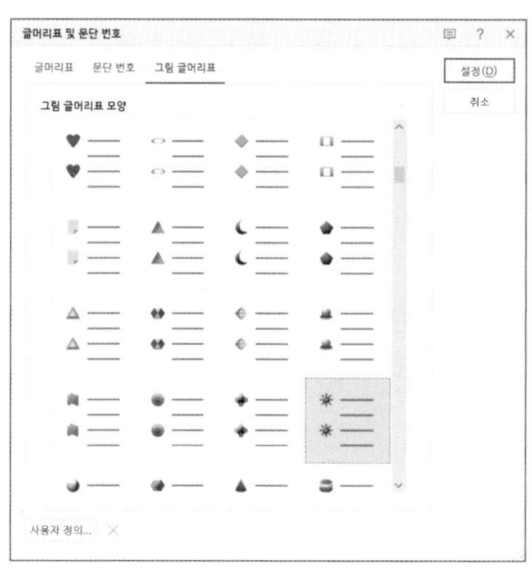

§ 고군분투 책 읽기 §

1. 삼포세대, 베이비붐을 읽다
- 성석제, <투명인간>

2. 어른이 된다는 것
- 에밀 아자르, <자기 앞의 생>

3. 힘내라는 말은 그만
- 기시미 이치로 외, <미움 받을 용기>

4. 당연하지 않은 것
- 천주희, <우리는 왜 공부할수록 가난해지는가?>

Power Upgrade

글머리표와 그림 글머리표

[서식] 탭에서 글머리표 목록 단추와 그림 글머리표 목록 단추를 클릭하고, 원하는 글머리표와 그림 글머리표를 선택할 수도 있습니다.

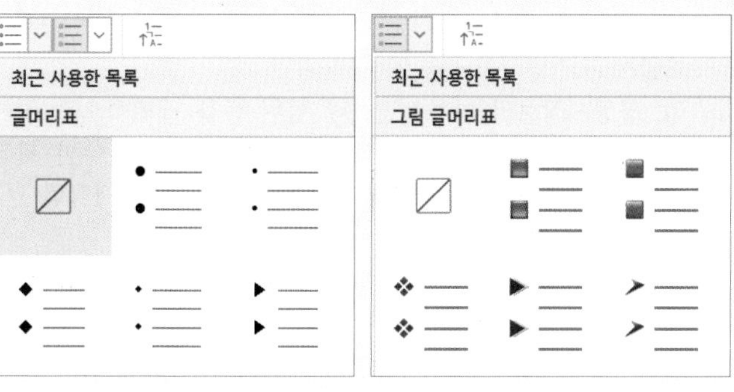

기초문제

1

다음과 같이 문단 번호를 이용하여 문서를 작성해 보세요.

■ 청소년 봉사활동 박람회 개요
I. 주제 및 기간
A. 주제 : 청소년 봉사활동, 나눔과 행복
B. 기간 : 2025. 4. 6. ~ 4. 8.
II. 주최 및 장소
C. 주최 : 여성가족부, 한국청소년활동진흥원
D. 장소 : 세종 컨벤션홀

2

문단 번호 모양을 그림과 같이 변경해 보세요.

• 완성파일 : 봉사활동_완성.hwpx

■ 청소년 봉사활동 박람회 개요
A. 주제 및 기간
1. 주제 : 청소년 봉사활동, 나눔과 행복
2. 기간 : 2025. 4. 6. ~ 4. 8.
B. 주최 및 장소
1. 주최 : 여성가족부, 한국청소년활동진흥원
2. 장소 : 세종 컨벤션홀

3

'공공누리.hwpx' 파일을 불러와 다음과 같이 문단 번호와 글머리표를 설정해 보세요.

• 완성파일 : 공공누리_완성.hwp

I. 공공누리란?
• 공공누리는 국가, 지방자치단체, 공공기관이 4가지 공공누리 유형마크를 통해 개방한 공공저작물 정보를 통합 제공하는 서비스입니다.
• 공공누리는 저작물별로 적용된 유형별 이용조건에 따라 저작권 침해의 부담 없이,무료로 자유롭게 이용가능합니다.
II. 기대효과
A. 국가나 지방자치단체 및 공공기관
a. 공공저작물의 이용조건이나 범위 등을 개별적으로 정해야 할 필요가 없습니다.
b. 공공저작물의 저작권을 보유하면서도 개방을 통한 활용성을 높일 수 있습니다.
c. 표준화된 약관을 사용하여 공정성을 지키고 저작권 분쟁의 소지를 예방할 수 있습니다.
B. 일반 이용자
a. 이용허락절차가 간소화되어 신속하게 원하는 공공저작물을 이용할 수 있습니다.
b. 품질 좋은 저작물을 무상으로 자유롭게 이용할 수 있습니다.
c. 공공누리의 이용조건을 준수함으로써 저작권 침해에 대한 부담에서 벗어날 수 있습니다.

심화문제

1) '여행앱.hwpx' 파일을 불러와 다음과 같이 글머리표와 문단 번호를 설정해 보세요.

해외안전 여행 앱을 사용해야 하는 이유!

I. '모바일 동행 서비스'가 내 손에!
- 사전에 여행 일정을 등록해 두면, 국가별 최신 안전정보가 실시간 푸시 알림으로 제공돼요.
- 위급상황 발생 등 필요 시, 등록된 비상 연락처를 통해 국내 가족 또는 지인에게 위치 정보를 문자메시지로 즉각 전송할 수 있어요.

II. 국가정보와 재외공관 연락처가 한눈에!
- 국가/지역별 기본정보 및 날씨, 교통정보, 현지 문화 등을 쉽게 확인할 수 있어요.
- 각 재외공관의 대표번호(근무시간 중)와 긴급연락처(24시간)를 바로 찾아볼 수 있어요.

III. 예기치 못한 사태에 대한 만반의 대비!
- 사증(비자), 입국 수속 등 여행 전 점검 사항을 미리 확인하고 준비할 수 있어요.
- 인질/납치, 대규모 시위, 테러 등 위기 상황별 대처 안내서를 간편하게 숙지할 수 있어요.
- 터치 한 번이면 바로 영사콜센터에 전화해서 도움을 얻을 수 있어요.

• 완성파일 : 여행앱_완성.hwpx

2) '문화재.hwpx' 파일을 불러와 그림으로 글머리표를 설정하여 문서를 완성하세요.

▥▥▥▥▥ 우리의 문화재 ▥▥▥▥▥

■ **서울 숭례문 국보 제1호**
- 조선 태조 7년(1398)에 한양도성의 남쪽 대문으로 세워졌다. 이 문은 돌을 높이 쌓아 만든 석축 가운데에 무지개 모양의 홍예문을 두고, 그 위에 앞면 5칸·옆면 2칸 크기로 지은 누각형 2층 건물이다.

■ **원각사지 십층석탑 국보 제2호**
- 세조가 세운 원각사 터에 남아 있는 높이 12m의 십층 석탑이다. 원각사는 1465년(세조 11)에 조계종의 본산이었던 흥복사 터를 확장하여 세운 사찰인데, 이 탑은 2년 뒤인 1467년(세조 13)에 완성했다.

■ **보은 법주사 쌍사자 석등 국보 제5호**
- 법주사 대웅전과 팔상전 사이에 있는 통일신라시대의 석등으로, 사자를 조각한 석조물 가운데 가장 오래되었으며 매우 독특한 형태를 하고 있다.

• 완성파일 : 문화재_완성.hwpx

3) '식중독.hwpx' 파일을 불러와 원하는 기호로 글머리표를 설정해 보세요.

한겨울 식중독
노로바이러스

1. 겨울철 식중독, 노로바이러스는 무엇인가요?

◈ 노로바이러스에 의한 유행성 바이러스성 위장염으로 우리나라에서 발생하는 수인성·식품매개 질환 중 가장 흔한 것입니다. 기존 식중독 바이러스들과는 달리 기온이 낮을수록 더 활발하게 움직이는데다, 전세계에 걸쳐 산발적으로 감염이 발생합니다.

2. 노로바이러스는 어떤 경로를 통해 걸리게 되나요?

◈ 굴, 조개, 생선 같은 수산물을 익히지 않고 먹을 경우, 집단 배식에서 조리자의 손이 오염되고 그 음식을 섭취한 경우, 구토물, 침 같은 분비물이 묻은 손으로 음식을 먹은 경우, 설사 증세를 보이는 유아의 기저귀를 만진 경우 등 주로 오염된 식품 식수, 환자 접촉 등을 통해 발생합니다.

3. 노로바이러스 감염예방 수칙

◈ 화장실 사용 후, 식사 전, 음식 준비 전 꼭 손을 씻으세요.
◈ 음식을 완전히 익혀서 먹어야 합니다. 특히 조개 등 패류 섭취 시 완전히 익히세요.
◈ 야채 및 과일 등 생으로 섭취하는 채소류는 깨끗한 물에 씻어서 섭취하세요.
◈ 환경 위생 관리에 주의하세요. 질병 발생 후 오염된 옷, 이불 등은 즉시 살균, 세탁하세요.
◈ 설사 등 증상이 있을 경우 음식을 조리하거나, 영유아, 환자 등 간호하지 않아야 합니다.

자료출처 :네이버 지식백과 한겨울 식중독, 노로바이러스

힌트

• [글머리표 및 문단번호] 대화상자의 [글머리표] 탭에서 [사용자 정의]를 클릭하여 [문자표]를 선택하면 원하는 문자로 글머리표를 설정할 수 있습니다.

• 완성파일 : 식중독_완성.hwpx

Section

08 스타일 지정과 적용하기

[스타일]은 자주 사용하는 글자 모양이나 문단 모양을 미리 정해 놓고, 필요 시 편하게 사용하기 위한 기능입니다. 여기에서는 제목과 부제목에 대한 스타일을 지정한 후, 이를 적용하여 글자 모양과 문단 모양을 한 번에 바꾸는 방법에 대해서 학습해 봅니다.

Preview

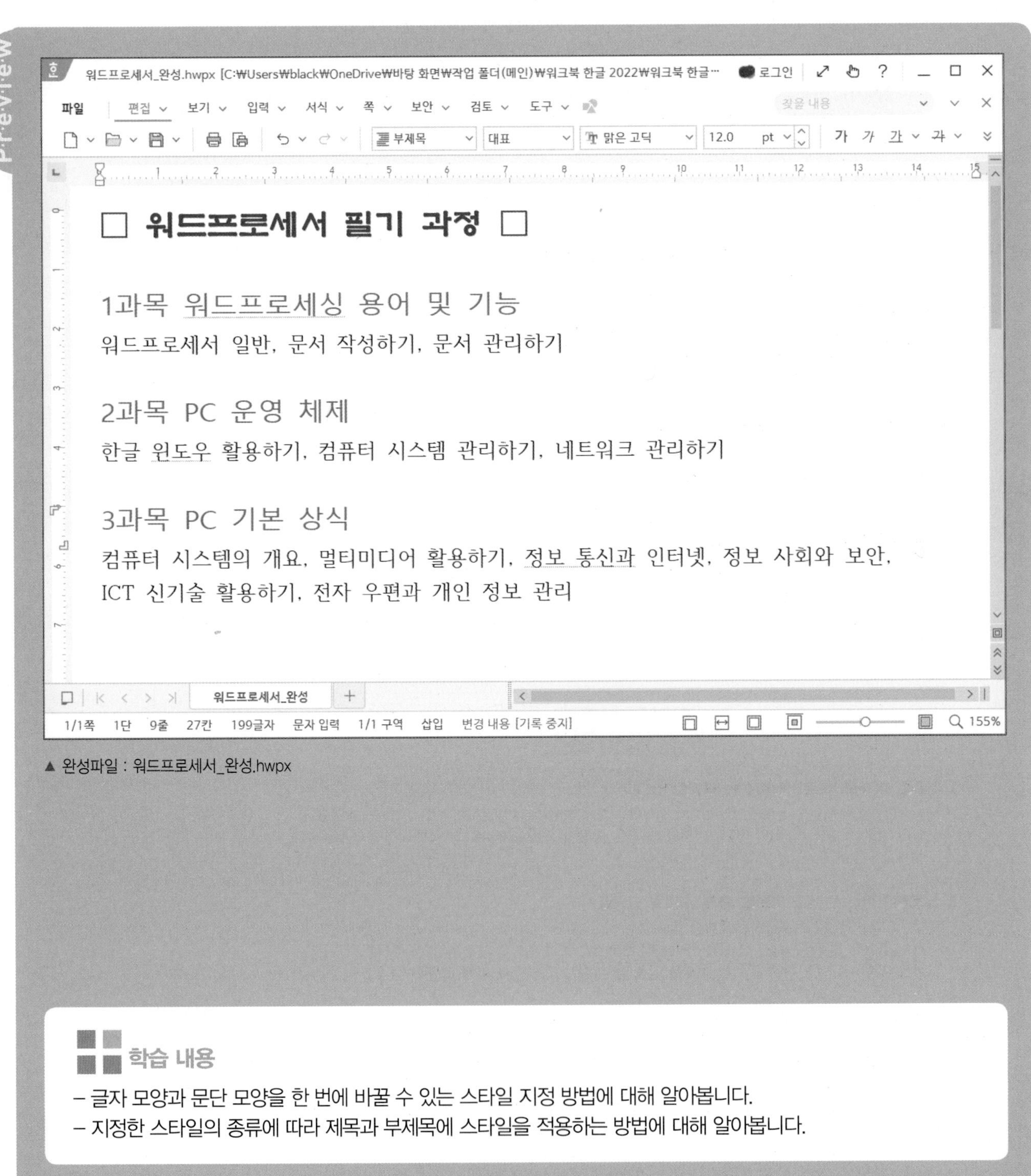

▲ 완성파일 : 워드프로세서_완성.hwpx

학습 내용

- 글자 모양과 문단 모양을 한 번에 바꿀 수 있는 스타일 지정 방법에 대해 알아봅니다.
- 지정한 스타일의 종류에 따라 제목과 부제목에 스타일을 적용하는 방법에 대해 알아봅니다.

따라하기 01 스타일 지정하기

01 '워드프로세서.hwpx' 파일을 불러옵니다. 여기에서 제목과 부제목에 대해 스타일을 지정하여 편리하게 사용하는 방법을 학습하겠습니다.

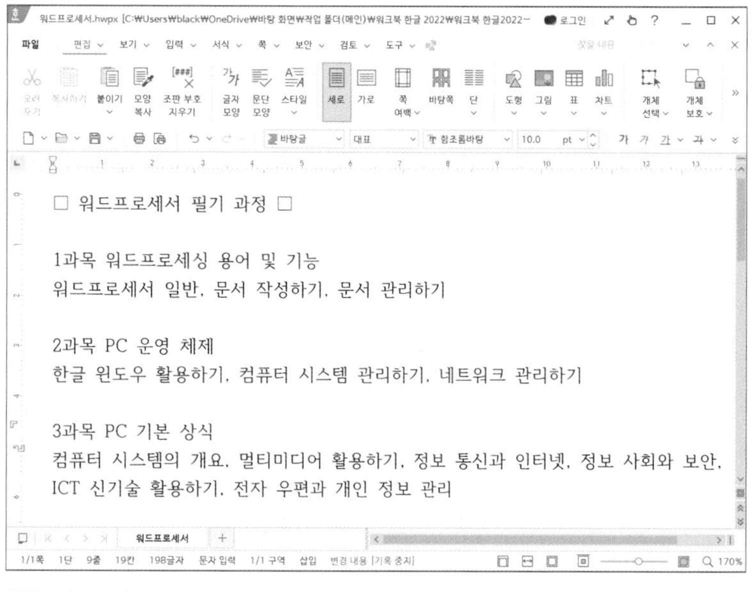

02 제목과 부제목에 대한 스타일을 지정하기 위해 [서식]–[스타일]을 선택합니다. 단축키 F6 을 누르면 매우 편하게 지정할 수 있습니다.

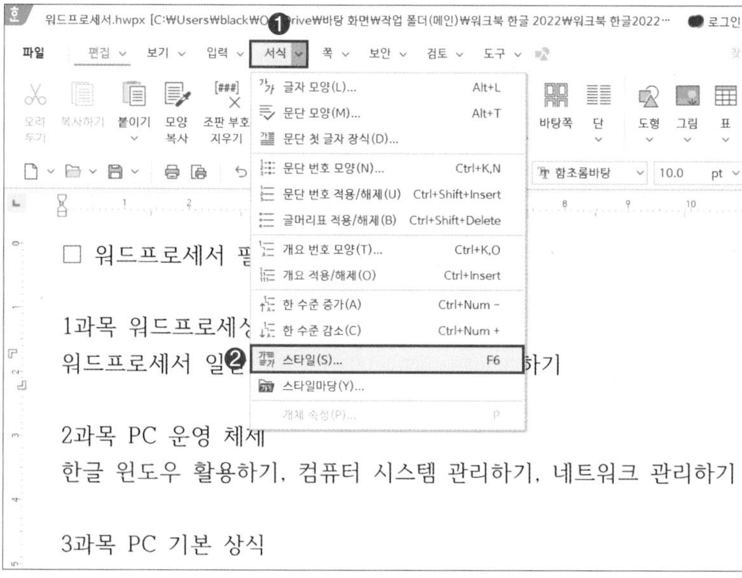

Plus Tip

• **커서 위치 :** 스타일 기능 작성 시 커서 위치는 신경 쓰지 않아도 되지만 새로운 스타일을 추가할 때는 글자 속성이 지정되지 않은 빈 줄(행)에 커서를 위치시키는 것을 추천합니다.

03 [스타일] 대화상자가 나타나면 새로운 스타일을 만들기 위하여 [스타일 추가하기] + 아이콘을 클릭합니다.

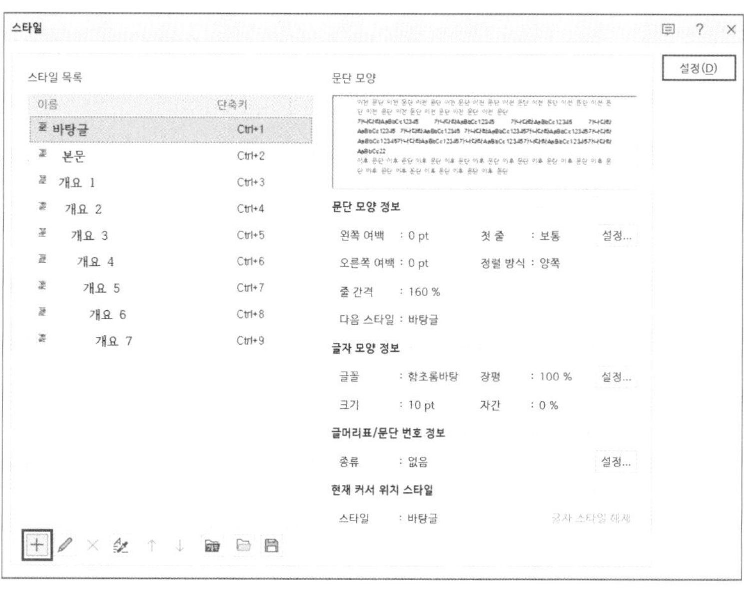

04 [스타일 추가하기] 대화상자가 나타나면 스타일 이름에 “주제목”을 입력한 후, 스타일 종류는 ‘문단’을 선택하고 [추가] 단추를 클릭합니다.

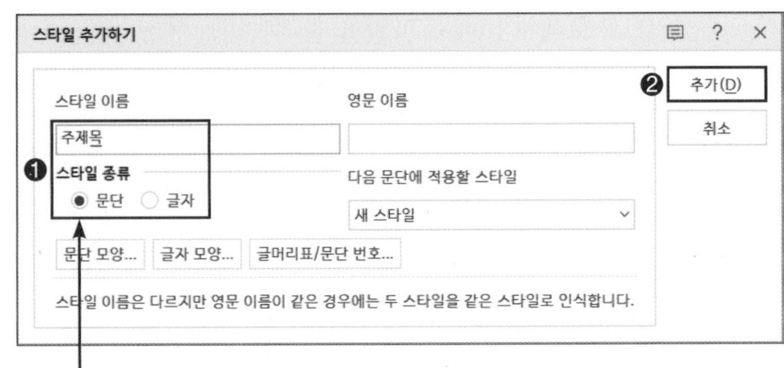

‘문단’은 글자 모양과 문단 모양을 스타일로 지정하고,
‘글자’는 글자 모양만을 스타일로 지정합니다.

05 다시 [스타일] 대화상자가 나타나면서 스타일 목록에 ‘주제목’이 만들어졌습니다. 이제 글자 모양과 문단 모양을 지정할 차례입니다. ‘주제목’을 선택 후, 스타일 편집하기 아이콘을 클릭합니다.

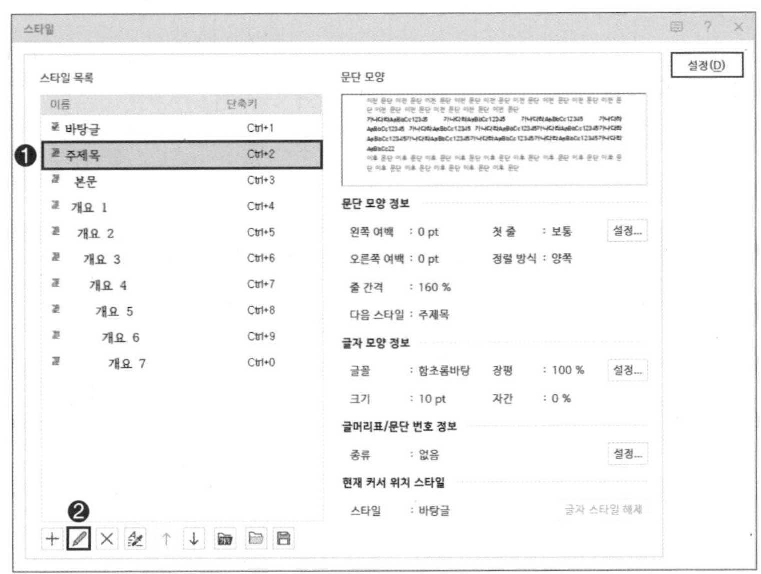

06 [스타일 편집하기] 대화상자가 나타나면 [글자 모양] 단추를 클릭합니다.

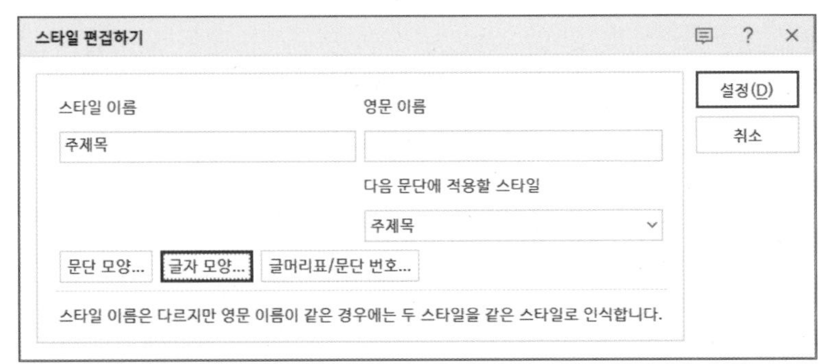

07 [글자 모양] 대화상자의 [기본] 탭에서 기준 크기는 '15pt', 글꼴은 '휴먼옛체', 속성은 '양각', 글자 색은 '파랑'을 각각 지정한 후 [설정] 단추를 클릭합니다.

08 다시 [스타일 편집하기] 대화상자가 나타나면 [문단 모양] 단추를 클릭한 후, 나타난 [문단 모양] 대화상자의 [기본] 탭에서 왼쪽 여백을 '20pt'로 지정하고 [설정] 단추를 클릭합니다.

09 다시 [스타일 편집하기] 대화상자가 나타났을 때 [설정] 단추를 클릭하면 [스타일] 대화상자에서 '주제목' 스타일이 만들어진 것을 볼 수 있습니다. 이제 부제목 스타일을 지정하기 위해 스타일 추가하기 + 아이콘을 클릭합니다.

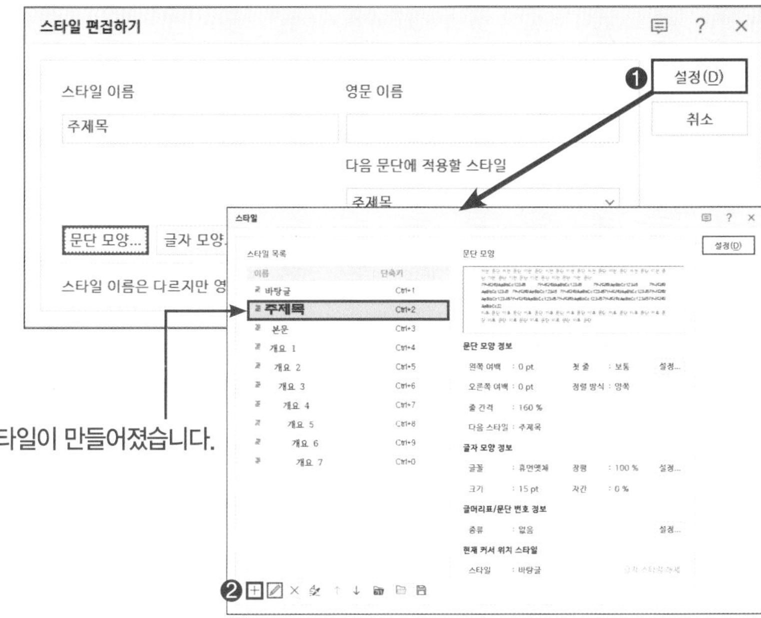

'주제목' 스타일이 만들어졌습니다.

10 [스타일 추가하기] 대화상자가 나타나면 스타일 이름에 "부제목"을 입력한 후, 스타일 종류는 '문단'을 선택하고 [추가] 단추를 클릭합니다.

11 [스타일] 대화상자에서 스타일 목록에 '부제목'이 만들어졌습니다. 부제목에 대한 글자 모양과 문단 모양 스타일을 지정하기 위해 [스타일 편집하기] 아이콘을 클릭합니다.

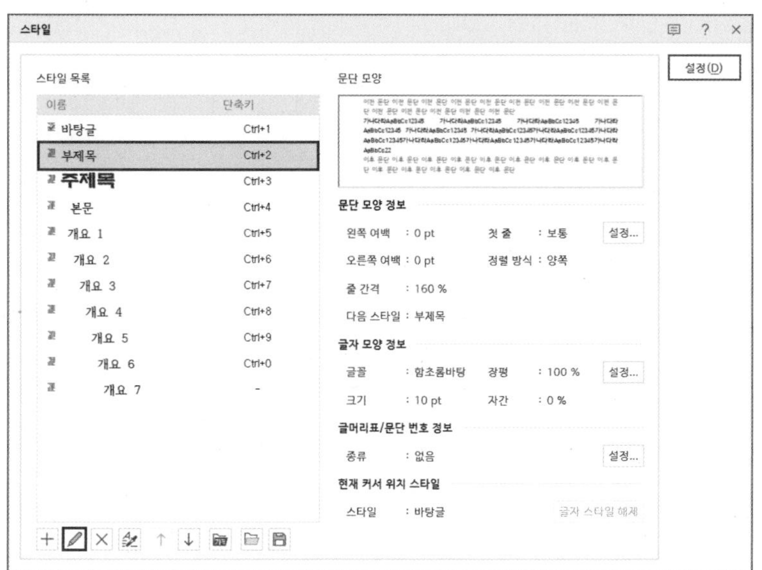

12 [스타일 편집하기] 대화상자가 나타나면 [글자 모양] 단추를 클릭한 후, [글자 모양] 대화상자의 [기본] 탭에서 기준 크기는 '12pt', 글꼴은 '맑은 고딕', 장평은 '110%', 글자 색은 '초록'을 각각 지정하고 [설정] 단추를 클릭합니다.

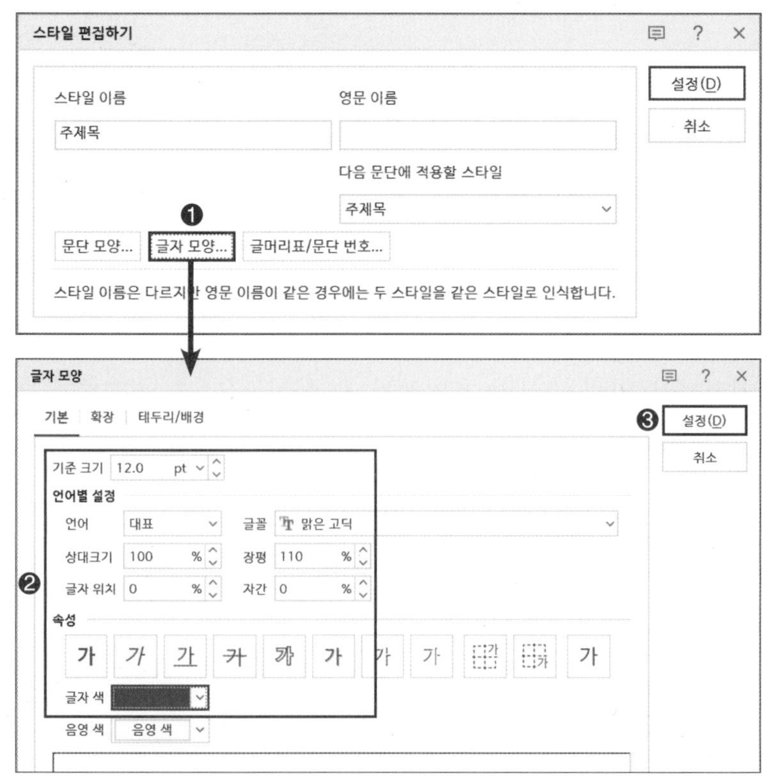

13 다시 [스타일 편집하기] 대화상자가 나타나면 [문단 모양] 단추를 클릭한 후, [문단 모양] 대화상자의 [기본] 탭에서 왼쪽 여백을 '10pt'로 지정하고 [설정] 단추를 클릭합니다.

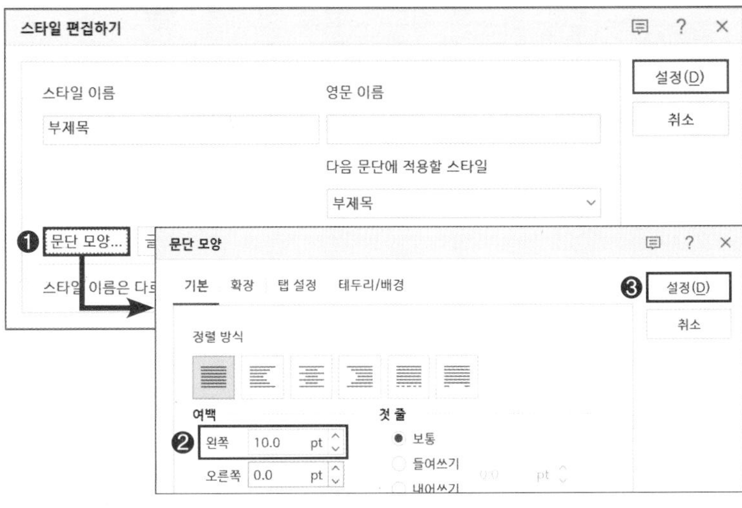

14 다시 [스타일 편집하기] 대화상자로 돌아갔을 때 [설정] 단추를 클릭하면 [스타일] 대화상자가 나타나면서 '주제목'과 '부제목' 스타일이 모두 만들어진 것을 볼 수 있습니다. [취소] 단추 × 를 클릭하여 [스타일] 대화상자를 닫습니다.

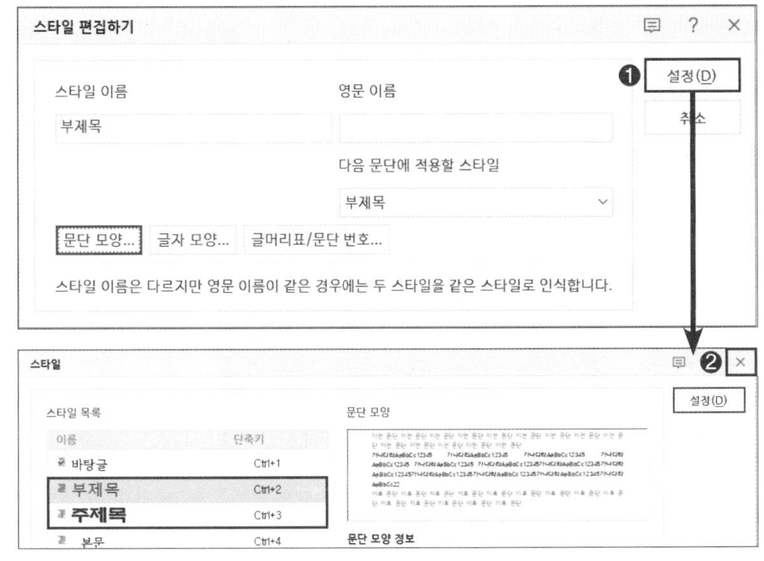

Power Upgrade

[스타일] 대화상자 아이콘

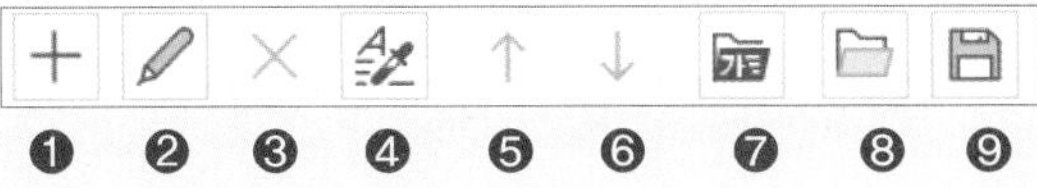

❶ 스타일 추가하기 : 새로운 이름의 스타일을 생성(추가)합니다.
❷ 스타일 편집하기 : 스타일 목록에서 선택한 스타일의 내용을 편집합니다.
❸ 스타일 지우기 : 선택한 스타일을 삭제합니다(단, 바탕글 스타일은 지울 수 없음).
❹ 커서 위치의 스타일로 바꾸기 : 스타일 목록에서 선택한 스타일이 현재 커서가 위치한 문단의 글자 모양이나 문단 모양으로 바뀝니다.
❺ 한 줄 위로 이동하기 : 현재 등록되어 있는 스타일의 순서를 위로 이동하여 바꿉니다.
❻ 한 줄 아래로 이동하기 : 현재 등록되어 있는 스타일의 순서를 아래로 이동하여 바꿉니다.
❼ 스타일마당 : 문서의 종류에 따라 자주 쓰이는 스타일 묶음을 제공합니다.
❽ 스타일 가져오기 : 저장해 놓은 스타일 파일을 가져옵니다.
❾ 스타일 내보내기 : 현재 정의된 스타일 내용을 다른 문서에 끼워 넣거나 별도의 스타일 파일에 저장합니다.

따라하기 02 스타일 적용하기

01 스타일을 적용할 제목을 블록 지정한 후, [서식]-[스타일]을 선택합니다. (단축키 : F6)

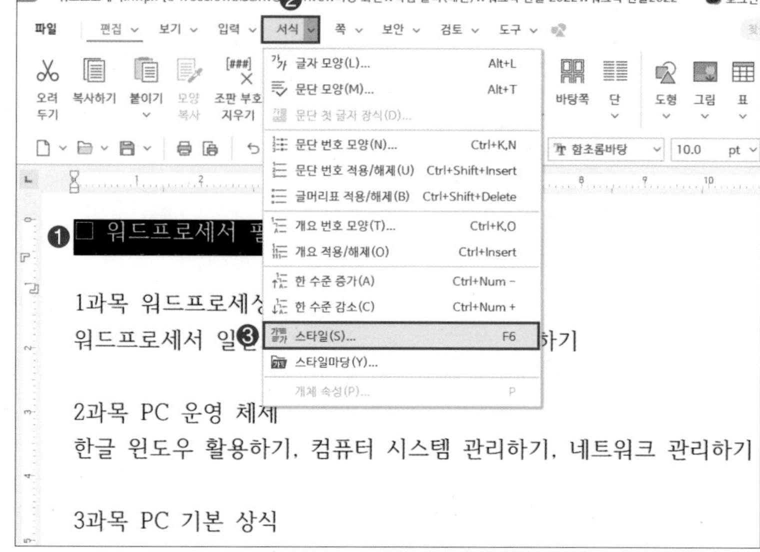

02 [스타일] 대화상자의 스타일 목록에서 '주제목'을 선택하고 [설정] 단추를 클릭합니다.

PLUS TIP

- **스타일 개수 :** 한 파일에 쓸 수 있는 스타일의 개수는 최대 160개이지만 보통 한 문서에 7~8개 정도의 스타일을 만들어 놓고 쓰는 것이 적당합니다.

스타일

스타일 목록

이름	단축키
바탕글	Ctrl+1
부제목	Ctrl+2
주제목	Ctrl+3
본문	Ctrl+4
개요 1	Ctrl+5
개요 2	Ctrl+6
개요 3	Ctrl+7
개요 4	Ctrl+8
개요 5	Ctrl+9
개요 6	Ctrl+0
개요 7	-

문단 모양

문단 모양 정보

왼쪽 여백 : 0 pt　첫 줄 : 보통　설정...

오른쪽 여백 : 0 pt　정렬 방식 : 양쪽

줄 간격 : 160 %

다음 스타일 : 주제목

글자 모양 정보

글꼴 : 휴먼옛체　장평 : 100 %　설정...

크기 : 15 pt　자간 : 0 %

글머리표/문단 번호 정보

종류 : 없음　설정...

현재 커서 위치 스타일

스타일 : 바탕글　글자 스타일 해제

설정(D)

03 주제목에 스타일이 적용되면 이번에는 첫 번째 부제목을 블록 지정한 후, 스타일 지정 단축키인 F6 를 누릅니다.

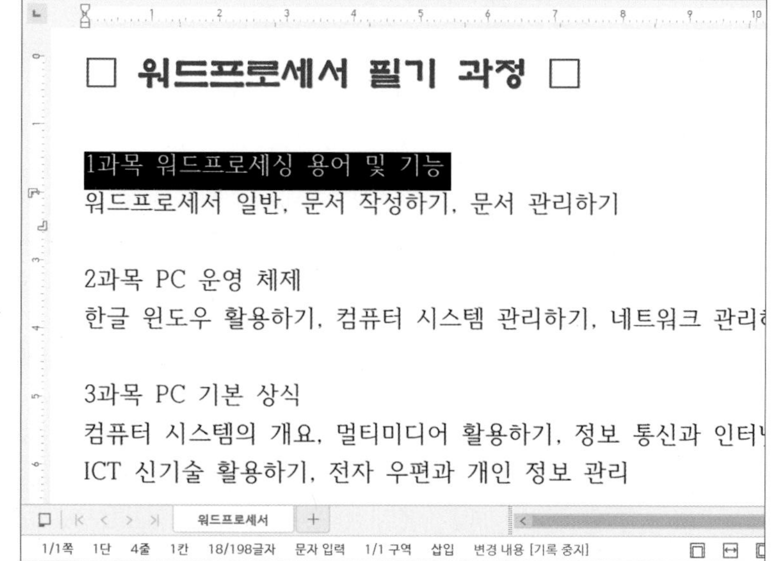

04 [스타일] 대화상자가 나타나면 스타일 목록에서 '부제목'을 선택하고 [설정] 단추를 클릭합니다.

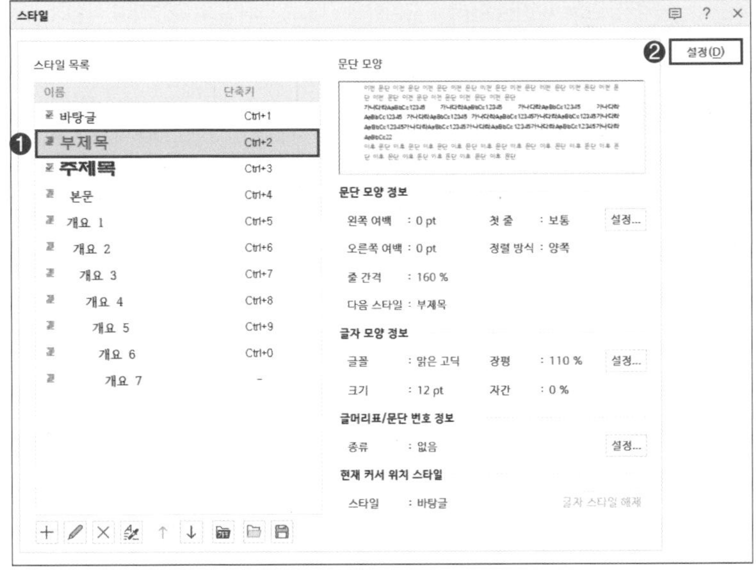

05 지정한 문단에 스타일이 지정되었습니다. 이번에는 다른 방법으로 지정해 보겠습니다. 두 번째 부제목을 블록 지정한 후, [편집] 탭에서 [스타일] 아이콘을 클릭하고 '부제목'을 선택합니다.

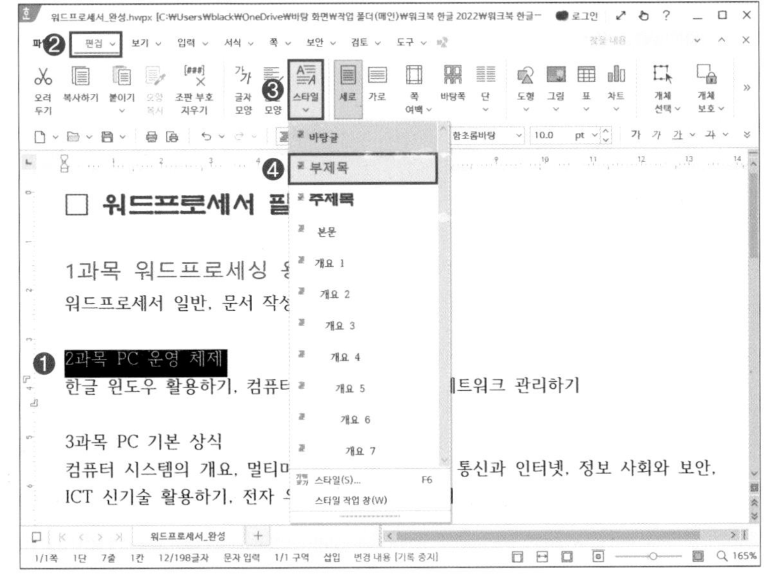

06 두 번째 문단도 부제목 스타일로 바뀌었습니다. 마지막으로 세 번째 부제목도 블록 지정한 후, '부제목' 스타일로 바꾸어 완성합니다.

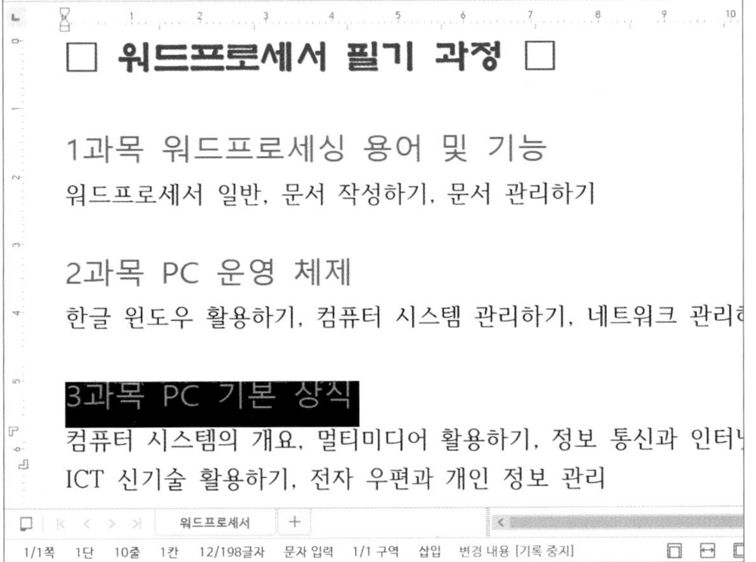

기초문제

1

'음악가.hwpx' 파일을 불러와 지정한 조건으로 스타일을 설정하여 작성해 보세요.

• 제목 : 가운데 정렬, 배경 멜론색, 맑은고딕 12pt

볼프강 아마데우스 모차르트와 안토니오 살리에르

모차르트

볼프강 아마데우스 모차르트(Wolfgang Amadeus Mozart, 1756년 1월 27일 ~ 1791년 12월 5일)는 오스트리아의 서양 고전 음악 작곡가이다. 출생 직후에 가톨릭의 성당에서 받은 세례명은 요한네스 크리소스토무스 볼프강구스 테오필루스 모차르트(라틴어: Johannes Chrysostomus Wolfgangus Theophilus Mozart)였다. 흔히 알려진 중간 이름인 아마데우스(독일어: Amadeus)는 세례명에 있는 중간 이름 중 하나인 테오필루스(Theophilus)를 같은 뜻의 독일어로 바꾼 것이다.

안토니오 살리에르

안토니오 살리에리 (Antonio Salieri, 1750년 8월 18일 - 1825년 5월 7일)는 이탈리아 레가노 태생의 음악가이다. 살리에리는 당시 세간의 찬사를 얻었던 음악가였다. 유년기부터 음악에 재능을 보여, 1766년에는 빈 궁정으로부터 초청을 받는다. 그 후 빈에 머무르며, 1788년에는 궁정작곡가로 임명되며, 사망 직전인 1824년까지 그 지위에 있는다.
빈에서 작곡가로, 특히 오페라, 실내악, 종교음악에서 높은 명성을 쌓는다. 그의 43편의 오페라 중에 가장 성공한 것으론, 《Danaides》(1784)과 《Tarare》(1787)을 꼽을 수 있다.

• 완성파일 : 음악가_완성.hwpx

2

'북촌.hwpx' 파일을 불러와 지정한 조건으로 스타일을 설정하여 작성해 보세요.

• 제목 : MD아트, 12pt, 글자색 초록 • 본문 : 들여쓰기 10, HY강M체, 10pt

북촌 한옥 마을 알아보기

출처 : 홈페이지 바로가기 https://hanok.seoul.go.kr/

북촌의 역사

북촌은 경복궁과 창덕궁, 종묘 사이에 위치한 곳으로 전통한옥이 밀집되어 있는 서울의 대표적인 전통 주거지역이다. 그리고 많은 사적들과 문화재, 민속자료가 있어 도심 속의 거리 박물관이라 불리어지는 곳이기도 하다.

북촌 현황

북촌은 백악과 응봉을 연결하는 산줄기의 남쪽 기슭에 자리하고 있어 예로부터 풍수지리적으로 가장 좋은 곳이었다. 그리고 북쪽으로 삼청공원과 백악산이 펼쳐져 있어 도심에서는 보기 드문 울창한 숲을 이루고 있는 곳이기도 하다.

북촌의 문화 유산

북촌은 경복궁과 창덕궁 사이에 위치한 조선시대 양반들의 거주지가 형성되어 있었던 유서 깊은 지역이다.
북촌지역의 역사적 자료는 사적5곳, 서울시 민속자료 4곳, 유형문화재 3곳, 문화재자료 1곳 이외에 계동길, 석정보름우물과 광혜원터 등이 있고 우리나라 최초의 목욕탕인 중앙탕 등 흥미로운 장소들이 많이 있다.

• 완성파일 : 북촌_완성.hwpx

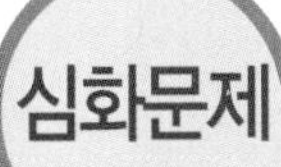

1) '과일.hwpx' 파일을 불러와 지정한 조건으로 스타일을 설정하여 작성해 보세요.

- 제목 : 진달래색 60% 밝게, 글자색 체크무늬, MD 솔체, 12pt 그림 글머리표 사용
- 본문 : HY강M, 10pt, 그림 글머리표 사용

계절별 과일 조사하기

봄

➡ 앵두 : 앵두나무(Prunus tomentosa)는 중국 원산의 낙엽 활엽관목의로서 한국에서는 중북부 지방에서 재배하며 높이는 1-3m 가량이다. 잎은 타원형 또는 달걀을 거꾸로 놓은 모양이다. 꽃은 분홍색 또는 흰색으로 4월경에 잎겨드랑이로부터 1-2개씩이 피어난다. 열매는 공 모양의 핵과로 6월 무렵 빨갛게 익는다. 열매를 먹으려고 마을 가까이에 많이 심어서 곳곳에서 볼 수 있다.

➡ 딸기 : 딸기(strawberry, 학명: Fragaria × ananassa)는 장미과 딸기속에 속하는 식물, 또는 그 열매를 말한다. 산딸기, 뱀딸기, 야생딸기와 재배하는 딸기로 구분된다. 꽃말은 존중, 애정, 우정, 우애이다. 흔히 과일로 알려졌으나 채소이다.

➡ 방울토마토 : 방울토마토 또는 체리토마토(cherry tomato)는 2~3cm 정도 크기의 토마토로, 페루와 칠레 북부가 기원인 것으로 간주된다.

여름

➡ 복숭아 : 복숭아(Prunus persica)는 장미과 벚나무속에 속하는 복사나무의 열매이다. 원산지는 중국이다. 복사나무는 복숭아나무라고도 부르며, 갈잎 작은키나무다. 대한민국에서 사과나무, 감나무, 귤나무, 포도나무에 이어 많이 기르는 과일 나무다. 동양 미술에서 복숭아는 이상의 세계에서 자라는 나무의 과일로 묘사된다.

- 완성파일 : 과일_완성.hwpx

2) '적벽대전.hwpx' 파일을 불러와 지정한 조건으로 스타일을 설정하여 작성해 보세요.

- 제목 : 양재참숯, 13pt, 글자색 바다색, 그림 글머리표 사용
- 본문 : 들여쓰기 15 맑은고딕

적벽대전

적벽 대전(赤壁大戰 / 赤壁大戦)은 중국의 삼국 시대, 통일을 목표로 세력을 계속 팽창하던 조조에, 손권과 유비가 연합해 대항하여 양자강에서 벌어진 큰 전투이다.

조조

조위 태조 무황제 조조(曹魏 太祖 武皇帝 曹操, 155년 음력 6월 3일 ~ 220년 음력 1월 23일)는 중국 후한 말기의 정치가이자, 군인이며 시인이다. 자는 맹덕(孟德)이며, 훗날 위가 건국된 이후 추증된 묘호는 태조(太祖), 시호는 무황제(武皇帝)이다.

손권

오 태조 대황제 손권(吳 太祖 大皇帝 孫權, 182년 음력 5월 18일 ~ 252년 음력 4월 16일)은 중국 삼국시대 오나라의 초대 황제로, 자는 중모(仲謀)이며 양주(揚州) 오군(吳郡) 부춘현(富春縣) 사람이다. 묘호는 태조(太祖)이고, 시호는 대황제(大皇帝)이다.

유비

유비(중국어 정체: 劉備, 병음: Liú Bèi, 161년 음력 6월 7일 ~ 223년 음력 4월 24일)는 중국 삼국시대 촉한의 초대 황제(재위: 221년 음력 4월 6일 ~ 223년 음력 4월 24일)이다. 자는 현덕(玄德)이다.

- 완성파일 : 적벽대전_완성.hwpx

Section

09 다단 설정과 단 나누기

다단은 신문, 회보, 찾아보기 등을 만들 때 읽기 쉽도록 한 쪽을 여러 개의 단으로 나누는 기능입니다. 여기에서는 다단을 설정한 후, 문서 내용에 따라 단을 분리하거나 독립적인 새로운 단을 나누는 방법에 대해서 학습해 봅니다.

Preview

과도한 중국 리스크

우리나라의 최대 수출국, 최대 투자국으로 중국(中國)이 부상하면서 한국 경제가 '중국 리스크(Risk)'에 과도하게 노출되고 있다는 지적이 계속 나오고 있다. 특히, 한국무역협회의 유효섭 연구원은 '국내 수출 구조의 문제점과 과제'라는 보고서에서 이를 집중적으로 지적(指摘)하고 있다.

투자 편중 수출보다 심화

해외 투자 편중 문제는 수출보다 훨씬 심하다. 한국수출입은행에 따르면 지난해 우리나라 기업들의 총 해외 투자액 가운데 3분의 1이 넘는 12억 8,700만 달러가 중국으로 투자(投資)되었다. 국내 기업들의 중국 투자 비중은 지난해 37%까지 높아졌으며 다른 나라 투자는 사실상 정체(停滯)된 상태이다.

한국 경제의 불안정성

중국이 조금이라도 비틀거리기라도 한다면 그 위기(Crisis)는 그대로 한국에 전가(轉嫁)되고, 중국 경제가 지금보다 더 '쌩쌩' 달린다 하더라도 지금의 ***대 중국 수출(輸出) 호황은 머지않아 역풍***이 되어 돌아올 수 있습니다.

해외 투자 편중의 문제

전문가들은 '쏠림의 리스크'는 수출보다 투자가 더 크다고 경고하는데, 중국 경제가 급속(急速)하게 위축되는 상황이 빚어지면 수출 피해는 미수금(Uncollected Amount) 정도에 그치지만 투자는 자칫 돈을 몽땅 날릴 수도 있기 때문입니다.

▲ 완성파일 : 투자_완성.hwpx

학습 내용

– 문서 내용을 입력하기 전에 단 개수와 단 구분선을 지정하는 방법에 대해 알아봅니다.
– 설정한 다단에서 단을 분리하거나 독립적인 단을 나누는 방법에 대해 알아봅니다.

따라하기 01 다단 설정하기

01 본문을 2단으로 나누어 작성하기 위하여 [쪽]–[단]–[다단 설정]을 선택합니다.

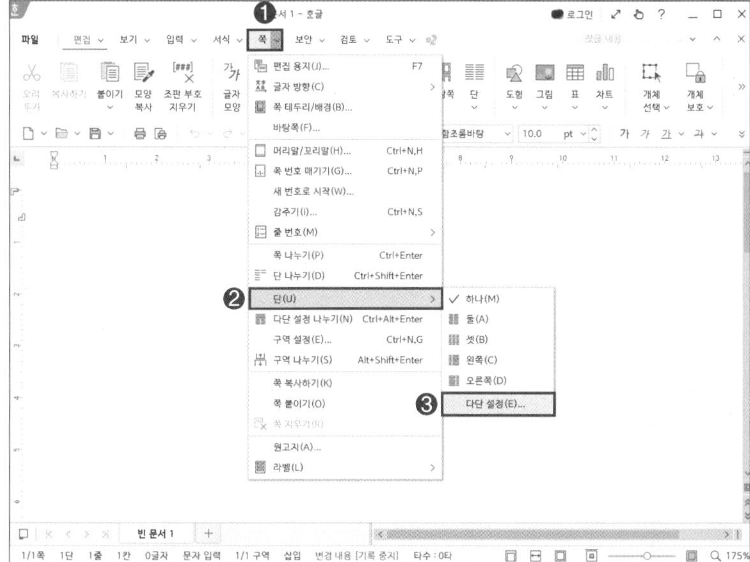

Plus Tip

• **다단 :** [편집] 또는 [쪽] 탭에서 [다단 설정] 아이콘을 클릭해도 됩니다.

02 [단 설정] 대화상자가 나타나면 '둘'과 '구분선 넣기'를 각각 선택하고 [설정] 단추를 클릭합니다.

Plus Tip

'구분선 넣기'를 체크하면 단 사이에 구분선이 나타나 쉽게 구분할 수 있습니다.

03 본문이 2단으로 나뉘면 제목(임의의 글꼴 서식)과 본문 내용을 입력합니다.

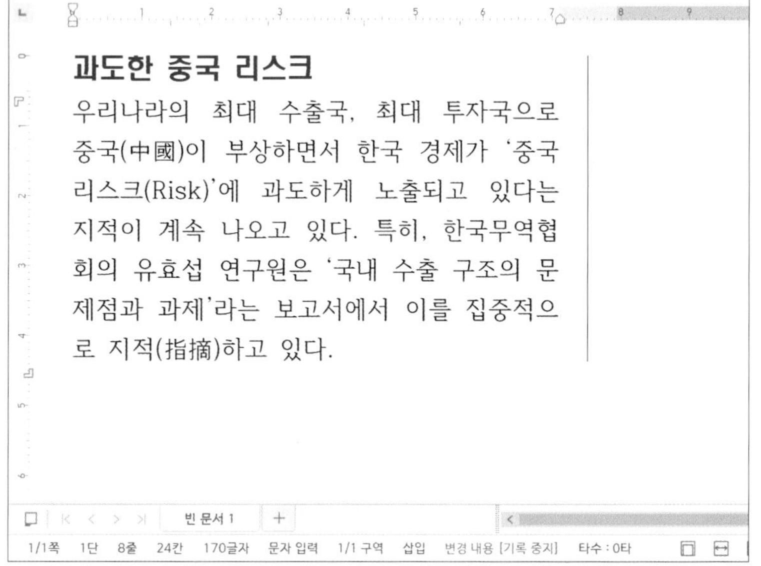
과도한 중국 리스크
우리나라의 최대 수출국, 최대 투자국으로 중국(中國)이 부상하면서 한국 경제가 '중국 리스크(Risk)'에 과도하게 노출되고 있다는 지적이 계속 나오고 있다. 특히, 한국무역협회의 유효섭 연구원은 '국내 수출 구조의 문제점과 과제'라는 보고서에서 이를 집중적으로 지적(指摘)하고 있다.

04 계속해서 두 번째 문단의 제목(임의의 글꼴 서식)과 본문 내용을 입력합니다.

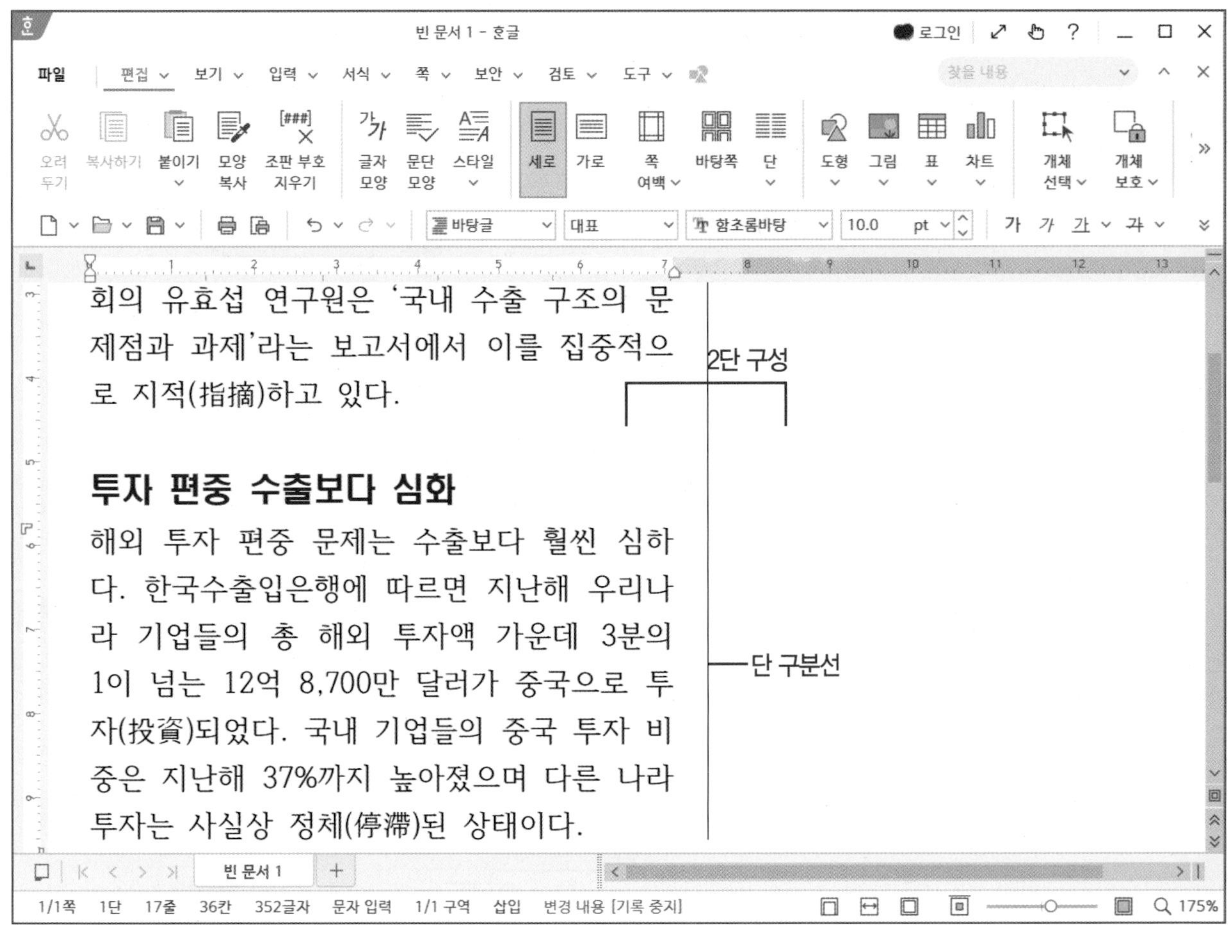

빈 문서 1 - 한글
회의 유효섭 연구원은 '국내 수출 구조의 문제점과 과제'라는 보고서에서 이를 집중적으로 지적(指摘)하고 있다.
투자 편중 수출보다 심화
해외 투자 편중 문제는 수출보다 훨씬 심하다. 한국수출입은행에 따르면 지난해 우리나라 기업들의 총 해외 투자액 가운데 3분의 1이 넘는 12억 8,700만 달러가 중국으로 투자(投資)되었다. 국내 기업들의 중국 투자 비중은 지난해 37%까지 높아졌으며 다른 나라 투자는 사실상 정체(停滯)된 상태이다.
2단 구성
단 구분선

Power Upgrade

[단 설정] 대화상자

- 단 종류 : 일반 다단, 배분 다단, 평행 다단의 세 가지로 구분됩니다.
  - **일반 다단** : 가장 기본적인 다단으로, 한 단씩 차례로 내용을 입력합니다.
  - **배분 다단** : 마지막 쪽의 내용을 자동으로 조절하여 각 단의 높이를 가능한한 같도록 맞춥니다.
  - **평행 다단** : 한 쪽 단에는 용어나 제목 등의 표제어를 적고, 다른 쪽 단에는 그에 대한 설명을 적을 때 사용합니다.
- 자주 쓰이는 모양 : 다단의 모양을 지정합니다.
- 단 개수 : 문서를 몇 개의 단으로 구분할 것인지를 지정합니다.
- 구분선 넣기 : 단과 단 사이에 구분선을 삽입하되 종류, 굵기, 색 등을 지정할 수 있습니다.
- 너비 및 간격 : 각 단의 너비와 단 사이의 간격을 사용자가 임의로 지정할 수 있습니다.
- 단 방향 : 다단 편집된 문서에서 단이 시작될 방향을 선택합니다.
- 단 너비 동일하게 : 각 단의 너비를 동일하게 할 경우 해당 항목을 선택합니다.

따라하기 02 단과 다단 나누기

01 문단 내용을 다음 단으로 이동시키려고 합니다. 이동시키려는 내용인 '투자' 앞에 커서를 위치시킨 후, [쪽]-[단 나누기]를 선택합니다(단축키 : Ctrl + Shift + Enter).

Plus Tip

- **단 나누기** : 단 내용이 끝까지 입력되지 않더라도 다음 단으로 커서를 이동시킬 수 있는 기능으로, [쪽] 탭에서 [단 나누기] 아이콘을 클릭해도 됩니다.

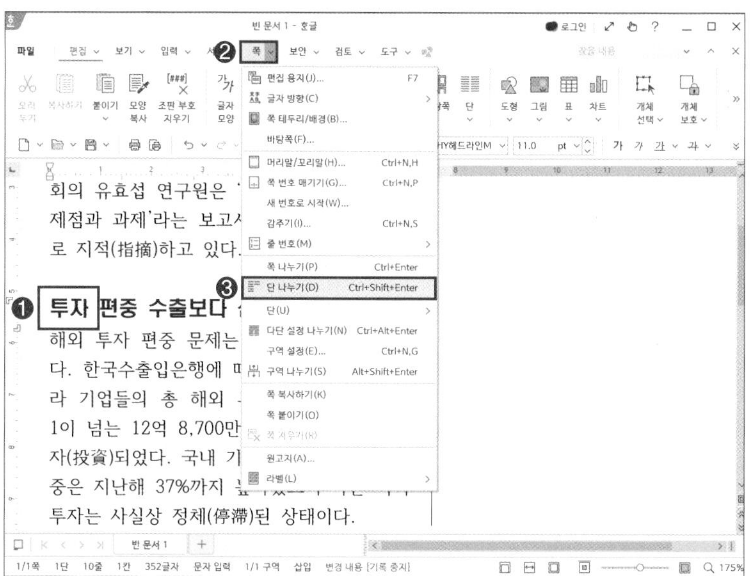

빈 문서 1 - 한글
쪽 나누기(P) Ctrl+Enter
단 나누기(D) Ctrl+Shift+Enter
다단 설정 나누기(N) Ctrl+Alt+Enter
투자 편중 수출보다

02 문단 내용이 다음 단으로 이동되었습니다.

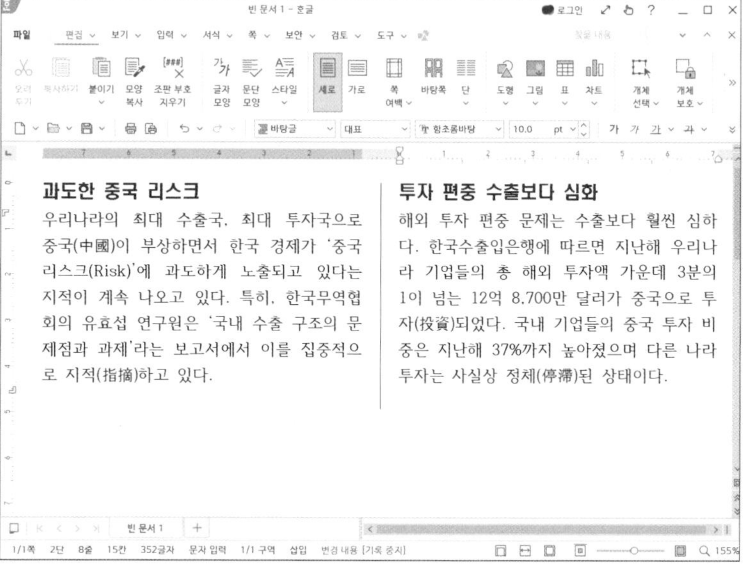

과도한 중국 리스크
우리나라의 최대 수출국, 최대 투자국으로 중국(中國)이 부상하면서 한국 경제가 '중국 리스크(Risk)'에 과도하게 노출되고 있다는 지적이 계속 나오고 있다. 특히, 한국무역협회의 유효섭 연구원은 '국내 수출 구조의 문제점과 과제'라는 보고서에서 이를 집중적으로 지적(指摘)하고 있다.
투자 편중 수출보다 심화
해외 투자 편중 문제는 수출보다 훨씬 심하다. 한국수출입은행에 따르면 지난해 우리나라 기업들의 총 해외 투자액 가운데 3분의 1이 넘는 12억 8,700만 달러가 중국으로 투자(投資)되었다. 국내 기업들의 중국 투자 비중은 지난해 37%까지 높아졌으며 다른 나라 투자는 사실상 정체(停滯)된 상태이다.

03 이후 내용부터는 독립적인 새로운 단을 만들어 내용을 입력하기로 합니다. 오른쪽 단 하단에 커서를 위치시킨 후, [쪽]-[다단 설정 나누기]를 선택합니다.
(단축키 : Ctrl + Alt + Enter)

Plus Tip

- **다단 설정 나누기** : 한 쪽(페이지) 내에서 앞 단과 관계없이 독립적인 새로운 단 모양을 만들 때 사용하는 기능으로, [쪽] 탭에서 [다단 설정 나누기] 아이콘을 클릭해도 됩니다.

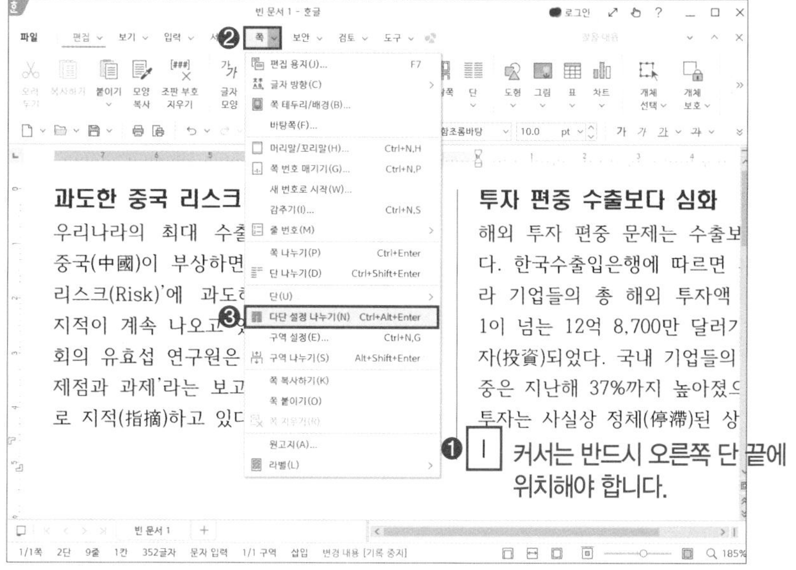

다단 설정 나누기(N) Ctrl+Alt+Enter
커서는 반드시 오른쪽 단 끝에 위치해야 합니다.

04 독립적인 새로운 단이 만들어지면 제목(임의의 글꼴 서식)과 본문 내용을 입력합니다.

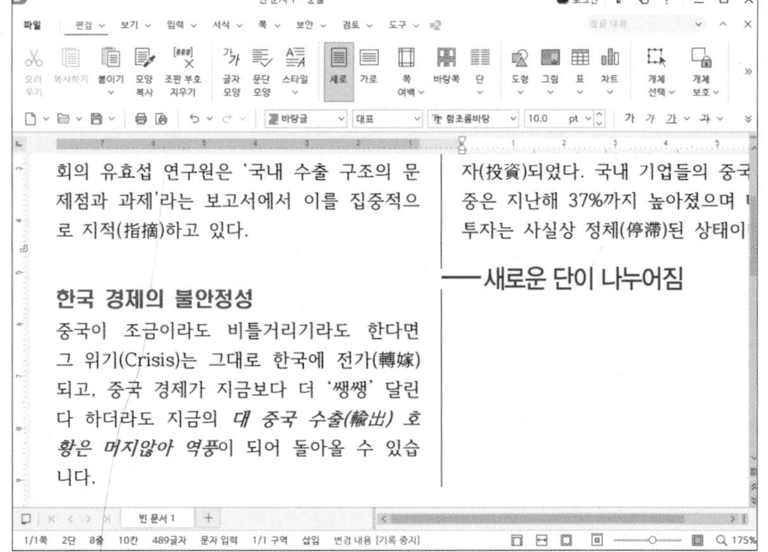

05 이후 내용은 다음 단에서 내용을 입력하기 위하여 문장 맨 끝에 커서를 위치시킨 후, [쪽] 탭에서 [단 나누기]를 클릭합니다.

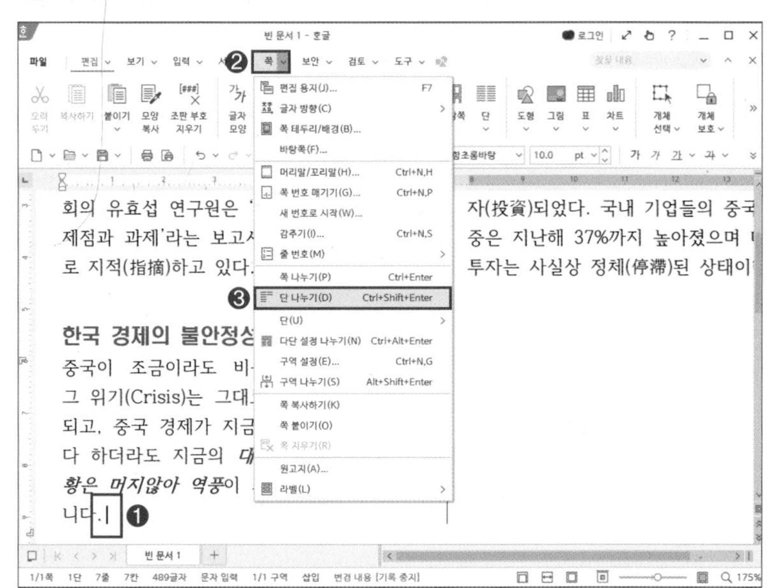

06 커서가 다음 단으로 이동되면 제목(임의의 글꼴 서식)과 본문 내용을 입력합니다.

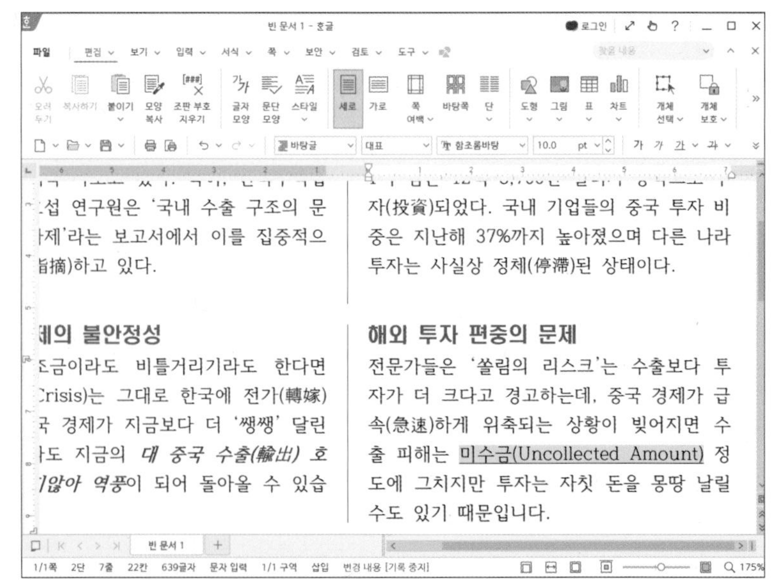

07 단이 나누어진 상태에서는 커서가 자유롭게 이동되므로 해당 부분을 각각 블록 지정하여 원하는 글꼴 서식을 지정한 후 '투자_완성.hwpx'으로 저장합니다.

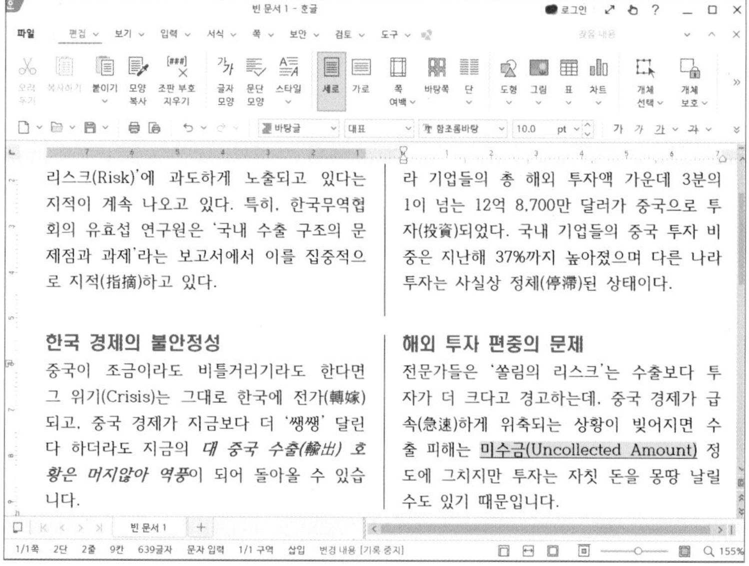

Power Upgrade

쪽 나누기

현재 커서의 위치부터 쪽(페이지)을 새롭게 나누는 기능으로, 해당 위치에 커서를 위치시킨 후 [쪽] 탭에서 [쪽 나누기]를 선택하거나, [쪽 나누기]( ) 아이콘을 클릭합니다(단축키 : Ctrl + Enter).

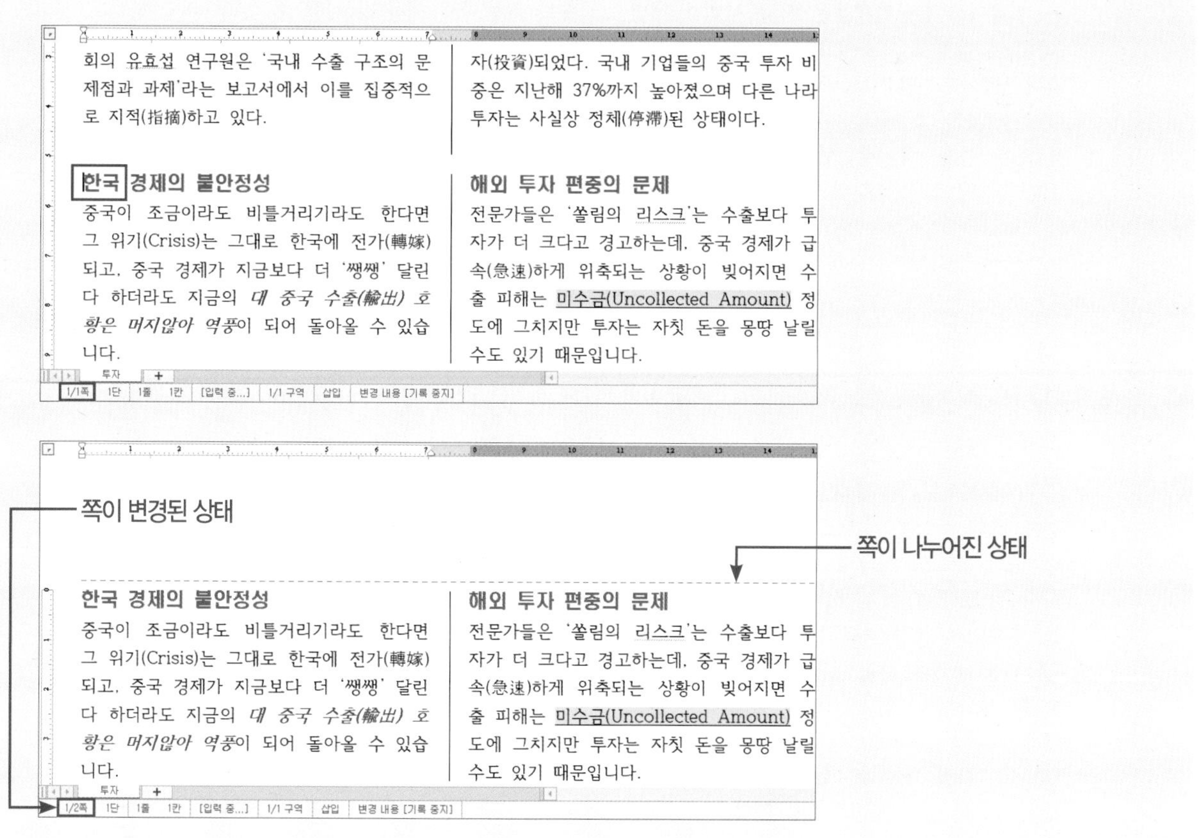

기초문제

1

본문을 2단으로 구성한 후, 다음의 내용을 입력하고 '통신기술.hwpx'로 저장하세요.

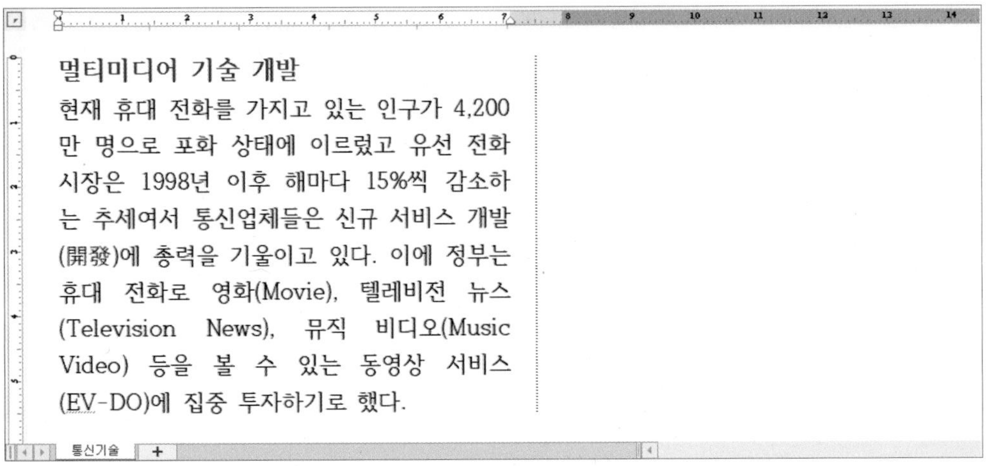

멀티미디어 기술 개발

현재 휴대 전화를 가지고 있는 인구가 4,200 만 명으로 포화 상태에 이르렀고 유선 전화 시장은 1998년 이후 해마다 15%씩 감소하는 추세여서 통신업체들은 신규 서비스 개발(開發)에 총력을 기울이고 있다. 이에 정부는 휴대 전화로 영화(Movie), 텔레비전 뉴스(Television News), 뮤직 비디오(Music Video) 등을 볼 수 있는 동영상 서비스(EV-DO)에 집중 투자하기로 했다.

통신기술 +

힌트 • [단 설정] 대화상자에서 자주 쓰이는 모양은 '둘'과 '구분선 넣기(점선)'을 각각 선택합니다.

2

다단을 오른쪽 단으로 이동한 후, 나머지 내용을 입력해 보세요.

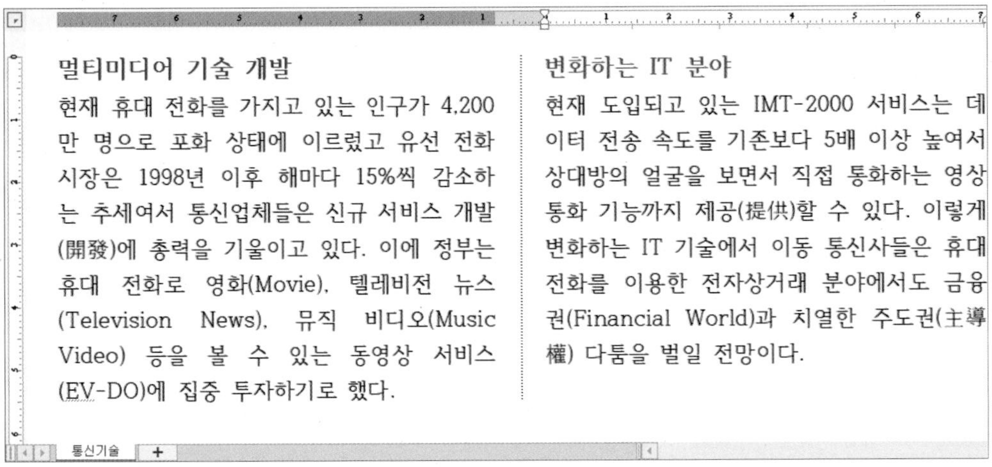

멀티미디어 기술 개발

현재 휴대 전화를 가지고 있는 인구가 4,200 만 명으로 포화 상태에 이르렀고 유선 전화 시장은 1998년 이후 해마다 15%씩 감소하는 추세여서 통신업체들은 신규 서비스 개발(開發)에 총력을 기울이고 있다. 이에 정부는 휴대 전화로 영화(Movie), 텔레비전 뉴스(Television News), 뮤직 비디오(Music Video) 등을 볼 수 있는 동영상 서비스(EV-DO)에 집중 투자하기로 했다.

변화하는 IT 분야

현재 도입되고 있는 IMT-2000 서비스는 데이터 전송 속도를 기존보다 5배 이상 높여서 상대방의 얼굴을 보면서 직접 통화하는 영상통화 기능까지 제공(提供)할 수 있다. 이렇게 변화하는 IT 기술에서 이동 통신사들은 휴대 전화를 이용한 전자상거래 분야에서도 금융권(Financial World)과 치열한 주도권(主導權) 다툼을 벌일 전망이다.

통신기술 +

힌트 • 왼쪽 단 내용에서 문장 맨 끝에 커서를 위치시킨 후, [쪽] 탭에서 [단 나누기] 아이콘을 클릭합니다.

3

양쪽 단을 자유롭게 이동하면서 해당 부분에 원하는 글꼴 서식을 지정해 보세요. • 완성파일 : 통신기술_완성.hwpx

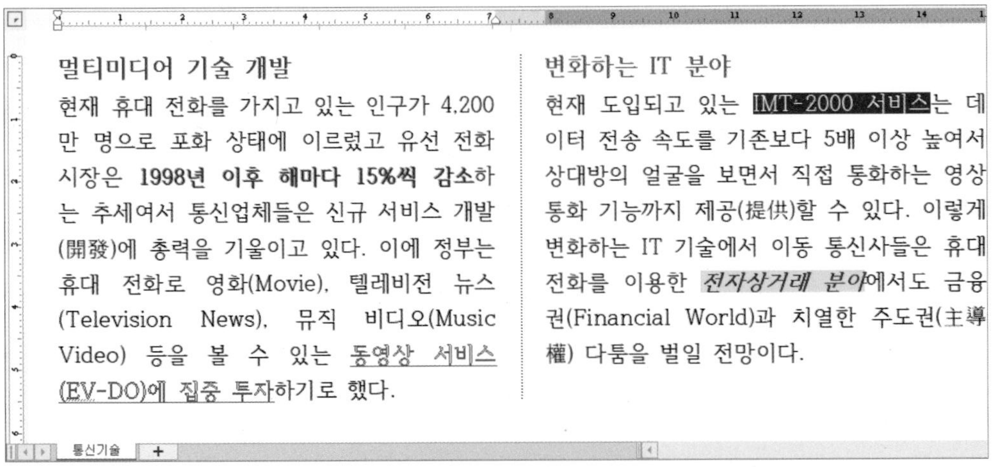

멀티미디어 기술 개발

현재 휴대 전화를 가지고 있는 인구가 4,200 만 명으로 포화 상태에 이르렀고 유선 전화 시장은 **1998년 이후 해마다 15%씩 감소**하는 추세여서 통신업체들은 신규 서비스 개발(開發)에 총력을 기울이고 있다. 이에 정부는 휴대 전화로 영화(Movie), 텔레비전 뉴스(Television News), 뮤직 비디오(Music Video) 등을 볼 수 있는 동영상 서비스(EV-DO)에 집중 투자하기로 했다.

변화하는 IT 분야

현재 도입되고 있는 IMT-2000 서비스는 데이터 전송 속도를 기존보다 5배 이상 높여서 상대방의 얼굴을 보면서 직접 통화하는 영상통화 기능까지 제공(提供)할 수 있다. 이렇게 변화하는 IT 기술에서 이동 통신사들은 휴대 전화를 이용한 ***전자상거래 분야***에서도 금융권(Financial World)과 치열한 주도권(主導權) 다툼을 벌일 전망이다.

통신기술 +

심화문제

1) 본문을 3단으로 구성한 후, 다음의 내용을 입력해 보세요.

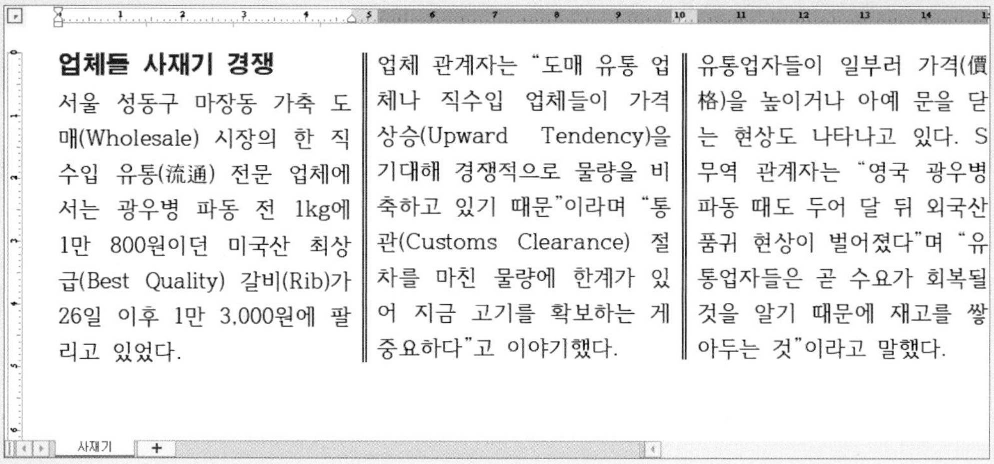

업체들 사재기 경쟁

서울 성동구 마장동 가축 도매(Wholesale) 시장의 한 직수입 유통(流通) 전문 업체에서는 광우병 파동 전 1kg에 1만 800원이던 미국산 최상급(Best Quality) 갈비(Rib)가 26일 이후 1만 3,000원에 팔리고 있었다.

업체 관계자는 "도매 유통 업체나 직수입 업체들이 가격 상승(Upward Tendency)을 기대해 경쟁적으로 물량을 비축하고 있기 때문"이라며 "통관(Customs Clearance) 절차를 마친 물량에 한계가 있어 지금 고기를 확보하는 게 중요하다"고 이야기했다.

유통업자들이 일부러 가격(價格)을 높이거나 아예 문을 닫는 현상도 나타나고 있다. S무역 관계자는 "영국 광우병 파동 때도 두어 달 뒤 외국산 품귀 현상이 벌어졌다"며 "유통업자들은 곧 수요가 회복될 것을 알기 때문에 재고를 쌓아두는 것"이라고 말했다.

사재기 +

힌트 • [단 설정] 대화상자에서 자주 쓰이는 모양은 '셋'과 '구분선 넣기(이중 실선)'을 각각 선택합니다.

2) 세 번째 단 아래에 독립적인 새로운 단을 만들고, 나머지 내용을 입력해 보세요.

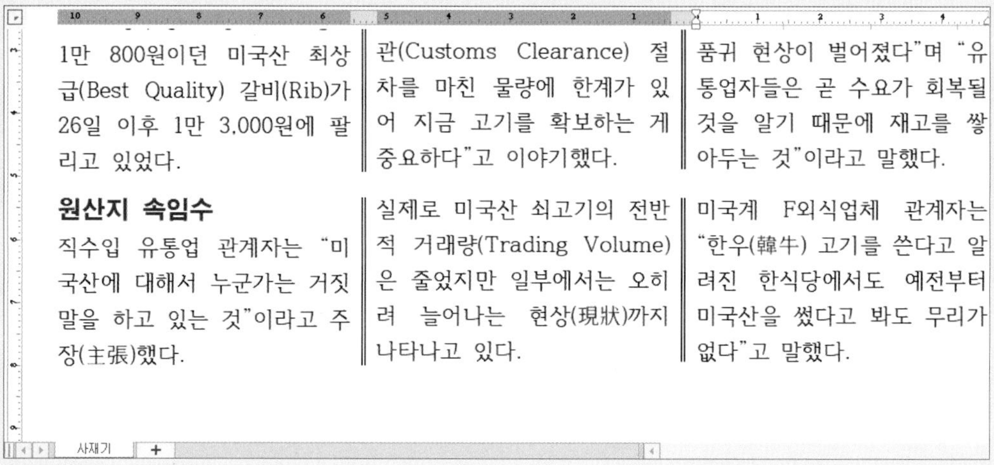

1만 800원이던 미국산 최상급(Best Quality) 갈비(Rib)가 26일 이후 1만 3,000원에 팔리고 있었다.

관(Customs Clearance) 절차를 마친 물량에 한계가 있어 지금 고기를 확보하는 게 중요하다"고 이야기했다.

품귀 현상이 벌어졌다"며 "유통업자들은 곧 수요가 회복될 것을 알기 때문에 재고를 쌓아두는 것"이라고 말했다.

원산지 속임수

직수입 유통업 관계자는 "미국산에 대해서 누군가는 거짓말을 하고 있는 것"이라고 주장(主張)했다.

실제로 미국산 쇠고기의 전반적 거래량(Trading Volume)은 줄었지만 일부에서는 오히려 늘어나는 현상(現狀)까지 나타나고 있다.

미국계 F외식업체 관계자는 "한우(韓牛) 고기를 쓴다고 알려진 한식당에서도 예전부터 미국산을 썼다고 봐도 무리가 없다"고 말했다.

사재기 +

힌트 • 맨 오른쪽 단 하단에 커서를 위치시킨 후 [쪽] 탭에서 [다단 설정 나누기] 아이콘을 클릭합니다.

3) 새롭게 입력한 단 내용을 다음 쪽(2쪽)으로 이동해 보세요.

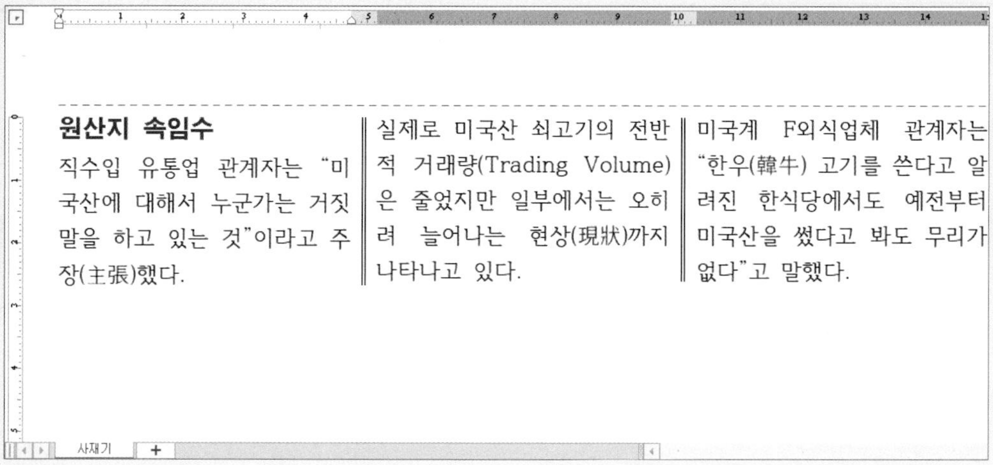

원산지 속임수

직수입 유통업 관계자는 "미국산에 대해서 누군가는 거짓말을 하고 있는 것"이라고 주장(主張)했다.

실제로 미국산 쇠고기의 전반적 거래량(Trading Volume)은 줄었지만 일부에서는 오히려 늘어나는 현상(現狀)까지 나타나고 있다.

미국계 F외식업체 관계자는 "한우(韓牛) 고기를 쓴다고 알려진 한식당에서도 예전부터 미국산을 썼다고 봐도 무리가 없다"고 말했다.

사재기 +

힌트 • '원산지~' 앞에 커서를 위치시킨 후 [쪽] 탭에서 [쪽 나누기] 아이콘을 클릭합니다. • 완성파일 : 사재기_완성.hwpx

Section

10 머리말/꼬리말/쪽 번호 삽입하기

머리말/꼬리말은 한 쪽(페이지)의 맨 위/맨 아래에 한 줄 정도로 내용을 입력할 수 있는 기능으로 책 제목, 장 제목, 쪽 번호 등을 삽입할 때 사용합니다. 여기에서는 현재 문서에 머리말/꼬리말/쪽 번호를 삽입하는 방법에 대해서 학습해 봅니다.

Preview

전시회 안내 ◀— 머리말

《 여성용품 전시회 안내 》

여성경제인연합회(The Korean Women Entrepreneurs Association)에서는 여성용품 시장 다변화(多邊化)에 따른 신상품 개발 촉진 및 판로 개척을 위해서 2020 여성용품 및 발명품 전시회(Women Expo 2020)를 개최합니다.
본 전시회는 중소기업(Small and Medium Enterprises)의 우수 상품을 발굴하고 생산 제품의 경쟁력을 높이는데 일조할 것입니다. 이번 행사에서 좋은 평가를 받은 발명품(Invention)에 대해서는 사업화를 지원할 예정입니다. 여성용품을 생산하시는 회사에서는 참신하고 실용적인 제품을 만들어 출품(出品)하시기 바랍니다. 또한, 관련 제품 생산 업체 여러분의 많은 관심(關心)과 참여(參與)를 부탁드립니다.

꼬리말 —▶ 전시부문 및 내용 소개　　　　쪽 번호 —▶ - III -

▲ 완성파일 : 여성용품_완성.hwpx

 학습 내용

– 쪽의 위쪽/아래쪽에 표시할 머리말/꼬리말을 지정하는 방법에 대해 알아봅니다.
– 쪽의 번호 위치와 번호 모양을 지정하는 방법에 대해 알아봅니다.

따라하기 01 머리말/꼬리말 삽입하기

01 '여성용품.hwpx' 파일을 불러온 후, [쪽]–[쪽 테두리/배경]을 클릭하여 검정색 실선으로 쪽 테두리를 지정합니다. 쪽 테두리는 지금부터 작업할 머리말과 꼬리말 기능을 좀더 쉽게 알아볼 수 있도록 일부러 만든 것입니다.

02 머리말을 삽입하기 위하여 [쪽]–[머리말/꼬리말]을 선택합니다.

(단축키 : Ctrl + N , H)

Plus Tip

• **머리말 지정 :** [쪽] 탭에서 [머리말] 아이콘을 클릭하고 [머리말/꼬리말]을 선택해도 됩니다.

03 [머리말/꼬리말] 대화상자가 나타나면 종류는 '머리말', 위치는 '양쪽'을 선택하고 [만들기] 단추를 클릭합니다.

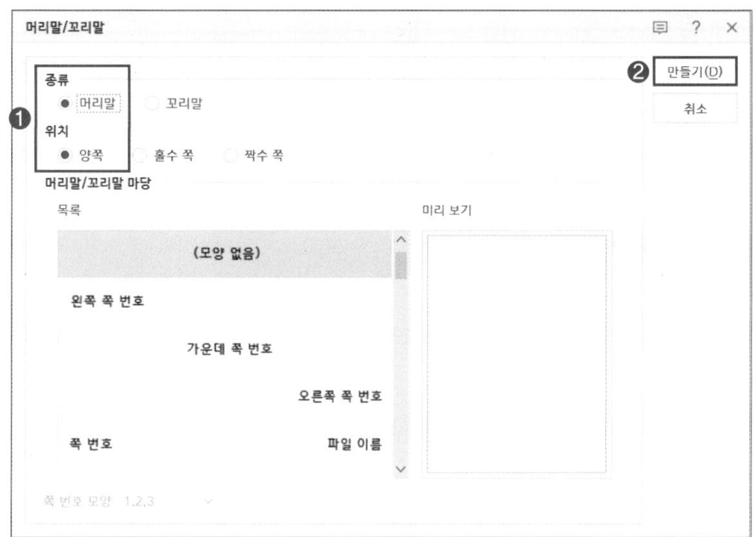

04 머리말 입력 화면이 나타나면 "전시회 안내"라고 입력한 후, 서식 도구 상자에서 글꼴은 '태 나무', 글자 크기는 '10pt', 속성은 '기울임', 글자색은 '파랑'을 각각 지정합니다.

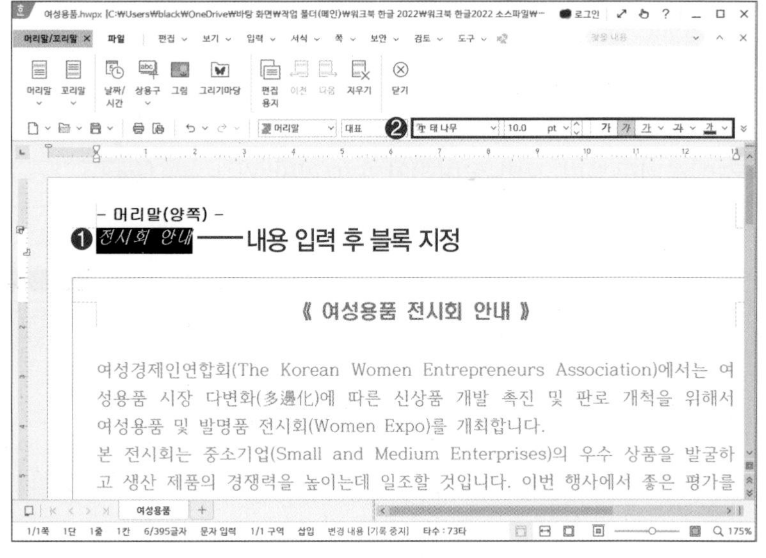

05 작업이 완료되면 [머리말/꼬리말] 탭에서 닫기 ⊗ 아이콘을 클릭하여 머리말/꼬리말 작업을 끝내고 본문으로 돌아갑니다. (단축키 : Shift + ESC)

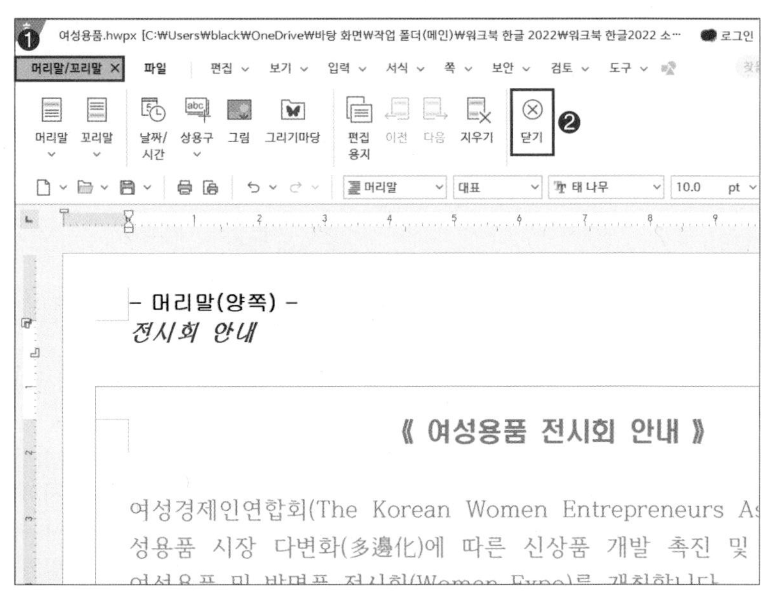

06 본문으로 돌아오면 이번에는 꼬리말을 삽입하기 위하여 [쪽] 탭에서 [꼬리말] ▤ 아이콘을 클릭하고 [머리말/꼬리말]을 선택합니다(단축키 : Ctrl + N , H).

Plus Tip

[쪽]-[머리말/꼬리말]을 선택해도 됩니다.

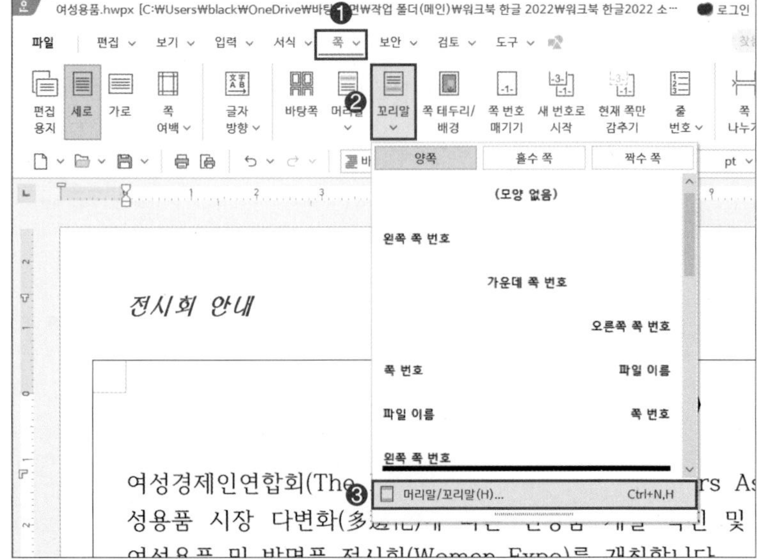

07 [머리말/꼬리말] 대화상자가 나타나면 종류는 '꼬리말', 위치는 '양쪽'을 선택하고 [만들기] 단추를 클릭합니다.

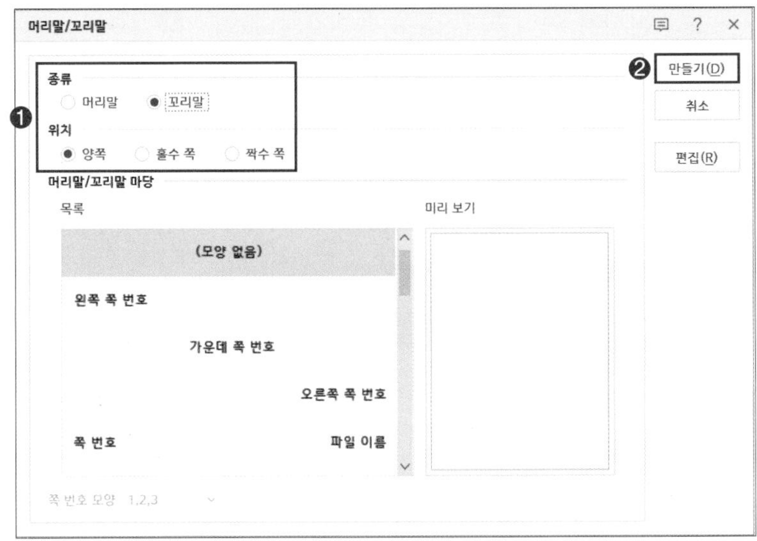

08 꼬리말 입력 화면이 나타나면 "전시 부문 및 내용 소개" 라고 입력하고 도구 상자에서 글꼴은 '궁서체', 글자 크기는 '10pt', 글자색은 '빨강', 정렬 방식은 '가운데 정렬'을 각각 지정합니다. 모든 작업이 완료되면 닫기 ⊗ 아이콘을 클릭하여 작업을 마칩니다.

Power Upgrade

머리말/꼬리말 수정하기

머리말/꼬리말을 입력한 후 이를 수정(편집)할 경우, 본문 화면의 머리말/꼬리말 부분으로 마우스를 가져가서 마우스 포인터가 변경되면 해당 부분을 더블클릭합니다.

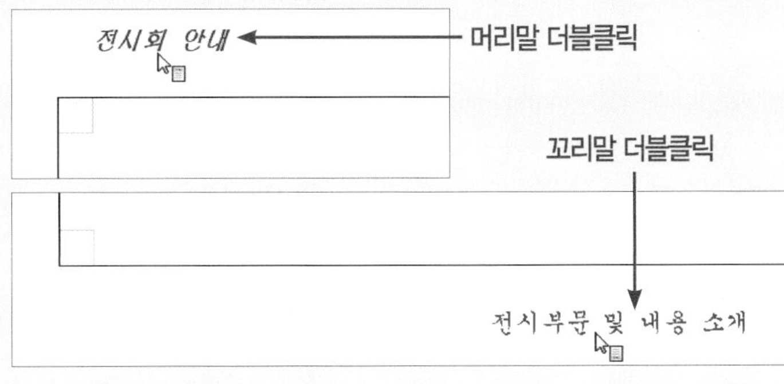

따라하기 02 쪽 번호 매기기

01 문서가 여러 쪽인 경우 쪽번호를 부여하면 쉽게 문서 내용을 구분할 수 있습니다. 쪽 번호를 삽입하려면 [쪽]-[쪽 번호 매기기]를 선택합니다(단축키 : Ctrl + N, P).

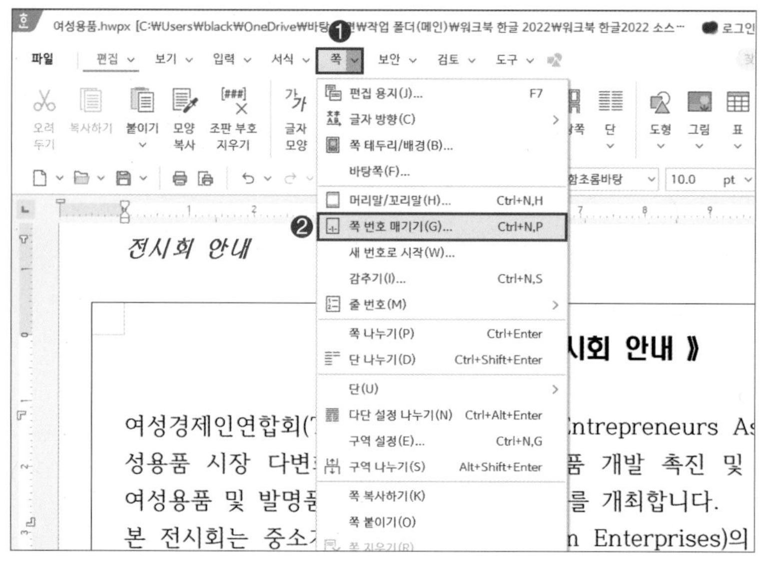

Plus Tip

• **쪽 번호 매기기** : [쪽] 탭에서 [쪽 번호 매기기] 아이콘을 클릭해도 됩니다.

02 [쪽 번호 매기기] 대화상자가 나타나면 번호 위치는 '오른쪽 하단', 번호 모양은 '로마 대문자'를 각각 선택하고 [넣기] 단추를 클릭합니다.

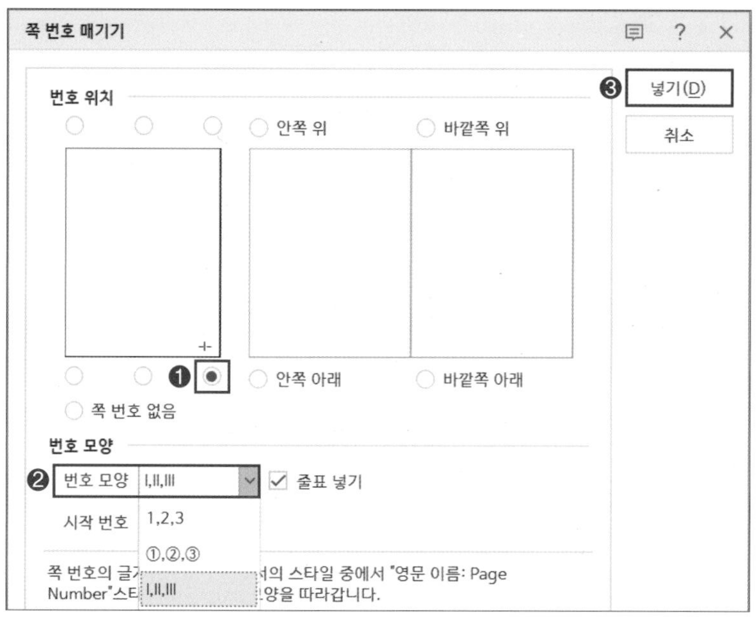

Plus Tip

• **줄표 넣기** : 쪽번호 양쪽에 줄표를 넣어서 (- 3 -) 식으로 표현하는 것을 말합니다. 줄표 넣기를 해제하면 번호만 나타납니다.

03 그 결과 문서 오른쪽 하단에 지정한 쪽 번호가 삽입된 것을 확인할 수 있습니다.

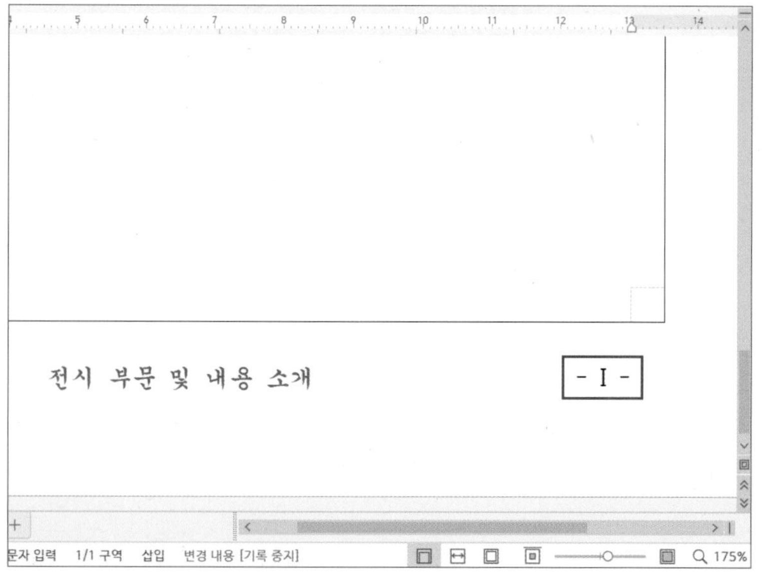

04 쪽 번호를 원하는 번호로 시작하려면 [쪽]-[새 번호로 시작]을 선택합니다.

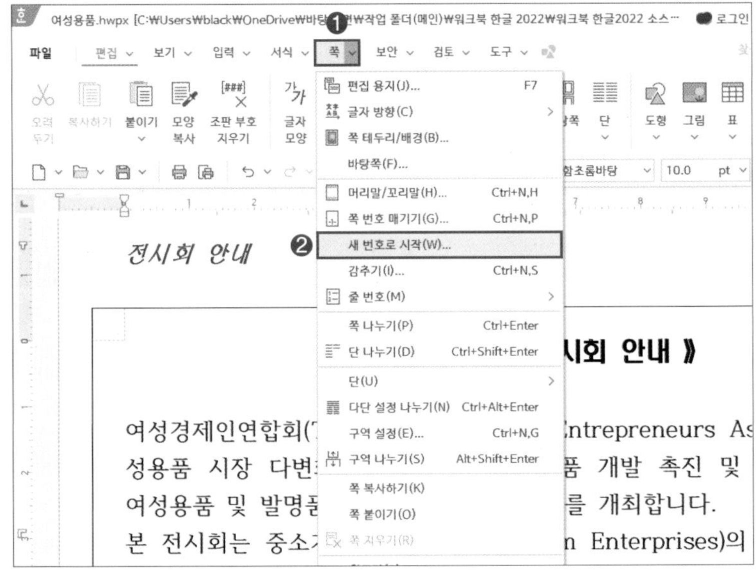

Plus Tip

- **새 번호로 시작** : [쪽] 탭에서 [새 번호로 시작] 아이콘을 클릭해도 됩니다.

05 [새 번호로 시작] 대화상자가 나타나면 번호 종류는 '쪽번호', 시작 번호는 '3'을 각각 지정한 후, [넣기] 단추를 클릭합니다.

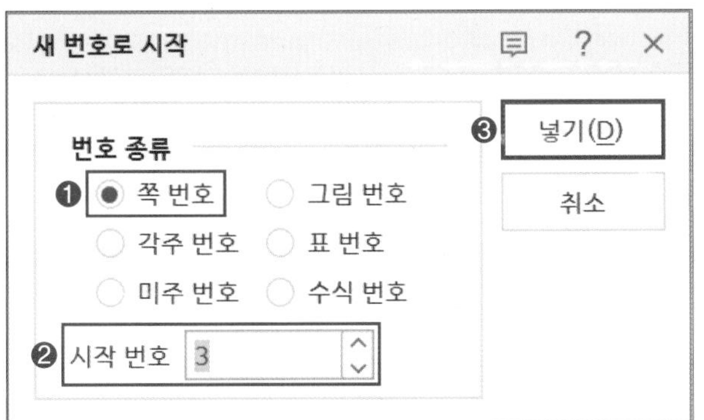

06 그 결과 문서 오른쪽 하단의 시작 쪽 번호가 '3'으로 변경된 것을 확인할 수 있습니다.

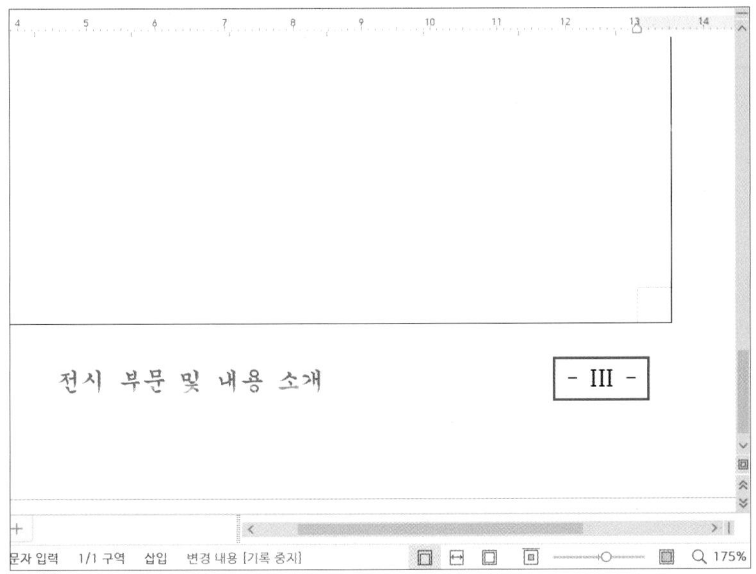

Plus Tip

■ 머리말/꼬리말/쪽 번호 삭제하기

- [보기]-[표시/숨기기]-[조판 부호]를 선택합니다.
- 화면에 조판 부호가 나타나면 삭제하려는 내용 앞에서 Delete 를 누르고, [지우기] 대화상자가 나타나면 [지움] 단추를 클릭합니다.

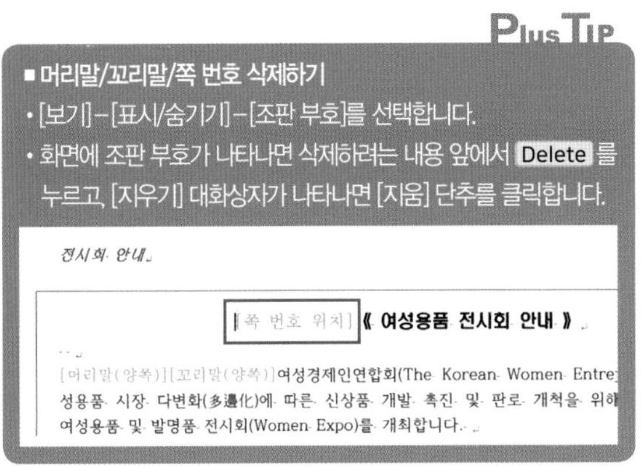

기초문제

1

'댄스.hwpx' 파일을 불러와 점선의 쪽 테두리를 설정하고, 문서 상단에 주어진 머리말(맑은 고딕, 10pt, 초록)을 삽입해 보세요.

댄스경연대회

【 청소년 창작 그룹 댄스 경연대회 】

한국청소년댄스스포츠연맹(Korea Youth Dance Sports Federation)은 춤에 대한 인식 전환을 통해 건전한 청소년 여가(餘暇) 문화를 유도하고 학업 위주의 단일 가치관을 불식(拂拭)시키고자 매년 댄스 경연대회를 개최하고 있습니다.
춤은 더 이상 비행 청소년들의 오락이나 전유물이 아닙니다. 오늘날의 춤은 사교적 목적보다는 신체 단련을 위한 운동(運動)이라는 측면에 더욱 비중을 두면서 생활 체육의 한 분야로 발전(發展)하였습니다. 청소년들의 다양한 잠재력(Potential Energy)을 개발하고 창작 활동 지원을 통한 사기 진전과 자긍심(Self-Conceit) 배양(培養)을 목적으로 하는 이번 경연대회에 청소년

2

문서 하단에 주어진 꼬리말(MD솔체, 9pt, 주황, 가운데 정렬)을 삽입해 보세요.

【 청소년 창작 그룹 댄스 경연대회 】

한국청소년댄스스포츠연맹(Korea Youth Dance Sports Federation)은 춤에 대한 인식 전환을 통해 건전한 청소년 여가(餘暇) 문화를 유도하고 학업 위주의 단일 가치관을 불식(拂拭)시키고자 매년 댄스 경연대회를 개최하고 있습니다.
춤은 더 이상 비행 청소년들의 오락이나 전유물이 아닙니다. 오늘날의 춤은 사교적 목적보다는 신체 단련을 위한 운동(運動)이라는 측면에 더욱 비중을 두면서 생활 체육의 한 분야로 발전(發展)하였습니다. 청소년들의 다양한 잠재력(Potential Energy)을 개발하고 창작 활동 지원을 통한 사기 진전과 자긍심(Self-Conceit) 배양(培養)을 목적으로 하는 이번 경연대회에 청소년 여러분의 많은 참여를 바랍니다.

댄스스포츠

• 완성파일 : 댄스_완성.hwpx

3

'패널.hwpx' 파일을 불러와 파선의 쪽 테두리를 지정하고 머리말(맑은 고딕, 10pt, 빨강)과 꼬리말(HY동녘M, 9pt, 파랑, 가운데 정렬)을 삽입해 보세요.

패널 가격 프리미엄

Full HD 패널 가격 프리미엄 전망

대한 디스플레이서치 코리아 관계자는 "작년 2분기 이후 LED 패널의 재고(在庫)가 늘어난 것도 가격 프리미엄 하락에 영향을 끼친 요인"이라며 "올해에는 LED TV가 시장(Market)의 주력(主力)으로 자리 잡는 계기가 될 전망"이라고 밝혔다. 실제 LCD TV 시장에서 LED 패널이 차지하는 비중은 내년 2분기에 처음으로 과반을 넘어설 전망이다. 그러나 올해 2분기 LCD TV 시장에서 LED 패널의 비중은 18%에 불과했다. 하지만 올 2분기에 전체 LCD TV용 패널 중 3,030만 대가 LED 패널로 53%를 차지할 전망이다.

서혜인 기자(viakorea@display.co.kr)

대한일보

• 완성파일 : 패널_완성.hwpx

심화문제

1) '건강.hwpx' 파일을 불러와 머리말을 삽입해 보세요.

자료추출 : 국민건강보험

탄소 발자국을 줄이는
식생활

인류가 하루 세 끼를 친환경적으로 해결하려 노력한다면
기후 위기로부터 벗어나 지구를 구할 수 있지 않을까.
식(食)은 인간이 생존하는 데 꼭 필요한 활동이며
먹거리를 생산하고 유통하고 소비하는 과정에서 많은 탄소가 배출된다.
식생활에서 탄소 발자국을 줄이려면 무엇을 실천해야 할까.

푸드 마일리지를 줄이자

'푸드 마일리지'는 먹거리가 이동하는 거리를 뜻한다. 농축수산물이 산지에서 생산되어 최종 소비자에 닿기까지 이동한 거리이다. 먹거리의 수송에는 이산화탄소 배출이 따르고, 먼 거리를 이동할수록 탄소 배출량이 증가해 지구환경을 오염시킨다. 지구 반대편에서 자란 과일과 소고기를 마트에서 쉽게 구입할 수 있는 세상이지만, 그 이면에는 '탄소'라는 환경오염의 주범이 자리하고 있다. 푸드 마일리지가 높은, 즉 장시간 이동한 식품일수록 신선도와 영양 등이 떨어지기 쉬우며 부패 등을 막기 위해 유해물질을 사용했을 우려 또한 높다.

가까운 곳에서 생산한 로컬푸드를 이용하면 푸드 마일리지를 낮출 수 있을 뿐만 아니라 신선하고 안전한 식품을 섭취할 수 있다. 자신이 거주하고 있는 곳이나 가까운 지역에서 나오는 먹거리에는 어떤 것이 있는지 살펴보고 식단을 구성하면 좋을 것이다.
푸드 마일리지를 낮추는 가장 확실한 방법은 내 집에 텃밭을 두어 먹거리를 길러서 먹는 것이다.

쟁여두지 말고 남기지 않고

음식을 먹을 때는 남기지 않아야 한다. 버려지는 음식에서 발생하는 온실가스 배출을 줄일 수 있다. 냉장고 안에 방치해두었다가 부패해서 버려지는 식재료도 마찬가지. 냉장고 안에 뭐가 있는지도 모른 채 자꾸만 새것을 사서 쟁여두는 습관을 버리고 신선한 재료를 필요한 만큼만 구입해서 이용하도록 하자.
한편 가공과정을 거쳐서 만드는 가공식품은 자연식품에 비해 탄소 배출량이 많을 수밖

• 완성파일 : 건강_완성.hwpx

2) 다음과 같이 페이지 번호를 설정해 보세요.

자료추출 : 국민건강보험

탄소 발자국을 줄이는
식생활

인류가 하루 세 끼를 친환경적으로 해결하려 노력한다면
기후 위기로부터 벗어나 지구를 구할 수 있지 않을까.
식(食)은 인간이 생존하는 데 꼭 필요한 활동이며
먹거리를 생산하고 유통하고 소비하는 과정에서 많은 탄소가 배출된다.
식생활에서 탄소 발자국을 줄이려면 무엇을 실천해야 할까.

푸드 마일리지를 줄이자

'푸드 마일리지'는 먹거리가 이동하는 거리를 뜻한다. 농축수산물이 산지에서 생산되어 최종 소비자에 닿기까지 이동한 거리이다. 먹거리의 수송에는 이산화탄소 배출이 따르고, 먼 거리를 이동할수록 탄소 배출량이 증가해 지구환경을 오염시킨다. 지구 반대편에서 자란 과일과 소고기를 마트에서 쉽게 구입할 수 있는 세상이지만, 그 이면에는 '탄소'라는 환경오염의 주범이 자리하고 있다. 푸드 마일리지가 높은, 즉 장시간 이동한 식품일수록 신선도와 영양 등이 떨어지기 쉬우며 부패 등을 막기 위해 유해물질을 사용했을 우려 또한 높다.

가까운 곳에서 생산한 로컬푸드를 이용하면 푸드 마일리지를 낮출 수 있을 뿐만 아니라 신선하고 안전한 식품을 섭취할 수 있다. 자신이 거주하고 있는 곳이나 가까운 지역에서 나오는 먹거리에는 어떤 것이 있는지 살펴보고 식단을 구성하면 좋을 것이다.
푸드 마일리지를 낮추는 가장 확실한 방법은 내 집에 텃밭을 두어 먹거리를 길러서 먹는 것이다.

쟁여두지 말고 남기지 않고

음식을 먹을 때는 남기지 않아야 한다. 버려지는 음식에서 발생하는 온실가스 배출을 줄일 수 있다. 냉장고 안에 방치해두었다가 부패해서 버려지는 식재료도 마찬가지. 냉장고 안에 뭐가 있는지도 모른 채 자꾸만 새것을 사서 쟁여두는 습관을 버리고 신선한 재료를 필요한 만큼만 구입해서 이용하도록 하자.
한편 가공과정을 거쳐서 만드는 가공식품은 자연식품에 비해 탄소 배출량이 많을 수밖

①

3) '공모전.hwpx' 파일을 불러와 2단 편집한 후, 쪽 테두리와 머리말(휴먼옛체, 10pt, 빨강, 가운데 정렬)을 삽입하고, 문서 하단 왼쪽에 새로운 쪽 번호를 삽입하되 '5'로 시작해 보세요.

영화공모전

♧ 플래시 영화 공모전 ♧

원자력(Nuclear Power)의 평화적 이용으로 국가 발전과 국민 생활의 질적인 향상을 추구하는 한국원자력문화재단은 우리 생활 속에서 원자력이 다양하게 활용되는 경쾌한 움직임을 플래시 모션(Flash Motion)으로 구현해 보고자 <2020 원자력 플래시 영화 공모전>을 개최합니다.

「움직임이 우리를 행복하게 한다!」는 슬로건(Slogan)의 이번 영화 공모전에 참신한 아이디어(Idea)와 실력(Capability)으로 무장한 많은 분들의 적극적인 성원(聲援)과 참여(參與)를 기대합니다.

- ⑤ -

• 완성파일 : 공모전.hwpx

Section

11 각주, 덧말, 상용구, 차례 만들기

본문 내용에 대한 보충 자료를 구체적으로 제시하거나 인용한 자료의 출처 등을 밝히는 경우 각주를 사용하고, 특정 단어의 간단한 메모나 보충 자료를 삽입할 때 메모와 덧말을 사용합니다. 여기에서는 각주, 덧말, 상용구, 차례를 만들어 삽입하는 방법에 대해서 학습해 봅니다.

Preview

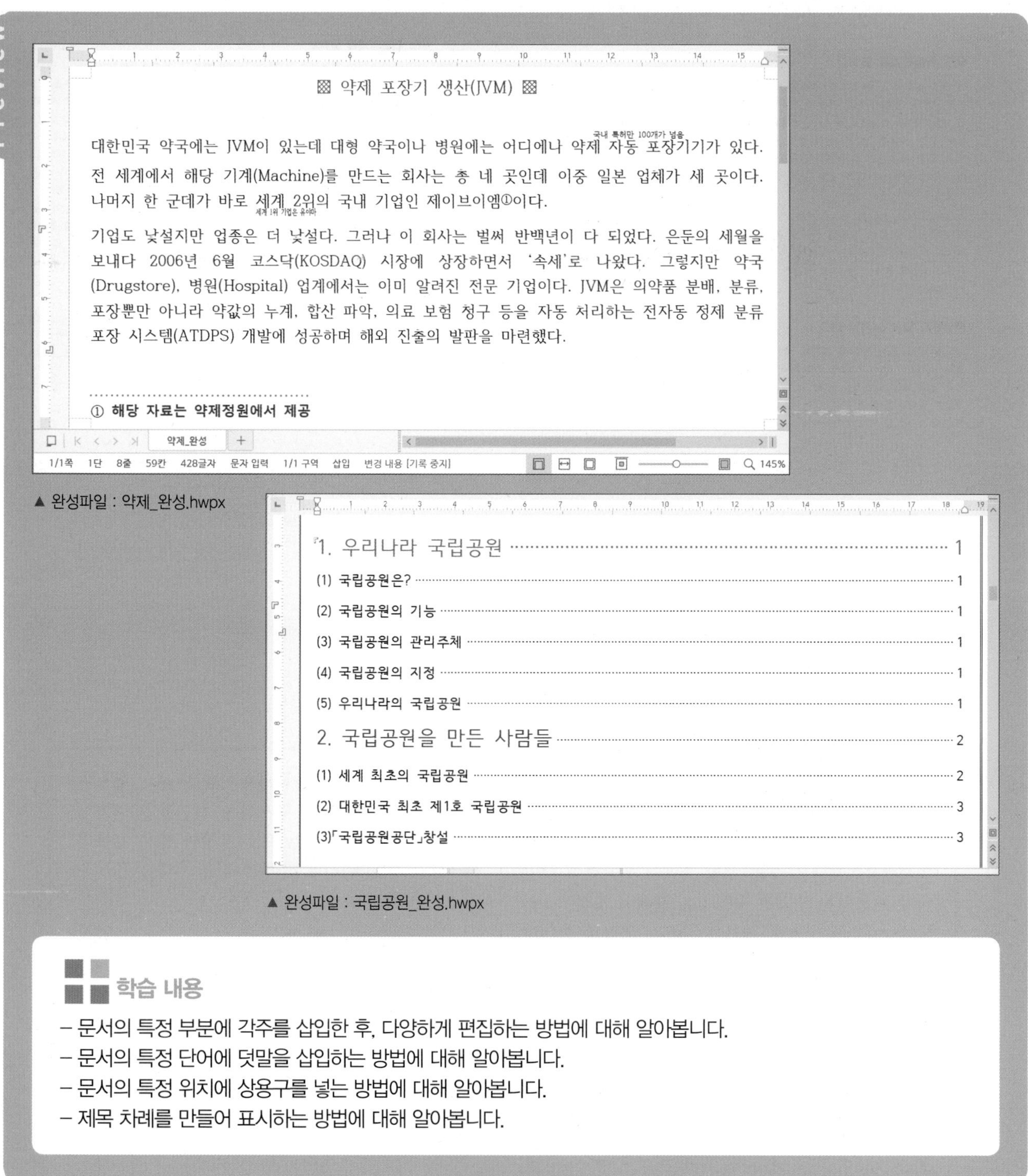

▧ 약제 포장기 생산(JVM) ▧
대한민국 약국에는 JVM이 있는데 대형 약국이나 병원에는 어디에나 약제 자동 포장기기가 있다. 전 세계에서 해당 기계(Machine)를 만드는 회사는 총 네 곳인데 이중 일본 업체가 세 곳이다. 나머지 한 군데가 바로 세계 2위의 국내 기업인 제이브이엠①이다.
국내 특허만 100개가 넘음
기업도 낯설지만 업종은 더 낯설다. 그러나 이 회사는 벌써 반백년이 다 되었다. 은둔의 세월을 보내다 2006년 6월 코스닥(KOSDAQ) 시장에 상장하면서 '속세'로 나왔다. 그렇지만 약국(Drugstore), 병원(Hospital) 업계에서는 이미 알려진 전문 기업이다. JVM은 의약품 분배, 분류, 포장뿐만 아니라 약값의 누계, 합산 파악, 의료 보험 청구 등을 자동 처리하는 전자동 정제 분류 포장 시스템(ATDPS) 개발에 성공하며 해외 진출의 발판을 마련했다.
① 해당 자료는 약제정원에서 제공
약제_완성
1/1쪽 1단 8줄 59칸 428글자 문자 입력 1/1 구역 삽입 변경 내용 [기록 중지] 145%
1. 우리나라 국립공원 1
(1) 국립공원은? 1
(2) 국립공원의 기능 1
(3) 국립공원의 관리주체 1
(4) 국립공원의 지정 1
(5) 우리나라의 국립공원 1
2. 국립공원을 만든 사람들 2
(1) 세계 최초의 국립공원 2
(2) 대한민국 최초 제1호 국립공원 3
(3)「국립공원공단」창설 3

▲ 완성파일 : 약제_완성.hwpx

▲ 완성파일 : 국립공원_완성.hwpx

학습 내용

- 문서의 특정 부분에 각주를 삽입한 후, 다양하게 편집하는 방법에 대해 알아봅니다.
- 문서의 특정 단어에 덧말을 삽입하는 방법에 대해 알아봅니다.
- 문서의 특정 위치에 상용구를 넣는 방법에 대해 알아봅니다.
- 제목 차례를 만들어 표시하는 방법에 대해 알아봅니다.

따라하기 01 각주 삽입하기

01 '약제.hwpx' 파일을 불러와 각주를 삽입할 글자인 '제이브이엠' 뒤에 커서를 위치시킨 후, [입력]-[주석]-[각주]를 선택합니다(단축키 : Ctrl + N , N).

Plus Tip

- **각주** : 문서 내용에 부가적인 설명이나 참고 내용 등을 삽입하기 위한 기능으로, [입력] 탭에서 [각주] 아이콘을 클릭해도 됩니다.

02 본문 하단에 각주 입력란이 나타나면 주어진 내용('해당 자료는 약제중원에서 제공')을 입력합니다.

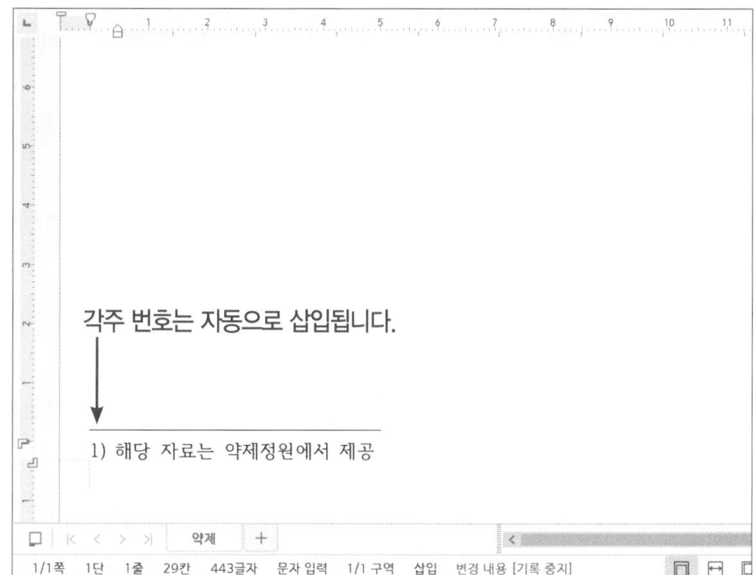
각주 번호는 자동으로 삽입됩니다.
1) 해당 자료는 약제정원에서 제공

Plus Tip

- **각주와 미주의 차이점** : 각주는 해당 쪽의 하단에 설명을 다는 것이고, 미주는 작업 중인 문서의 맨 마지막에 한꺼번에 모아서 표기하는 것입니다. 미주 사용 시는 [입력]-[주석]-[미주]를 선택합니다.

03 각주 내용을 블록 지정한 후, 서식 도구 상자에서 글꼴은 '맑은 고딕', 글자 크기는 '9pt', 속성은 '진하게', 글자 색은 '남색'을 각각 지정합니다.

1) 해당 자료는 약제정원에서 제공

04 각주의 번호 모양을 원 문자 형태로 변경하려면 [주석] 탭에서 [번호 모양] 아이콘을 클릭하고 [①,②,③]을 선택합니다.

Plus Tip

[주석] 탭은 각주와 미주 편집 작업에서만 나타나는 탭입니다.

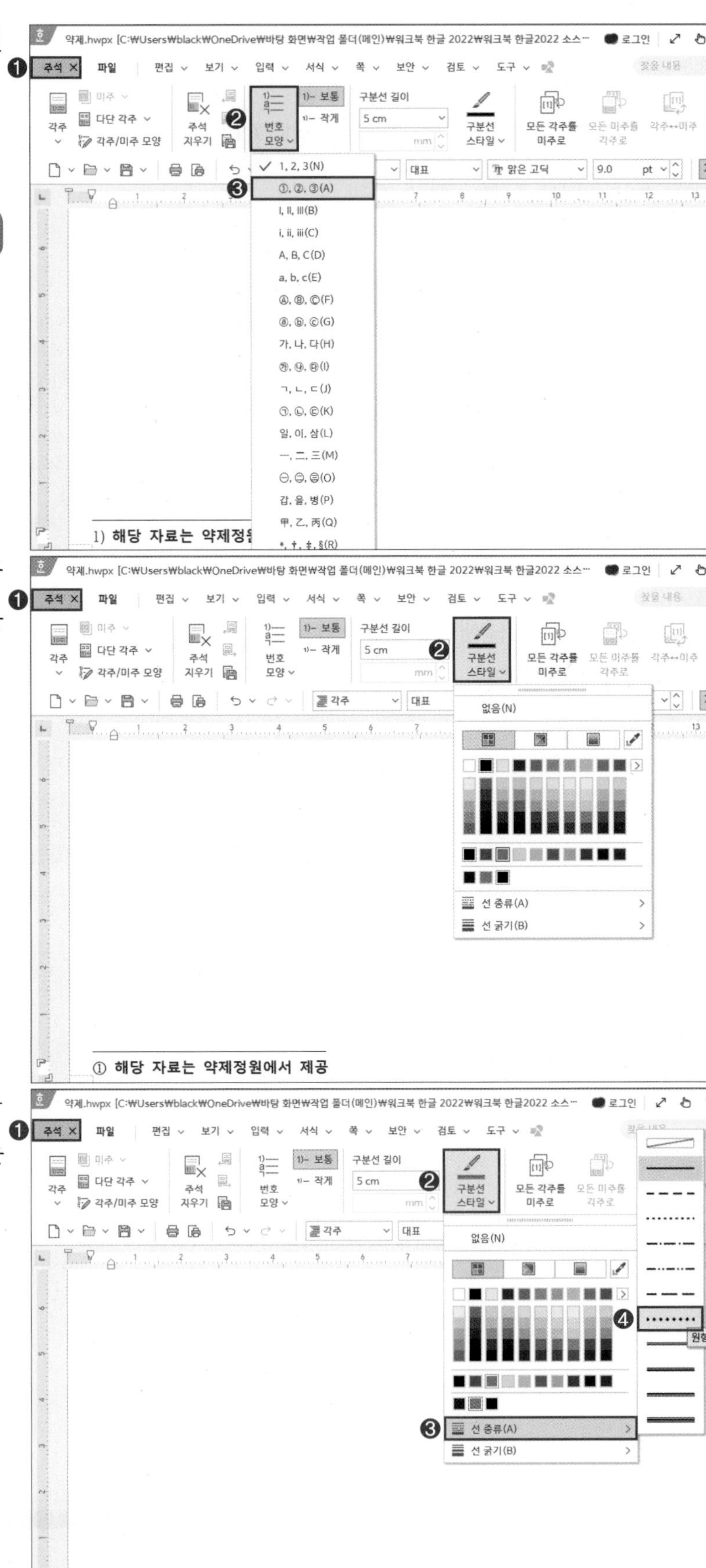

05 각주의 선 색을 변경하려면 [주석]–[구분선 스타일]을 클릭하여 원하는 색을 선택합니다.

06 각주의 선 모양을 변경하려면 [주석]–[구분선 스타일]을 클릭하고, 원하는 선 모양을 선택합니다.

07 각주의 선 굵기를 변경하려면 [주석]-[구분선 스타일]을 클릭하고, 원하는 선 굵기를 선택합니다.

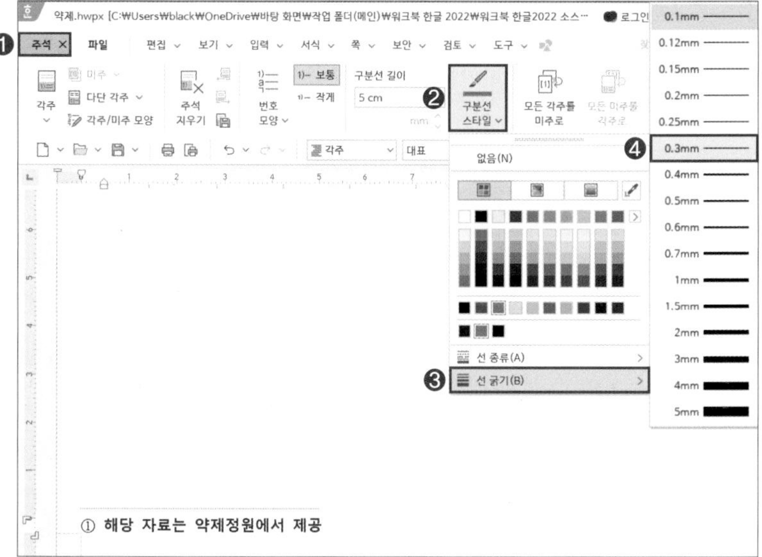

08 모든 작업을 마쳤으면 [주석] 탭에서 닫기 ⊗ 아이콘을 클릭하여 각주 작업 화면을 종료합니다.

Plus Tip

- **각주 수정** : 각주(주석)를 수정하려면 본문 하단에 있는 각주 내용 부분을 마우스로 클릭하면 됩니다.

09 그 결과 커서 위치에 각주(주석) 번호가 삽입된 것을 확인할 수 있습니다.

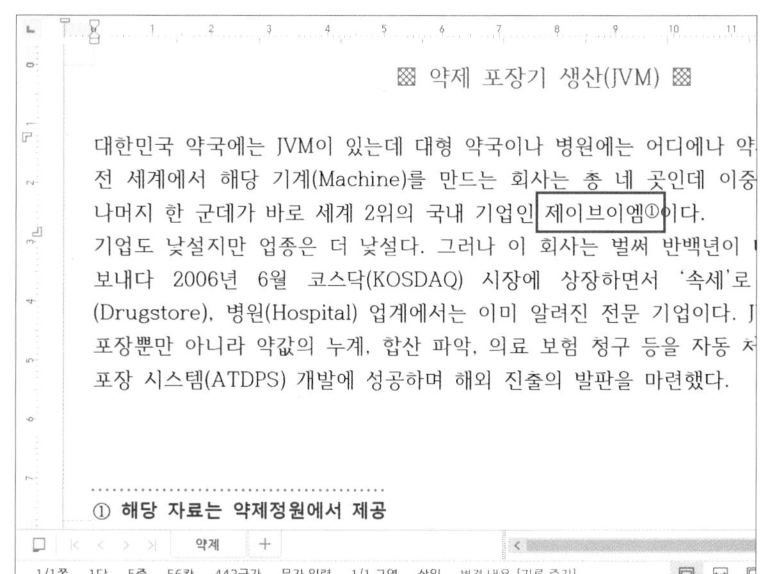
▩ 약제 포장기 생산(JVM) ▩
대한민국 약국에는 JVM이 있는데 대형 약국이나 병원에는 어디에나
전 세계에서 해당 기계(Machine)를 만드는 회사는 총 네 곳인데 이중
나머지 한 군데가 바로 세계 2위의 국내 기업인 제이브이엠①이다.
기업도 낯설지만 업종은 더 낯설다. 그러나 이 회사는 벌써 반백년이
보내다 2006년 6월 코스닥(KOSDAQ) 시장에 상장하면서 '속세'로
(Drugstore), 병원(Hospital) 업계에서는 이미 알려진 전문 기업이다.
포장뿐만 아니라 약값의 누계, 합산 파악, 의료 보험 청구 등을 자동
포장 시스템(ATDPS) 개발에 성공하며 해외 진출의 발판을 마련했다.
① 해당 자료는 약제정원에서 제공

따라하기 02 덧말 삽입하기

01 덧말을 삽입할 부분을 블록 지정한 후, [입력]–[덧말 넣기]를 선택합니다.

PLUS TIP

• 덧말 : 본문에서 인용한 자료의 출처를 밝히거나 보충 자료를 제시할 때 본말의 위/아래에 넣는 기능입니다.

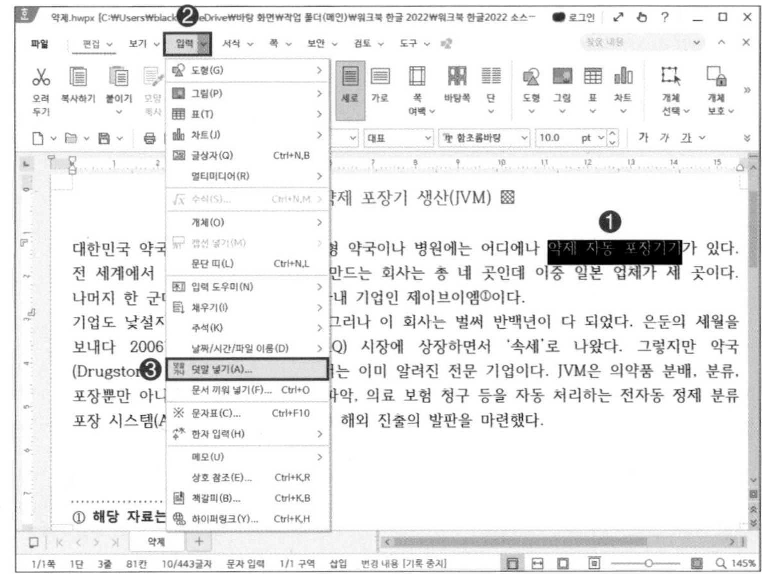

02 [덧말 넣기] 대화상자가 나타나면 '덧말'에 주어진 내용('국내 특허만 100개가 넘음')을 입력한 후, 덧말 위치를 '위'로 선택하고 [넣기] 단추를 클릭합니다.

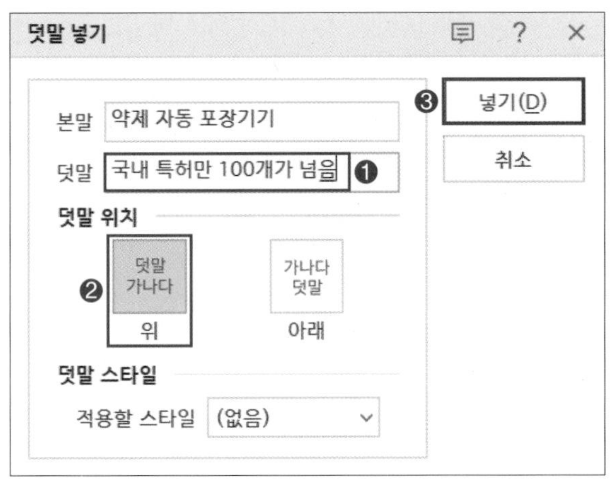

03 두 번째 덧말을 삽입할 부분을 블록 지정한 후, [입력]–[덧말 넣기]를 클릭합니다.

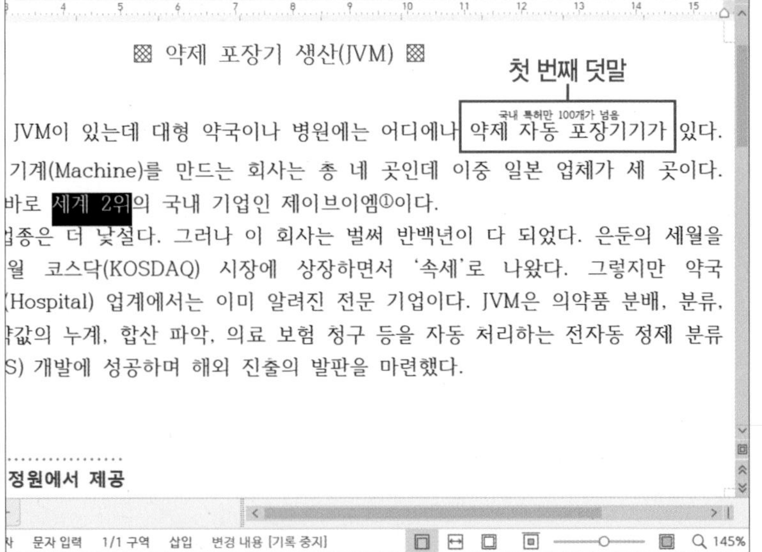

04 [덧말 넣기] 대화상자에서 '덧말'에 주어진 내용('세계 1위 기업은 유야마')을 입력한 후, 덧말 위치를 '아래'로 선택하고 [넣기] 단추를 클릭합니다.

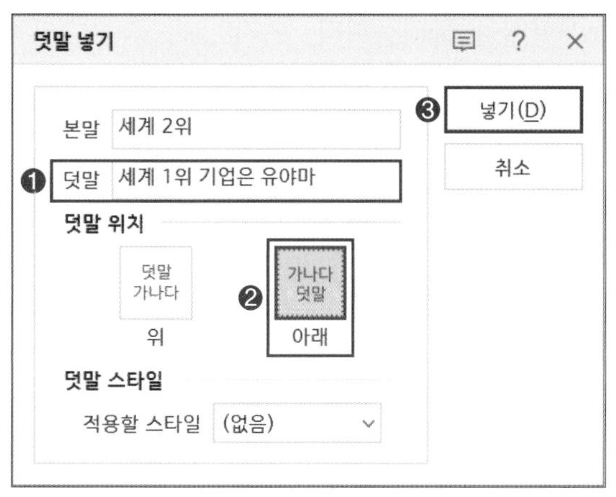

05 그 결과 해당 부분 위쪽과 아래쪽에 덧말이 각각 삽입된 것을 확인할 수 있습니다.

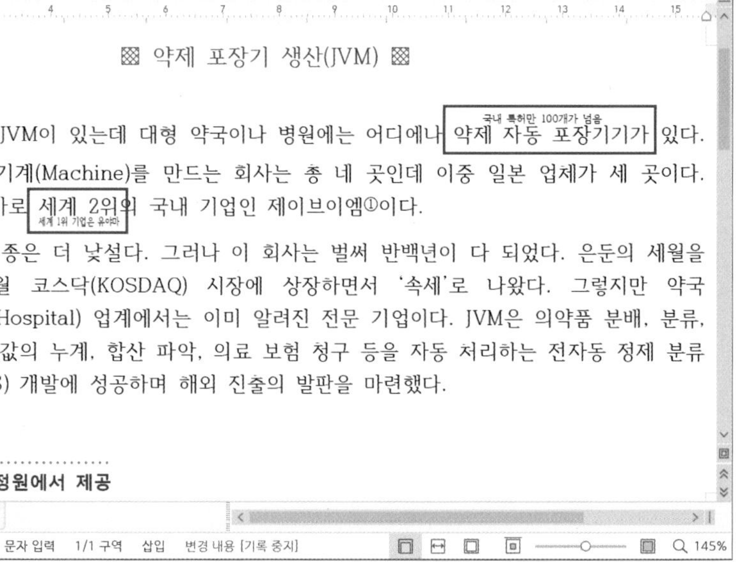

Power Upgrade 덧말 편집하기

• 삽입한 덧말을 수정하거나 삭제할 경우에는 해당 덧말에서 마우스를 더블클릭합니다.
• [덧말 편집] 대화상자가 나타나면 덧말과 덧말 위치를 변경할 수 있으며, [덧말 지움] 단추를 클릭하면 덧말을 삭제할 수도 있습니다.
• '덧말 스타일'은 입력한 덧말의 글자 모양을 변경할 경우, 적용할 스타일 목록에서 해당 스타일을 선택하면 됩니다.

따라하기 03 상용구 등록하기

01 '한글.hwpx' 파일을 불러옵니다. 여기에서 '한글과 컴퓨터'라는 단어를 본문 각 문단의 첫 부분에 상용구 기능을 이용하여 삽입해 보겠습니다.

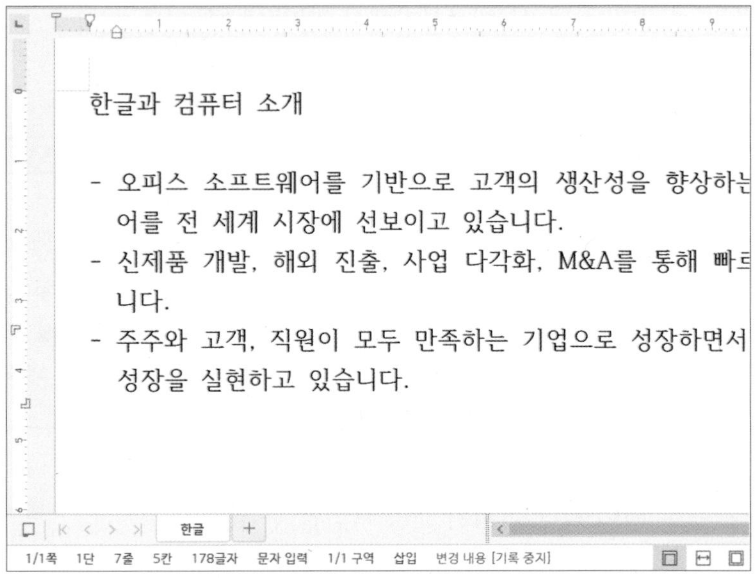

02 상용구로 등록할 부분을 블록 지정한 후, [입력]–[입력 도우미]–[상용구]–[상용구 등록]을 차례대로 선택합니다.
(단축키 : Alt + I)

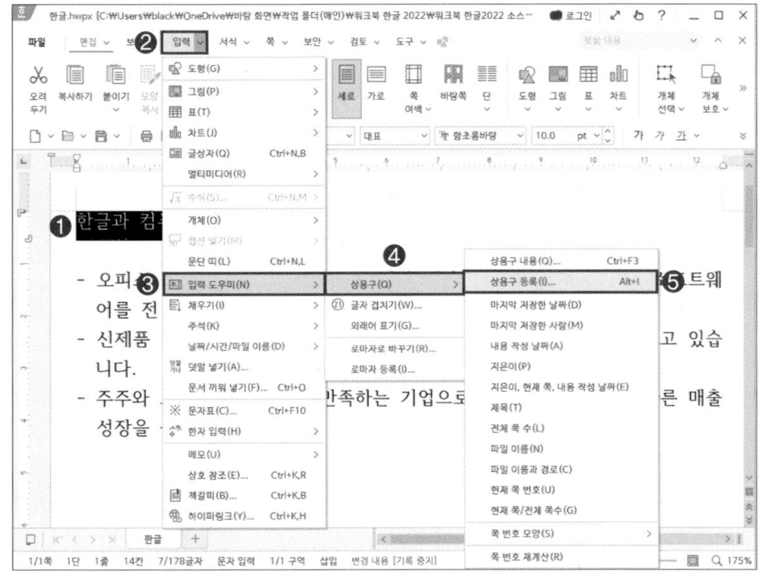

PLUS TIP

• **상용구** : 자주 쓰이는 문자열을 따로 등록해 놓았다가 필요할 때 등록한 준말을 입력하면 등록된 내용이 입력되는 기능입니다.

03 [상용구 등록] 대화상자가 나타나면 준말에 '한'을 입력하고, '글자 속성 유지하지 않음'을 선택한 후 [등록] 단추를 클릭합니다.

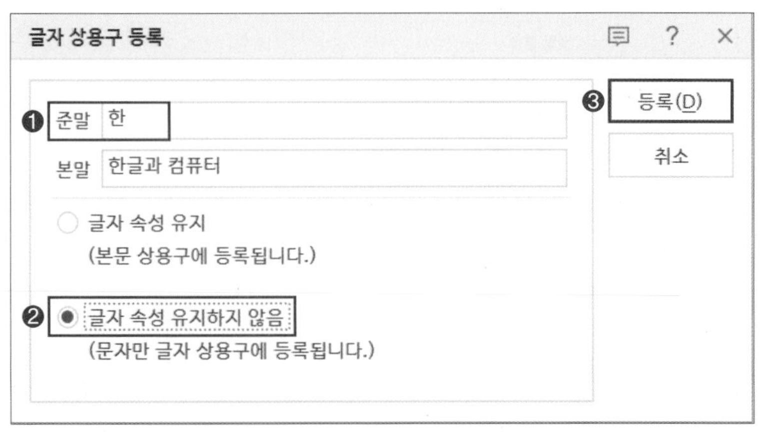

04 상용구를 실행하기 위하여 '오피스~' 앞에서 준말에 해당하는 '한'을 입력한 후, Alt + I 를 누릅니다.

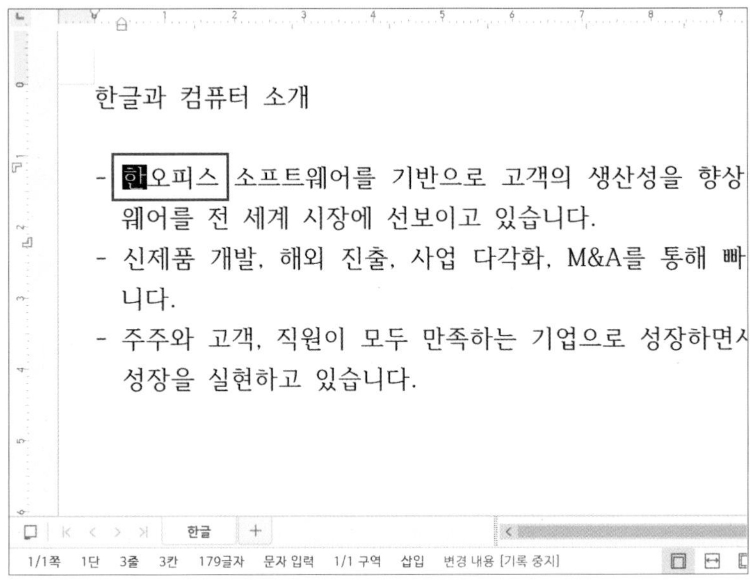

05 상용구로 등록된 문장이 입력됩니다. 동일한 방법으로 나머지 항목 앞에도 상용구 내용을 각각 삽입합니다. 이때, 첫 문단에서 조사('는')은 직접 처리해야 하므로 입력 후 Spacebar 를 눌러 완성시킵니다.

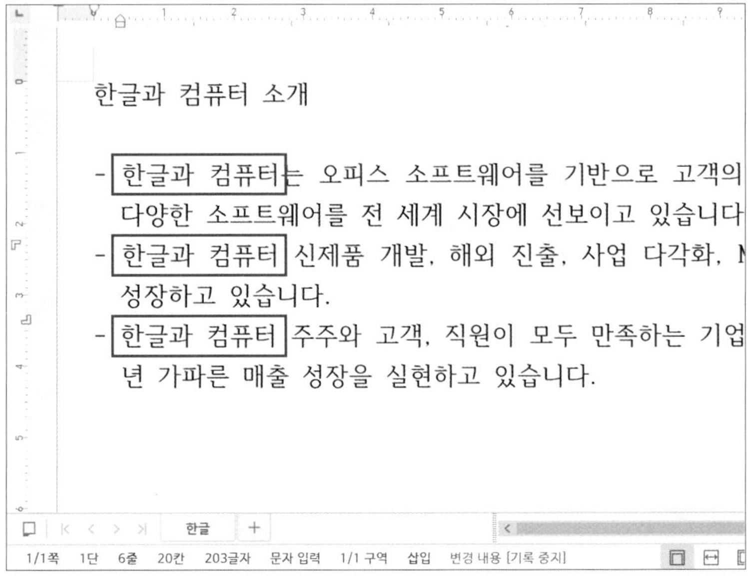

Power Upgrade

[상용구 등록] 대화상자

- 준말 : 상용구의 이름으로, 보통 본말의 첫 글자가 준말로 등록됩니다. 준말은 사용자가 원하는 글자로 변경할 수 있습니다.
- 설명 : 상용구를 등록하기 위해 블록으로 지정한 내용이 자동적으로 입력됩니다.
- 글자 속성 유지 : 현재 글자의 속성을 유지하면서 본문 상용구에 등록합니다.
- 글자 속성 유지하지 않음 : 글자의 속성을 유지하지 않고, 글자만 글자 상용구에 등록합니다.

따라하기 04 차례 만들기

01 '국립공원.hwpx' 파일의 표지 다음에 차례 페이지를 만들어 넣기로 합니다. 1페이지 문서 아래에 커서를 위치시킨 다음, Ctrl + Enter 를 눌러 차례가 삽입될 빈 페이지를 삽입합니다.

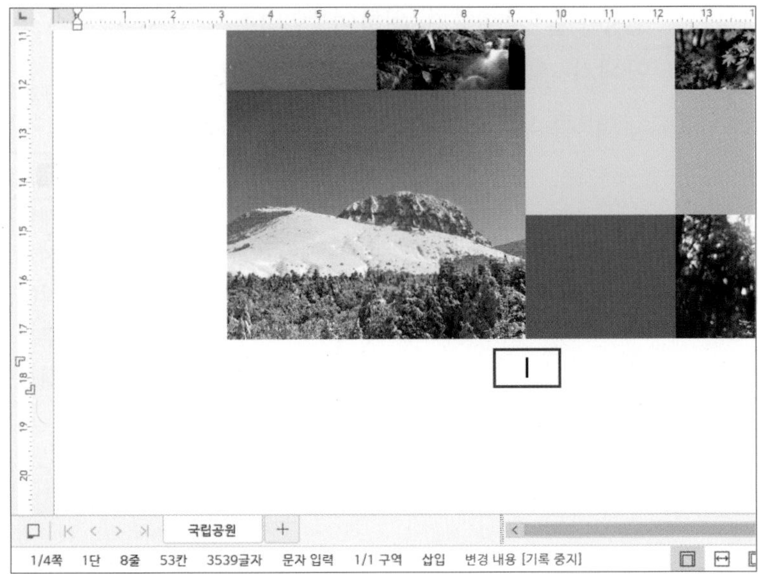

02 빈 페이지가 삽입되면 다음과 같이 '목차'(HY 동녘M, 20pt, 남색) 제목을 만듭니다.

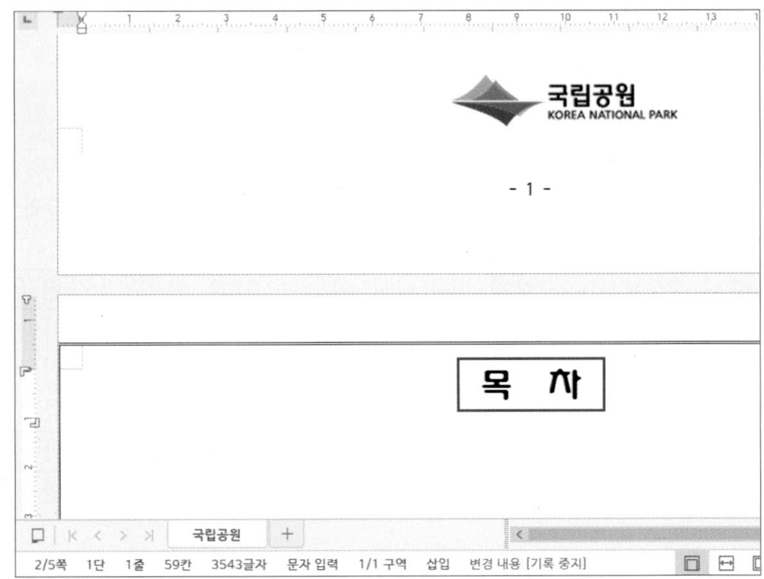

03 '1. 우리나라 국립공원' 앞에 커서를 위치시킨 다음, [도구]-[차례/색인]-[제목 차례 표시]를 클릭합니다.

Plus Tip

제목 차례 표시 단축키 : Ctrl + K , T

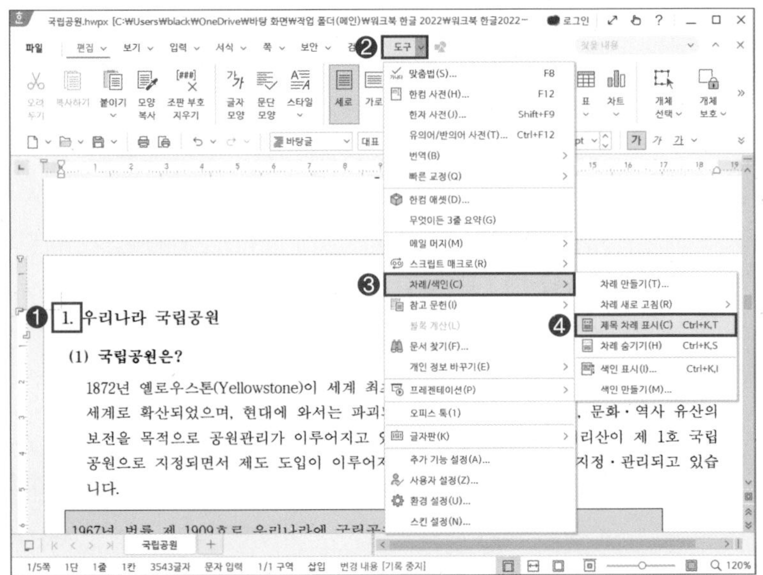

04 일반 상태에서는 제목 차례 지정이 된 것인지 확인하기가 힘듭니다. 제목 차례 표시가 달린 것을 확인하려면 Ctrl + G 를 를 눌러 조판 부호 보이기를 지정합니다.

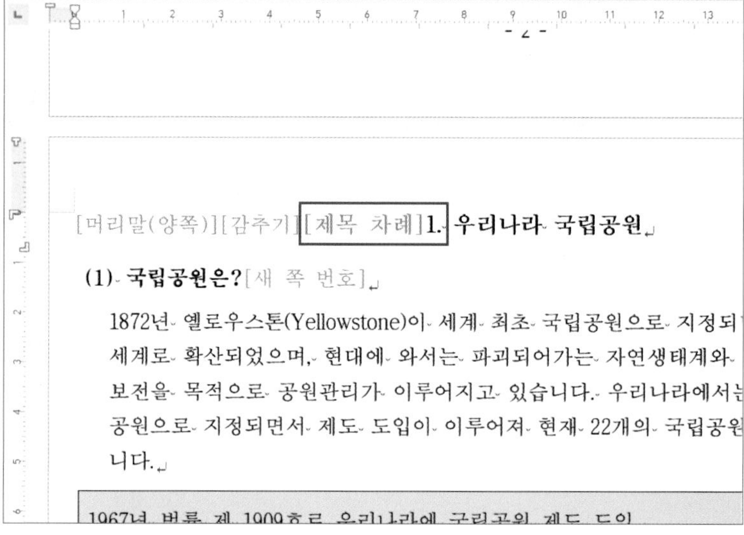

Plus Tip

[보기]-[표시/숨기기]-[조판 부호]를 선택해도 됩니다. 한 번 더 실행하면 조판 부호 표시가 해제됩니다.

05 '(1) 국립공원은?' 앞에도 커서를 위치시킨 다음, Ctrl + K , T 를 눌러 제목 차례 표시를 합니다.

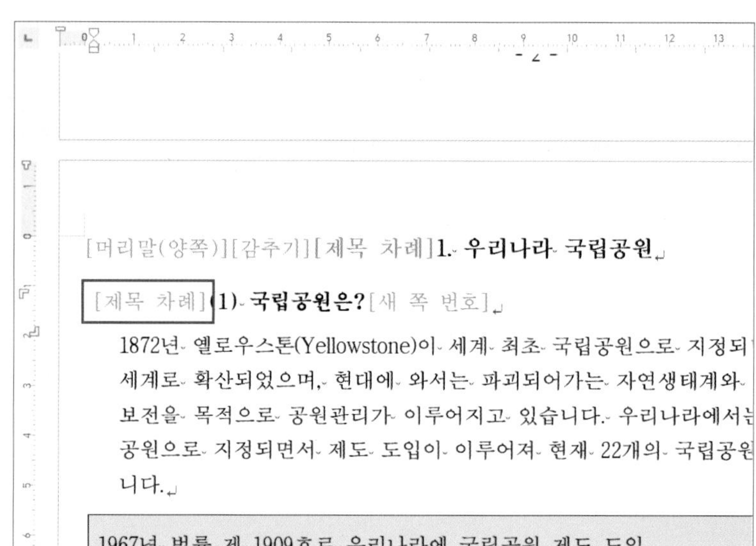

06 같은 방법으로 제목을 만들 위치에 커서를 위치시킨 다음, Ctrl + K , T 를 눌러 차례대로 문서 끝까지 제목 차례를 표시합니다.

[제목 차례](3) 「국립공원공단」 창설

1967년 지리산을 최초의 국립공원으로 지정한 이래 1987년 6월까지 우리나라
공원계획 등 기본사항은 건설부가 전담하고, 공원 탐방객, 자원보호, 청소와
내 현장관리 업무는 지방자치단체가 유지하고 있었습니다. 이에 따라 지자체의
에 따라 공원 간 심지어 공원 내 지역 간에도 심한 불균형이 나타나고 있었습

1980년대 들어 급속한 도시화 · 산업화와 함께 자연환경 보전에 대한 국민의
있던 차에 1985년 초여름 지리산국립공원에 일본 삼나무로 지어진 20여 채의
도가 계기가 되어 그해 감사원의 국립공원 관리실태 특별감사가 실시되었으며
되었습니다.

당시 감사원장은 국립공원 관리의 문제점 및 대책을 85년 12월 4일 대통령에
로 건설부는 '86년 12월 한국경제사회연구원으로 하여금 국립공원관리제도
하였으며 그 결과 국립공원 관리의 효율화를 위하여 공단 설립이 대안으로 채

07 커서를 차례가 삽입될 위치인 2쪽으로 이동한 다음, Ctrl + G 를 한번 더 눌러 조판 부호 보이기를 해제합니다. 이어서 차례를 만들 위치에 커서가 나타나도록 한 다음, [도구]-[차례/색인]-[차례 만들기]를 클릭합니다.

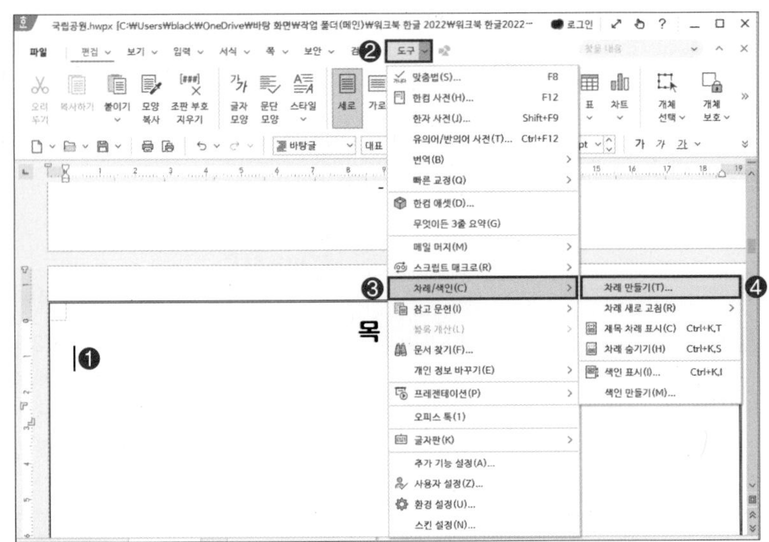

08 [차례 만들기] 대화상자가 나타나면 차례 형식은 '필드로 넣기', 만들 차례는 '차례 코드 모으기'를 선택하고, 탭 모양은 '오른쪽 탭'을 클릭한 다음, 채울 모양은 '점선'을 선택합니다. 만들 위치는 '현재 문서의 커서 위치'로 지정하고 [만들기]를 클릭합니다.

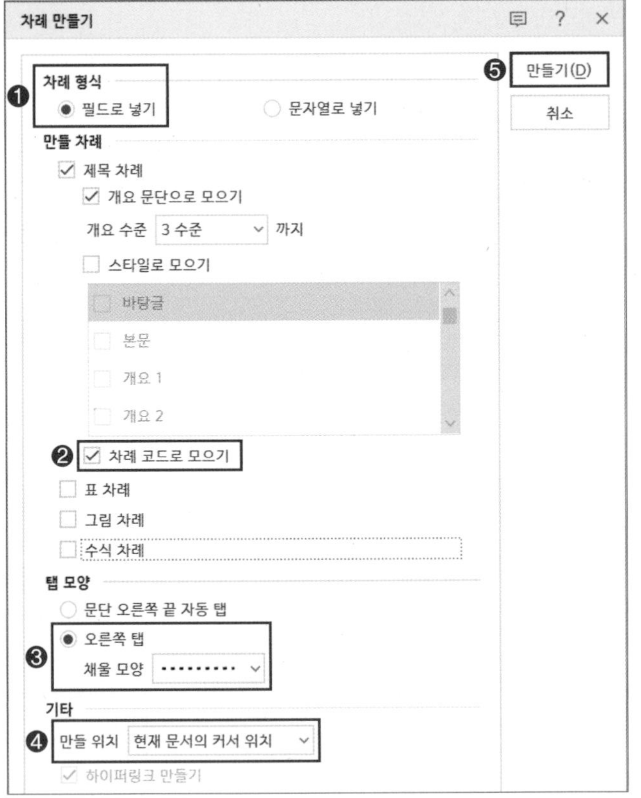

09 다음과 같이 차례가 삽입되면 글꼴 서식과 문단 서식을 설정하여 완성합니다.

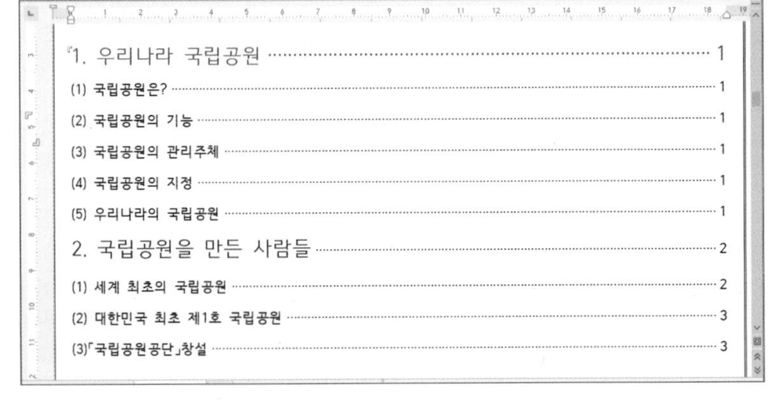

Power Upgrade

[차례 만들기] 대화상자 알아보기

■ 차례 형식

필드로 넣기 : 차례 필드를 사용하여 차례 영역을 만들며, 차례 새로 고침 기능을 사용할 수 있습니다.

문자열로 넣기 : 문자열로 된 차례를 만듭니다.

■ 만들 차례

제목 차례	개요 문단으로 모으기, 스타일로 모으기, 차례 코드로 모으기 중 하나 또는 중복 선택하여 제목 차례를 만들 수 있습니다.
개요 문단으로 모으기	개요 문단으로 차례를 만들 수 있습니다. 개요 문단을 가지고 제목 차례를 만들려면 먼저 제목이 있는 줄이 개요 문단 속성을 가지고 있어야 합니다.
스타일로 모으기	스타일이 적용된 문단으로 차례를 만들 수 있습니다.
차례 코드로 모으기	차례 코드가 삽입된 문단으로 차례를 만들 수 있습니다. 차례 코드 문단을 가지고 제목 차례를 만들려면 먼저 제목이 있는 줄에 차례 코드가 삽입되어 있어야 합니다.
표 차례	현재 문서에 표에 삽입된 캡션으로 차례를 만듭니다.
그림 차례	현재 문서에 삽입된 그림의 캡션으로 차례를 만듭니다.
수식 차례	현재 문서에 삽입된 수식의 캡션으로 차례를 만듭니다.

■ 탭 모양

문단 오른쪽 끝 자동 탭	문단의 오른쪽 끝에 맞추어 오른쪽 탭을 하나 넣어 준 후, 쪽 번호를 삽입합니다. '문단 오른쪽 끝 자동 탭'을 선택하면 '채울 모양'을 설정할 수 없습니다.
오른쪽 탭	쪽 번호를 넣을 때 오른쪽 끝 부분을 가지런히 맞추어서 삽입합니다.
채울 모양	제목 차례부터 페이지 번호 사이에 생긴 공백을 어떤 모양의 선으로 채워 넣을 것인지 선택할 수 있습니다.

■ 만들 위치

현재 문서의 커서 위치	현재 커서가 있는 위치에 차례를 만듭니다.
현재 문서의 새 구역	현재 문서의 커서 위치에 새 구역을 만든 후 차례를 만듭니다.

■ 하이퍼링크 만들기

차례 항목에 하이퍼링크를 적용하여 차례 항목과 문서 내의 항목이 연결되도록 합니다. 하이퍼링크가 적용된 차례 항목을 누르면 관련 내용으로 바로 이동할 수 있습니다. [스타일로 모으기] 또는 [차례 코드로 모으기]를 선택한 경우, [하이퍼링크 만들기] 항목을 사용할 수 없습니다.

기초문제

1

'벤처.hwpx' 파일을 불러와 'IMF'에 다음과 같이 각주를 표시해 보세요.

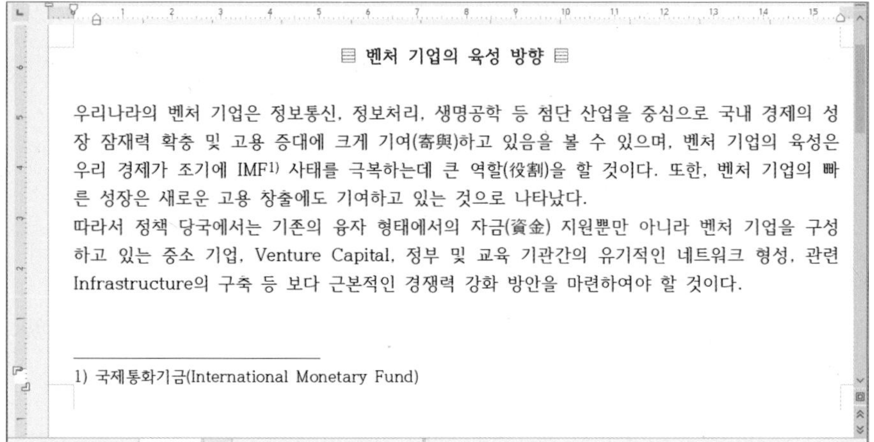

벤처 기업의 육성 방향

우리나라의 벤처 기업은 정보통신, 정보처리, 생명공학 등 첨단 산업을 중심으로 국내 경제의 성장 잠재력 확충 및 고용 증대에 크게 기여(寄與)하고 있음을 볼 수 있으며, 벤처 기업의 육성은 우리 경제가 조기에 IMF1) 사태를 극복하는데 큰 역할(役割)을 할 것이다. 또한, 벤처 기업의 빠른 성장은 새로운 고용 창출에도 기여하고 있는 것으로 나타났다.
따라서 정책 당국에서는 기존의 융자 형태에서의 자금(資金) 지원뿐만 아니라 벤처 기업을 구성하고 있는 중소 기업, Venture Capital, 정부 및 교육 기관간의 유기적인 네트워크 형성, 관련 Infrastructure의 구축 등 보다 근본적인 경쟁력 강화 방안을 마련하여야 할 것이다.

1) 국제통화기금(International Monetary Fund)

2

각주의 번호 모양을 영문 대문자로 변경하고, 선색은 초록, 선 모양은 이중 실선, 선 굵기는 0.5mm로 변경해 보세요.

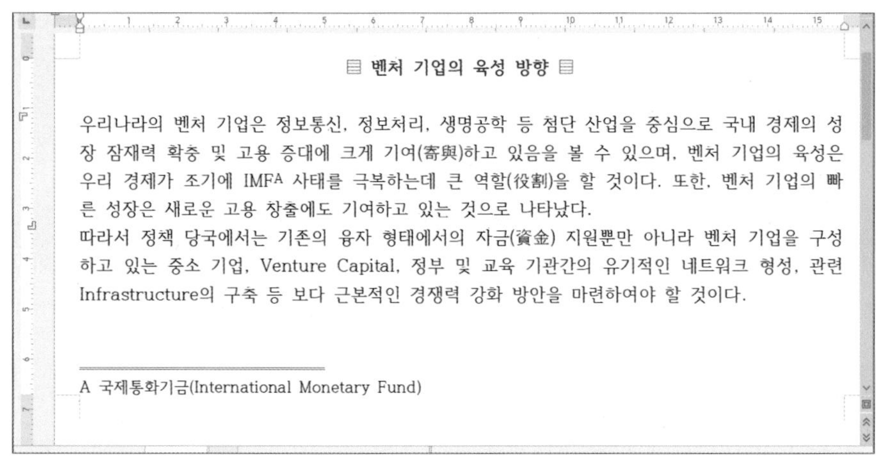

벤처 기업의 육성 방향

우리나라의 벤처 기업은 정보통신, 정보처리, 생명공학 등 첨단 산업을 중심으로 국내 경제의 성장 잠재력 확충 및 고용 증대에 크게 기여(寄與)하고 있음을 볼 수 있으며, 벤처 기업의 육성은 우리 경제가 조기에 IMFA 사태를 극복하는데 큰 역할(役割)을 할 것이다. 또한, 벤처 기업의 빠른 성장은 새로운 고용 창출에도 기여하고 있는 것으로 나타났다.
따라서 정책 당국에서는 기존의 융자 형태에서의 자금(資金) 지원뿐만 아니라 벤처 기업을 구성하고 있는 중소 기업, Venture Capital, 정부 및 교육 기관간의 유기적인 네트워크 형성, 관련 Infrastructure의 구축 등 보다 근본적인 경쟁력 강화 방안을 마련하여야 할 것이다.

A 국제통화기금(International Monetary Fund)

• 완성파일 : 벤처_완성.hwpx

3

'경쟁력.hwp' 파일을 불러와 '정상급 회사'에 덧말('서울전자, 대한전자')을 위쪽에 삽입해 보세요.

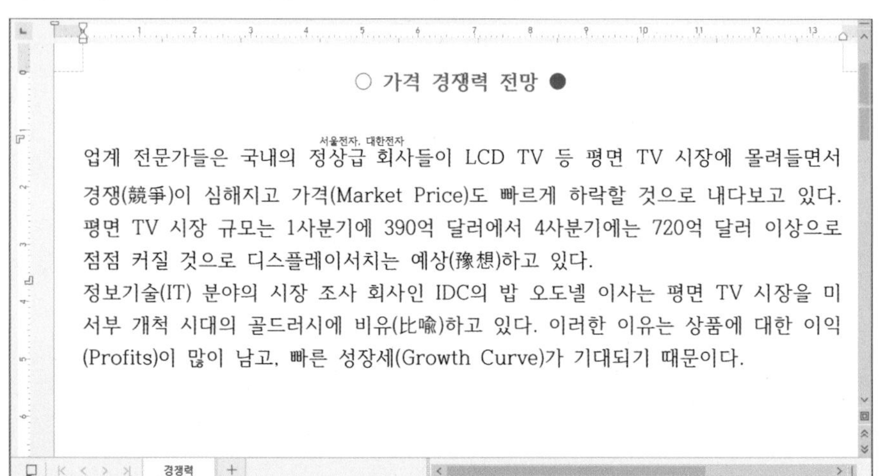

○ 가격 경쟁력 전망 ●

업계 전문가들은 국내의 정상급(서울전자, 대한전자) 회사들이 LCD TV 등 평면 TV 시장에 몰려들면서 경쟁(競爭)이 심해지고 가격(Market Price)도 빠르게 하락할 것으로 내다보고 있다. 평면 TV 시장 규모는 1사분기에 390억 달러에서 4사분기에는 720억 달러 이상으로 점점 커질 것으로 디스플레이서치는 예상(豫想)하고 있다.
정보기술(IT) 분야의 시장 조사 회사인 IDC의 밥 오도넬 이사는 평면 TV 시장을 미 서부 개척 시대의 골드러시에 비유(比喩)하고 있다. 이러한 이유는 상품에 대한 이익(Profits)이 많이 남고, 빠른 성장세(Growth Curve)가 기대되기 때문이다.

• 완성파일 : 경쟁력_완성.hwpx

심화문제

1) '개인통관.hwp' 파일을 불러와 다음 조건에 따라 4개의 스타일을 만든 후, 이를 이용하여 문서를 편집해 보세요.

큰제목 : HY헤드라인, 14pt, 진하게, 문단 위 : 10pt, 문단 아래 : 3pt, 줄간격 : 170%, 문단 번호 지정
문단제목 : 휴먼명조, 12pt, 진하게, 문단위 : 5pt, 문단 아래 : 3pt, 줄간격 : 170%, 문단 번호 지정
1수준 : 휴먼명조, 11pt, 문단위 : 5pt, 문단 아래 : 3pt, 줄간격 : 170%, 글머리 기호
2수준 : 휴먼명조, 11pt, 문단 아래 : 3pt, 줄 간 격 : 160%, 글머리 기호

스타일 지정이 완료되면 각주와 페이지 번호를 삽입하여 완성해 보세요.

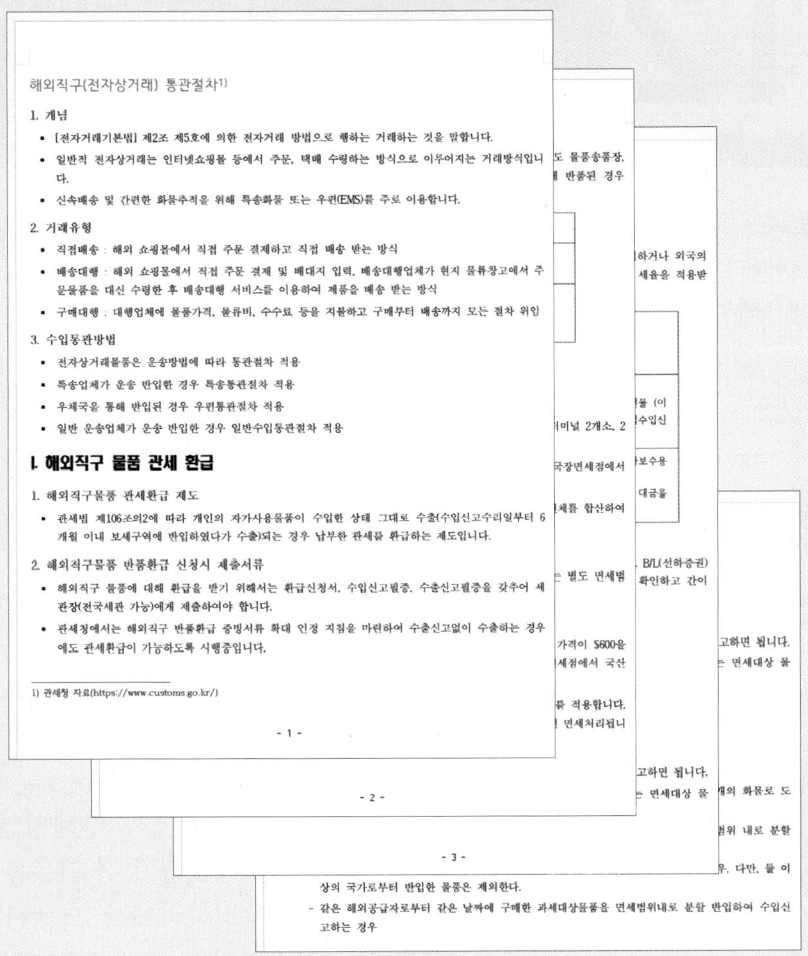

해외직구(전자상거래) 통관절차[1)]

1. 개념
- [전자거래기본법] 제2조 제5호에 의한 전자거래 방법으로 행하는 거래하는 것을 말합니다.
- 일반적 전자상거래는 인터넷쇼핑몰 등에서 주문, 택배 수령하는 방식으로 이루어지는 거래방식입니다.
- 신속배송 및 간편한 화물추적을 위해 특송화물 또는 우편(EMS)를 주로 이용합니다.

2. 거래유형
- 직접배송 : 해외 쇼핑몰에서 직접 주문 결제하고 직접 배송 받는 방식
- 배송대행 : 해외 쇼핑몰에서 직접 주문 결제 및 배대지 입력, 배송대행업체가 현지 물류창고에서 주문물품을 대신 수령한 후 배송대행 서비스를 이용하여 제품을 배송 받는 방식
- 구매대행 : 대행업체에 물품가격, 물류비, 수수료 등을 지불하고 구매부터 배송까지 모든 절차 위임

3. 수입통관방법
- 전자상거래물품은 운송방법에 따라 통관절차 적용
- 특송업체가 운송 반입한 경우 특송통관절차 적용
- 우체국을 통해 반입된 경우 우편통관절차 적용
- 일반 운송업체가 운송 반입한 경우 일반수입통관절차 적용

I. 해외직구 물품 관세 환급

1. 해외직구물품 관세환급 제도
- 관세법 제106조의2에 따라 개인의 자가사용물품이 수입한 상태 그대로 수출(수입신고수리일부터 6개월 이내 보세구역에 반입하였다가 수출)되는 경우 납부한 관세를 환급하는 제도입니다.

2. 해외직구물품 반품환급 신청시 제출서류
- 해외직구 물품에 대해 환급을 받기 위해서는 환급신청서, 수입신고필증, 수출신고필증을 갖추어 세관장(전국세관 가능)에게 제출하여야 합니다.
- 관세청에서는 해외직구 반품환급 증빙서류 확대 인정 지침을 마련하여 수출신고없이 수출하는 경우에도 관세환급이 가능하도록 시행중입니다.

1) 관세청 자료(https://www.customs.go.kr/)

- 1 -

2) '큰제목', '문단제목' 스타일을 이용하여 차례를 만들고 편집해 보세요.

• 완성파일 : 개인통관_완성.hwpx

차례

Section

12 책갈피와 하이퍼링크 지정하기

책갈피는 현재 커서 위치에 상관없이 표시해 둔 곳으로 커서를 곧바로 이동시키는 기능이고, 하이퍼링크는 문서의 특정 위치를 연결하여 쉽게 참조할 수 있는 기능입니다. 여기에서는 책갈피를 지정한 후, 하이퍼링크로 설정한 책갈피 내용을 연결하는 방법에 대해서 학습해 봅니다.

Preview

♥ 사랑의 열매 성금 모금 ♥

사랑의 열매는 1970년 초부터 우리나라에서 수재의연금과 불우이웃돕기 성금(誠金)을 모금할 때 보건복지부 산하 이웃돕기 추진운동본부에서 사랑의 열매를 상징(Symbol)으로 사용해 왔으며, 우리나라에서 자생하고 있는 산열매를 형상화하였습니다. 한국사랑복지회는 연말연시를 중심으로 이웃돕기 캠페인(Campaign)을 펼치고 있으며, 나눔과 참여의 공동체 의식(Sense of Community)과 사회 복지 사업을 지원하기 위하여 설립된 자발적인 모금 기관입니다.
지난 연말연시 불우이웃돕기 모금 기간 동안 여러 학교와 기업의 적극적인 참여(參與)로 예상보다 많은 성금(Contribution)이 접수(接受)되었고, 해당 성금은 모두 전국의 복지 시설(Welfare Facilities) 확충에 투자되었습니다.

▲ 완성파일 : 성금_완성.hwpx

학습 내용

- 문서에 책갈피를 지정한 후, 책갈피 위치를 확인하는 방법에 대해 알아봅니다.
- 문서의 특정 위치에 하이퍼링크를 설정한 후, 지정한 책갈피로 이동하는 방법에 대해 알아봅니다.
- 상호 참조를 이용하여 책갈피의 참조 대상을 만드는 방법에 대해 알아봅니다.

따라하기 01 책갈피 지정하기

01 '성금.hwpx' 파일을 불러옵니다. '모금 기관'에 하이퍼링크를 지정하여 클릭 시 문서의 맨 처음으로 커서가 이동되도록 하겠습니다.

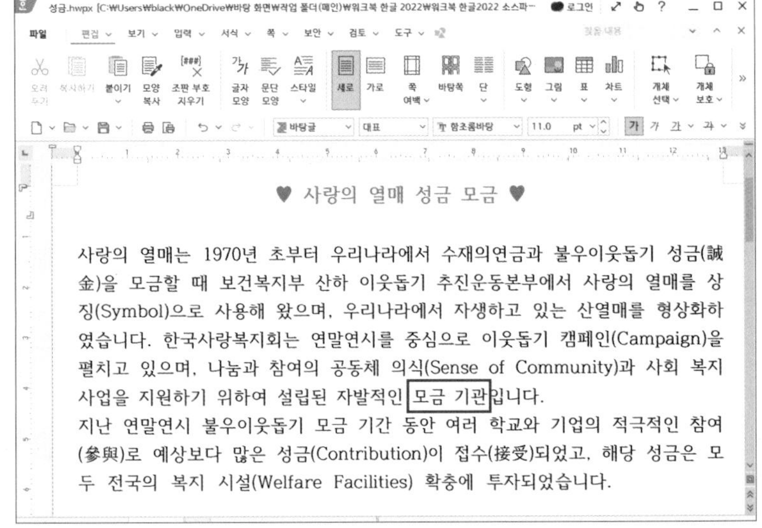

02 책갈피를 지정하기 위하여 문서의 맨 앞인 '사랑의' 앞에 커서를 위치시킨 후, [입력]-[책갈피]를 선택합니다.
(단축키 : Ctrl + K , B)

Plus Tip

- **책갈피** : 문서의 특정 위치를 쉽게 찾을 수 있도록 표시하는 기능으로, [입력] 탭에서 [책갈피] 아이콘을 클릭해도 됩니다.

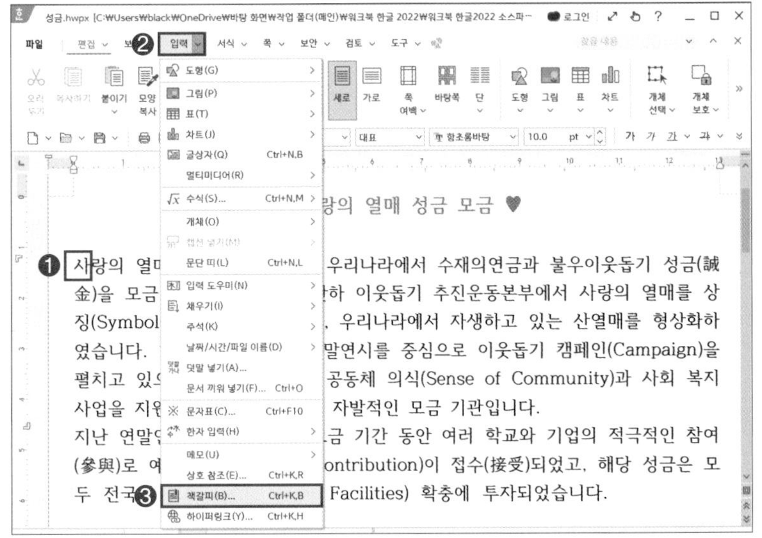

03 [책갈피] 대화상자가 나타나면 책갈피 이름에 '모금'을 입력하고 [넣기] 단추를 클릭합니다.

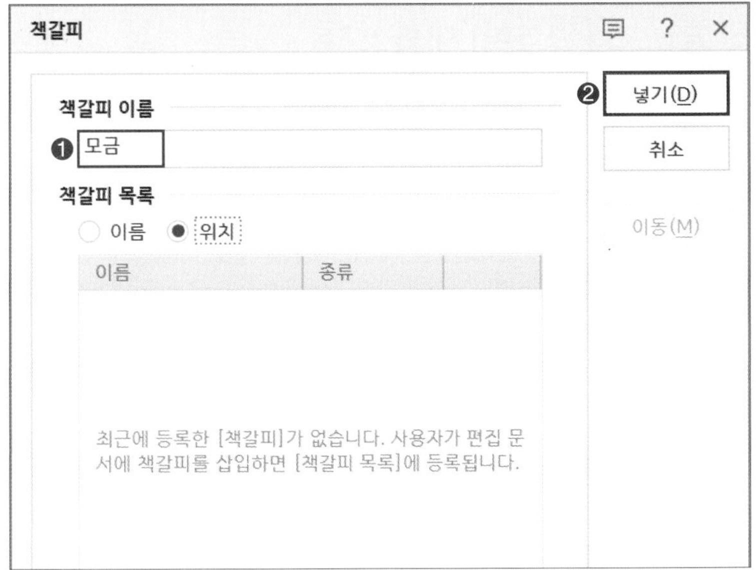

04 책갈피를 지정하면 화면상에 아무런 변화가 없으므로 조판 부호에서 확인해야 합니다. [보기]–[표시/숨기기]–[조판 부호]를 선택하여 체크 표시를 합니다.
(단축키 : Ctrl + G, C)

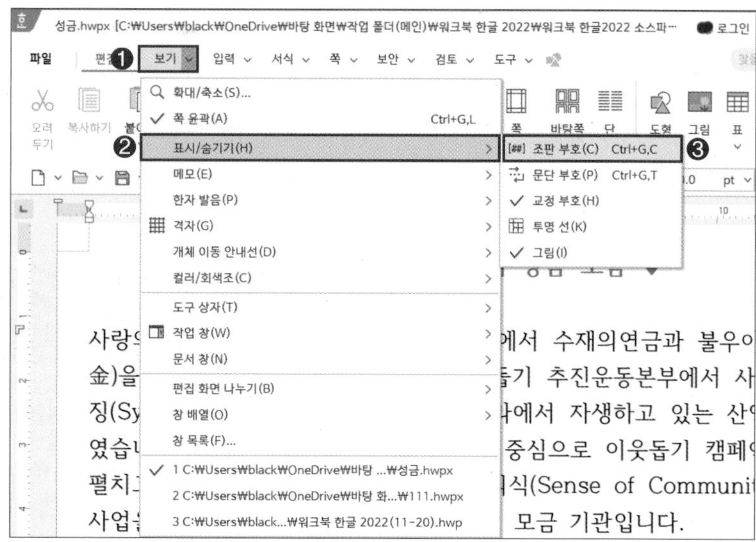

05 그 결과 책갈피가 지정된 위치를 확인할 수 있습니다.

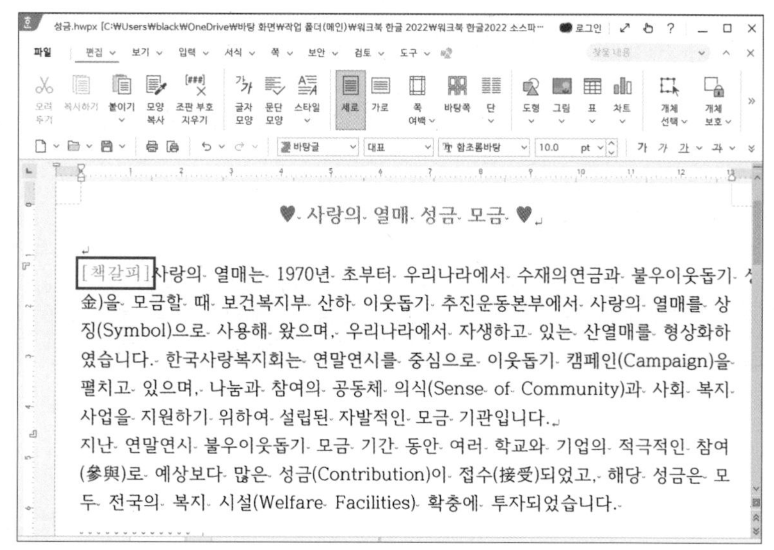

Power Upgrade

[책갈피] 대화상자

- 책갈피 이름 바꾸기 : 책갈피 목록에서 선택한 책갈피의 이름을 변경합니다.
- 삭제 : 책갈피 목록에서 선택한 책갈피를 삭제합니다.
- 책갈피 정렬 기준 : '이름'은 책갈피 목록을 이름순으로 정렬하고, '위치'는 책갈피 목록을 책갈피가 삽입된 위치순으로 정렬합니다.

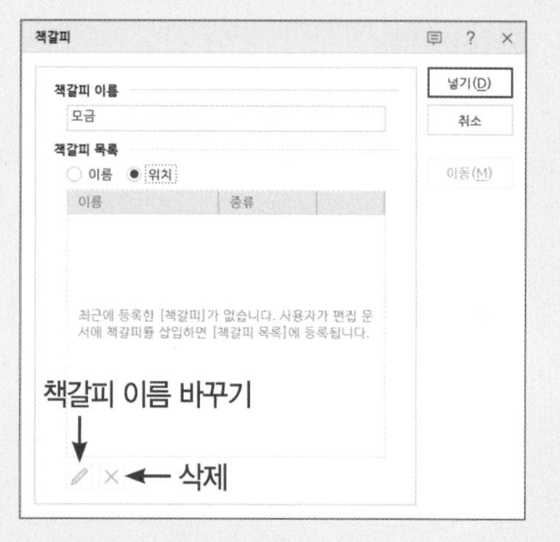

따라하기 02 하이퍼링크 설정하기

01 하이퍼링크를 설정할 '모금 기관'을 블록 지정한 후, [입력]-[하이퍼링크]를 선택합니다(단축키 : Ctrl + K , H).

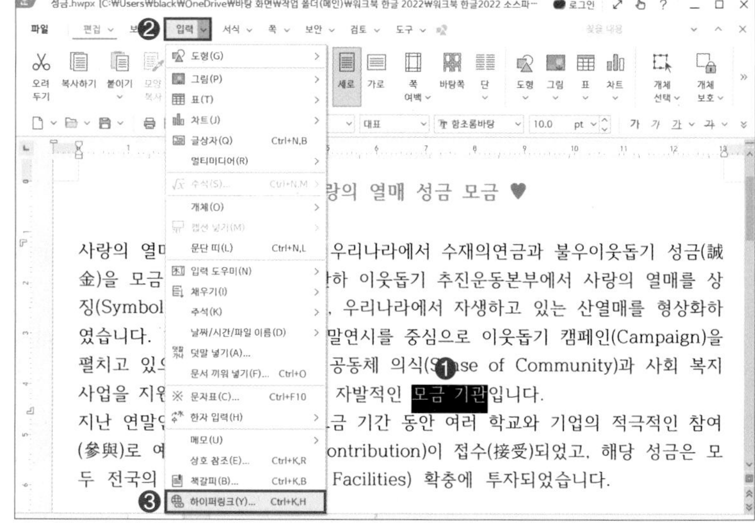

PLUS TIP

• **하이퍼링크** : 문서의 특정 위치에 현재 문서, 다른 문서, 웹 페이지 등을 연결하는 기능으로, [입력] 탭에서 [하이퍼링크] 아이콘을 클릭해도 됩니다.

02 [하이퍼링크] 대화상자가 나타나면 [훈글 문서]의 [현재 문서]에서 책갈피로 지정한 '모금'을 선택하고 [넣기] 단추를 클릭합니다.

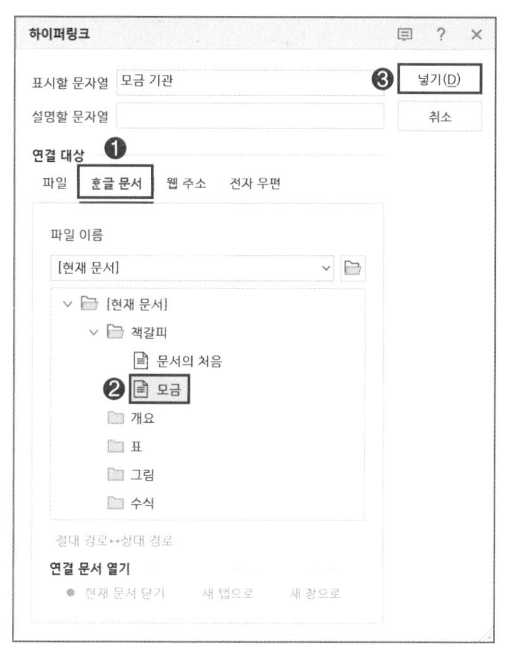

03 하이퍼링크가 설정되면 해당 부분에 파란색의 밑줄이 그어지며, 여기에 마우스를 갖다 놓으면 마우스 포인터가 손 모양으로 변경됩니다.

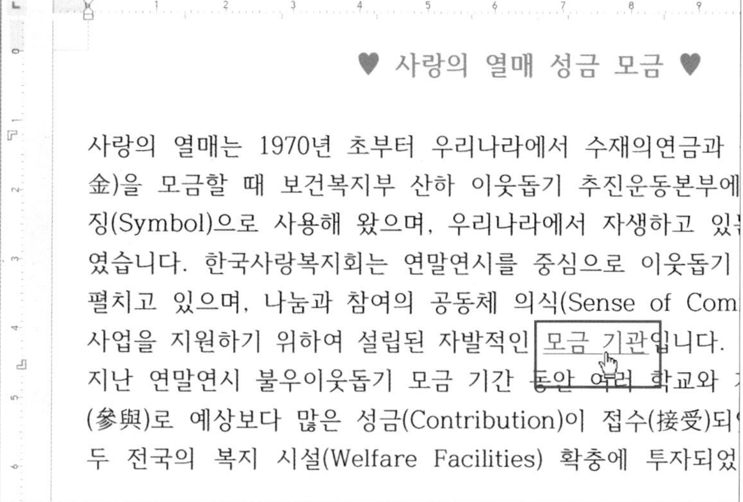

04 하이퍼링크가 설정된 '모금 기관'을 클릭하면 책갈피가 지정된 '사랑의' 앞으로 커서가 이동되는 것을 확인할 수 있습니다.

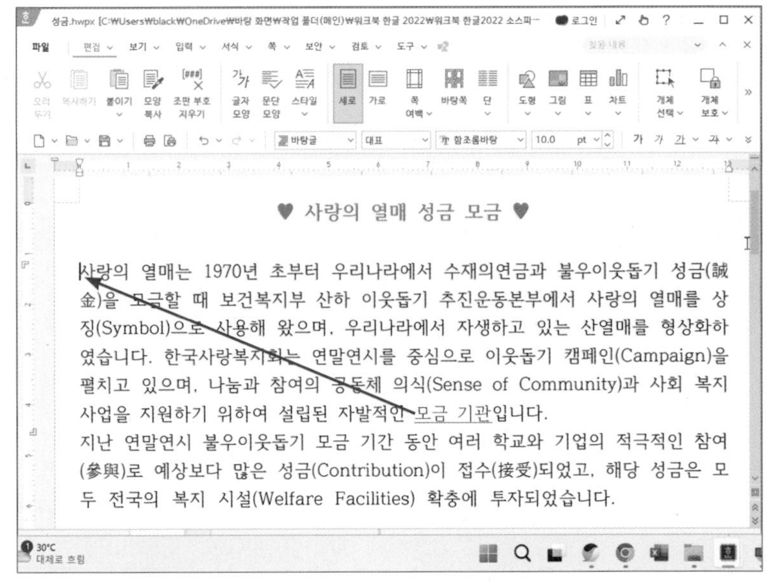

Power Upgrade

하이퍼링크의 웹 페이지

- 문서 내용 중 웹 페이지나 전자 우편 주소 등을 입력하면 자동으로 하이퍼링크가 설정되는데, 이때 해당 페이지 주소를 클릭하면 문서와는 별도로 관련 웹 사이트 창이 실행됩니다.
- 웹 페이지 주소를 일반 문서 내용과 동일한 텍스트로 지정하려면 해당 페이지 주소에서 마우스 오른쪽 버튼을 클릭하고 [하이퍼링크 지우기]를 선택하면 됩니다.

따라하기 03 상호 참조 지정하기

01 문서 하단의 적당한 위치에 하이픈(--)을 입력한 후, [입력]-[상호 참조]를 선택합니다(단축키 : Ctrl + K , R).

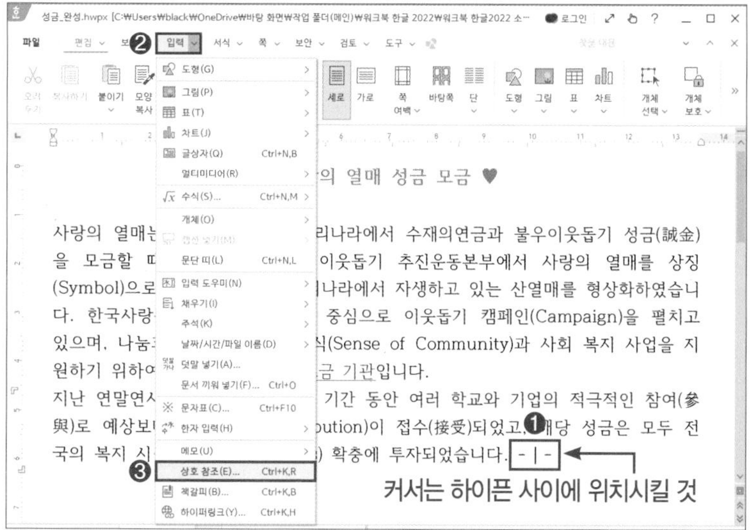

Plus Tip

- **상호 참조 :** 다른 쪽의 내용이나 그림, 표 등을 현재의 본문에서 항상 참조할 수 있도록 위치를 표시하는 기능으로, [입력] 탭에서 [상호 참조] 아이콘을 클릭해도 됩니다.

02 [상호 참조] 대화상자에서 파일은 '현재 문서', 참조 대상 종류는 '책갈피', 참조 내용은 '책갈피 이름', 참조 대상 선택은 '모금'을 각각 선택하고 [넣기] 단추를 클릭합니다.

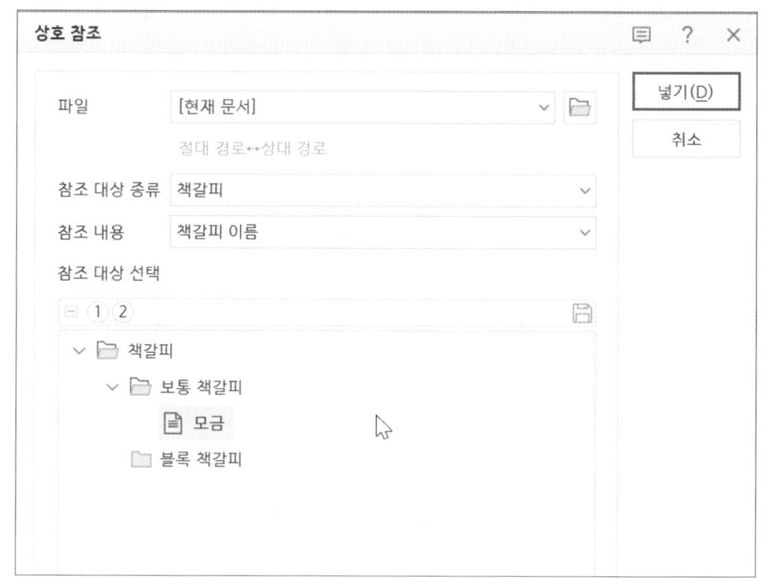

03 그 결과 하이픈 사이에 선택한 책갈피 이름이 나타납니다(책갈피 이름이 변경되면 변경된 이름으로 자동 업데이트가 됨).

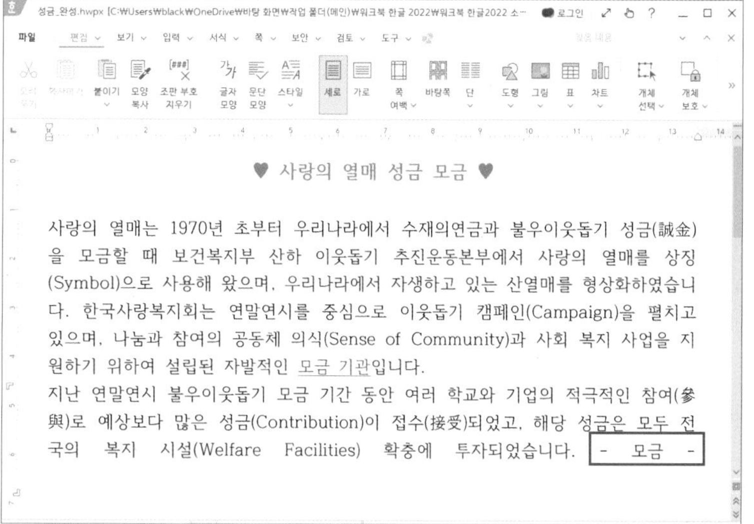

Plus Tip

- **상호 참조 내용 :** 현재 문서를 인쇄할 때, 미리 보기할 때, 하이퍼링크가 연결되어 이동할 때, 현재 문서를 불러올 때 자동으로 업데이트가 됩니다.

기초문제

1

'박람회.hwpx' 파일을 불러와 '한국의' 앞에 '음식'이라는 책갈피를 지정하고, 본문 내용 중 '신규 수출 품목'에 하이퍼링크를 설정하여 클릭시 지정한 책갈피로 이동하도록 해보세요.

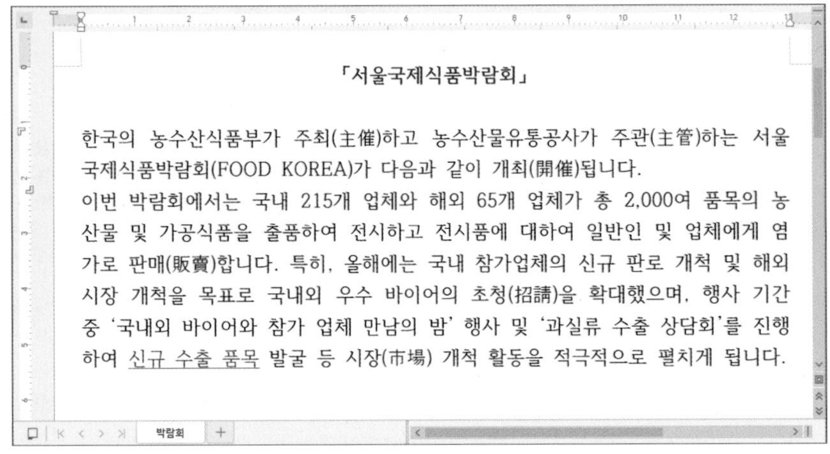

• 완성파일 : 박람회_완성.hwpx

2

'리빙.hwpx' 파일을 블러와 '새해를' 앞에 '디자인'이라는 책갈피를 지정하고, '디자인 전시회'에 하이퍼링크를 설정하여 클릭시 지정한 책갈피로 이동하도록 해보세요.

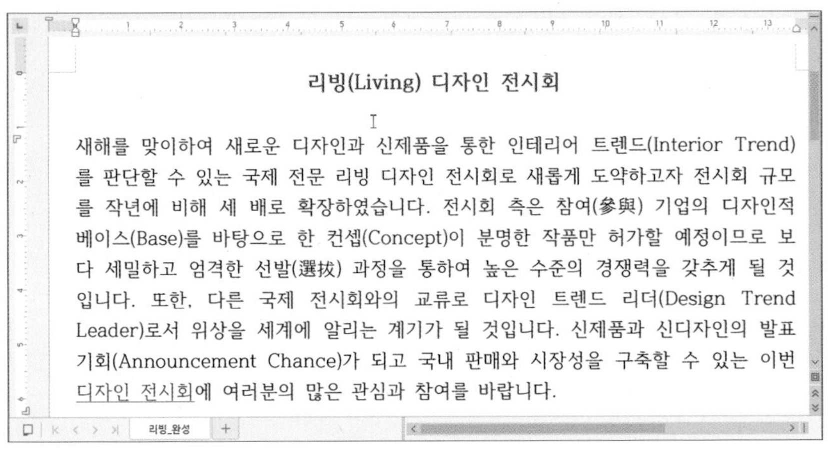

• 완성파일 : 리빙_완성.hwpx

3

'역사.hwpx' 파일을 불러와 '청소년들의' 앞에 '과거사'라는 책갈피를 지정하고, '역사적 사실'에 하이퍼링크를 설정하여 클릭시 지정한 책갈피로 이동하도록 해보세요.

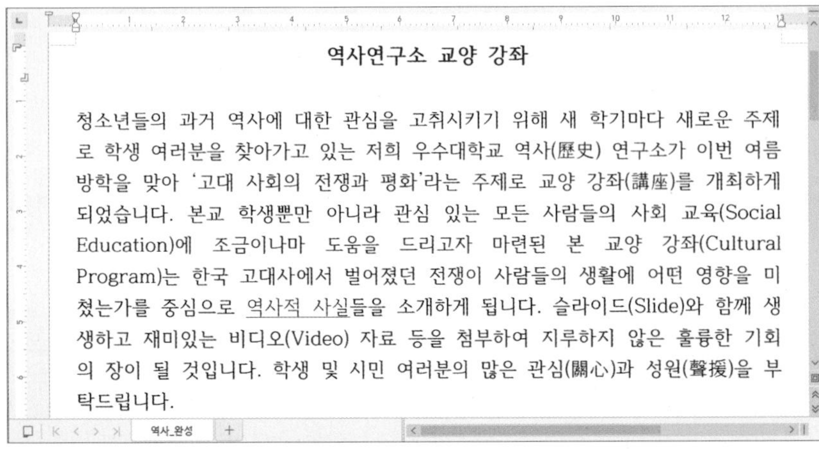

• 완성파일 : 역사_완성.hwpx

심화문제

1) '심포지엄.hwpx' 파일을 불러와 '가능성'에 하이퍼링크를 설정하고 문서 맨 앞에 책갈피를 지정하세요(책갈피 이름은 '과학'으로 할 것). 문서 내용 끝에 주어진 내용을 입력하고, 이메일 주소의 하이퍼링크를 해제해 보세요.

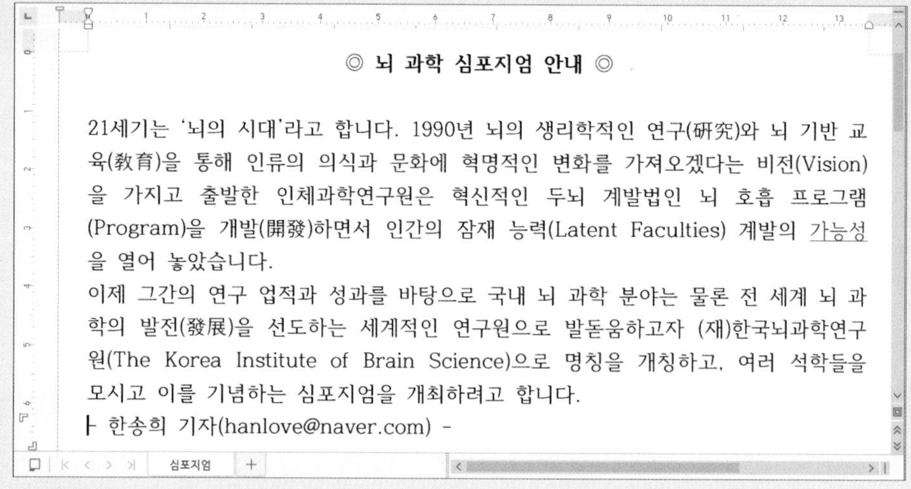

• 완성파일 : 심포지엄_완성.hwpx

힌트 • 해당 메일 주소에서 마우스 오른쪽 버튼을 클릭하고 [하이퍼링크 지우기]를 선택합니다.

2) '수호석.hwpx' 파일을 불러와 소제목별로 다음과 같이 책갈피를 표시해 보세요.

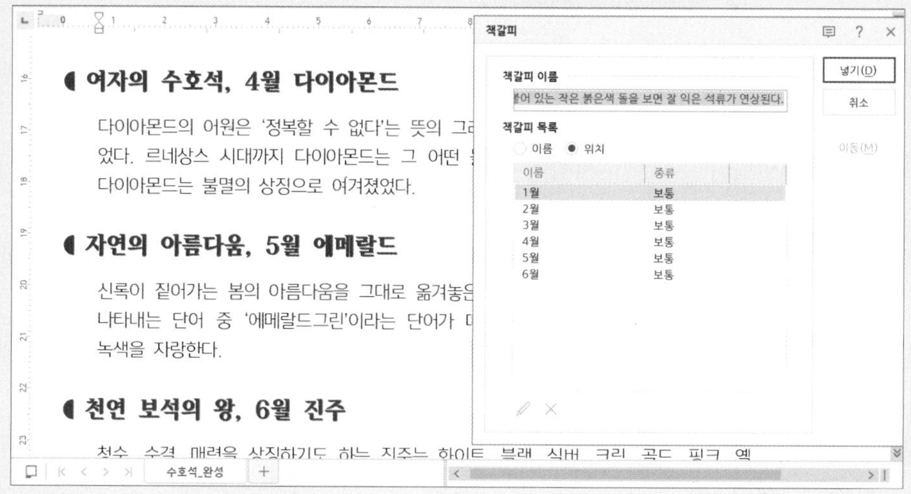

힌트 • 각 소제목별로 '1월', '2월', '3월', '4월' '5월', '6월'로 책갈피 이름을 표시합니다.

3) 첫 번째 페이지에서 월별로 하이퍼링크를 설정하여 클릭시 해당 월로 이동하도록 해보세요.

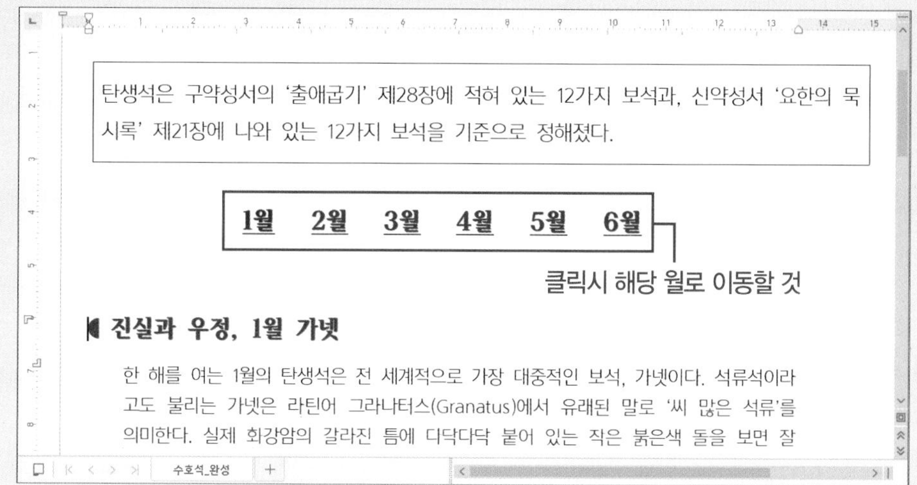

• 완성파일 : 수호석_완성.hwpx

Section

13 찾기/바꾸기/맞춤법 검사하기

문서 내용을 입력하다보면 특정 단어를 찾아 바꾸거나 맞춤법이 틀린 내용을 검색하여 수정할 필요가 있습니다. 여기에서는 찾기, 찾아 바꾸기, 맞춤법 검사, 빠른 교정을 통해 올바른 문서 내용으로 수정하는 방법에 대해서 학습해 봅니다.

Preview

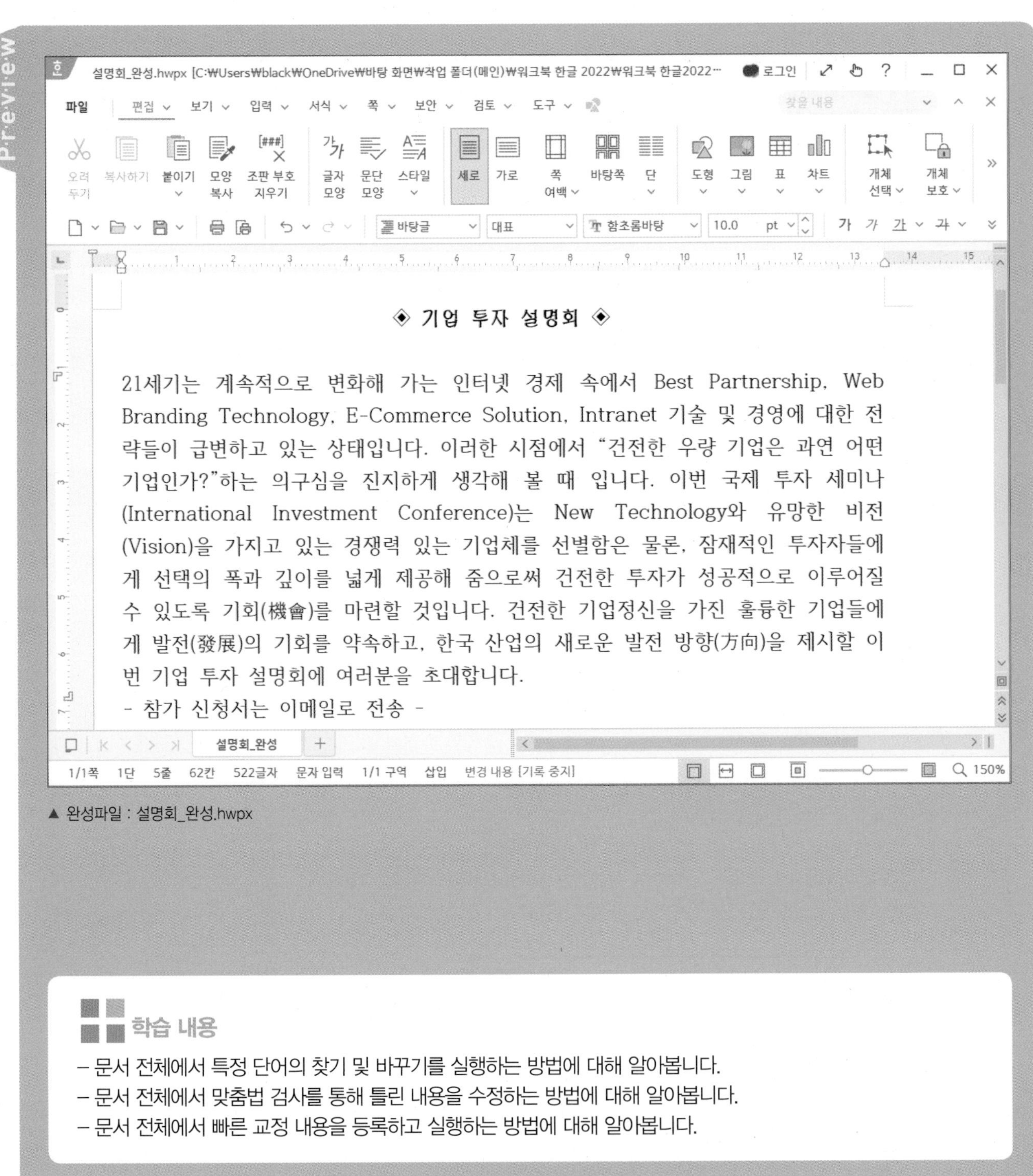

▲ 완성파일 : 설명회_완성.hwpx

학습 내용

- 문서 전체에서 특정 단어의 찾기 및 바꾸기를 실행하는 방법에 대해 알아봅니다.
- 문서 전체에서 맞춤법 검사를 통해 틀린 내용을 수정하는 방법에 대해 알아봅니다.
- 문서 전체에서 빠른 교정 내용을 등록하고 실행하는 방법에 대해 알아봅니다.

따라하기 01 찾기 및 찾아 바꾸기

01 '설명회.hwpx' 파일을 불러옵니다. 보면은 틀린 단어 및 띄어쓰기가 잘못된 부분도 있는 상태입니다.

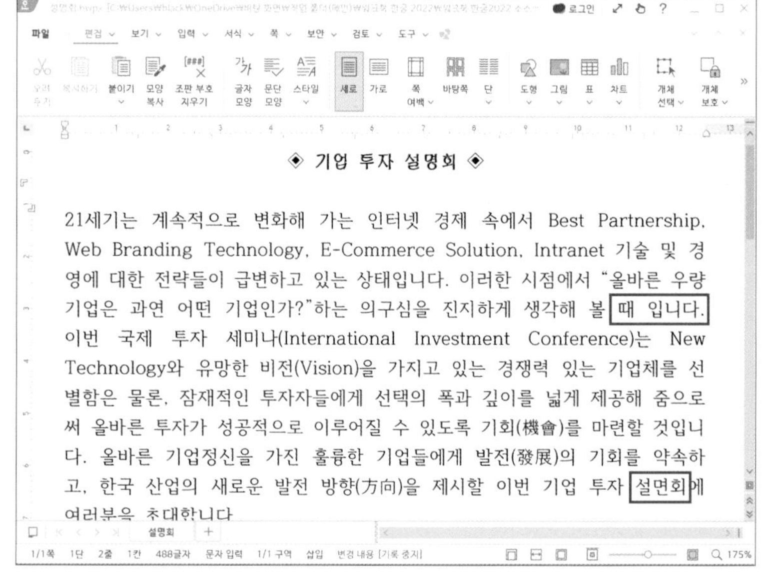

02 문서 내용 중 특정 단어를 찾으려면 [편집]-[찾기]-[찾기]를 선택합니다(단축키 : Ctrl + F).

PLUS TIP

- 찾기 : [편집] 탭에서 [찾기] 아이콘을 클릭해도 됩니다.

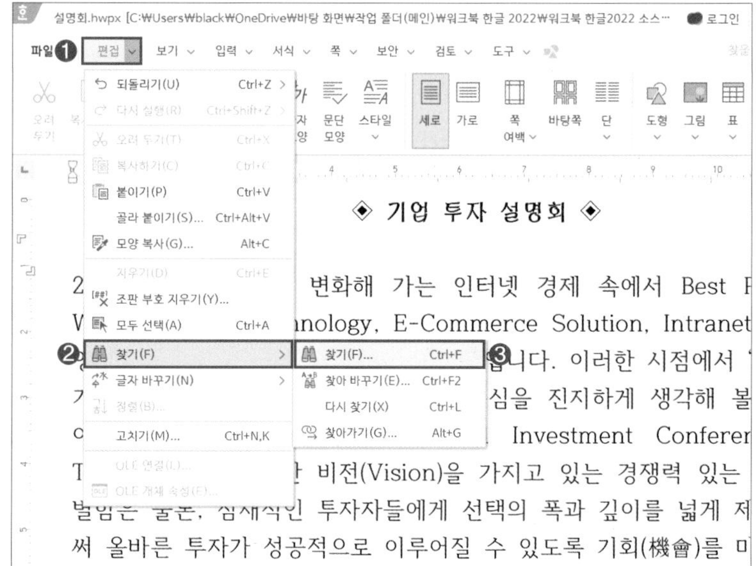

03 [찾기] 대화상자가 나타나면 찾을 내용에 '투자'를 입력하고, 찾을 방향은 '문서 전체'를 선택한 후 [모두 찾기] 단추를 클릭합니다.

PLUS TIP

■ 찾을 방향
- 아래로/위로 : 현재 커서가 위치한 곳을 중심으로 아래로/위로 찾습니다.
- 문서 전체 : 현재 커서 위치에 상관없이 문서 전체에서 찾습니다.

다음 찾기 : 문서 내용 중 찾을 내용과 일치하는 단어를 순서대로 하나씩 찾아줍니다.

04 문서에서 찾을 내용을 모두 찾아서 표시한 후, 몇 번 찾았다는 대화상자가 나타나면 [확인] 단추를 클릭합니다.

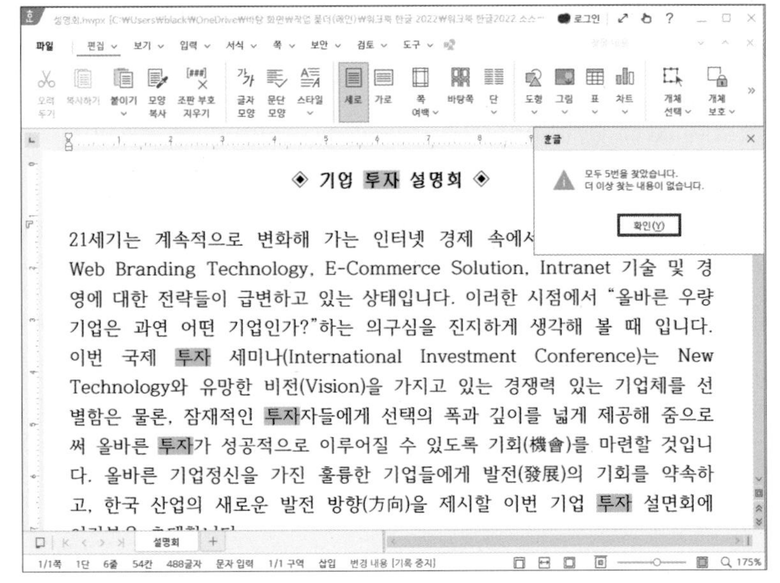

05 이번에는 특정 단어를 찾아 바꾸려고 합니다. [편집]–[찾기]–[찾아 바꾸기]를 선택합니다(단축키 : Ctrl + F2).

PLUS TIP

• **찾아 바꾸기** : [편집] 탭에서 [찾기] 아이콘을 클릭하고, [찾아 바꾸기]를 선택해도 됩니다.

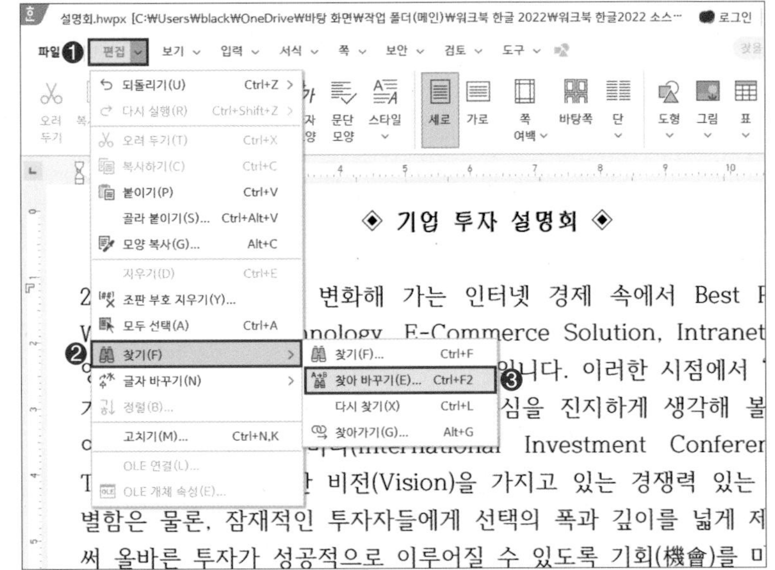

06 [찾아 바꾸기] 대화상자가 나타나면 찾을 내용에 '올바른', 바꿀 내용에 '건전한'을 입력하고, 찾을 방향은 '문서 전체'를 선택한 후 [모두 바꾸기] 단추를 클릭합니다.

07 해당 단어를 모두 바꾸면 바꾸기 횟수를 표시하는 대화상자가 나타나며, 이때 [확인] 단추를 클릭합니다.

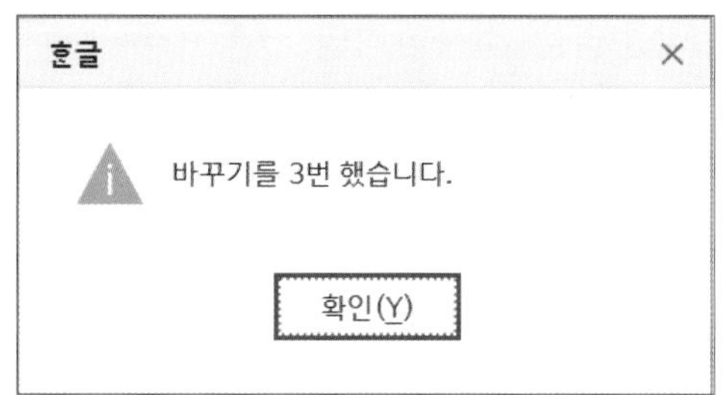

08 그 결과 '올바른' 내용이 '건전한' 내용으로 바뀐 것을 확인할 수 있습니다.

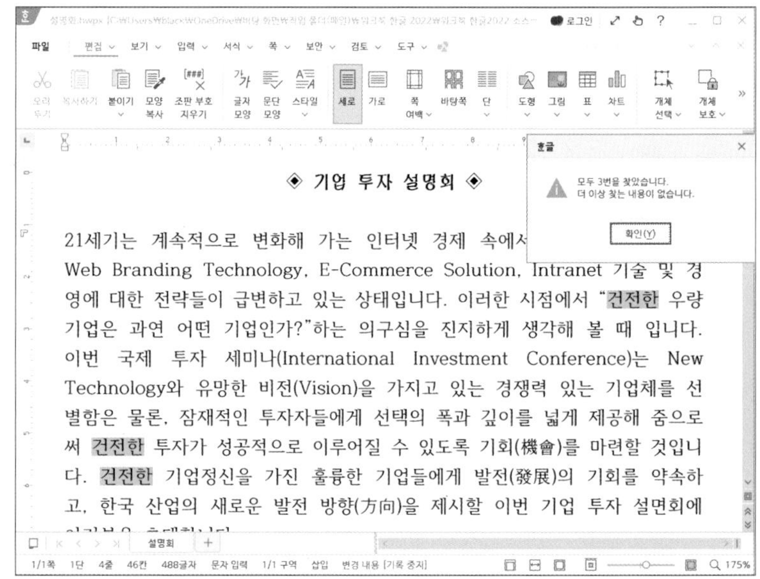

Power Upgrade

[찾아 바꾸기] 대화상자의 선택 사항

- 대소문자 구별 : 영문자를 찾을 때 대소문자까지 완전히 일치하는 것만 찾습니다.
- 온전한 낱말 : 찾을 내용 앞이나 뒤에 조사와 같은 다른 문자('.', ',' 등과 같은 문장 부호 포함)가 붙어 있지 않고, 완전히 독립된 낱말만 찾습니다.
- 여러 단어 찾기 : 쉼표(,)나 세미콜론(;)을 구분자로 하여 여러 가지 낱말을 한꺼번에 찾습니다.
- 띄어쓰기 무시 : '찾을 내용'에 입력된 모든 문자를 붙여 쓴 것도 함께 찾습니다.
- 아무개 문자 : 찾고자 하는 문자열의 일부분이 정확하지 않을 때는 '?' 또는 '*'을 써서 찾습니다.
- 한글로 한자 찾기 : 해당 항목을 선택하고 [찾기]를 수행하면 '찾을 내용' 입력란에 입력한 단어를 한글뿐만 아니라 한자까지 함께 찾습니다.
- 자소 단위 찾기 : 해당 항목을 선택하고 [찾기]를 수행하면 '찾을 내용' 입력란에 입력한 자소 단위까지 찾습니다.
- 조사 자동 교정 : 한글 바꾸기에서 찾은 낱말에 조사가 붙어 있으면 바뀌는 말에 따라 알맞은 조사로 자동 바꾸어 줍니다.

따라하기 02 맞춤법 검사하기

01 본문 내용에서 맞춤법을 검사하려면 [도구]-[맞춤법]을 선택합니다.
(단축키 : F8)

Plus Tip

• **맞춤법 검사 :** [도구] 탭에서 [맞춤법 검사] 아이콘을 클릭해도 됩니다.

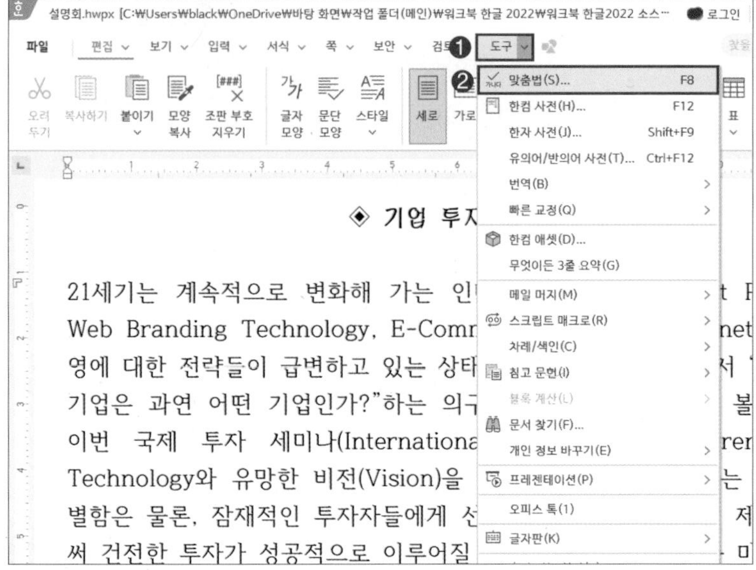

02 [맞춤법 검사/교정] 대화상자가 나타나면 [시작] 단추를 클릭합니다.

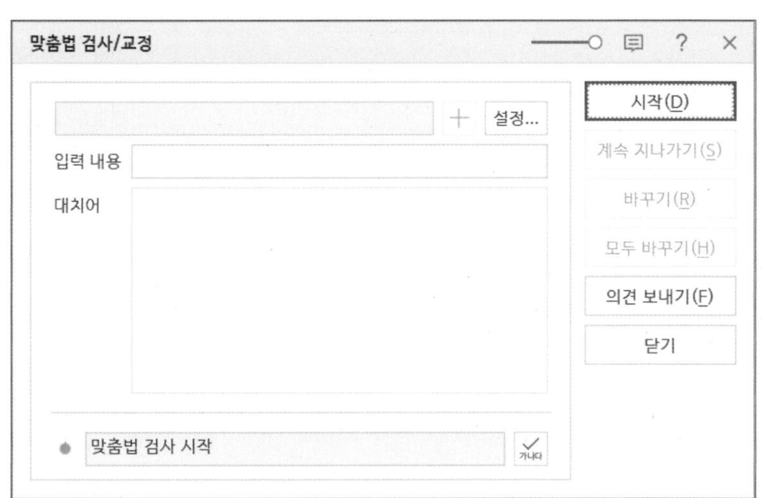

03 대화상자에서 띄어쓰기가 잘못된 내용을 검사하면 '바꿀 말'과 '추천 말'이 나타납니다. 바꾸려면 [바꾸기] 단추를 클릭합니다. 그러면 '때 입니다'가 '때입니다'로 바꾸어집니다.

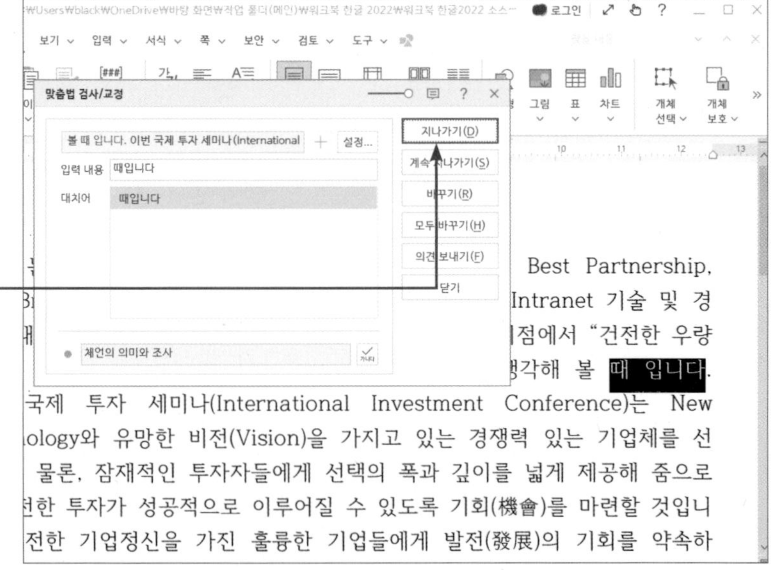

04 계속해서 철자가 잘못된 내용을 검사하면 '바꿀 말'과 '추천 말'을 확인하고, 바꾸어야 한다면 [바꾸기] 단추를 클릭합니다.

본문에서 오류로 지적된 단어를 현재 단어 위치 다음에 같은 단어로 쓰인 것까지 모두 바꿉니다.

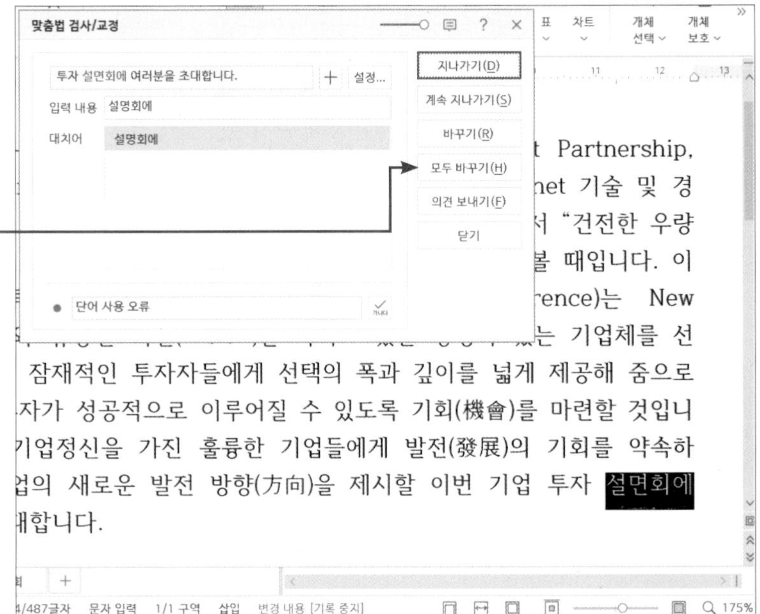

05 맞춤법 검사가 끝나면 [맞춤법 검사기] 대화상자에서 [취소] 단추를 클릭합니다.

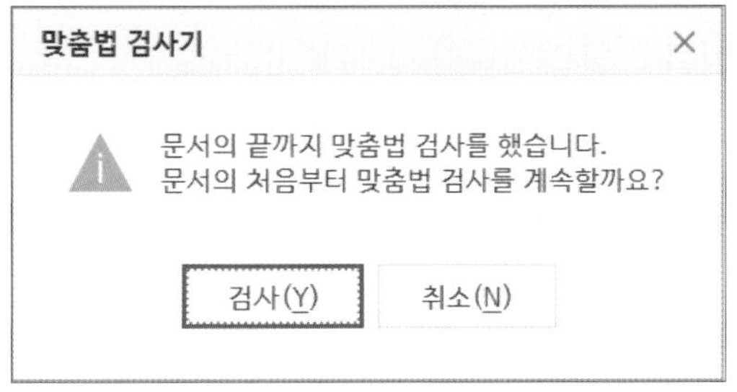

06 맞춤법 교정이 끝났습니다.

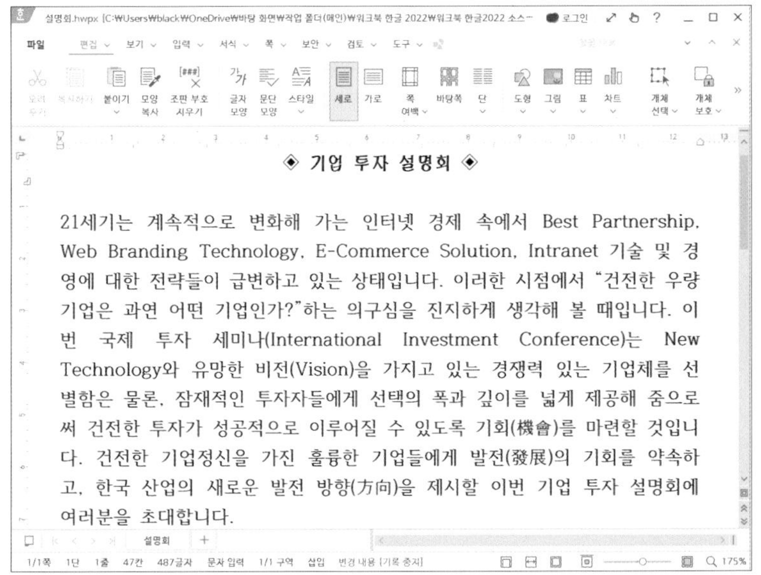

따라하기 03 빠른 교정 실행하기

01 자주 틀리거나 절대로 틀리면 안 되는 단어인 경우, 빠른 교정에 등록해 놓으면 실수로 틀렸을 때 자동으로 수정해주어 편리합니다. 문서에서 빠른 교정 내용을 추가하려면 [도구]-[빠른 교정]-[빠른 교정 내용]을 선택합니다.

Plus TIP

• **빠른 교정** : 문서 작성 중 잘못 입력한 단어나 오타, 띄어쓰기가 있으면 자동으로 틀린 낱말을 고쳐 주는 기능으로, [도구] 탭에서 [빠른 교정] 아이콘을 클릭해도 됩니다.

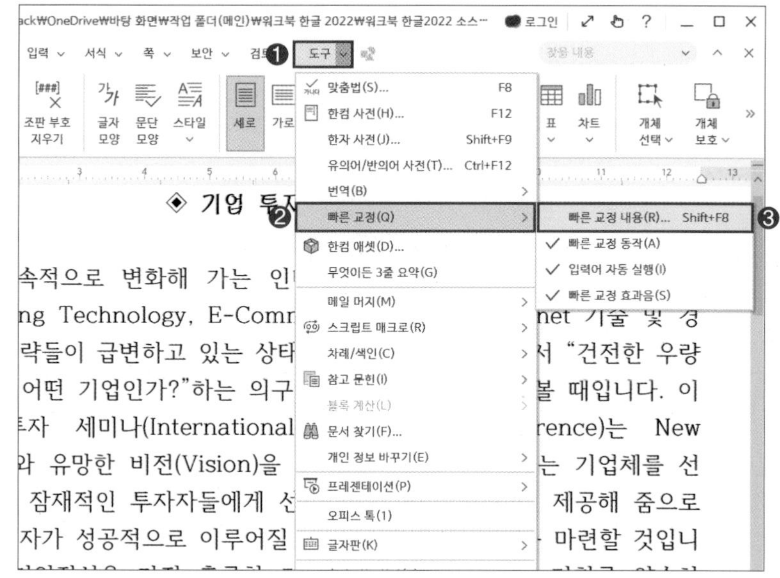

02 [빠른 교정 내용] 대화상자가 나타나면 [빠른 교정 사용자 사전] 탭에서 빠른 교정 추가하기 [+] 아이콘을 클릭합니다.

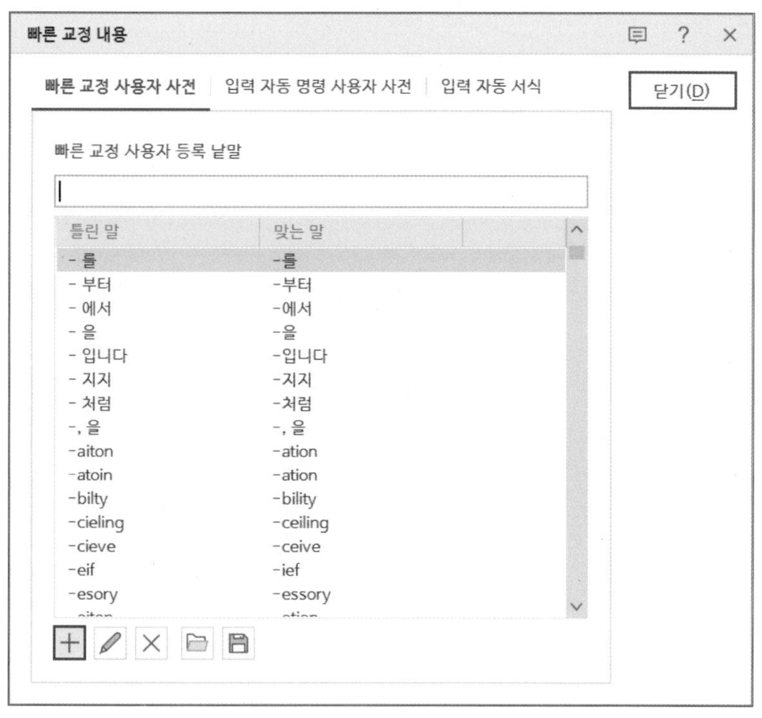

03 [빠른 교정 추가하기] 대화상자가 나타나면 틀린 말에는 '이매일', 맞는 말에는 '이메일'을 입력하고 [추가] 단추를 클릭합니다.

빠른 교정 추가하기

틀린 말 이매일

맞는 말 이메일

추가(D)

취소

04 [빠른 교정 내용] 대화상자의 [빠른 교정 사용자 사전] 탭에서 낱말이 등록된 것을 확인했으면 [닫기] 단추를 클릭하여 완료합니다.

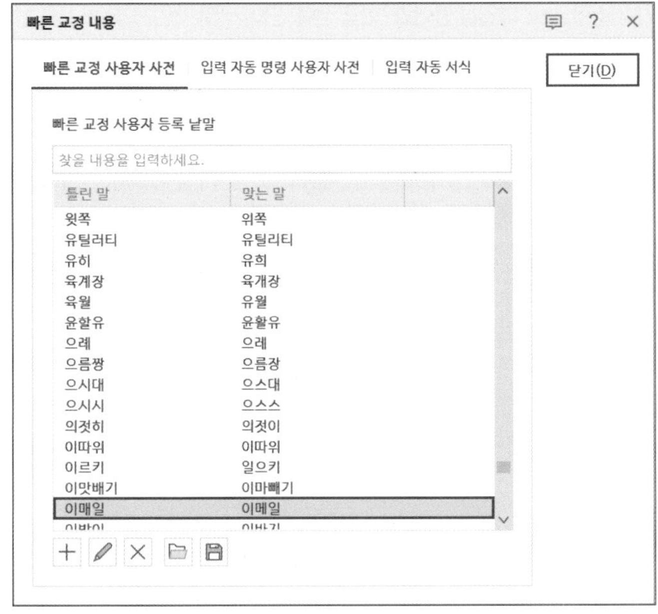

05 앞으로는 문서 맨 끝에서 주어진 내용을 입력할 경우 '이매일'을 입력하면 효과음과 함께 자동으로 '이메일'로 바뀌는 것을 확인할 수 있습니다.

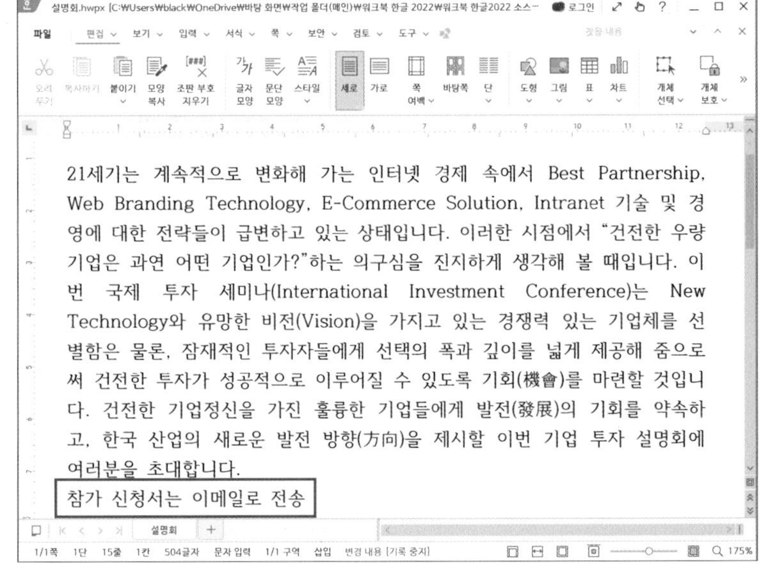

Power Upgrade

[빠른 교정] 메뉴

문서 작성 중에 빠른 교정 내용을 적용하려면 세 가지 메뉴는 항상 선택(체크) 상태에서 작업합니다.

- [빠른 교정 동작] : 문서를 편집하는 중에 빠른 교정을 사용할지를 결정합니다.
- [입력어 자동 실행] : 문서를 편집하는 중에 입력 자동 명령을 사용할지를 결정합니다.
- [빠른 교정 효과음] : 문서에서 빠른 교정을 수행하면서 효과음을 낼 것인지 안 낼 것인지를 결정합니다.

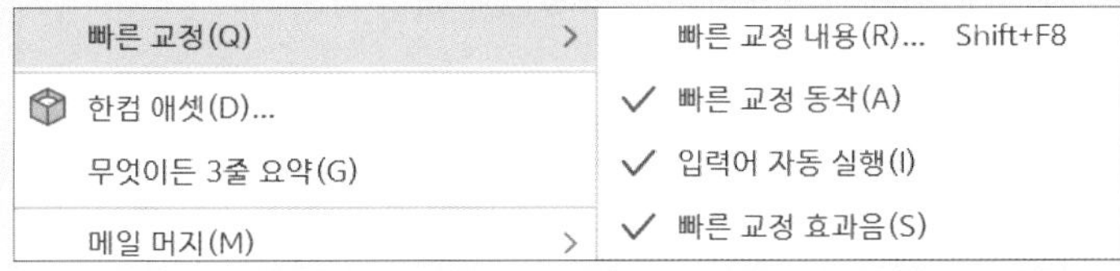

기초문제

1

'전기박물관.hwpx' 파일을 불러와 "한국 전력" 단어가 몇 개인지 찾아보세요.

전기 박물관

한국 전력은 1887년 경복궁에 처음으로 전기불이 켜진 이후 일제의 강점과 남북분단, 그리고 한국전쟁이라는 민족상잔의 아픔을 국민들과 함께 이겨내면서 오늘날 우리 사회의 중추적인 기간산업으로 자리하게 되었습니다.
20세기 격변하는 역사의 소용돌이 속에서도 꾸준히 성 전의 원동력이 되어온 한국 전력은 국가경제와 고객에 대한 달을 위하여 끊임없이 노력하고 있습니다.
한국 전력은 지난 세기의 전기역사를 체계적으로 정리 전기의 소중함과 근대 과학의 발전과정을 알려주기 위해 전

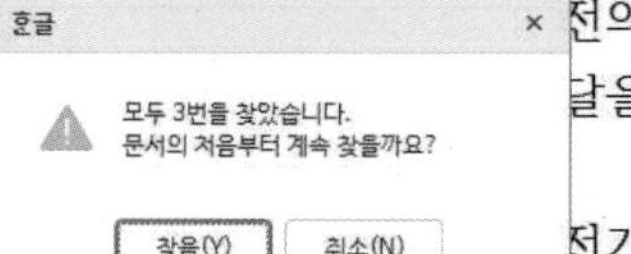

한글
모두 3번을 찾았습니다.
문서의 처음부터 계속 찾을까요?
찾음(Y)
취소(N)

2

"한국 전력"을 "한국전력"으로 모두 바꾸기 하세요.

전기 박물관

한국전력은 1887년 경복궁에 처음으로 전기불이 켜진 이후 일제의 강점과 남북분단, 그리고 한국전쟁이라는 민족상잔의 아픔을 국민들과 함께 이겨내면서 오늘날 우리 사회의 중추적인 기간산업으로 자리하게 되었습니다.
20세기 격변하는 역사의 소용돌이 속에서도 꾸준히 성장을 거듭하여 국가경제 발전의 원동력이 되어온 한국전력은 국가경제와 고객에 대한 무한 책임과 전력문화 창달을 위하여 끊임없이 노력하고 있습니다.
한국전력은 지난 세기의 전기역사를 체계적으로 정리하여 보존하고 사람들에게 전기의 소중함과 근대 과학의 발전과정을 알려주기 위해 전기박물관을 건립하였습니다.

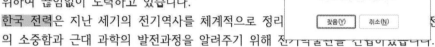

3

맞춤법 검사를 이용하여 틀린 단어를 찾아 교정해 보세요.

전기 박물관

한국전력은 1887년 경복궁에 처음으로 전기불이 켜진 이후 일제의 강점과 남북분단, 그리고 한국전쟁이라는 민족상잔의 아픔을 국민과 함께 이겨내면서 오늘날 우리 사회의 중추적인 기간산업으로 자리하게 되었습니다.
20세기 격변하는 역사의 소용돌이 속에서도 꾸준히 성장을 거듭하여 국가 경제 발전의 원동력이 되어온 한국전력은 국가 경제와 고객에 대한 무한 책임과 전력문화 창달을 위하여 끊임없이 노력하고 있습니다.
한국전력은 지난 세기의 전기역사를 체계적으로 정리하여 보존하고 사람들에게 전기의 소중함과 근대 과학의 발전과정을 알려주기 위해 전기박물관을 건립하였습니다.

• 완성파일 : 전기박물관_완성.hwpx

1) "수문장.hwpx" 파일을 불러와 띄어쓰기와 잘못 입력한 내용을 수정해 보세요.

수문장 교대의식

2002년부터 이어져 오고 있는 경복궁 수문장 교대 의식은 조선 시대 왕실 호위문화를 상징하는 대표적인 전통문화 행사입니다. '조선왕조실록' 예종(睿宗) 1년(1469) 수문장제도의 시행 기록을 역사적 근거로 하여 재구성된 이 행사는 당시의 복식 및 무기 등을 복원하여 조선 전기(前期) 군인들의 모습을 생생하게 재현하는 것에 초점을 맞추고 있습니다.

수문장이 기록상 최초로 등장하는 것은 세조(世祖) 7년(1462)이지만, 이때의 수문장은 임시직에 불과했기 때문에 정식으로 수문장이 임명된 예종 1년이 조선 시대 수문장제도의 출발이라고 할 수 있습니다. 본래 중앙군의 5위(衛) 개편과 오위도총부(五衛都摠府) 설치 이후로 궁궐의 호위와 궁성문 파수(把守) 임무를 호군(護軍)이 모두 맡고 있었으나 예종 즉위 초 궁궐 호위의 중요성이 강조되면서 수문장제도가 설치되어 궁궐 호위 방식의 세분화가 이루어지게 되었습니다. 특히 궁궐과 도성의 입구를 지키는 수문장의 임무는 왕실의 안전과 가장 밀접했기 때문에, 매우 중요한 임무로 인식되었고 따라서 초기의 수문장들은 서반(西班) 4품 이상의 무관(武官) 중에서 병조(兵曹)의 추천을 받고 다시 국왕이 낙점(落點)하는 순서를 거쳐야지만 궁궐 입직을 서는 수문장으로 임명될 수 있었습니다.

2) '수문장'을 '수문장(守門將)'으로 모두 바꿔보세요.

수문장(守門將) 교대의식

2002년부터 이어져 오고 있는 경복궁 수문장(守門將) 교대 의식은 조선 시대 왕실 호위문화를 상징하는 대표적인 전통문화 행사입니다. '조선왕조실록' 예종(睿宗) 1년(1469) 수문장(守門將)제도의 시행 기록을 역사적 근거로 하여 재구성된 이 행사는 당시의 복식 및 무기 등을 복원하여 조선 전기(前期) 군인들의 모습을 생생하게 재현하는 것에 초점을 맞추고 있습니다.

수문장(守門將)이 기록상 최초로 등장하는 것은 세조(世祖) 7년(1462)이지만, 이때의 수문장(守門將)은 임시직에 불과했기 때문에 정식으로 수문장(守門將)이 임명된 예종 1년이 조선 시대 수문장(守門將)제도의 출발이라고 할 수 있습니다. 본래 중앙군의 5위(衛) 개편과 오위도총부(五衛都摠府) 설치 이후로 궁궐의 호위와 궁성문 파수(把守) 임무를 호군(護軍)이 모두 맡고 있었으나 예종 즉위 초 궁궐 호위의 중요성이 강조되면서 수문장(守門將)제도가 설치되어 궁궐 호위 방식의 세분화가 이루어지게 되었습니다. 특히 궁궐과 도성의 입구를 지키는 수문장(守門將)의 임무는 왕실의 안전과 가장 밀접했기 때문에, 매우 중요한 임무로 인식되었고 따라서 초기의 수문장(守門將)들은 서반(西班) 4품 이상의 무관(武官) 중에서 병조(兵曹)의 추천을 받고 다시 국왕이 낙점(落點)하는 순서를 거쳐야지만 궁궐 입직을 서는 수문장(守門將)으로 임명될 수 있었습니다.

3) 문서에서 '수문장(守門將)' 단어를 찾아보세요.

수문장(守門將) 교대의식

2002년부터 이어져 오고 있는 경복궁 수문장(守門將) 교대 의식은 조선 시대 왕실 호위문화를 상징하는 대표적인 전통문화 행사입니다. '조선왕조실록' 예종(睿宗) 1년(1469) 수문장(守門將)제도의 시행 기록을 역사적 근거로 하여 재구성된 이 행사는 당시의 복식 및 무기 등을 복원하여 조선 전기(前期) 군인들의 모습을 생생하게 재현하는 것에 초점을 맞추고 있습니다.

수문장(守門將)이 기록상 최초로 등장하는 것은 세조(世祖) 7년(1462)이지만, 이때의 수문장(守門將)은 임시직에 불과했기 때문에 정식으로 수문장(守門將)이 임명된 예종 1년이 조선 시대 수문장(守門將)제도의
출발이라고 할 수 있습니다. 본래 중앙군의 5위( ) 설치 이후로 궁궐의 호
위와 궁성문 파수(把守) 임무를 호군(護軍)이 모 궁궐 호위의 중요성이 강
조되면서 수문장(守門將)제도가 설치되어 궁궐 되었습니다. 특히 궁궐과
도성의 입구를 지키는 수문장(守門將)의 임무는 에, 매우 중요한 임무로
인식되었고 따라서 초기의 수문장(守門將)들은 중에서 병조(兵曹)의 추
천을 받고 다시 국왕이 낙점(落點)하는 순서를 거쳐야지만 궁궐 입직을 서는 수문장(守門將)으로 임명될 수 있었습니다.

한글

모두 11번을 찾았습니다.
더 이상 찾는 내용이 없습니다.

확인(Y)

• 완성파일 : 수문장_완성.hwpx

Section

14 글상자와 글맵시 삽입하기

문서 상단에 글상자를 삽입하여 제목을 입력한 후, 글상자의 여러 가지 개체 속성을 지정해 봅니다. 또한, 문서 하단에는 글맵시를 삽입하여 글자 모양을 지정하고, 크기와 위치 등을 조절하는 방법에 대해서 학습해 봅니다.

Preview

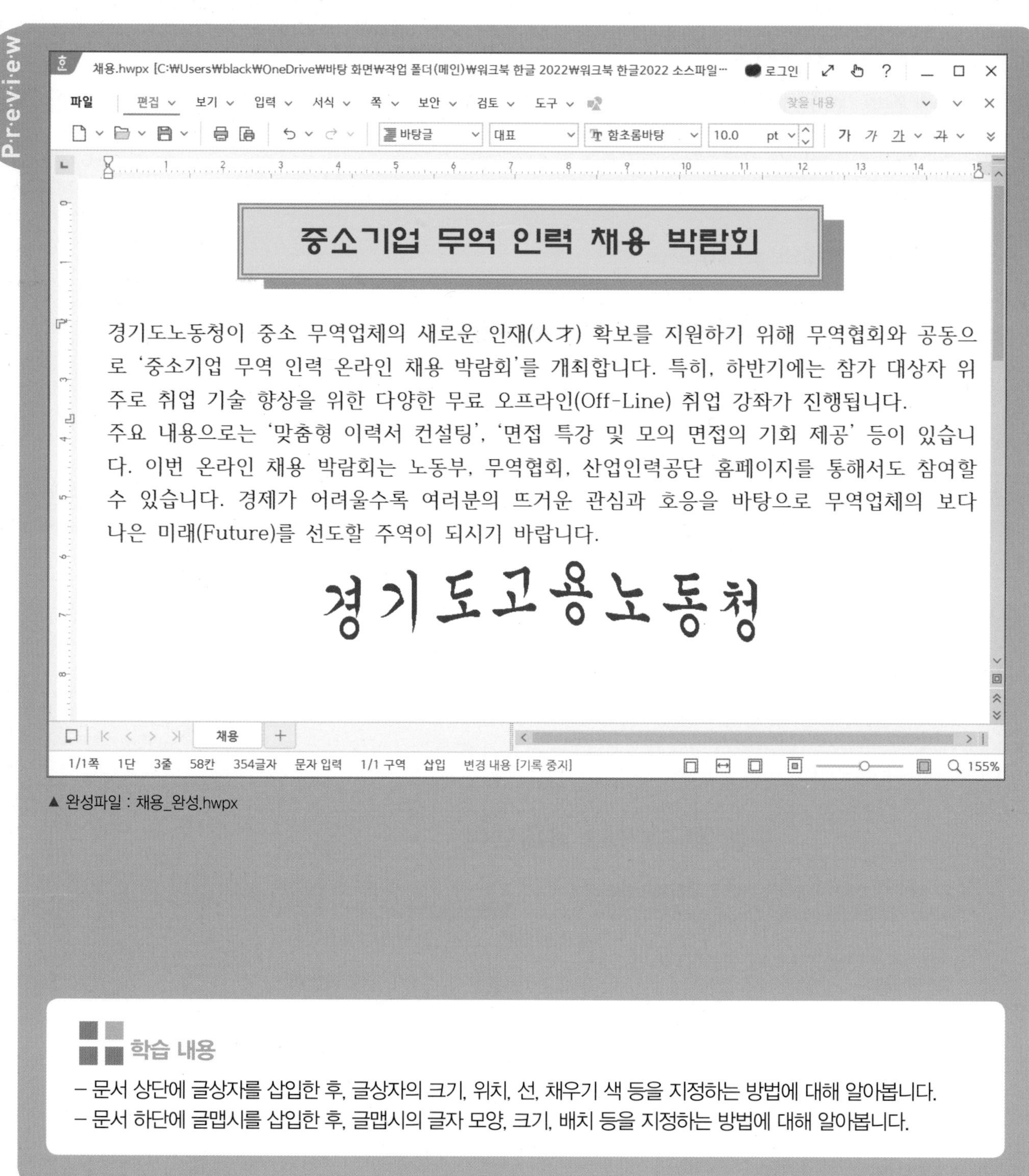

▲ 완성파일 : 채용_완성.hwpx

학습 내용

- 문서 상단에 글상자를 삽입한 후, 글상자의 크기, 위치, 선, 채우기 색 등을 지정하는 방법에 대해 알아봅니다.
- 문서 하단에 글맵시를 삽입한 후, 글맵시의 글자 모양, 크기, 배치 등을 지정하는 방법에 대해 알아봅니다.

따라하기 01 글상자 삽입과 편집하기

01 '채용.hwpx' 파일을 불러옵니다. 여기에서 글상자를 이용하여 제목을 꾸미고, 문서 하단에는 글맵시 기능을 이용하여 꾸밀 예정입니다. 문서의 처음에서 Enter 를 3번 눌러 공간을 확보합니다.

세 개의 행(줄)을 삽입하여 공간을 확보합니다.

02 글상자를 삽입하기 위하여 [입력]-[글상자]를 선택합니다.
(단축키 : Ctrl + N , B)

Plus Tip

• **글상자** : [입력] 탭에서 [글상자] 아이콘을 클릭해도 됩니다.

03 마우스 포인터가 '+' 모양으로 변경되면 화면 상단 중앙에 적당한 크기로 드래그하면 글상자가 삽입됩니다.

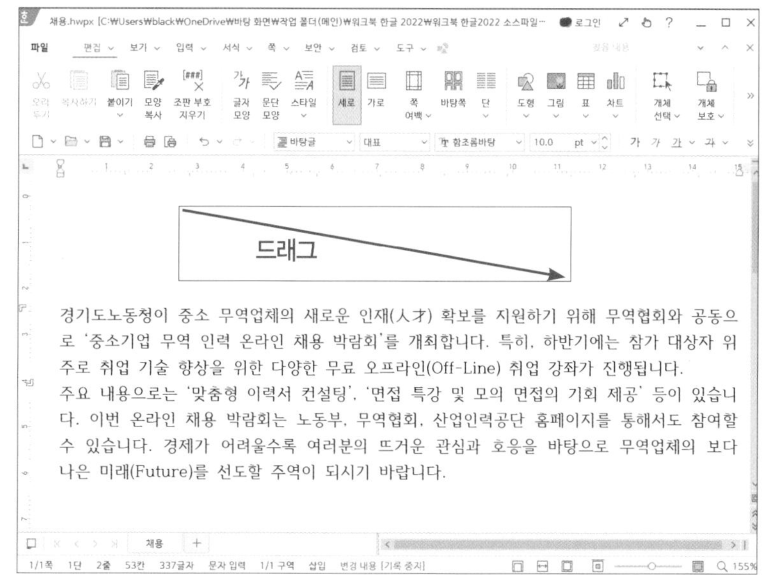

04 글상자를 꾸며보겠습니다. 삽입된 글상자를 선택한 후, 마우스 오른쪽 버튼을 클릭하여 나타난 단축 메뉴에서 [개체 속성]을 선택합니다.

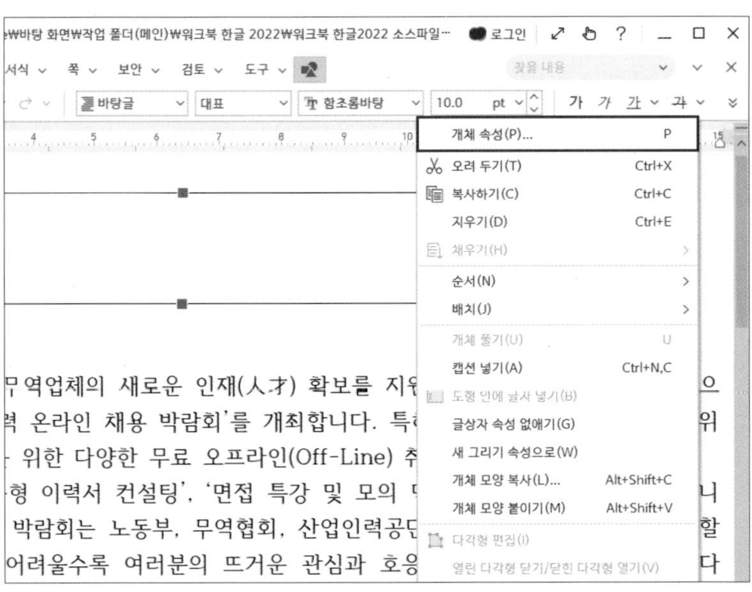

Plus Tip

• **글상자 속성 지정하기 :** 글상자가 선택된 상태에서 [P]를 누르거나 해당 글상자를 더블클릭해도 [개체 속성] 대화상자가 나타납니다.

05 [개체 속성] 대화상자가 나타나면 [기본] 탭에서 크기(너비, 높이)와 위치(본문과의 배치, 가로, 세로)를 다음과 같이 각각 지정합니다.

06 계속해서 [선] 탭에서 선의 색은 '주황', 종류는 '이중 실선', 굵기는 '1mm'를 각각 지정합니다.

07 마지막으로 [채우기] 탭에서 면색을 '노랑'으로 지정하고 [설정] 단추를 클릭합니다.

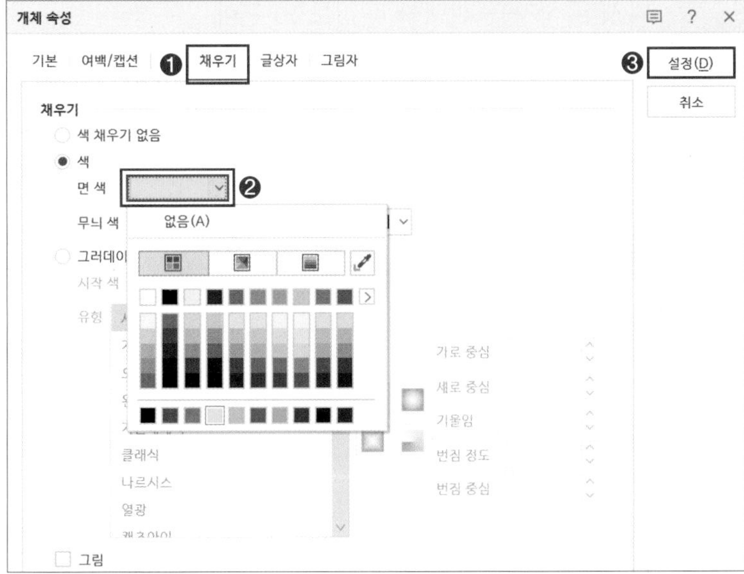

08 편집된 글상자가 나타나면 글상자 안에 커서를 위치시킨 후, 주어진 내용을 입력합니다.

Plus Tip

• **글상자에 텍스트 입력** : 글상자가 선택된 상태에서는 글상자 내에 글자를 입력할 수 없습니다. 글상자 바깥 임의의 위치를 클릭하여 글상자 선택을 해제한 후, 글상자 안에서 마우스를 클릭하면 커서가 나타나서 입력할 수 있습니다.

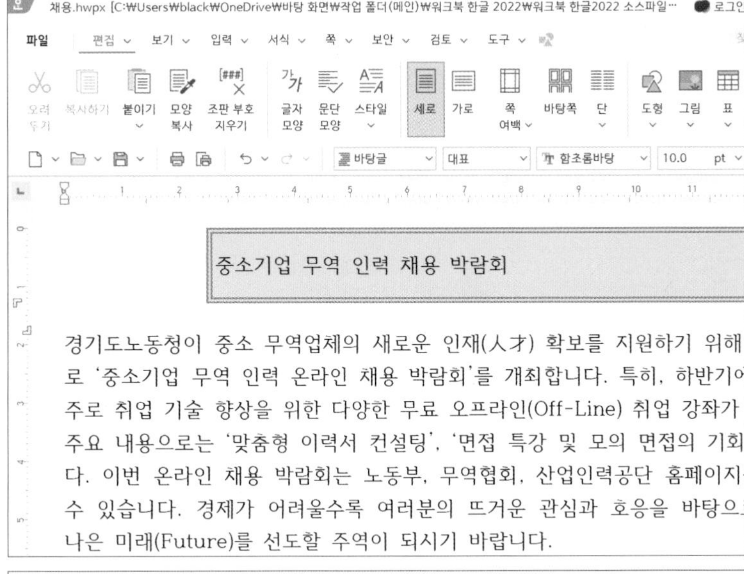

09 입력한 내용을 블록 지정한 후, 서식 도구 상자에서 글꼴은 '휴먼엑스포', 글자 크기는 '15pt', 글자 색은 '파랑', 정렬 방식은 '가운데 정렬'을 각각 지정합니다.

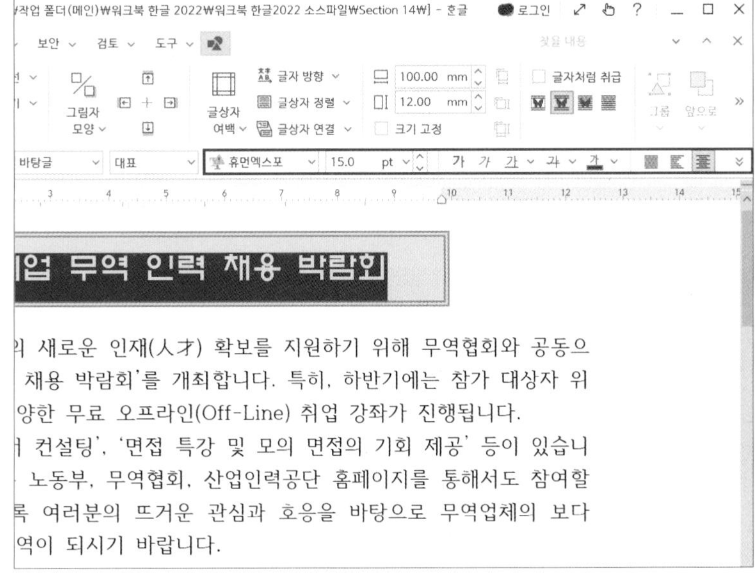

10 다시 글상자를 선택한 후, [도형] 탭에서 [그림자 모양] 아이콘을 클릭하고 '오른쪽 아래'를 선택합니다.

Plus Tip

• **그림자 색 :** 글상자의 그림자 색을 변경하려면 [그림자 모양] 아이콘을 클릭하고, [다른 그림자 색]에서 원하는 색상을 선택합니다.

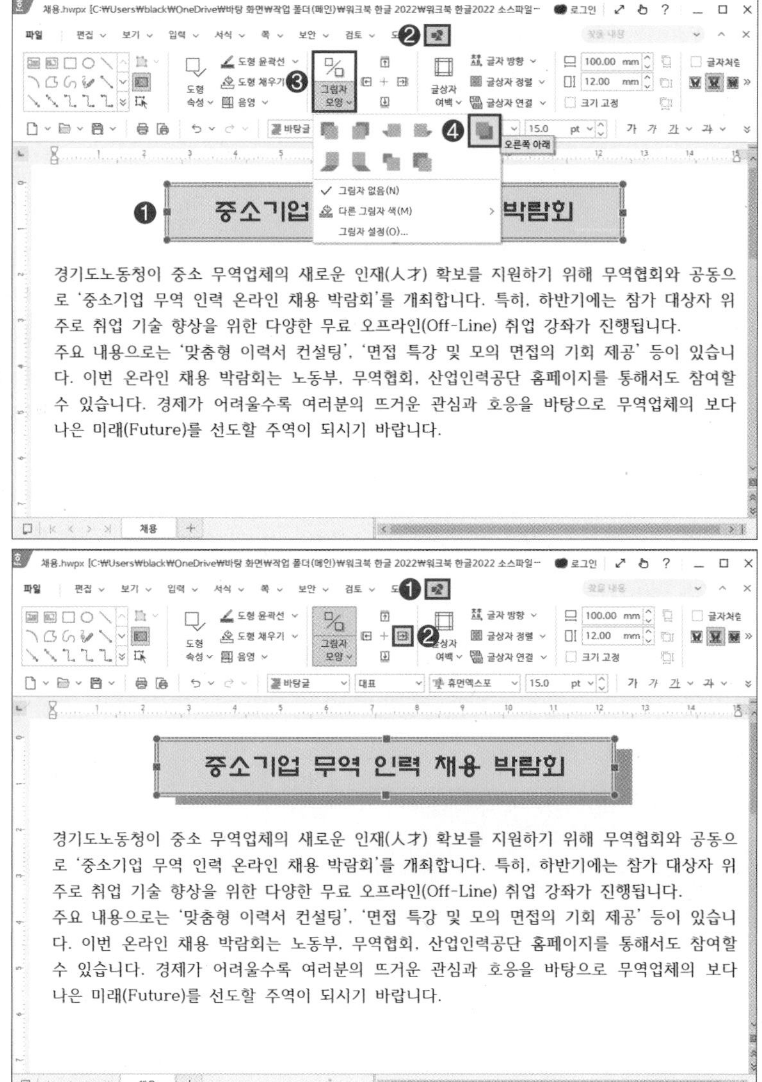

11 마지막으로 [도형] 탭에서 그림자 [오른쪽으로 이동] 아이콘을 눌러 그림자 모양을 보기좋게 정돈합니다.

Power Upgrade

[개체 속성] 대화상자의 [기본] 탭에서 본문과의 배치

❶ 어울림 : 개체와 본문이 같은 줄을 나누어 쓰되, 서로 자리를 침범하지 않고 본문이 개체에 어울리도록 배치합니다.

❷ 자리 차지 : 개체가 개체의 높이만큼 줄을 차지하고 있기 때문에 개체가 차지하고 있는 영역에는 본문이 올 수 없습니다.

❸ 글 앞으로 : 개체가 없는 것처럼 본문이 채워지고, 개체는 본문이 덮이도록 본문 위에 배치합니다.

❹ 글 뒤로 : 개체가 없는 것처럼 본문이 채워지고, 개체는 본문의 배경처럼 사용됩니다.

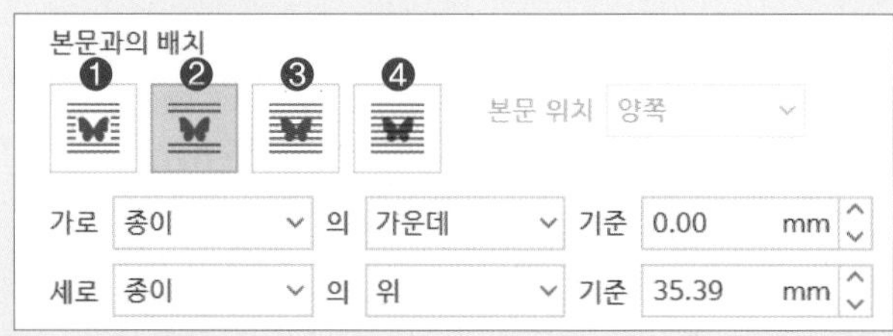

따라하기 02 글맵시 삽입과 편집하기

01 문서 하단에 글맵시를 삽입하기 위하여 문장 끝에서 Enter 를 눌러 커서를 다음 줄에 위치시킵니다.

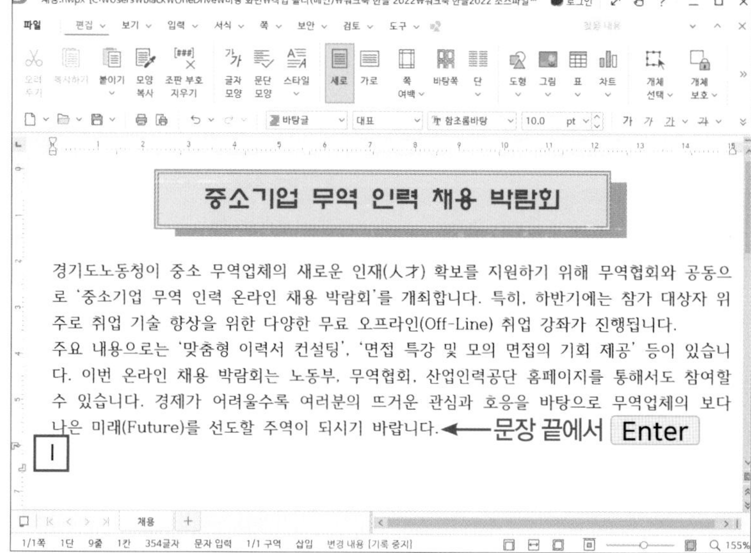

02 [입력]–[개체]–[글맵시]를 선택합니다.

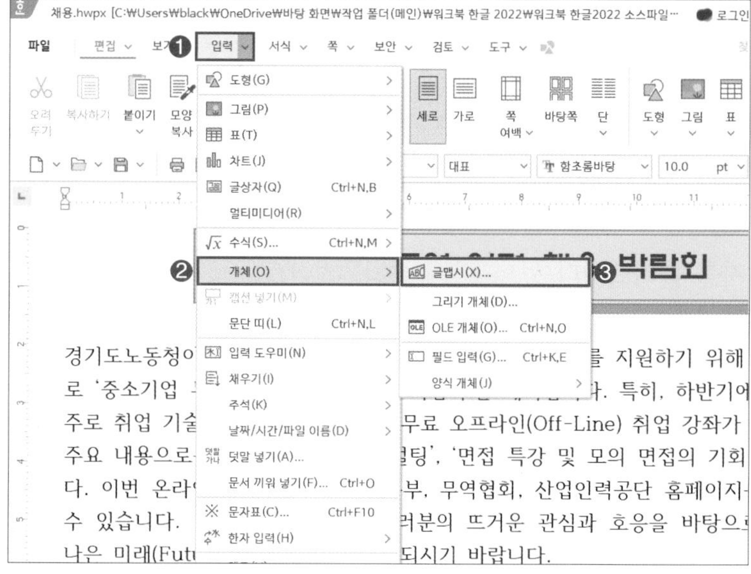

PLUS TIP

• 글맵시 : [입력] 탭에서 [글맵시] 아이콘을 클릭해도 됩니다.

03 [글맵시 만들기] 대화상자가 나타나면 내용 입력란에 '경기도고용노동청'을 입력한 후, 글꼴은 '궁서체', 글자 간격은 '110'을 각각 지정합니다.

04 계속해서 [글맵시 모양] 아이콘을 클릭한 후, '갈매기형 수장'을 선택하고 [설정] 단추를 클릭합니다.

Plus Tip

• 글맵시 모양 : 글맵시를 삽입한 후, [글맵시] 탭에서 [글맵시 모양] 아이콘을 클릭하면 수시로 모양을 변경할 수 있습니다.

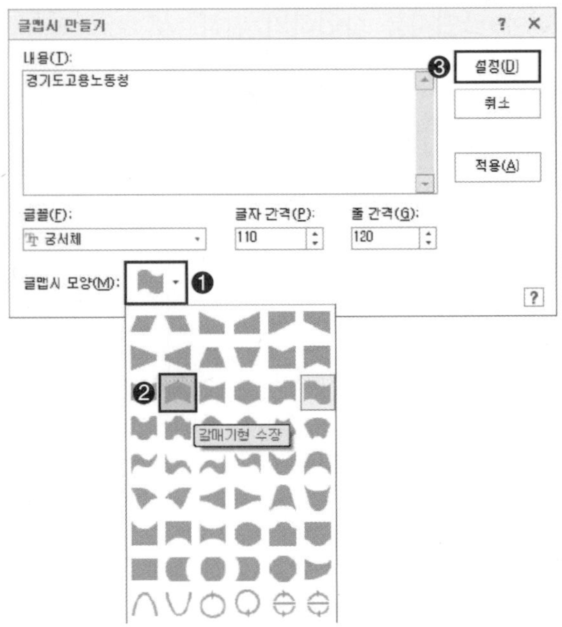

05 문서 하단의 커서 위치에 글맵시가 나타나면 글맵시를 더블클릭하거나, 글맵시를 선택한 후 [글맵시] 탭에서 [글맵시 속성] 아이콘을 클릭하여 [개체 속성] 대화상자를 불러냅니다.

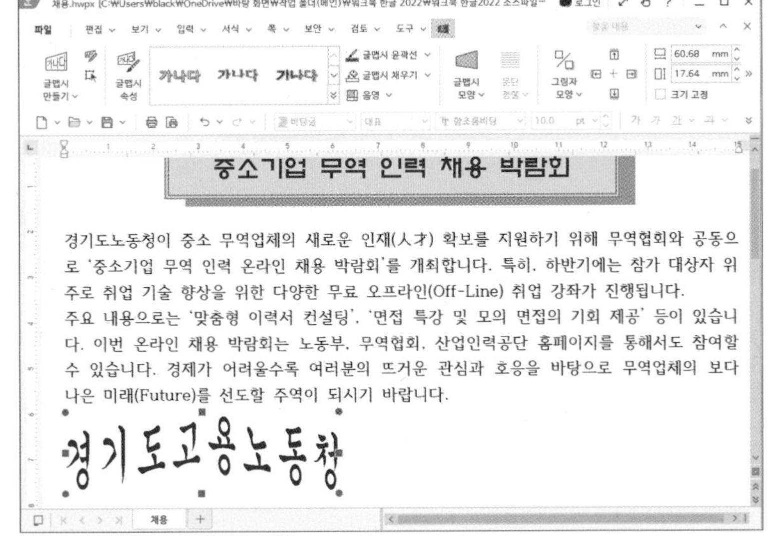

06 [개체 속성] 대화상자가 나타나면 [기본] 탭에서 크기(너비, 높이)와 위치(글자처럼 취급)를 다음과 같이 지정하고 [설정] 단추를 클릭합니다.

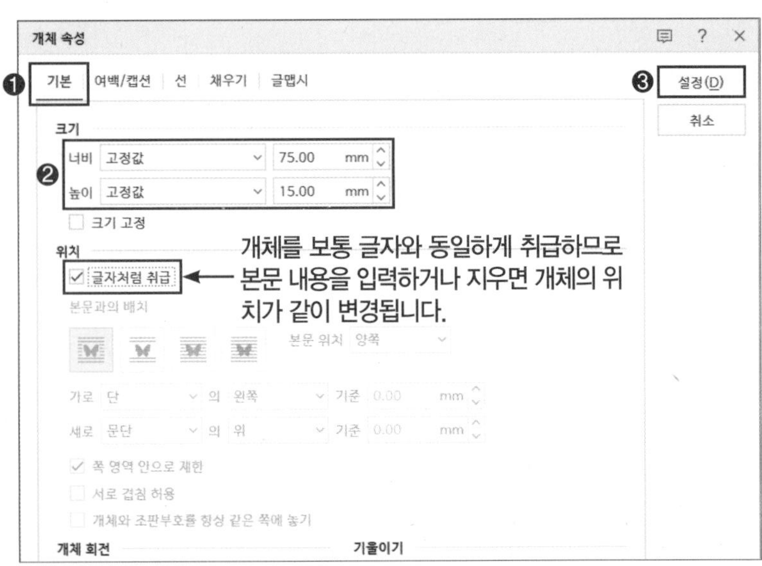

07 글맵시 끝에 커서를 위치시킨 후, 서식 도구 상자에서 가운데 정렬 ≣ 아이콘을 클릭하여 가운데로 정렬시킵니다.

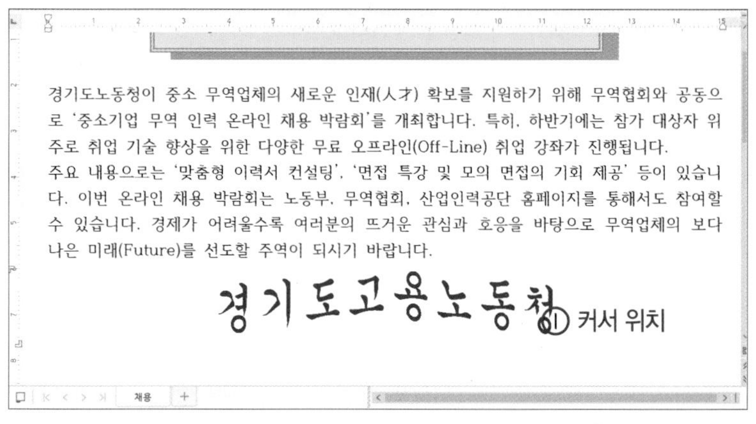

08 다시 글맵시를 선택한 후, [글맵시]–[글맵시 채우기] 아이콘을 클릭하고 '보라'를 선택합니다.

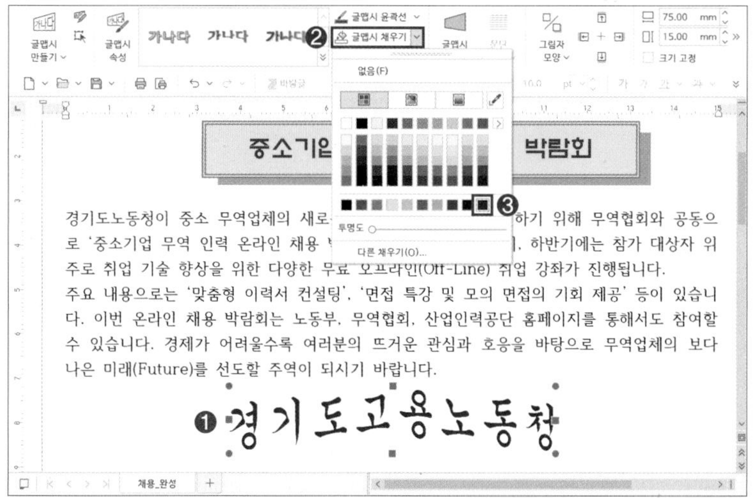

Power Upgrade

글맵시 스타일과 음영

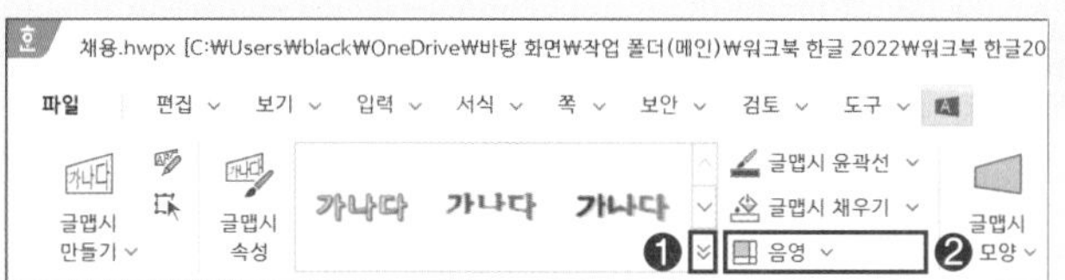

❶ 글맵시를 선택한 후, [글맵시] 탭에서 [자세히] 단추를 클릭하면 원하는 스타일을 빠르게 선택할 수 있습니다.

❷ 글맵시를 선택한 후 [글맵시] 탭에서 [음영]을 클릭하면 선택한 개체의 밝기 비율을 증가 또는 감소시킬 수 있습니다.

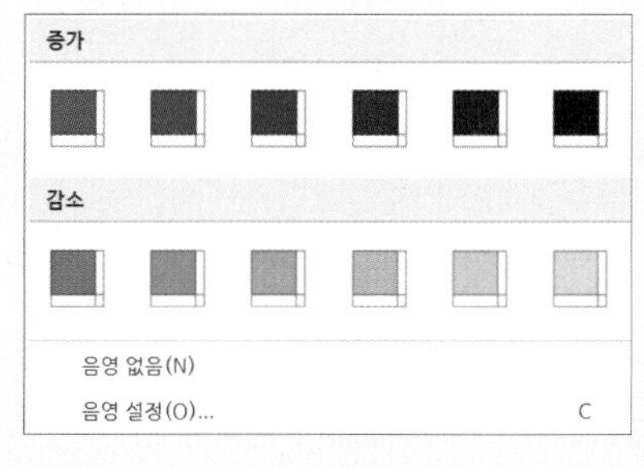

기초문제

1

글상자를 이용하여 다음과 같이 작성해 보세요.

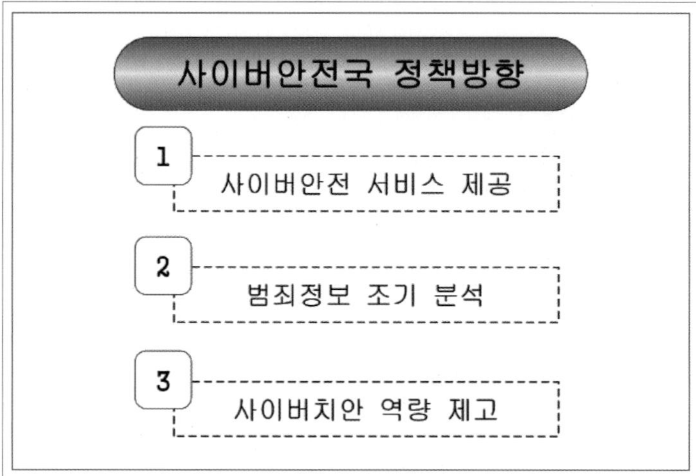

2

문서 아래에 다음과 같이 글맵시를 삽입해 보세요.

• 완성파일 : 정책방향_완성.hwpx

힌트

• [개체 속성] 대화상자의 [기본] 탭에서 너비는 '90', 높이는 '12', 본문과의 배치는 '어울림'으로 각각 지정합니다.

3

다음과 같이 글맵시와 글상자를 삽입하여 문서를 만들어 보세요.

모바일 앱 만족도

- 대　　상 : 국민연금 모바일 앱 이용자
- 설문기간 : 2025. 11. 29. ~ 2025. 12. 19.
- 참여방법 : 마이페이지 > 설문 또는 홈배너 클릭
- 추첨대상 : 모바일 앱 만족도 설문 참여자
- 당첨자 발표 : 2025. 12. 25

• 완성파일 : 만족도안내_완성.hwpx

심화문제

1) 글맵시와 글상자를 이용하여 다음과 같이 제목을 만들어 보세요.

안전운전 다이렉트
자동차보험

다이렉트 자동차 보험 가입 1위

2) 글상자를 삽입하여 이벤트 배너를 완성해 보세요.

안전운전 다이렉트
자동차보험

다이렉트 자동차 보험 가입 1위

안전운전 다이렉트 가입 고객을 위한 EVENT

이벤트 적립금
8,000원

차 보험료 확인하고
적립금 받으세요!

• 완성파일 : 보험_완성.hwpx

3) 글상자를 이용하여 다음과 같이 작성해 보세요.

강원도 주요 특산물

강릉	초당두부, 오징어
평창	감자, 찰옥수수
횡성	한우, 더덕, 쌀

• 완성파일 : 특산물_완성.hwpx

Section

15 수식과 수식 기호 입력하기

수식 편집기를 이용하면 간단한 산술식은 물론 복잡한 수식까지 손쉽게 입력할 수 있습니다. 여기에서는 수식 도구 상자와 수식 기호 도구 상자를 이용하여 원하는 수식과 수식 기호를 입력하는 방법에 대해서 학습해 봅니다.

Preview

근의 공식

이차방정식의 근을 구하는 공식으로 이차방정식의 근은 2개가 있다. 2개의 근이 같으면 중근이라고 하며, 공식의 ±는 근을 구할때 한번은 +, 한번은 - 로 적용한다.

$$ax^2 + bx + c = 0 \text{일 때 (단, } a \neq 0)$$

$$x = \frac{-b \pm \sqrt{b^2 - 4ac}}{2a}$$

드 모르간의 법칙

드 모르간의 법칙은 두 집합의 교집합과 합집합의 여집합이 두 집합의 여집합과 어떤 관계인지 서술한다.

$$(A \cap B)^c = A^c \cup B^c$$

$$(A \cup B)^c = A^c \cap B^c$$

▲ 완성파일 : 공식_완성.hwpx

학습 내용

- 수식 도구 상자를 이용하여 수식을 입력하는 방법에 대해 알아봅니다.
- 수식 기호 도구 상자를 이용하여 수식 기호를 입력하는 방법에 대해 알아봅니다.

따라하기 01 기본 수식 입력하기

01 '공식.hwpx' 파일을 불러와 근의 공식을 만들어보기로 합니다. 수식을 넣을 곳에 커서를 위치시킨 다음, [입력]–[수식]을 선택합니다(단축키 : Ctrl + N , M).

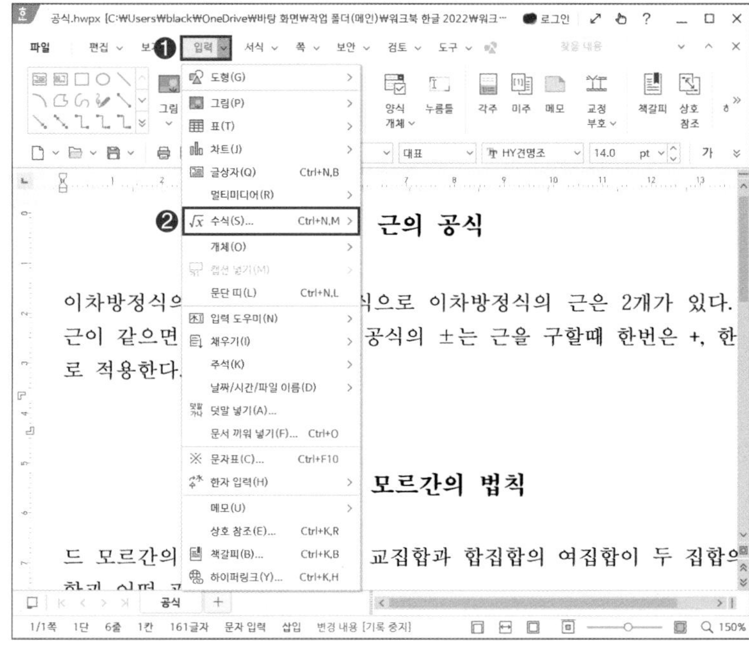

Plus Tip

• 수식 : [입력] 탭에서 [수식] 아이콘을 클릭해도 됩니다.

02 수식 편집기 창이 나타나면 "x"를 입력한 다음, A_1 (첨자)를 클릭하여 나타난 하위 메뉴에서 A^1 를 클릭합니다.

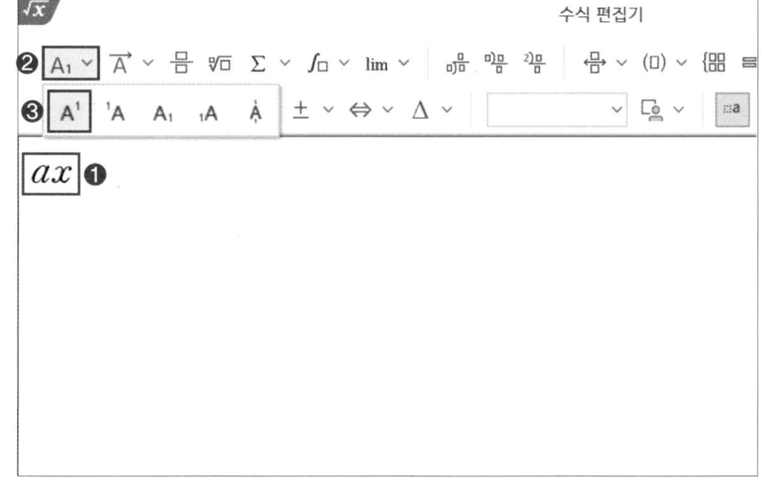

03 "2"를 입력한 다음, Tab 을 한 번 눌러 커서를 이동합니다.

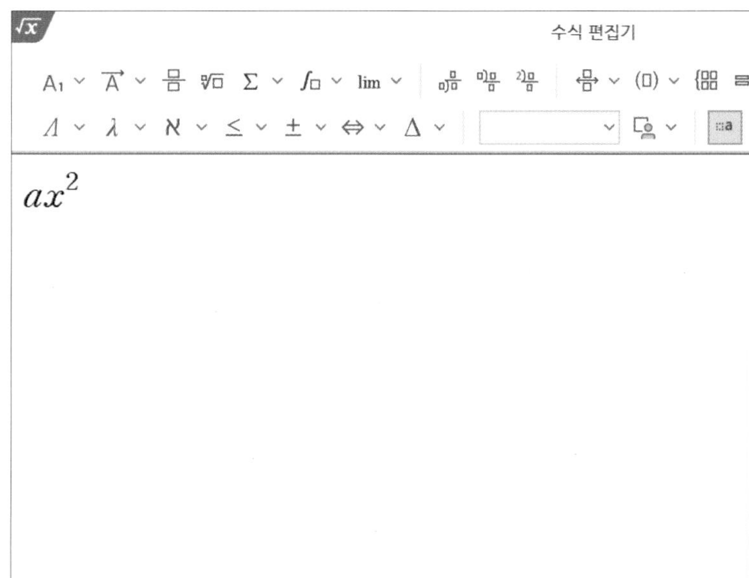

04 "+bx+c=0일 때 (단,a"를 차례대로 입력합니다.

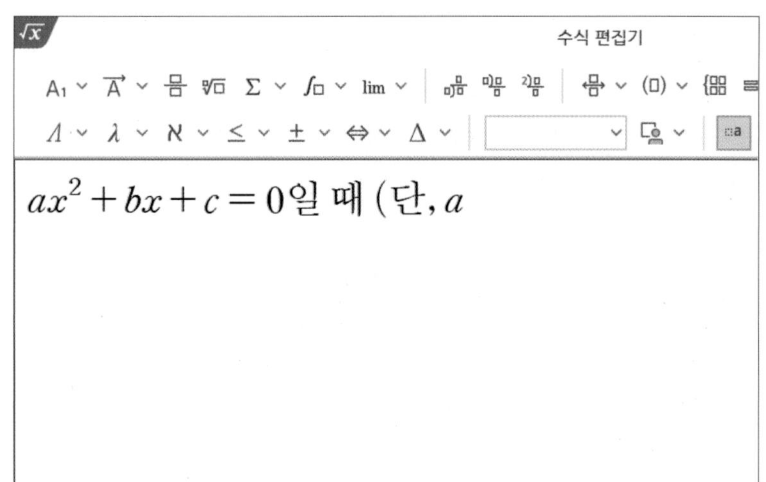

05 기호를 삽입하기 위해 ± 를 (연산, 논리 기호)를 클릭하여 나타난 하위 메뉴에서 ≠ 를 선택합니다.

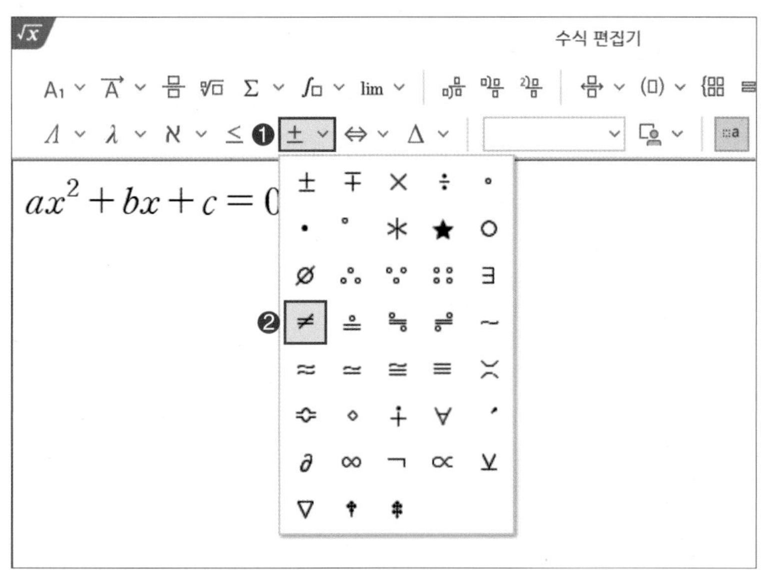

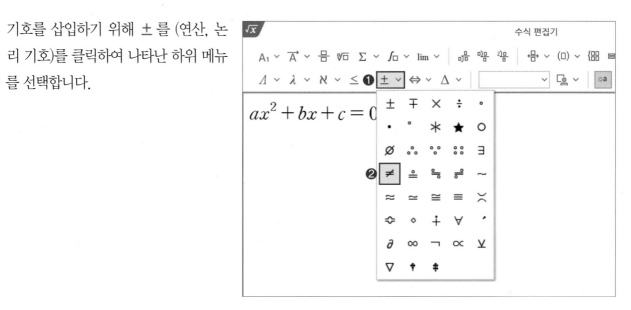

06 '≠' 기호가 삽입되면 "0)"를 입력하고 ⏎를 클릭합니다.

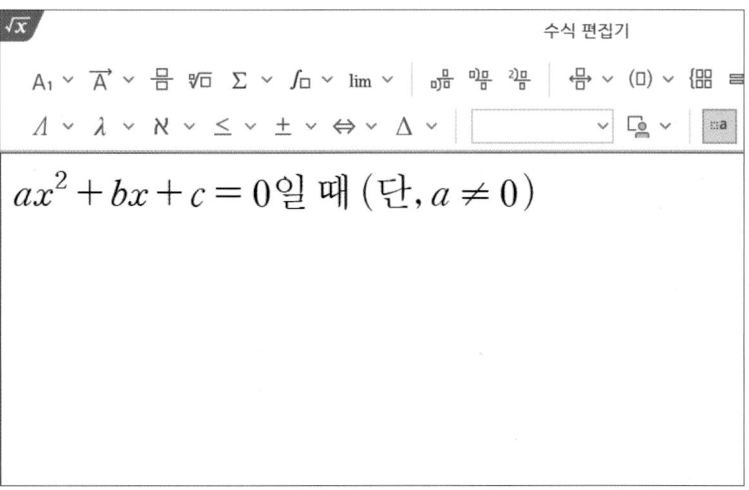

07 첫 번째 행 수식이 완료되면 Enter 를 눌러 줄을 바꾼 다음, 다시 [입력]-[수식]을 클릭합니다.

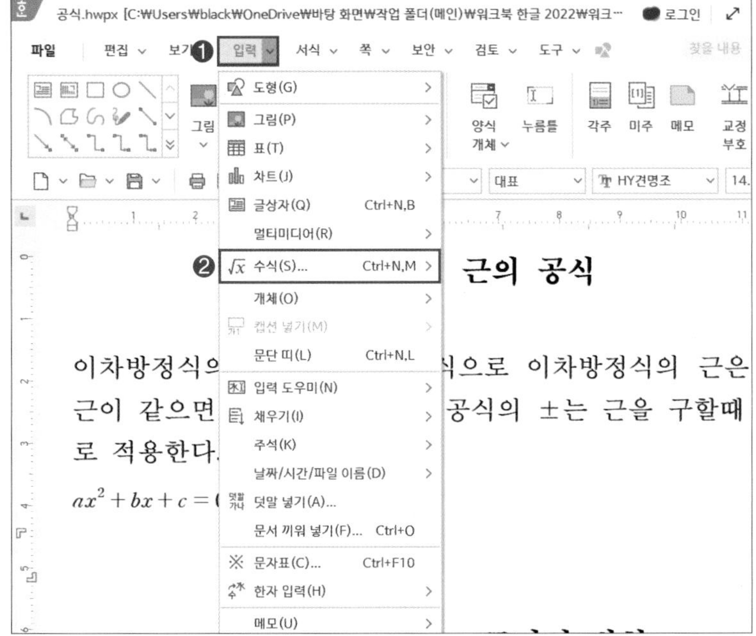

08 "x="을 입력하고 (분수)를 클릭합니다. 분자 부분에 "−b"를 입력한 다음, ± 를 (연산, 논리 기호)를 클릭하여 나타난 하위 메뉴에서 ± 를 선택합니다.

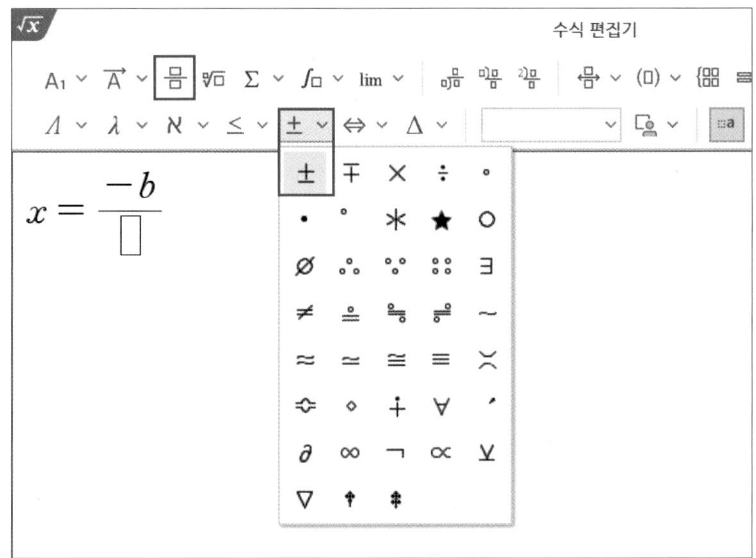

09 (근호)를 클릭한 다음, "b"를 입력합니다. A_1 (첨자)를 클릭하여 나타난 하위 메뉴에서 A^1 를 클릭합니다.

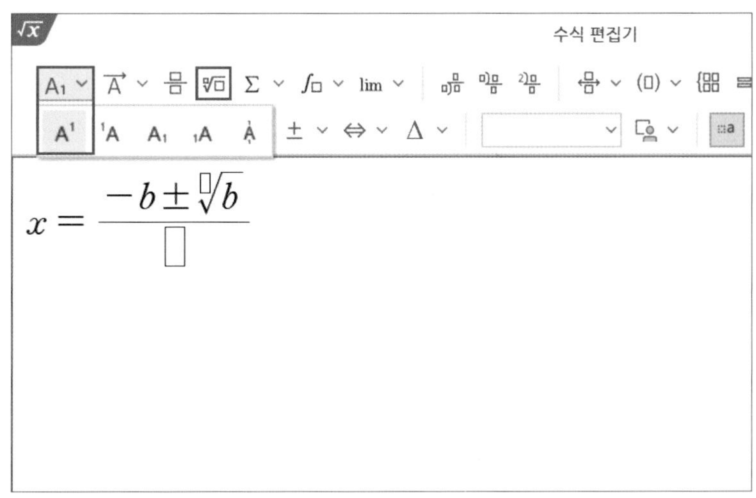

10 "2"를 입력한 후, Tab 을 눌러 커서를 이동시킨 다음 "−4ac"를 입력합니다.

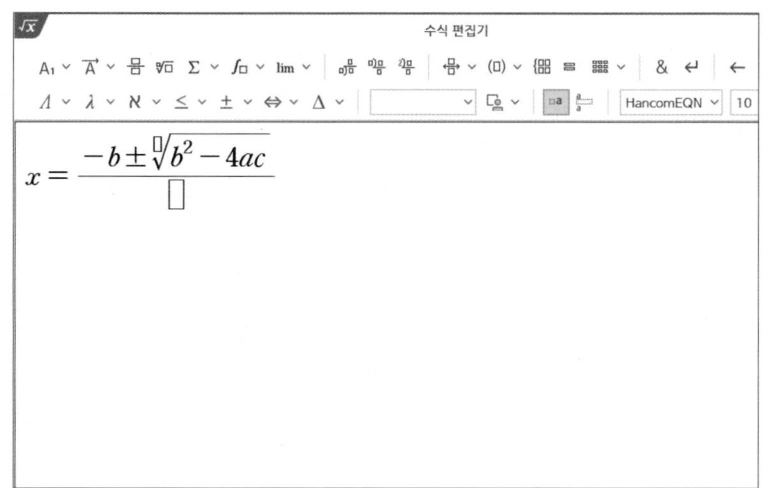

11 Tab 을 두 번 눌러 커서를 분모 자리로 이동한 다음, "2a"를 입력합니다. 수식의 글자색을 변경하기 위해 [글자색] 가 을 클릭하여 '파랑'을 선택한 후, [넣기] 를 클릭합니다.

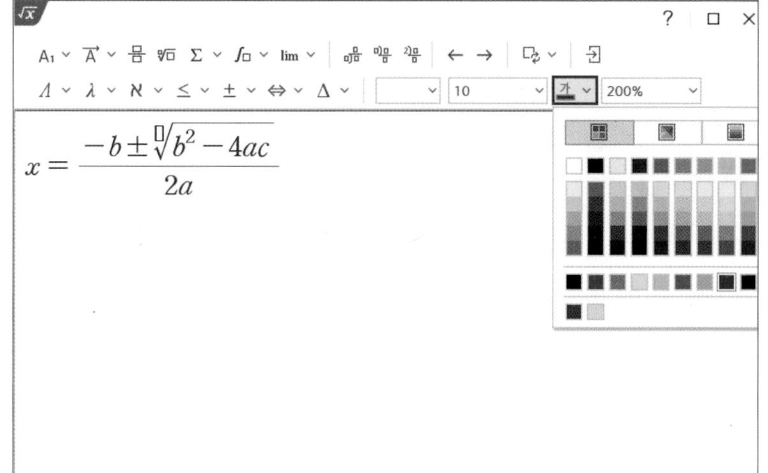

12 [가운데 정렬] 아이콘을 눌러 수식을 중앙에 위치시킵니다. 입력된 수식을 수정하고 싶으면 수식을 더블클릭합니다.

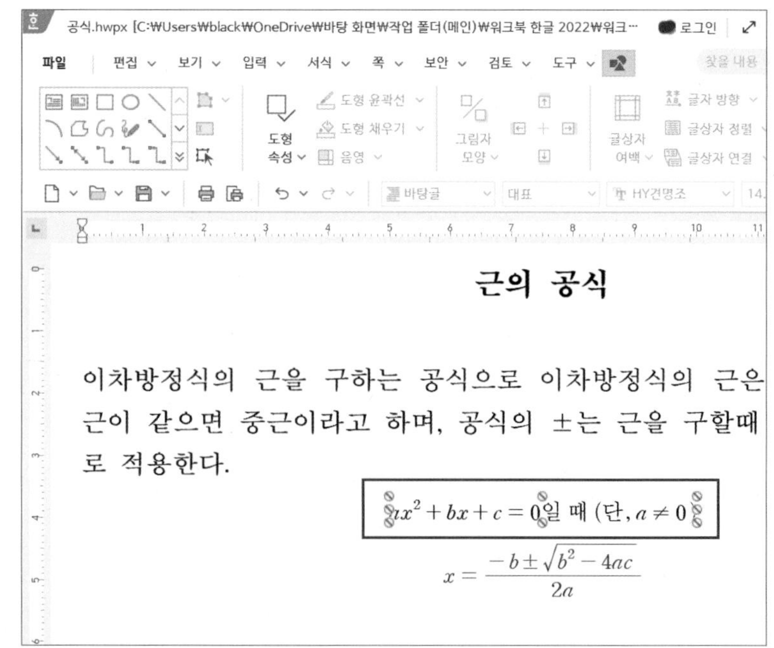

13 수식의 글자색을 변경하기 위해 [글자색] 가 을 클릭하여 '빨강'을 선택한 후 [넣기] 를 클릭합니다.

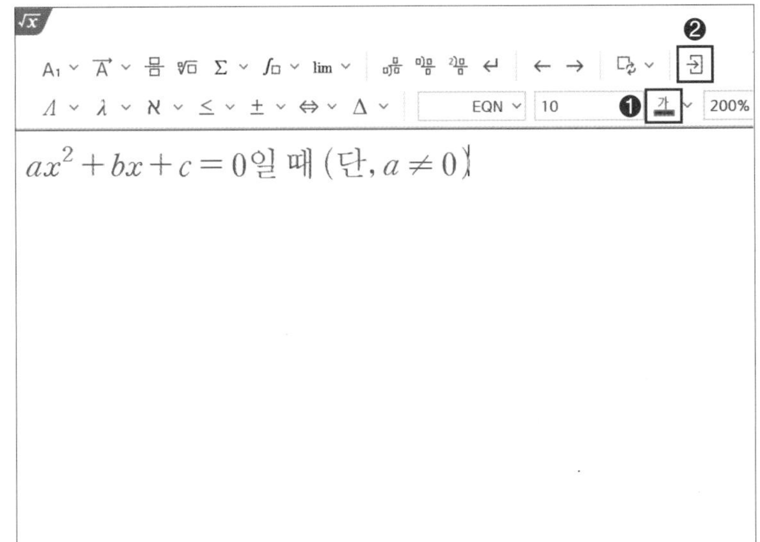

14 다음과 같이 수식이 수정된 것을 확인할 수 있습니다.

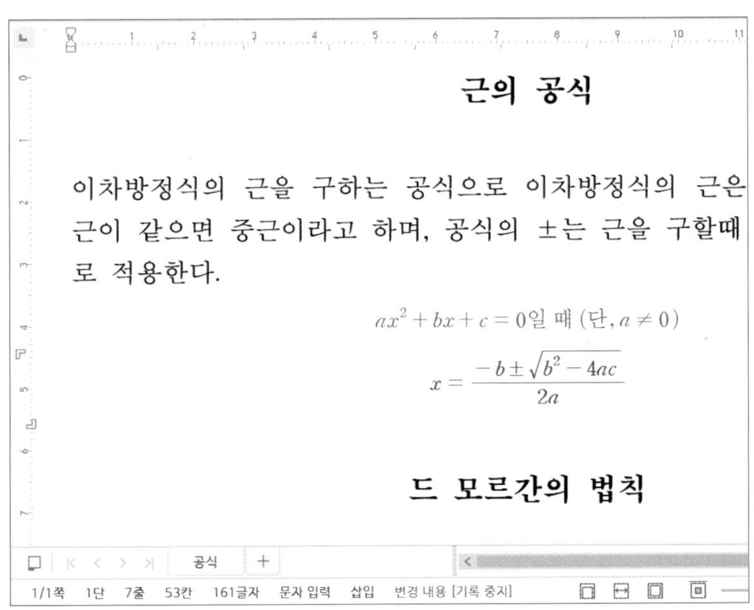

Power Upgrade

기본적인 수식 도구 상자

❶ 첨자, ❷ 장식 기호, ❸ 분수, ❹ 근호, ❺ 합, ❻ 적분, ❼ 극한

따라하기 02 간단하게 수식 입력하기

01 기본으로 제공되는 수식 기호를 응용하면 보다 쉽게 수식을 만들 수 있습니다. 드 모르간의 규칙 수식을 만들려면 [입력]-[수식]-[일반]을 클릭하여 '(A∩B)c=Ac∪Bc '를 클릭합니다.

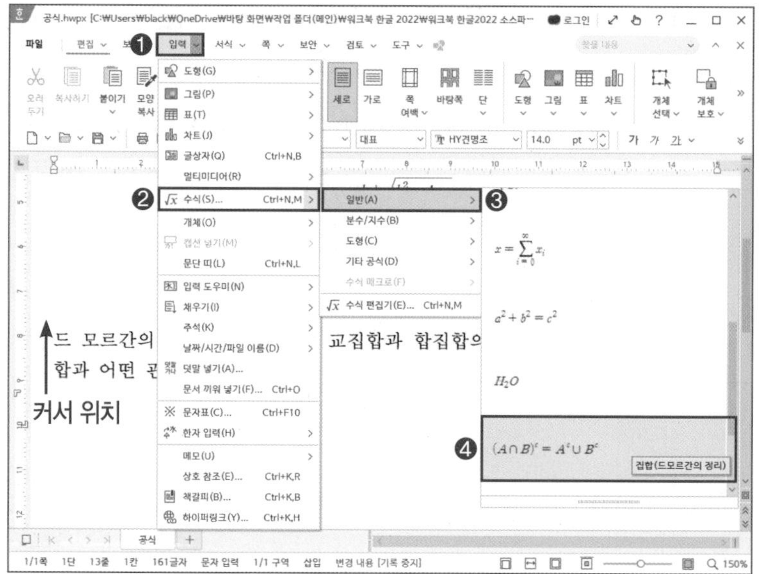

02 선택한 드모르간 수식이 표시됩니다. 삽입된 수식을 하나 더 복사하여 붙여넣기한 다음, 두 번째 수식을 더블클릭합니다.

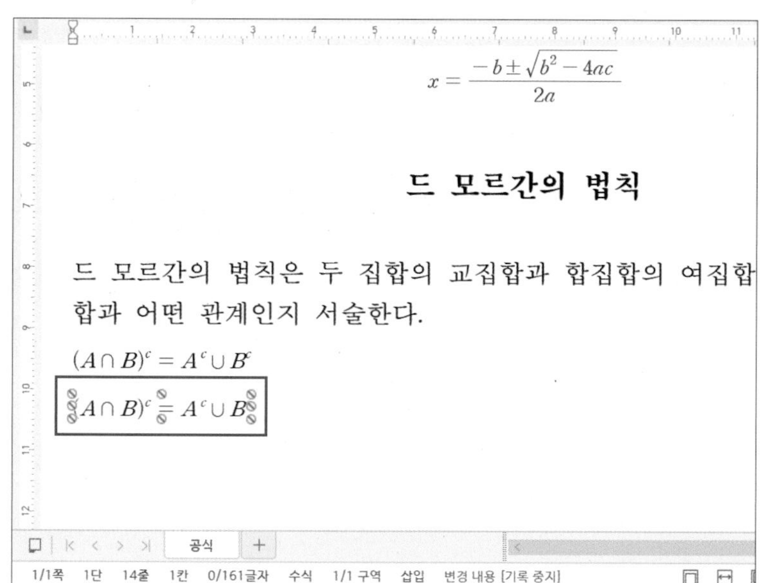

03 "∩" 기호를 삭제한 다음, ≤ (합, 집합 기호)를 클릭하여 '∪'를 선택합니다.

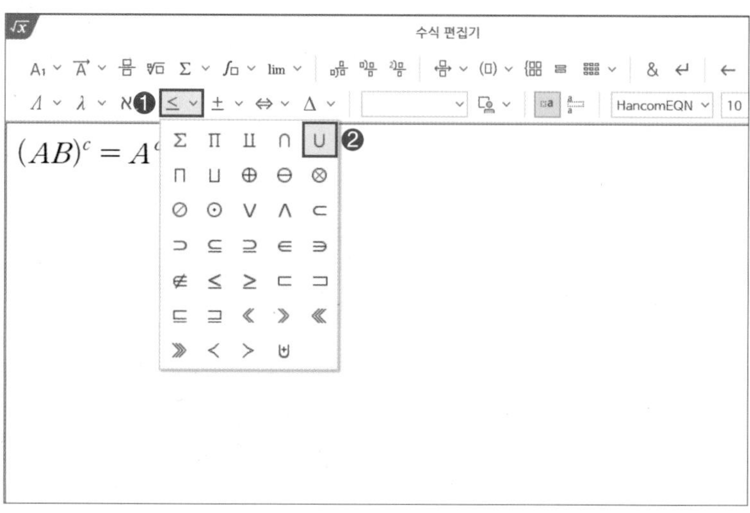

04 같은 방법으로 "∪"를 삭제한 후, ≤(합,집합 기호)를 클릭하여 '∩'를 선택하여 수식을 수정한 다음, [넣기] 를 클릭합니다.

$(A \cup B)^c = A^c \cap B^c$

05 다음과 같이 수식이 수정된 것을 확인할 수 있습니다.

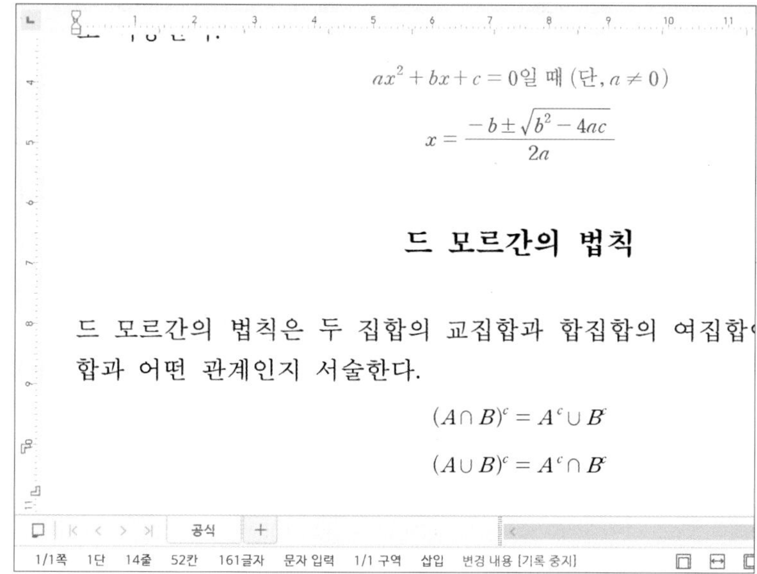

$ax^2 + bx + c = 0$일 때 (단, $a \neq 0$)
$x = \frac{-b \pm \sqrt{b^2 - 4ac}}{2a}$
드 모르간의 법칙
드 모르간의 법칙은 두 집합의 교집합과 합집합의 여집합
합과 어떤 관계인지 서술한다.
$(A \cap B)^c = A^c \cup B^c$
$(A \cup B)^c = A^c \cap B^c$
공식
1/1쪽 1단 14줄 52칸 161글자 문자 입력 1/1 구역 삽입 변경 내용 [기록 중지]

기초문제

1

다음과 같이 텍스트를 입력한 다음, 수식을 작성해 보세요.

• 완성파일 : 근과계수_완성.hwpx

자주 찾는 수학 공식
근과 계수와의 관계 공식

$ax^2+bx+c=0(a \neq 0)$의 근이 α, β이면

$$\alpha+\beta=-\frac{b}{a}, \alpha\beta=\frac{c}{a}$$

2

다음과 같이 수식을 입력해 보세요.

• 완성파일 : 수학문제1_완성.hwpx

■ 문제

전체 집합 $U=\{1,2,3,4,5,6,7,8\}$의 부분집합 A에 대하여 $A=\{2,4,6\}$일 때, A^c을 구하시오.

■ 풀이

$A^c=\{xvertx \in U$그리고 $x \notin A\}$ 이므로
$A^c=\{1,3,5,7,8\}$

3

다음과 같이 수식을 입력해 보세요.

• 완성파일 : 수학문제2_완성.hwpx

■ 문제

두 집합 A, B에 대하여 $n(A)=36, nB=28,$
$n(A \cup B)=49$일 때, $n(A-B)$의 값을 구하시오.

■ 풀이

$n(A-B)=n(A \cup B)-n(B)$이므로
$=49-28$
$=21$

심화문제

1) 분수 수식을 이용하여 다음과 같이 만들어 보세요.

• 완성파일 : 분수계산_완성.hwpx

대분수의 나눗셈

$2\frac{1}{4} \div 1\frac{4}{5}$의 계산

① 두 분수를 통분하여 계산하기

$$2\frac{1}{4} \div 1\frac{4}{5} = \frac{9}{4} \div \frac{9}{5} = \frac{45}{20} \div \frac{36}{20}$$
$$= \frac{45}{36} = \frac{5}{4} = 1\frac{1}{4}$$

② 분수의 곱셈으로 고쳐 계산 결과에서 약분하기

$$2\frac{1}{4} \div 1\frac{4}{5} = \frac{9}{4} \div \frac{9}{5} = \frac{9}{4} \times \frac{5}{9}$$
$$= \frac{45}{36} = \frac{5}{4}$$
$$= 1\frac{1}{4}$$

2) 다음과 같이 수식을 입력해 보세요.

• 완성파일 : 수식-1.hwpx

첫 번째 : $\frac{2}{3} + \frac{A^2 - B_3 + C}{B + C^2} - \frac{1}{2} =$

두 번째 : $3 + \sqrt[2]{9} - \frac{3}{5} + \frac{X^2 + Y^3}{Z} =$

세 번째 : $\frac{X}{Y} + \sum_{n=1}^{k} - g(k-1) + \frac{X^2 + Y}{Z} =$

힌트

• 수식 도구 상자에서 극한, 아래첨자, 분수를 이용합니다.
• 수식 기호 도구 상자에서 그리스 소문자를 이용합니다.

3) 다음과 같이 수식을 입력해 보세요.

• 완성파일 : 수식-2.hwpx

1. $(A \cap B) \neq (B \cup C)$

2. $X \Phi Y \oplus X \leq Y$

3. $\lim_{n \to 0} a_n = \alpha, \lim_{n \to \infty} \frac{b_n}{a_n} = 1$

4. $\lim_{n \to \infty} \sum_{k=1}^{n} \left\{ g\left(\frac{k}{n}\right) - g\left(\frac{k-1}{n}\right) \right\} \frac{k}{n} \because X \permil Y$

Section

16 표 작성과 편집하기

표는 내용 분류가 필요한 데이터를 일목요연하게 정리할 때 사용하는 기능입니다. 여기에서는 기본적인 표를 작성한 후, 다양한 방법으로 표를 편집하고 응용하는 방법에 대해서 학습해 봅니다.

Preview

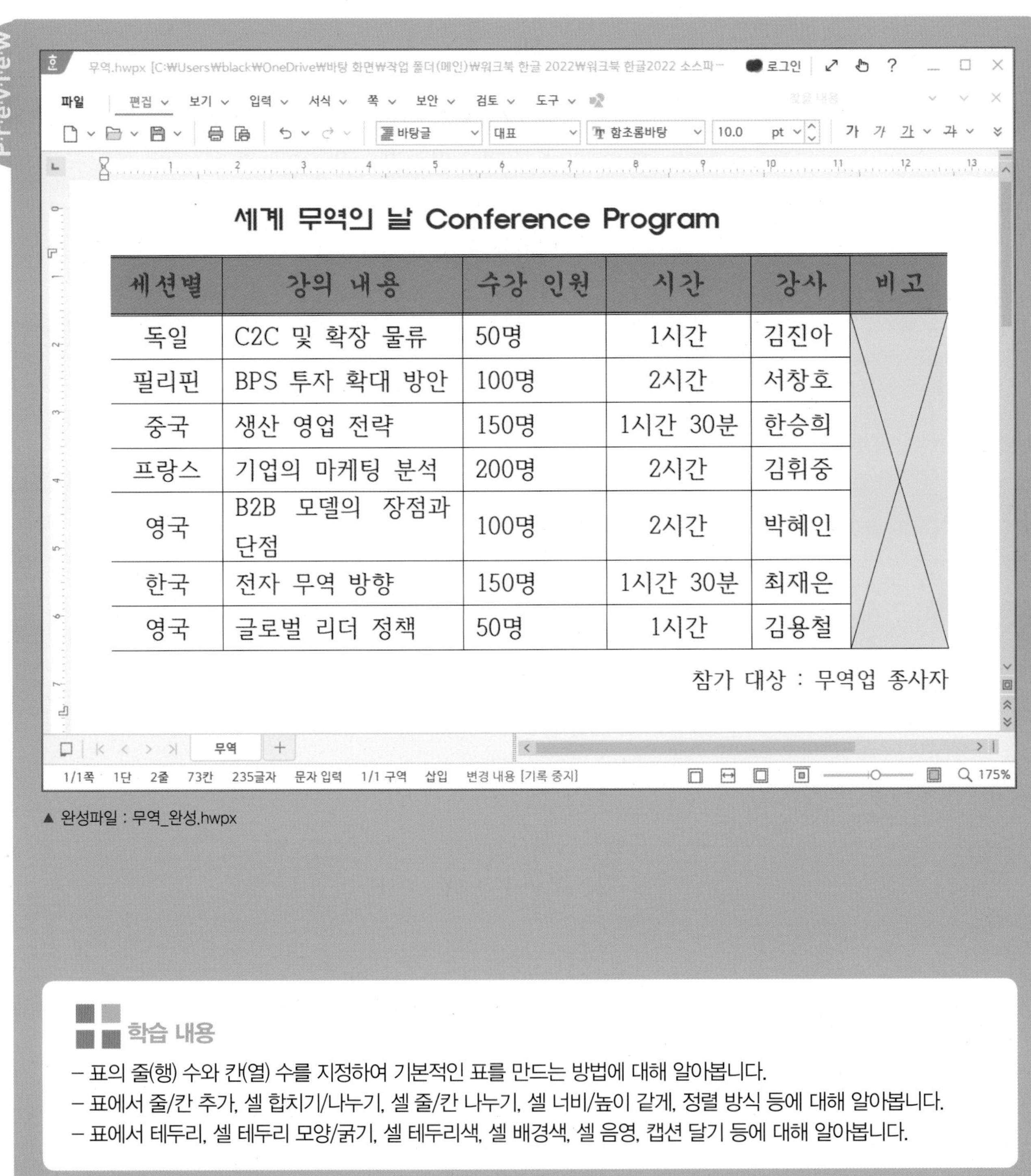

세계 무역의 날 Conference Program

세션별	강의 내용	수강 인원	시간	강사	비고
독일	C2C 및 확장 물류	50명	1시간	김진아	
필리핀	BPS 투자 확대 방안	100명	2시간	서창호	
중국	생산 영업 전략	150명	1시간 30분	한승희	
프랑스	기업의 마케팅 분석	200명	2시간	김휘중	
영국	B2B 모델의 장점과 단점	100명	2시간	박혜인	
한국	전자 무역 방향	150명	1시간 30분	최재은	
영국	글로벌 리더 정책	50명	1시간	김용철	

참가 대상 : 무역업 종사자

▲ 완성파일 : 무역_완성.hwpx

학습 내용

- 표의 줄(행) 수와 칸(열) 수를 지정하여 기본적인 표를 만드는 방법에 대해 알아봅니다.
- 표에서 줄/칸 추가, 셀 합치기/나누기, 셀 줄/칸 나누기, 셀 너비/높이 같게, 정렬 방식 등에 대해 알아봅니다.
- 표에서 테두리, 셀 테두리 모양/굵기, 셀 테두리색, 셀 배경색, 셀 음영, 캡션 달기 등에 대해 알아봅니다.

따라하기 01 기본 표 작성하기

01 임의의 글꼴 서식으로 주어진 제목을 입력하고 Enter 를 쳐서 줄을 바꿉니다.

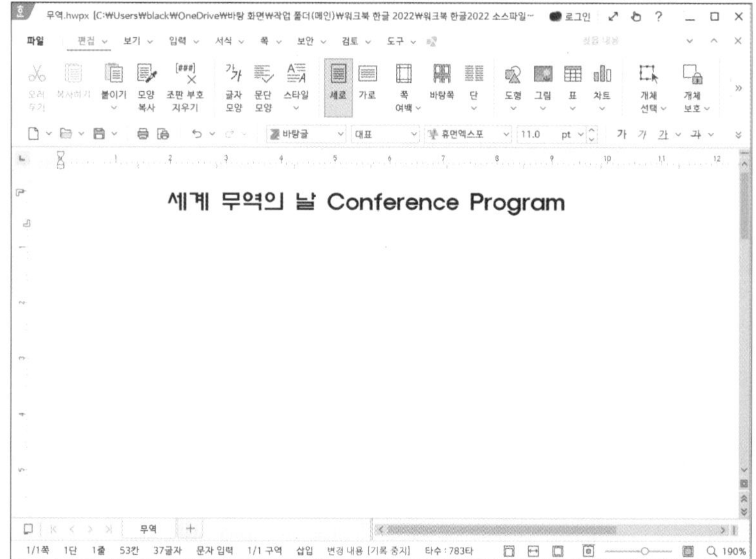

02 제목 아래쪽에 표를 작성하기 위하여 [입력]-[표]-[표 만들기]를 선택합니다(단축키 : Ctrl + N, T).

Plus Tip

• **표 작성** : [편집]/[입력] 탭에서 [표] 아이콘을 클릭해도 됩니다.

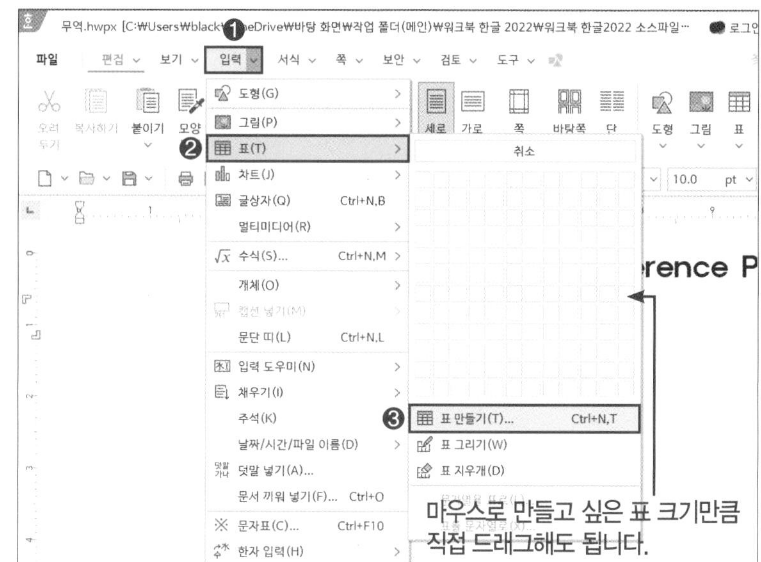

03 [표 만들기] 대화상자가 나타나면 줄 수는 "7", 칸 수는 "5"를 입력한 후, '글자처럼 취급'을 선택하고 [만들기] 단추를 클릭합니다.

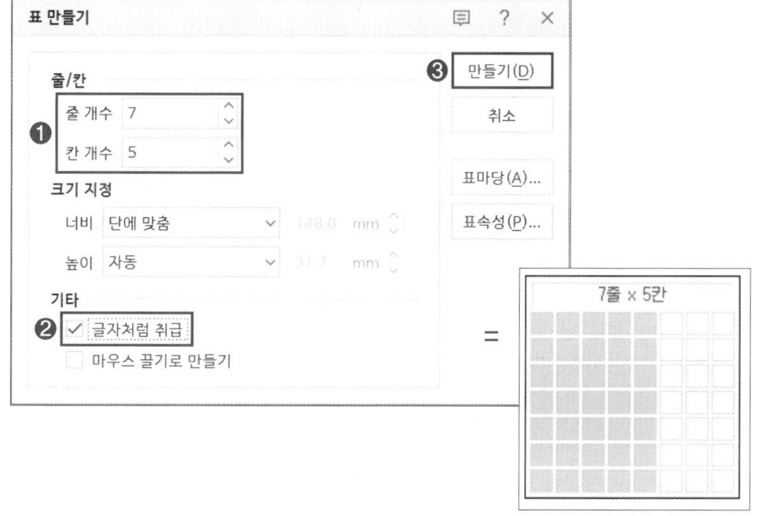

04 화면에 표가 나타나면 다음과 같이 표 내용을 각각 입력합니다. 입력하다 보면 '강의 내용' 같은 경우는 2줄에 걸쳐 입력되어 있는 등 보기가 안좋으므로 셀 폭을 조절해 보겠습니다.

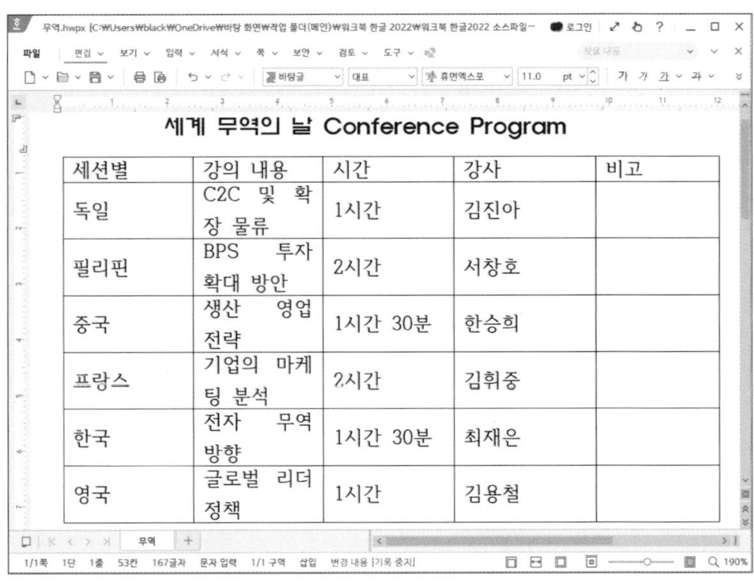

05 표에서 '세션별'의 열 너비를 조절하기 위해 칸 사이의 경계선에 마우스를 가져가서 ⇹ 모양으로 바뀔 때 왼쪽으로 드래그하여 열 너비를 적당히 조절합니다.

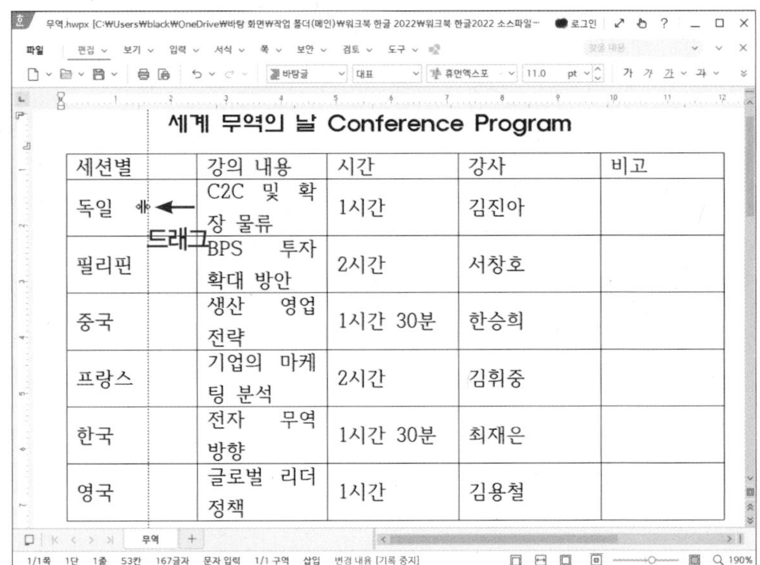

06 동일한 방법으로 각각의 열 너비를 조절하기 위해 칸 사이의 경계선을 마우스로 드래그하여 각 칸의 셀 너비를 적당히 조절합니다.

Plus Tip

• **열 너비 조절하기 :** 열 너비를 조절할 때 조절하고 싶은 셀을 블록 지정한 후, Alt + → 나 Alt + ← 를 이용해도 됩니다.

Plus Tip

• **셀 블록 지정 :** 하나의 셀만 블록 지정할 경우는 F5 키를 누르면 됩니다.

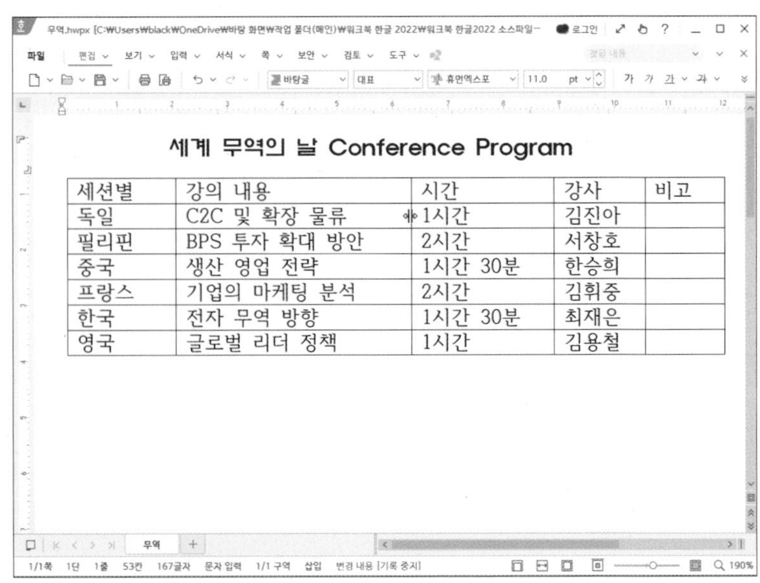

07 각 열의 너비 조절이 완료되면 폭을 조절하기로 합니다. 첫 번째 열을 마우스로 드래그하여 블록 지정한 후, Ctrl + ↓ 를 누르면 행 높이가 모두 넓어집니다. 반대로 Ctrl + ↓ 를 누르면 높이가 줄어듭니다.

세계 무역의 날 Conference Program

세션별	강의 내용	시간	강사	비고
독일	C2C 및 확장 물류	1시간	김진아	
필리핀	BPS 투자 확대 방안	2시간	서창호	
중국	생산 영업 전략	1시간 30분	한승희	
프랑스	기업의 마케팅 분석	2시간	김휘중	
한국	전자 무역 방향	1시간 30분	최재은	
영국	글로벌 리더 정책	1시간	김용철	

드래그

Plus Tip

- 단축키를 이용한 블록 지정 방법 : F5 + F8 를 차례대로 누르면 행(줄) 전체가 블록 지정되고, F5 + F7 를 차례대로 누르면 열(칸) 전체가 블록 지정됩니다.

08 제목 행 높이는 더 넓혀 보겠습니다. 첫 번째 셀을 클릭해서 커서가 나타나도록 한 다음, F5 를 눌러 셀 선택을 합니다. 그런 다음 Ctrl + ↓ 를 눌러 적절한 높이로 조절합니다.

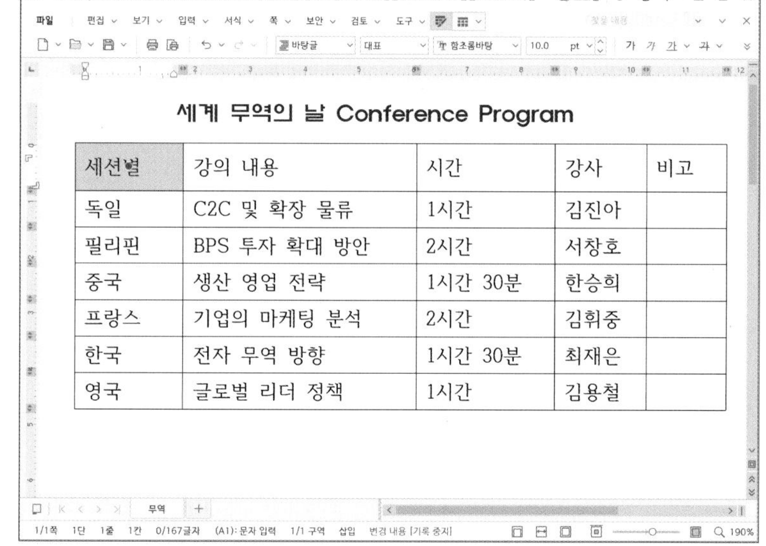
세계 무역의 날 Conference Program

세션별	강의 내용	시간	강사	비고
독일	C2C 및 확장 물류	1시간	김진아	
필리핀	BPS 투자 확대 방안	2시간	서창호	
중국	생산 영업 전략	1시간 30분	한승희	
프랑스	기업의 마케팅 분석	2시간	김휘중	
한국	전자 무역 방향	1시간 30분	최재은	
영국	글로벌 리더 정책	1시간	김용철	

Power Upgrade

표의 셀 크기 조절하기

- 특정 셀을 블록 지정한 후, Shift 를 누른 상태에서 ← 를 누르면 해당 셀의 너비만 조절됩니다.

- 특정 셀을 블록 지정한 후, Alt 를 누른 상태에서 ← 를 누르면 해당 열의 너비가 같이 조절됩니다.

따라하기 02 표 편집하기

01 5행 다음에 새로운 행을 하나 더 만들기로 합니다. 5행에 커서를 위치시킨 후, [표] 탭에서 [아래에 줄 추가하기] 아이콘을 클릭합니다.

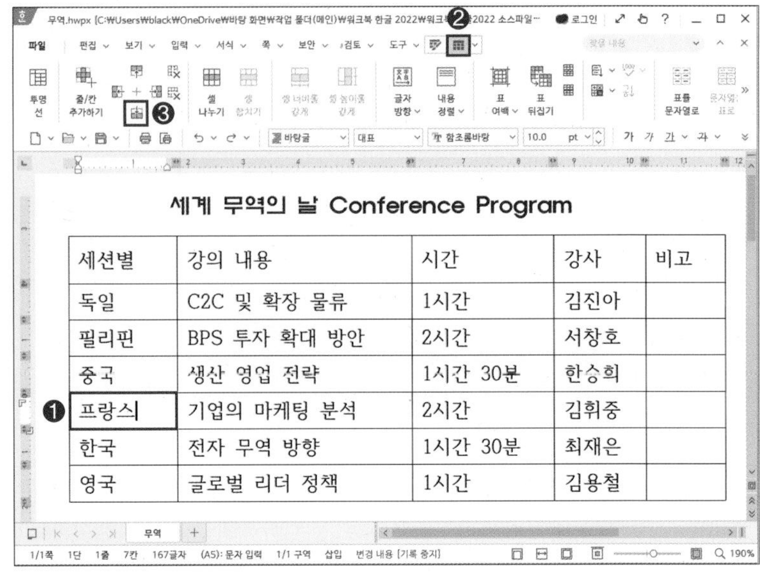

02 5행 아래에 새로운 행이 삽입되면 주어진 내용을 입력합니다.

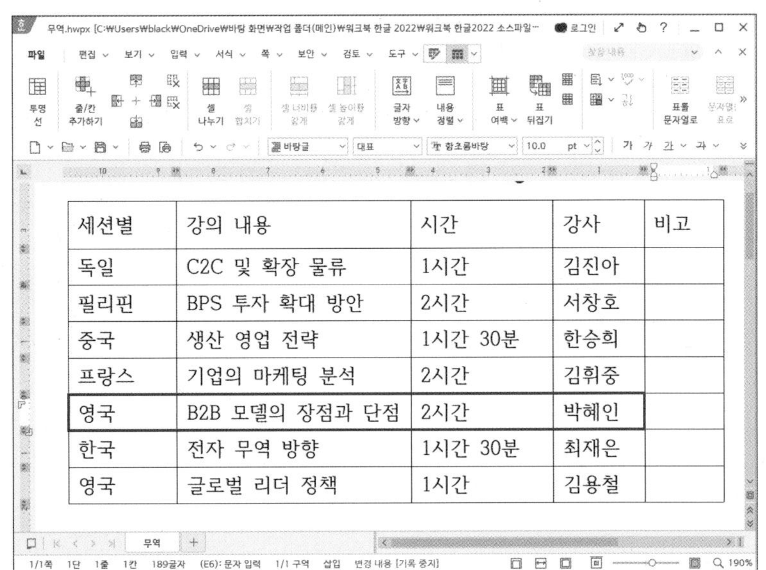

03 '강의 내용' 열 다음에 새로운 열을 하나 더 추가하기로 합니다. '강의 내용' 열을 드래그하여 블록 지정하고, [표] 탭에서 [셀 나누기] 아이콘을 클릭합니다.

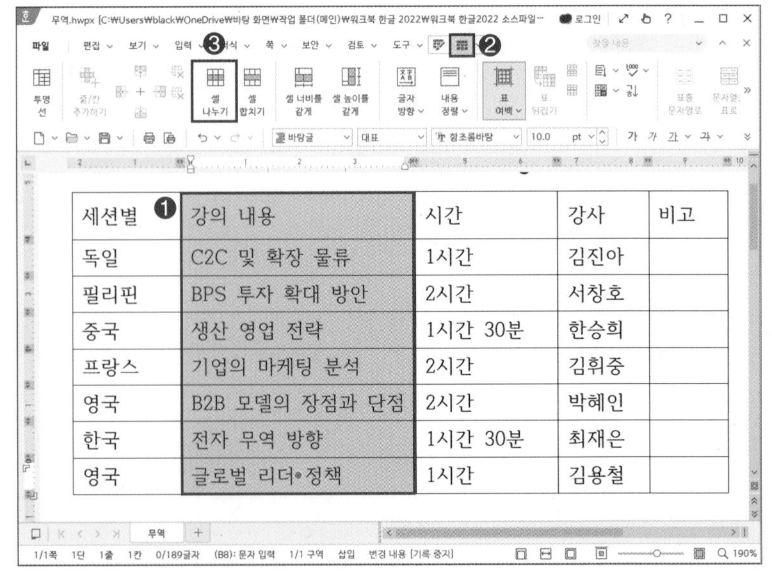

04 [셀 나누기] 대화상자가 나타나면 '칸 개수'를 선택하고 "2"를 입력한 후, [나누기] 단추를 클릭합니다.

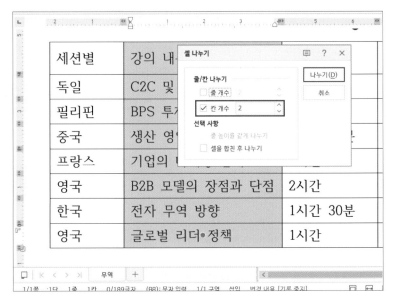

05 셀이 나누어지면 주어진 내용을 입력한 후, 표의 칸 사이 경계선을 드래그하여 해당 칸의 셀 너비를 적당히 조절합니다.

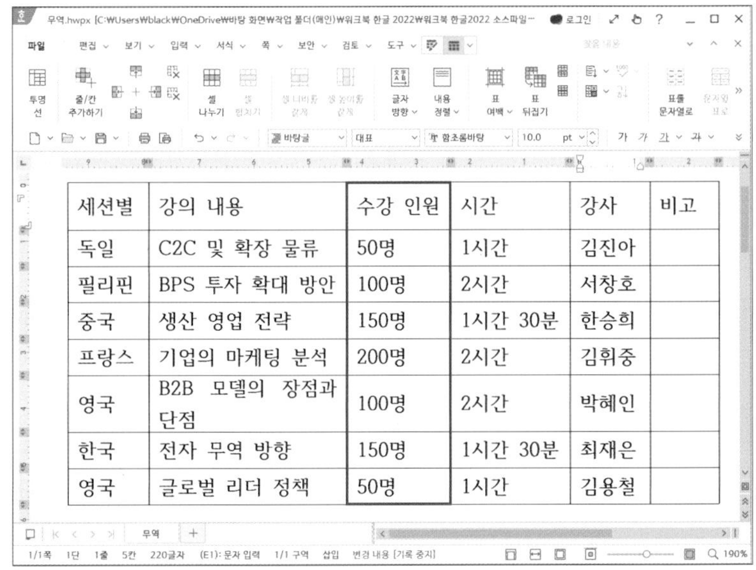

06 '강사' 열과 '비고' 열을 블록 지정한 후, [표] 탭에서 [셀 너비를 같게] 아이콘을 클릭하면 2개 열의 너비 폭이 같게 조절됩니다.

PLUS TIP

• 셀 높이를 같게 : [표] 탭에서 [셀 높이를 같게] 아이콘을 클릭하면 현재 블록으로 설정된 셀의 높이를 모두 같게 지정합니다.

07 '비고' 열을 하나로 통합해 보기로 합니다. 해당 부분을 블록 지정한 후, [표] 탭에서 [셀 합치기] 아이콘을 클릭합니다.

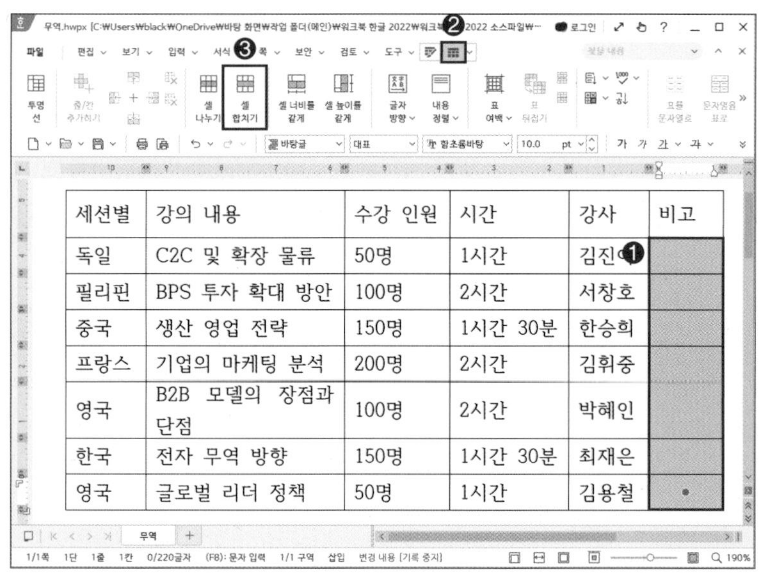

세션별	강의 내용	수강 인원	시간	강사	비고
독일	C2C 및 확장 물류	50명	1시간	김진	
필리핀	BPS 투자 확대 방안	100명	2시간	서창호	
중국	생산 영업 전략	150명	1시간 30분	한승희	
프랑스	기업의 마케팅 분석	200명	2시간	김휘중	
영국	B2B 모델의 장점과 단점	100명	2시간	박혜인	
한국	전자 무역 방향	150명	1시간 30분	최재은	
영국	글로벌 리더 정책	50명	1시간	김용철	

08 표에서 주어진 행/열 부분을 Ctrl 을 누른 상태에서 차례대로 드래그하여 동시에 블록 지정한 후, [표] 탭에서 [내용 정렬] 아이콘을 클릭하고 [셀 정렬]-[정가운데]를 선택합니다. 그러면 지정한 셀들에 표시된 내용들이 모두 가운데로 정렬됩니다.

Ctrl +드래그하여 블록 지정

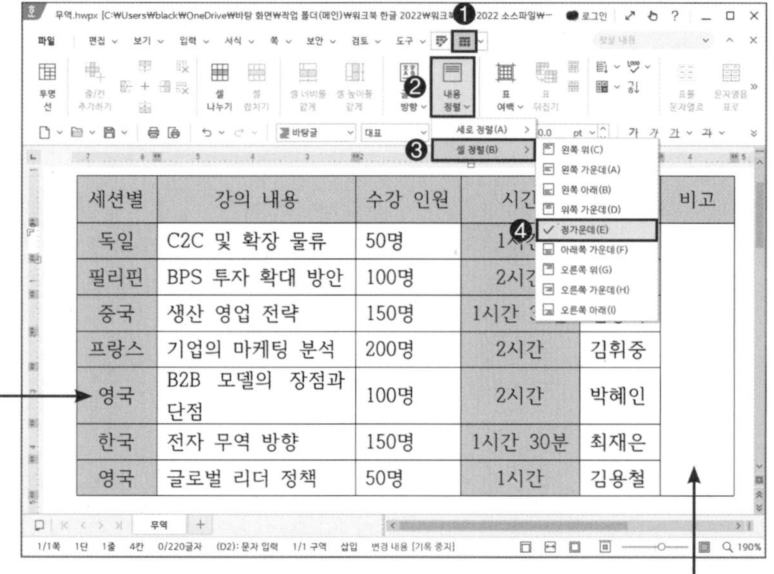

하나의 셀로 통합되었습니다.

Power Upgrade

표 편집 아이콘

❶ 위에 줄 추가하기 : 현재 선택된 셀의 위쪽에 줄을 추가합니다.

❷ 아래에 줄 추가하기 : 현재 선택된 셀의 아래쪽에 줄을 추가합니다.

❸ 왼쪽에 칸 추가하기 : 현재 선택된 셀의 왼쪽에 칸을 추가합니다.

❹ 오른쪽에 칸 추가하기 : 현재 선택된 셀의 오른쪽에 칸을 추가합니다.

❺ 칸 지우기 : 현재 선택된 셀이 포함된 칸을 모두 지웁니다.

❻ 줄 지우기 : 현재 선택된 셀이 포함된 줄을 모두 지웁니다.

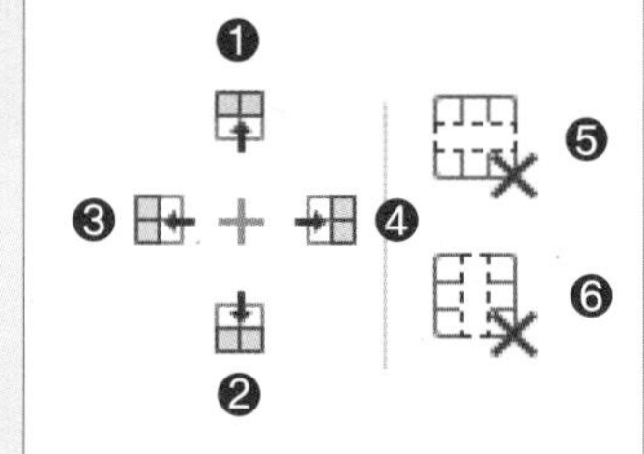

따라하기 03 표 편집 응용하기

01 이번에는 단축 메뉴 기능을 이용하여 표를 보기좋게 꾸며보기로 합니다. 표 전체를 블록 지정한 후, 마우스 오른쪽 단추를 클릭하여 나타난 단축 메뉴에서 [셀 테두리/배경]-[각 셀마다 적용]을 선택합니다.

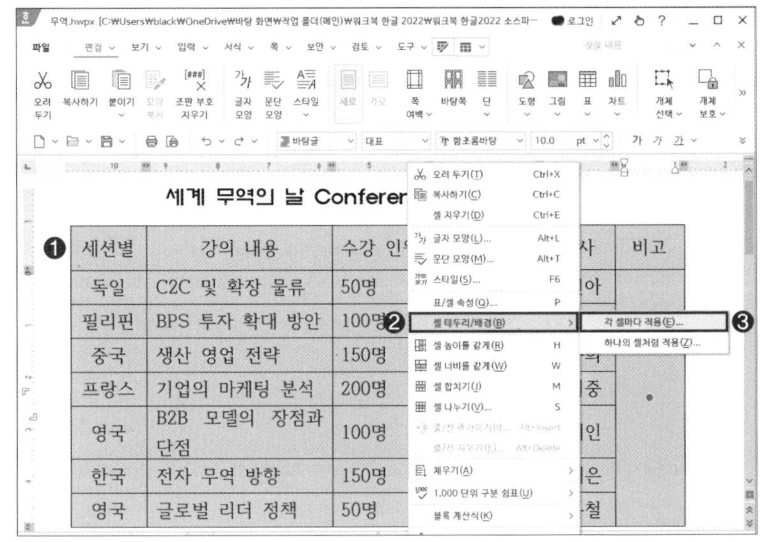

02 [셀 테두리/배경] 대화상자가 나타나면 [테두리] 탭에서 '종류'는 '선 없음'을 선택합니다.

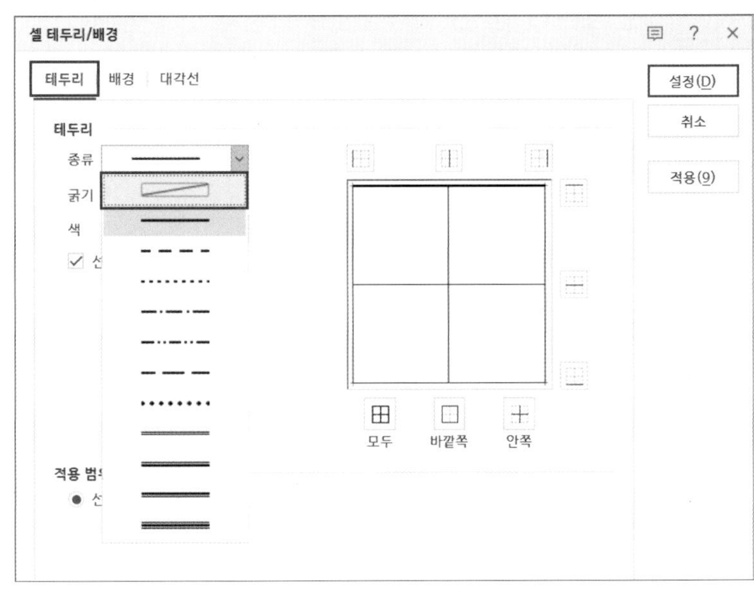

03 '왼쪽 테두리'와 '오른쪽 테두리'를 차례대로 선택하고 [설정] 단추를 클릭합니다. 그러면 표에서 좌측과 우측 실선이 보이지 않게 됩니다.

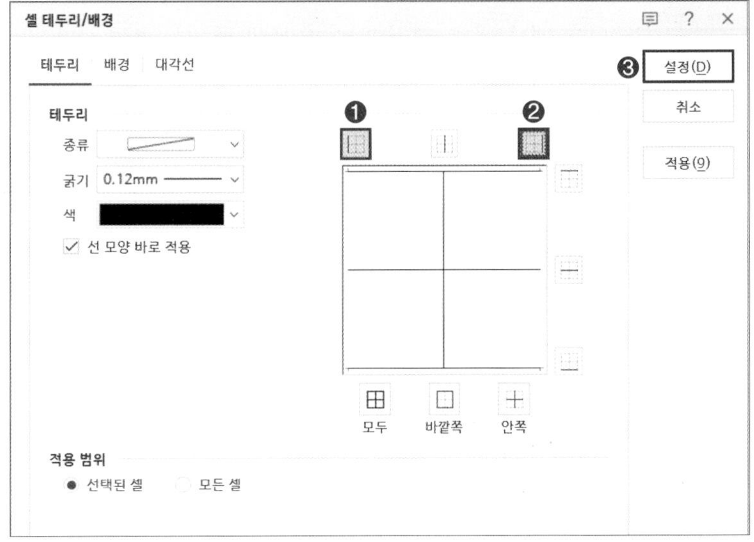

04 제목 부분을 디자인하기 위해 제목을 드래그하여 블록 지정한 후, 마우스 오른쪽 단추를 클릭하여 나타난 단축 메뉴에서 [셀 테두리/배경]-[각 셀마다 적용]을 선택합니다.

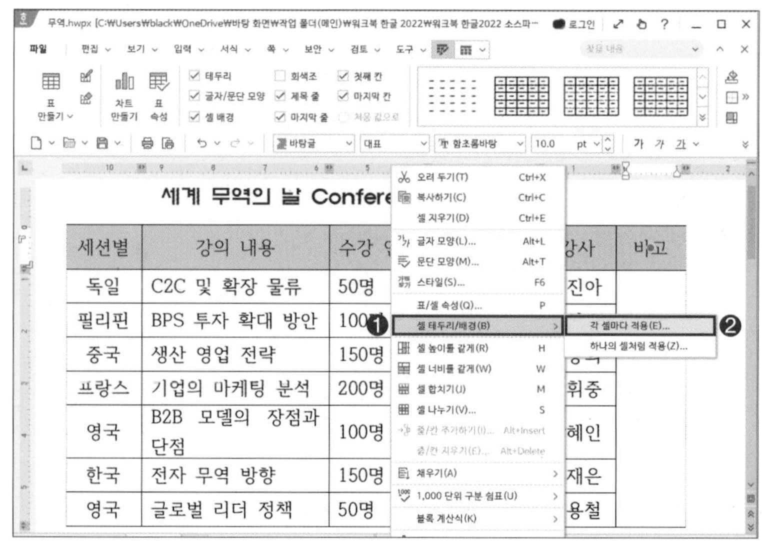

05 [셀 테두리/배경] 대화상자가 나타나면 [테두리] 탭에서 '종류'는 '이중 실선'을 선택합니다.

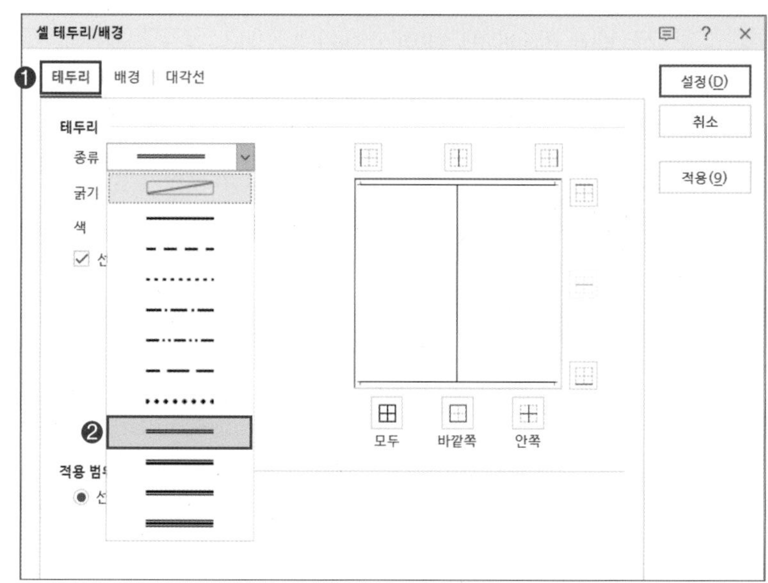

06 '위쪽 테두리'와 '아래쪽 테두리'를 각각 선택해서 이중 실선으로 지정해 줍니다.

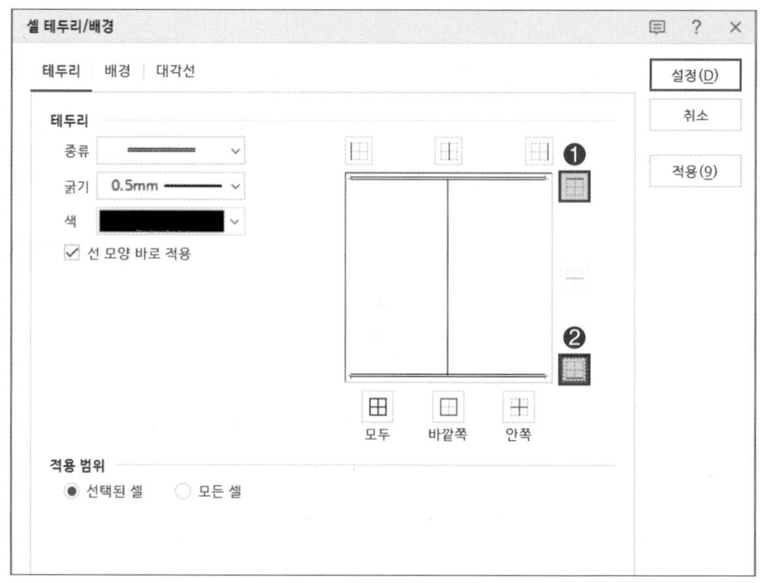

07 이어서 [배경] 탭을 선택한 다음, '면색'을 '주황'으로 지정하고 [설정] 단추를 누릅니다.

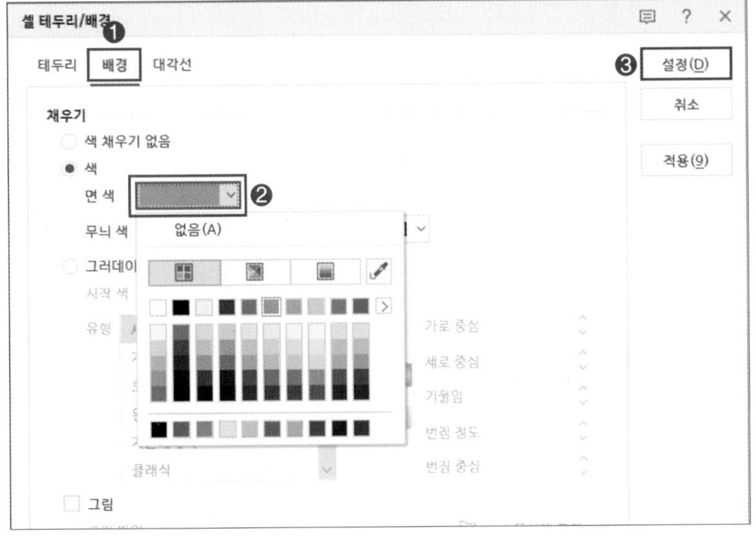

08 제목 행에 글꼴 서식을 지정하기 위하여 블록 설정한 후, 서식 도구 상자에서 글꼴은 '궁서체', 글자 크기는 '11pt', 글자 색은 '파랑'을 각각 지정합니다. 글자 크기가 커져서 두 줄로 표시된 경우, 마우스로 각 셀을 폭을 적절하게 조절합니다.

세션별	강의 내용	수강 인원	시간	강사	비고
독일	C2C 및 확장 물류	50명	1시간	김진아	
필리핀	BPS 투자 확대 방안	100명	2시간	서창호	
중국	생산 영업 전략	150명	1시간 30분	한승희	
프랑스	기업의 마케팅 분석	200명	2시간	김휘중	
영국	B2B 모델의 장점과 단점	100명	2시간	박혜인	
한국	전자 무역 방향	150명	1시간 30분	최재은	
영국	글로벌 리더 정책	50명	1시간	김용철	

09 '비고' 부분을 꾸미기로 합니다. 비고를 블록 지정한 후, [표 디자인] 탭의 [표 채우기]를 클릭하여 '노랑'을 선택합니다.

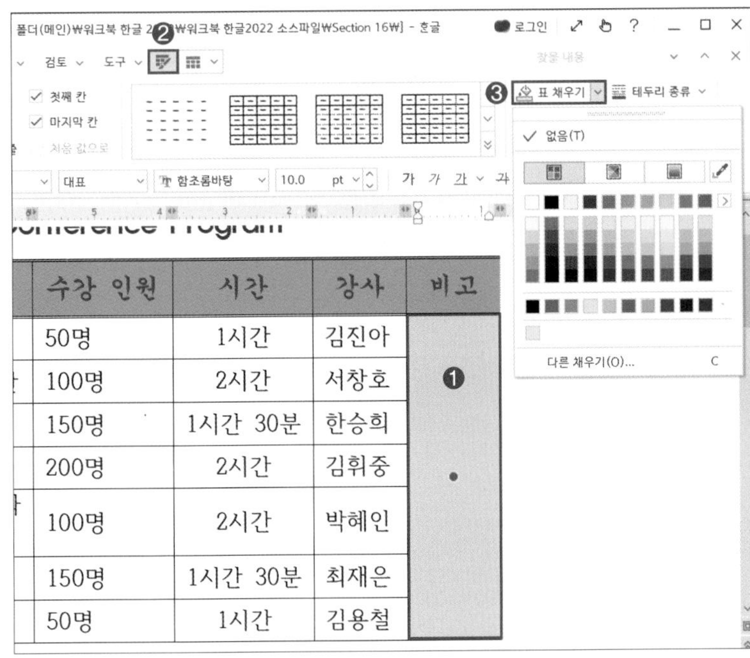

10 마우스 오른쪽 단추를 클릭하여 나타난 단축 메뉴에서 [셀 테두리/배경]-[각 셀마다 적용]을 선택합니다. [셀 테두리/배경] 대화상자가 나타나면 [대각선] 탭을 눌러 차례대로 사선을 선택한 후, [설정] 단추를 누릅니다.

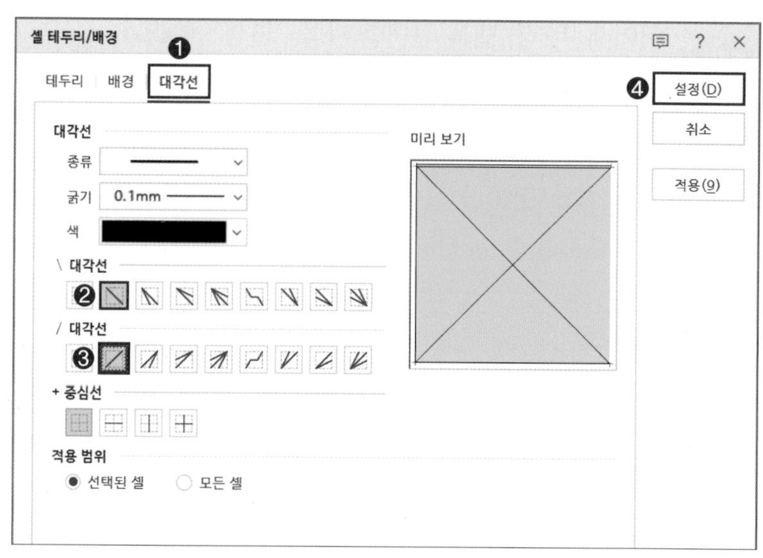

11 '비고'가 디자인되었습니다.

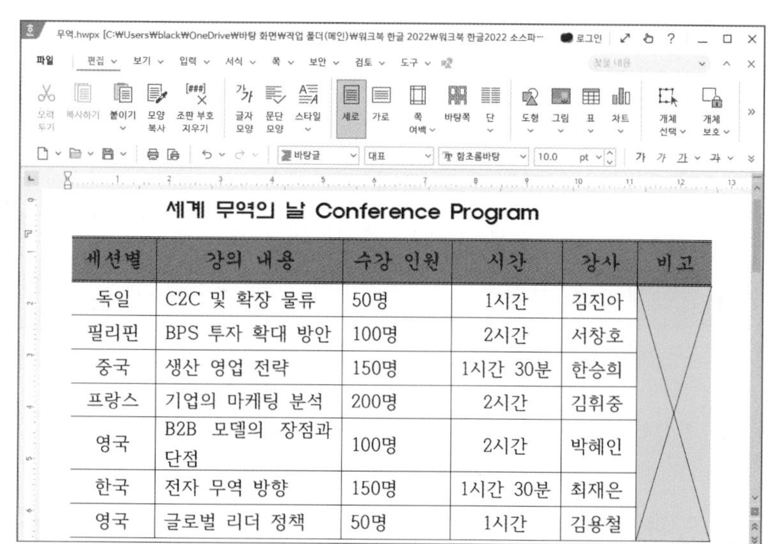

12 표에 캡션을 달아보기로 합니다. 표를 클릭하여 선택한 후, 마우스 오른쪽 단추를 눌러 나타난 단축 메뉴에서 [캡션 넣기]를 선택합니다.

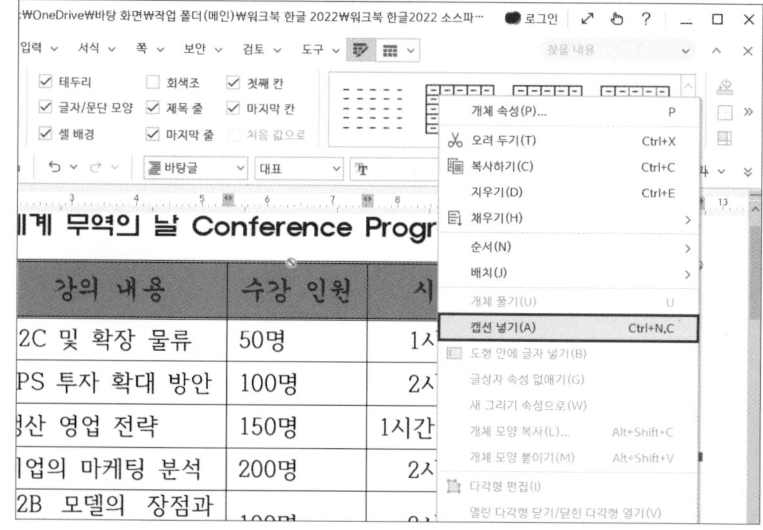

13 '표 1'이라는 캡션이 나타납니다.

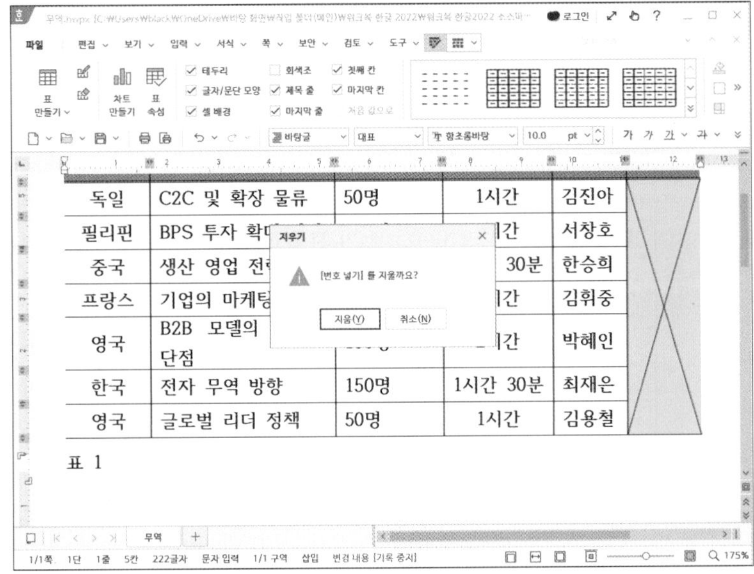

PLUS TIP

캡션 정보를 지우고 싶으면 Backspace 를 누른 후, [지우기] 대화상자가 나타나면 [지움] 단추를 클릭합니다.

14 캡션 내용을 입력한 후, 서식 도구 상자에서 글자 크기는 '9pt'와 [오른쪽 정렬] 아이콘을 클릭하여 완성합니다.

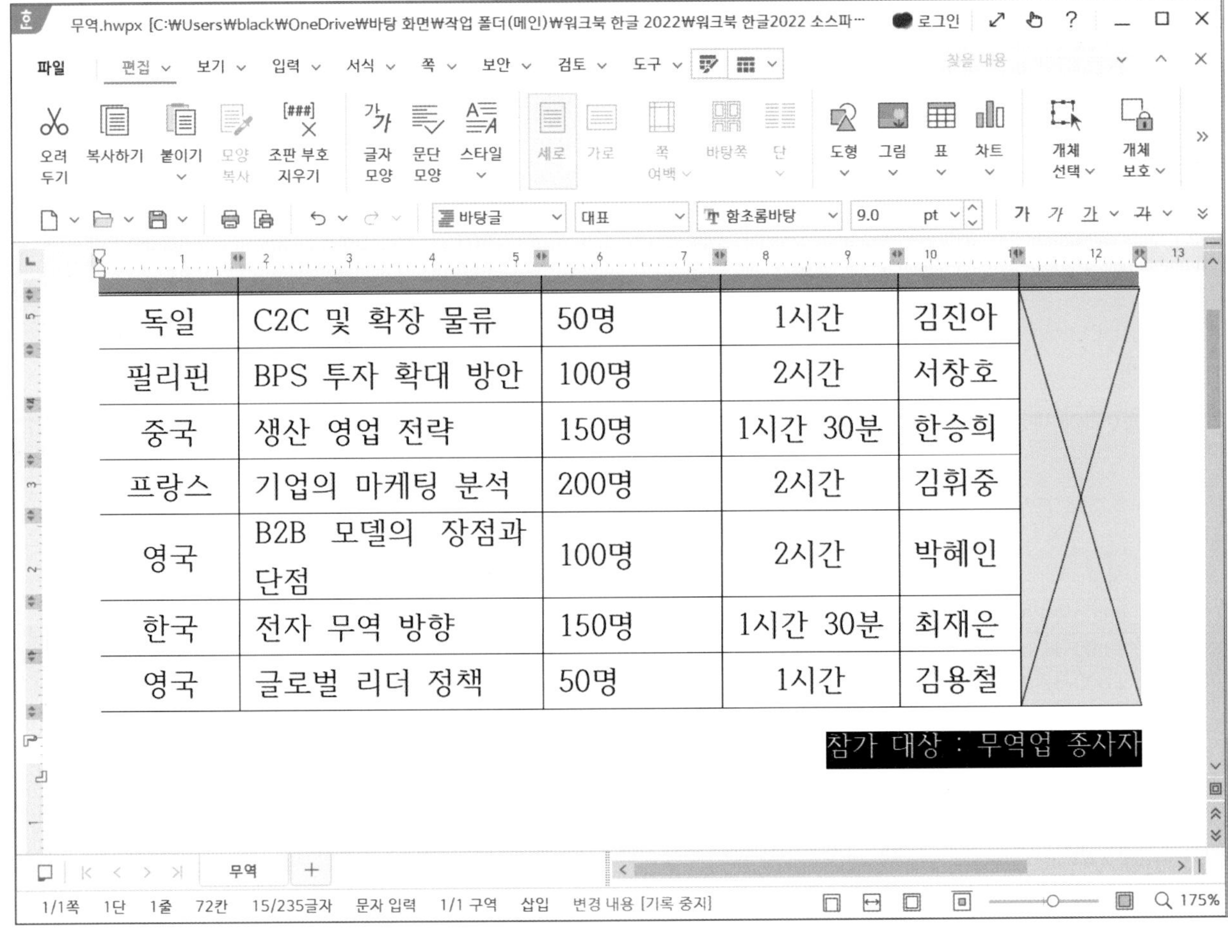

기초문제

1

다음의 표를 작성한 후, 행 높이와 열 너비를 적당히 조절해 보세요.

아시아(Asia)의 날 행사 안내

시간	나라	행사 내용	담당자	비고
09:00-10:00	필리핀	전통 무용 시연	김정훈	
10:00-11:00	말레이시아	전통 악기 및 밴드 공연	배주연	
11:00-12:00	중국	폴라로이드 사진 촬영	신성재	
13:00-14:00	한국	깜짝 바자회	문정화	
14:00-15:00	싱가폴	영상물 상영	박은수	
15:00-16:00	일본	오락 및 사진전	허수진	
16:00-17:00	인도네시아	슬라이드 쇼	조준수	

2

'행사 내용' 열을 나누어 주어진 내용을 삽입한 후, 각 칸의 셀 너비를 적당히 조절해 보세요.

아시아(Asia)의 날 행사 안내

시간	나라	행사 내용	참가 인원	담당자	비고
09:00-10:00	필리핀	전통 무용 시연	30명	김정훈	
10:00-11:00	말레이시아	전통 악기 및 밴드 공연	50명	배주연	
11:00-12:00	중국	폴라로이드 사진 촬영	10명	신성재	
13:00-14:00	한국	깜짝 바자회	70명	문정화	
14:00-15:00	싱가폴	영상물 상영	15명	박은수	
15:00-16:00	일본	오락 및 사진전	20명	허수진	
16:00-17:00	인도네시아	슬라이드 쇼	40명	조준수	

3

4행 아래에 새로운 행을 삽입한 후, 해당 행과 '비고' 열을 셀 병합해 보세요.

아시아(Asia)의 날 행사 안내

<table>
<tr><td>시간</td><td>나라</td><td>행사 내용</td><td>참가 인원</td><td>담당자</td><td>비고</td></tr>
<tr><td>09:00-10:00</td><td>필리핀</td><td>전통 무용 시연</td><td>30명</td><td>김정훈</td><td rowspan="8"></td></tr>
<tr><td>10:00-11:00</td><td>말레이시아</td><td>전통 악기 및 밴드 공연</td><td>50명</td><td>배주연</td></tr>
<tr><td>11:00-12:00</td><td>중국</td><td>폴라로이드 사진 촬영</td><td>10명</td><td>신성재</td></tr>
<tr><td colspan="5">점심 식사 및 오후 행사 준비</td></tr>
<tr><td>13:00-14:00</td><td>한국</td><td>깜짝 바자회</td><td>70명</td><td>문정화</td></tr>
<tr><td>14:00-15:00</td><td>싱가폴</td><td>영상물 상영</td><td>15명</td><td>박은수</td></tr>
<tr><td>15:00-16:00</td><td>일본</td><td>오락 및 사진전</td><td>20명</td><td>허수진</td></tr>
<tr><td>16:00-17:00</td><td>인도네시아</td><td>슬라이드 쇼</td><td>40명</td><td>조준수</td></tr>
</table>

• 완성파일 : 아시아_완성.hwpx

1) 다음의 표를 작성한 후, 좌측과 우측의 테두리선을 없애고 '비고'는 하나의 셀로 합쳐 '기록부.hwpx'로 저장해 보세요.

회원 기록부 입력 사항

성명	성별	나이	소속	E-mail	비고
이준석	남자	35세	한국자산관리공사	lee123@kamco.go.kr	
염수혜	여자	27세	미래텔레콤	love80@tel.co.kr	
신기혁	남자	40세	우수대학교	shingi@naver.com	
정경화	여자	33세	위즈디자인스쿨	wiz45@hanmail.net	
임명기	남자	45세	제일유학원	lmg@nate.com	
신영아	여자	38세	최고정보처리학원	young77@gmail.com	
강현석	남자	30세	비전아이티 기획사	vision@hanmail.com	
서혜인	여자	25세	소프트웨어정책연구소	viagold@naver.com	

2) '기록부.hwpx' 파일에 대해 다음과 같은 조건으로 편집해 보세요.

- 제목 행과 비고 열에 임의의 배경색을 지정하고, 해당 행/열은 가운데 정렬
- 표의 맨 위와 아래쪽은 이중 실선
- 표 아래쪽에 주어진 캡션(9pt)을 삽입하고 오른쪽 정렬

회원 기록부 입력 사항

성명	성별	나이	소속	E-mail	비고
이준석	남자	35세	한국자산관리공사	lee123@kamco.go.kr	
염수혜	여자	27세	미래텔레콤	love80@tel.co.kr	
신기혁	남자	40세	우수대학교	shingi@naver.com	
정경화	여자	33세	위즈디자인스쿨	wiz45@hanmail.net	
임명기	남자	45세	제일유학원	lmg@nate.com	
신영아	여자	38세	최고정보처리학원	young77@gmail.com	
강현석	남자	30세	비전아이티 기획사	vision@hanmail.com	
서혜인	여자	25세	소프트웨어정책연구소	viagold@naver.com	

<게시판의 [회원 자료]를 클릭한 후 해당 자료를 입력>

- 완성파일 : 기록부_완성.hwpx

3) '안내서.hwpx' 파일을 불러와 맨 마지막에 줄을 추가하여 다음과 같이 표를 수정해 보세요. 표의 테두리와 셀 배경색도 설정해 보세요.

탄소중립 생활 실천 안내서

에너지

단계	실천 수칙	감축원단위 (연간)	10% 참여 효과 (연간)
1	난방온도 2℃낮추고 냉방온도 2℃ 높이기	166.8kg/가구	348,462t
2	전기밥솥 보온기능 사용 줄이기	141.9kg/가구	296,443t
3	냉장고 적정용량 유지하기	40.0kg/대	137,337t
4	비데 절전기능 사용하기	25.4kg/대	9,293t
5	물은 받아서 사용하기	19.5kg/가구	40,797t
6	세탁기 사용횟수 줄이기	4.9kg/대	37,976t
7	창틀과 문틈 바람막이 설치하기	138.3kg/가구	288,923t

- 완성파일 : 안내서_완성.hwpx

Section

17 표 계산 및 차트 작성과 편집하기

차트는 주어진 표 데이터를 막대, 선, 타원 등을 이용하여 시각적으로 표현하는 기능입니다. 여기에서는 원하는 차트를 작성한 후, 다양하게 편집하고 응용하는 방법에 대해서 학습해 봅니다.

Preview

분기별 악성 코드 통계 현황

[단위 : 건]

종류	1사분기	2사분기	3사분기	4사분기	평균	비고
랜섬웨어	275	300	347	460	345.5	
정보탈취	85	130	156	342	178.3	
원격제어	224	78	210	296	202.0	
트로이목마	60	95	75	187	104.3	
웜바이러스	100	200	114	96	127.5	
합계	744	803	902	1,381		

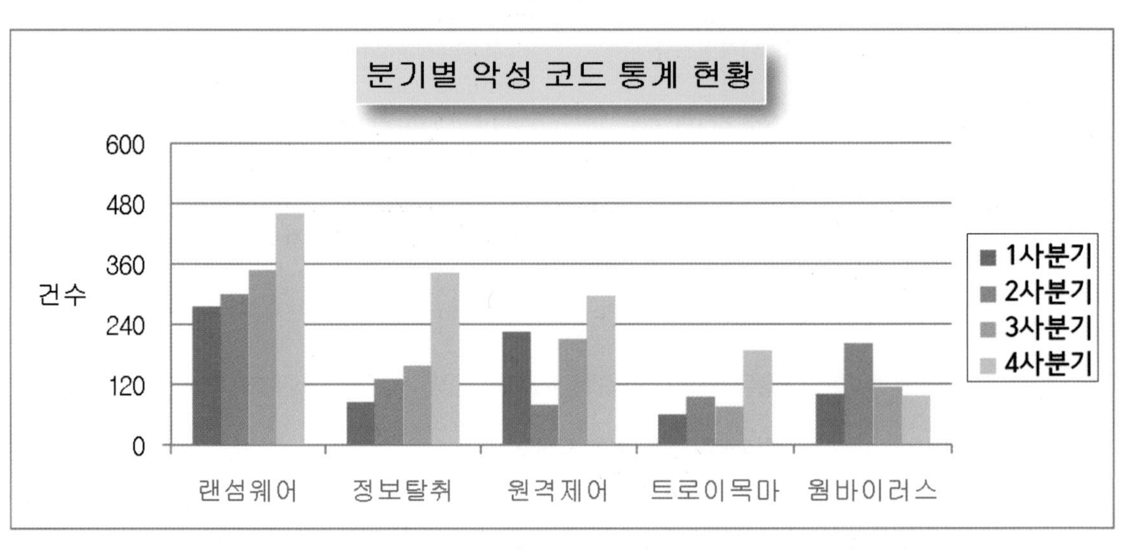

▲ 완성파일 : 악성코드_완성.hwpx

학습 내용

– 차트 작성 전에 표의 수치 데이터를 블록 지정하여 계산하는 방법에 대해 알아봅니다.
– 차트 마법사를 이용하여 단계별로 차트를 작성하는 방법에 대해 알아봅니다.
– 작성된 차트를 다양하게 편집하고, 응용하는 방법에 대해 알아봅니다.

따라하기 01 표 수치 계산하기

01 화면에서 주어진 표를 작성하고, '악성코드.hwpx'로 저장합니다(단, 표의 색상은 임의로 지정). 이어서 합계와 평균을 구하기로 합니다.

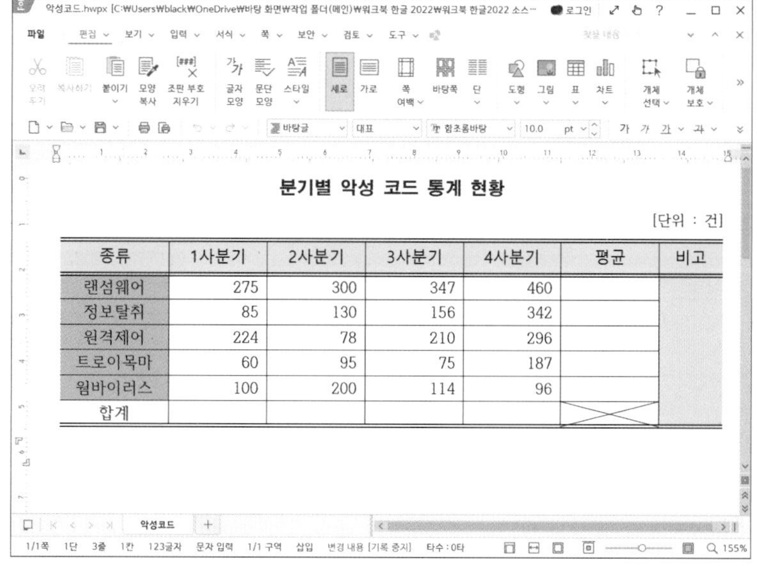

02 분기별 합계를 구하기 위하여 해당 부분을 블록 지정한 후, [표]–[블록 계산식]–[블록 합계]를 선택합니다.

PLUS TIP

- **천 단위 구분 쉼표** : [표]–[1,000 단위 구분 쉼표]를 클릭하면 숫자의 1,000 단위마다 자릿점(,)을 넣어줍니다.

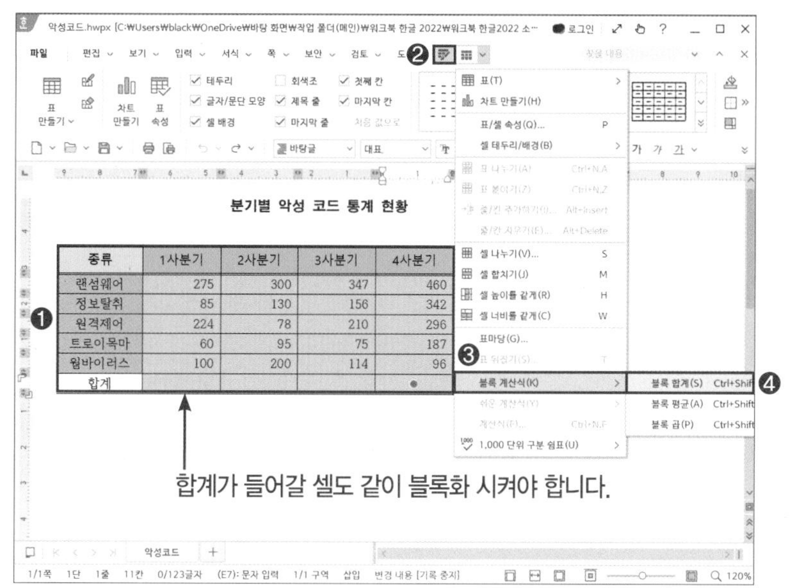

03 이번에는 종류별 평균을 구하기 위하여 해당 부분을 블록 지정한 후, [표]–[블록 계산식]–[블록 평균]을 선택합니다. 이때도 마찬가지로 평균을 구할 셀까지 블록화 해야 합니다.

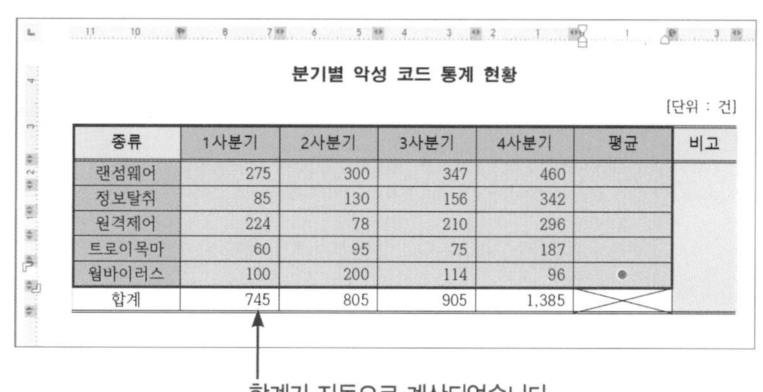

합계가 자동으로 계산되었습니다.

04 평균이 자동으로 계산되어 표시되었습니다. 그런데 평균이 소수 이하 2자리까지 표현되어 있으므로 한 자리로 지정하고자 합니다. 첫 번째 평균에서 마우스 오른쪽 버튼을 클릭하고 [계산식 고치기]를 선택합니다.

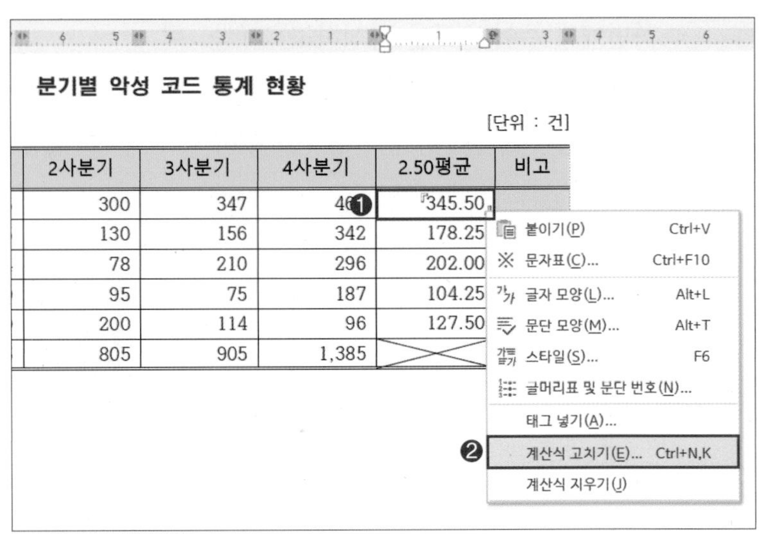

05 [계산식] 대화상자가 나타나면 형식의 목록 단추를 클릭하여 '소수점 이하 한 자리'를 선택한 후, [확인] 단추를 클릭합니다.

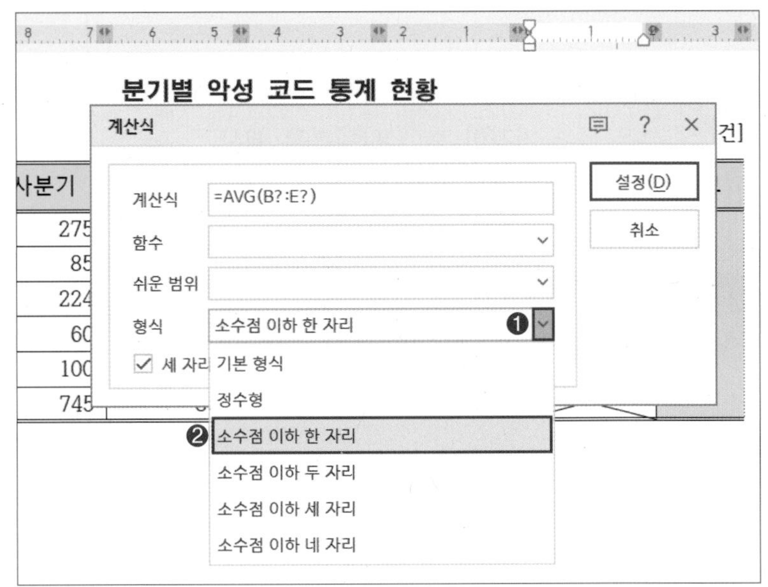

06 동일한 방법으로 나머지 평균의 소수점 자릿수를 한 자리로 각각 지정하여 완성합니다.

분기별 악성 코드 통계 현황

[단위 : 건]

종류	1사분기	2사분기	3사분기	4사분기	2.50평균	비고
랜섬웨어	275	300	347	460	345.5	
정보탈취	85	130	156	342	178.3	
원격제어	224	78	210	296	202.0	
트로이목마	60	95	75	187	104.3	
웜바이러스	100	200	114	96	127.5	
합계	745	805	905	1,385		

소수 이하 둘째 자리에서 반올림되면서 한 자리로 수정되었습니다.

따라하기 02 차트 작성하기

01 표 다음 줄에 커서를 위치시킨 다음, 표에서 차트로 작성할 내용을 블록 지정하고 [입력]-[차트]-[묶은 세로막대형]을 선택합니다.

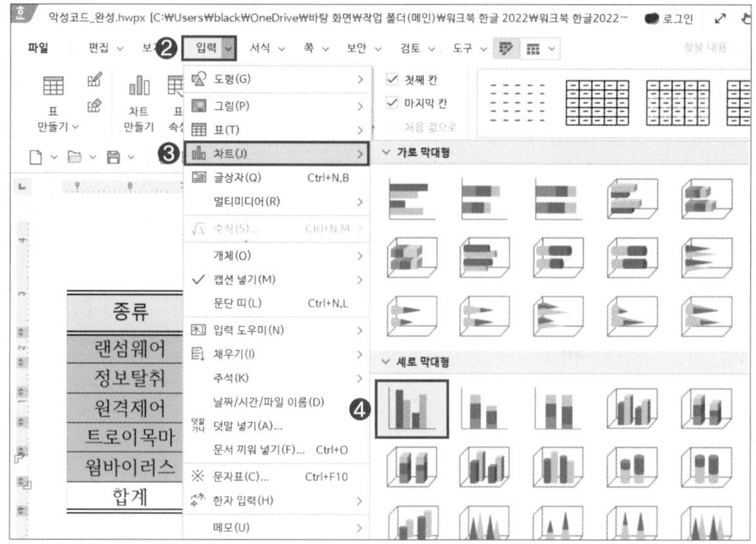

02 [차트 데이터 편집] 대화상자가 나타나면 [닫기]를 클릭하여 창을 닫습니다.

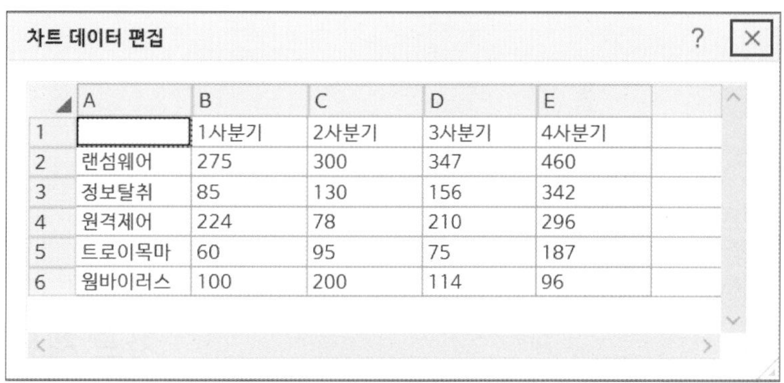

03 다음과 같이 묶은 세로 막대형 차트가 표 위에 삽입됩니다. 차트의 위치를 변경하기 위해 차트가 선택된 상태에서 마우스 오른쪽 단추를 클릭하여 [배치]-[글자처럼 취급]을 선택합니다.

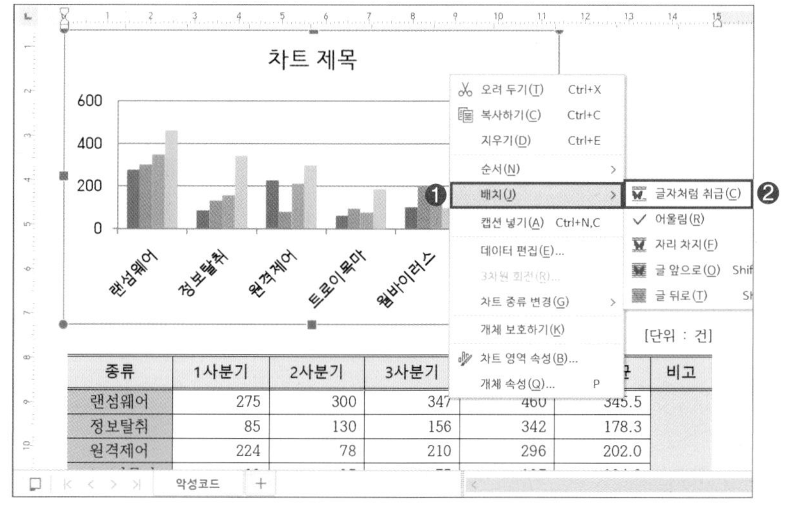

04 차트가 표 아래로 이동하면 크기 조절 핸들을 이용하여 크기를 조절하여 보기좋게 만듭니다.

분기별 악성 코드 통계 현황

[단위 : 건]

종류	1사분기	2사분기	3사분기	4사분기	2.50평균	비고
랜섬웨어	275	300	347	460	345.5	
정보탈취	85	130	156	342	178.3	
원격제어	224	78	210	296	202.0	
트로이목마	60	95	75	187	104.3	
웜바이러스	100	200	114	96	127.5	
합계	745	805	905	1,385		

차트 제목

Power Upgrade

차트 구성 요소

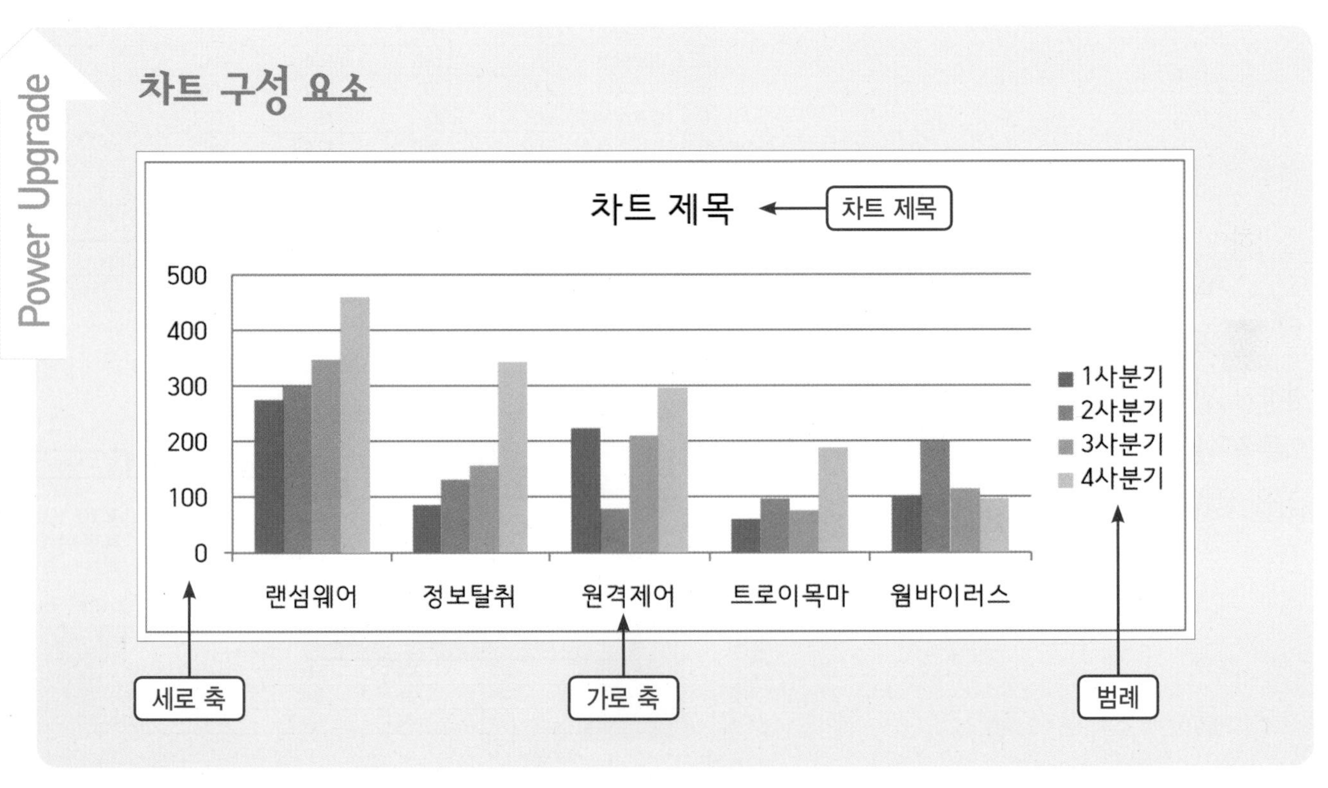

따라하기 03 차트 서식 설정하기

01 앞에서 만든 차트를 보기좋게 꾸며 보겠습니다. 차트 제목 내용을 변경하기 위해 차트 제목 영역을 선택한 다음, 마우스 오른쪽 단추를 클릭하여 나타난 단축 메뉴에서 [제목 편집]을 클릭합니다.

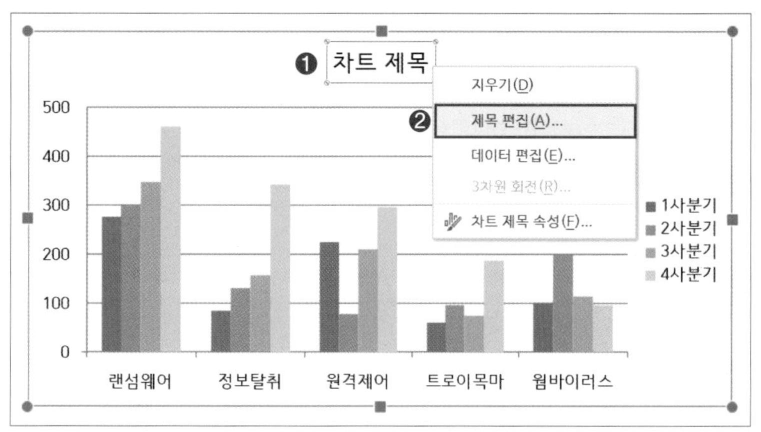

02 [차트 글자 모양] 대화상자가 나타나면 차트 제목을 입력하고 한글 글꼴은 '굴림체', 속성은 (진하게), 크기는 '12pt'로 지정하고 [설정]을 클릭합니다.

03 차트 제목이 변경되면 면색을 설정하기 위해 [차트 서식]-[도형 채우기]를 클릭하여 '노랑'을 선택합니다.

Plus Tip

반드시 '차트 제목'이 선택된 상태여야 합니다.

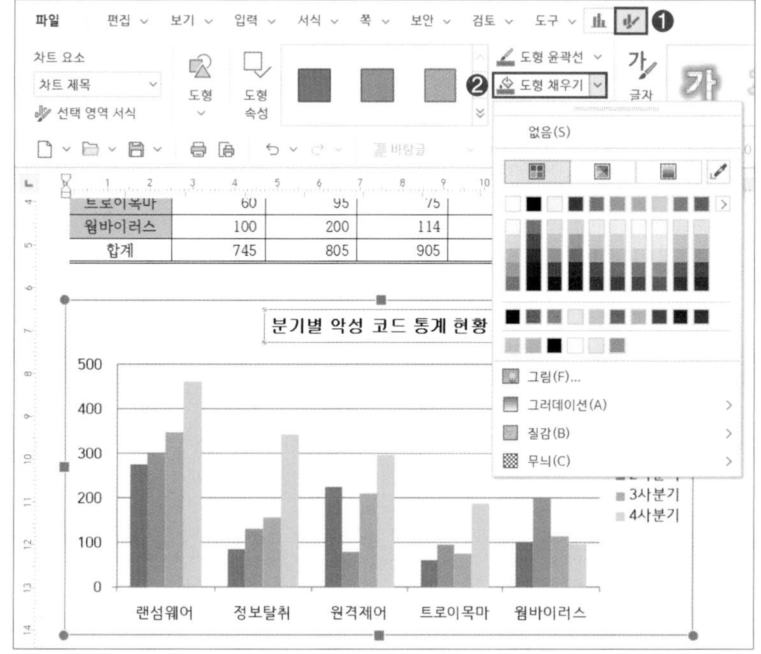

04 노랑색으로 변경되면 차트 제목의 테두리를 없애기 위해 [차트 서식]-[도형 윤곽선]을 클릭하여 '흰색'을 선택합니다.

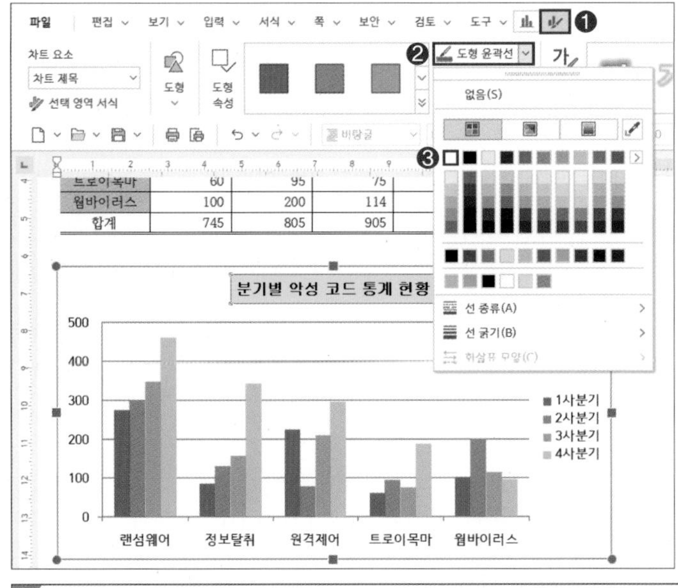

05 차트 제목이 선택된 상태에서 [차트 서식]-[도형 효과]-[그림자]를 클릭한 다음, '대각선 오른쪽 아래'를 선택하여 제목에 그림자 효과를 입힙니다.

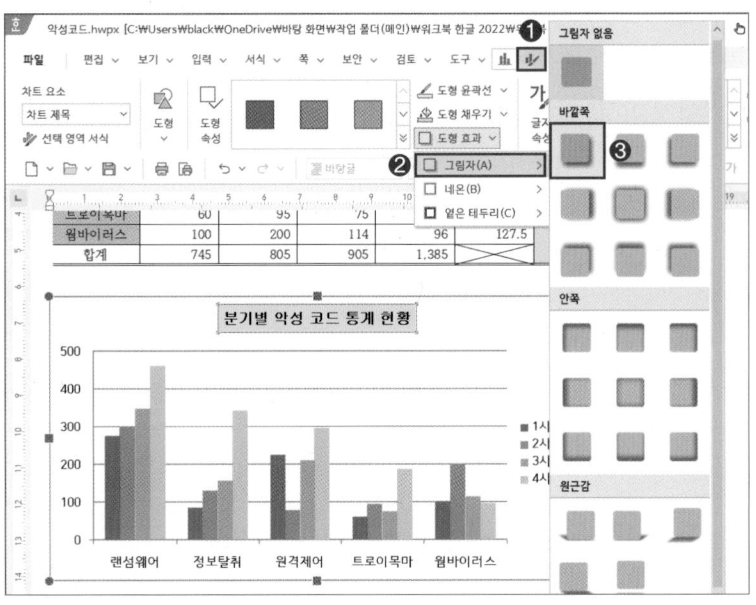

06 세로 축에 제목을 삽입하기로 합니다. 세로 축을 클릭하여 선택한 상태에서 [차트 디자인]-[차트 구성 추가]-[축 제목]-[기본 세로]를 클릭합니다.

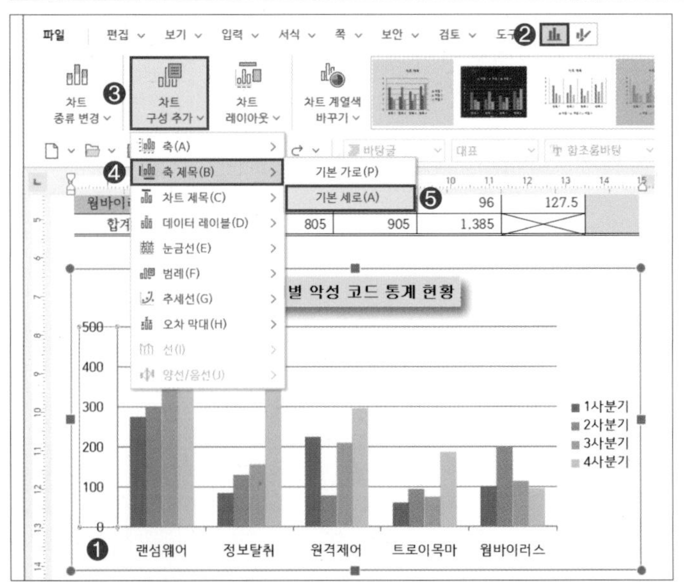

07 세로 축 제목이 삽입되면 세로 축 제목을 클릭하여 선택한 다음, 마우스 오른쪽 단추를 클릭하여 나타난 단축 메뉴에서 [제목 편집]을 클릭합니다.

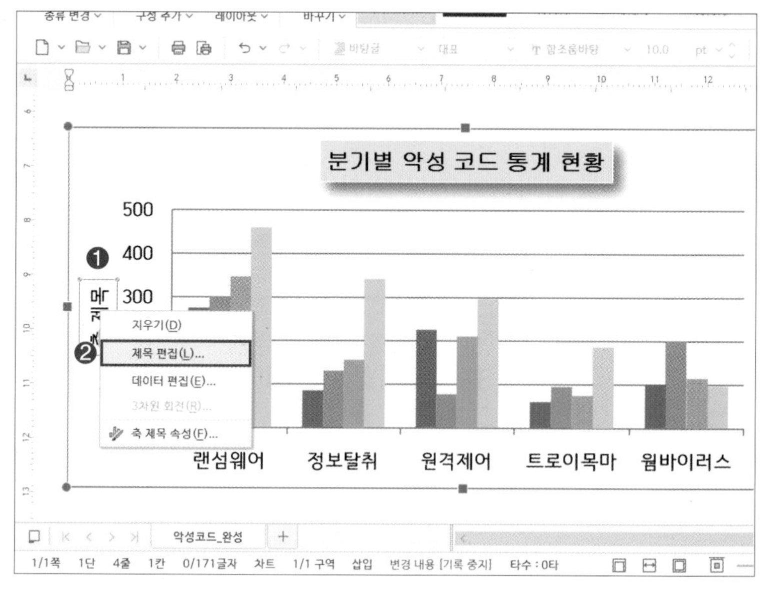

08 [차트 글자 모양] 대화상자가 타나나면 '글자 내용'에 "건수"를 입력하고, 한글 글꼴은 '굴림체', '속성'은 '진하게'의 크기는 '10pt'로 지정하고 [설정]을 클릭합니다.

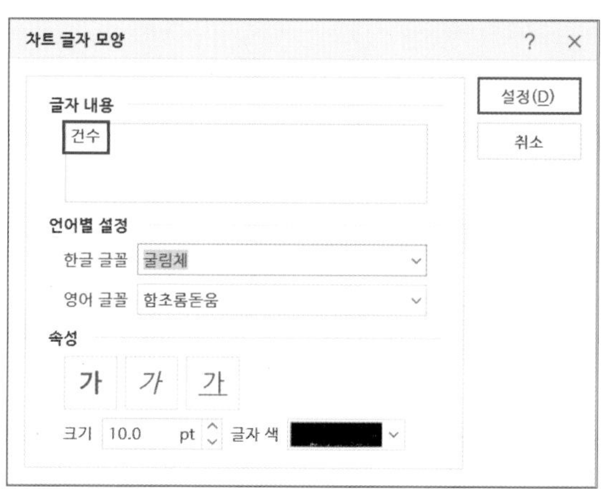

09 세로 축 제목 내용이 세로로 들어간 것이 보기싫어 가로로 변경하기로 합니다. 세로 축을 클릭하여 선택한 상태에서 [차트 서식]-[선택 영역 서식]을 클릭합니다.

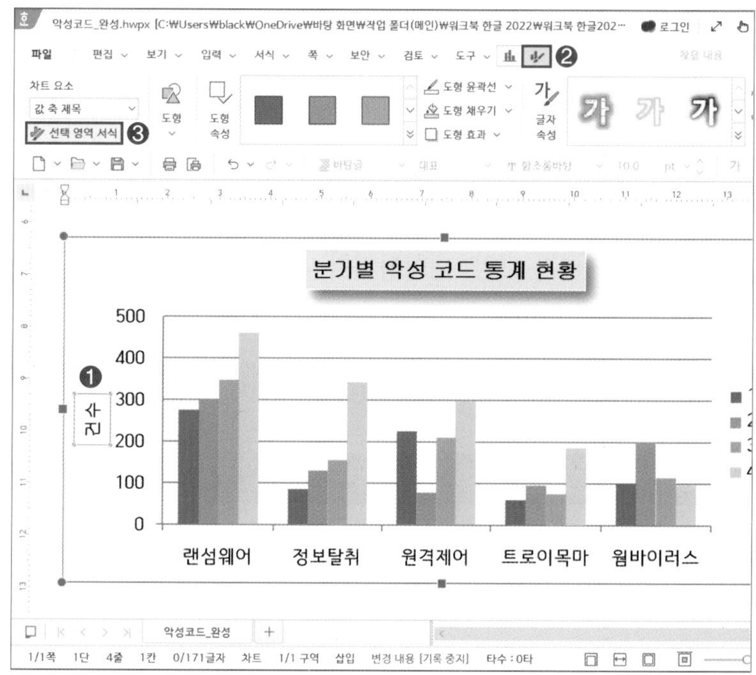

10 오른쪽에 [개체 속성] 작업 창이 나타나면 [크기 및 속성] 을 클릭한 다음, [글상자]를 선택합니다. 이어서 '글자 방향'의 펼침 단추 ∨ 를 클릭하여 '가로'를 클릭합니다.

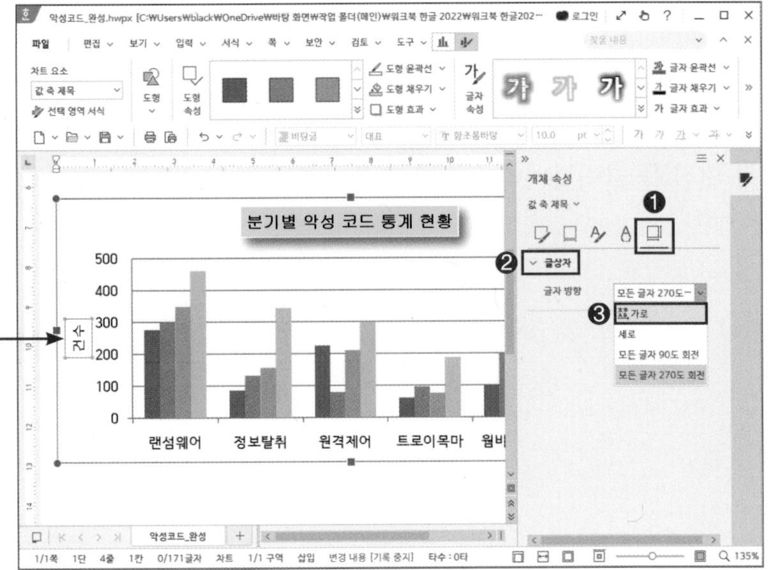

세로 축을 더블클릭해도 [개체 속성] 창이 나타납니다.

11 세로 축의 숫자 글자체를 변경하려면 경계 값에서 마우스 오른쪽 단추를 클릭하여 나타난 단축 메뉴에서 [글자 모양 편집]을 클릭합니다.

가로로 변경됩니다.

12 [차트 글자 모양] 대화상자가 나타나면 영어 글꼴의 목록 단추를 클릭하여 '굴림체'를 선택하고 [설정]을 클릭합니다.

PlusTip
숫자 글꼴을 변경하려면 영문 글꼴을 지정해야 됩니다.

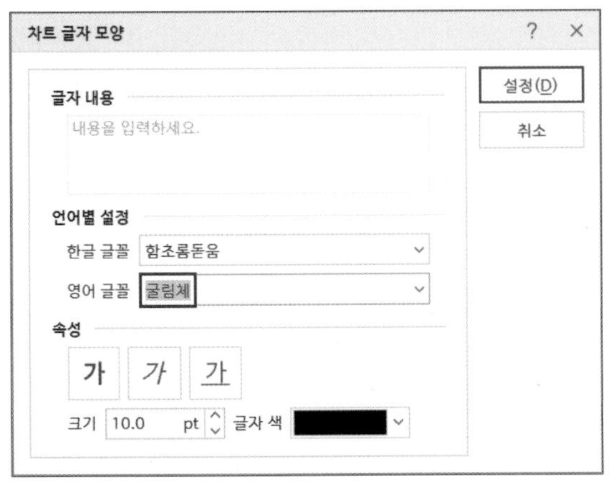

13 세로 축의 경계 값이 500까지인데 120 단위로 하여 600까지 변경하기로 합니다. 세로 축을 선택한 다음, [개체 속성] 작업 창의 [축 속성] 에서 최솟값은 "0", 최댓값은 "600", 주 값은 "120"으로 설정합니다. 수정이 완료되었으면 [작업 창 닫기] × 를 눌러 창을 닫습니다.

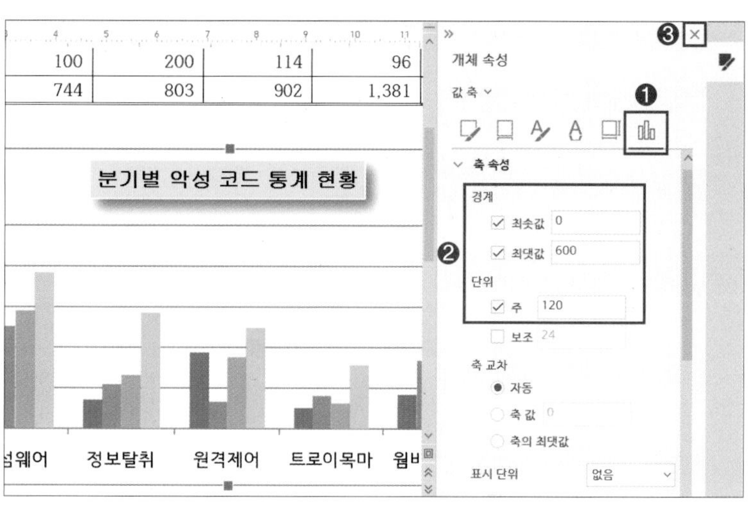

Plus Tip

축 속성에서 최솟값, 최댓값, 주 단위를 설정하지 않으면 차트 크기에 따라 세로 축의 경계 값이 바뀝니다.

14 가로 축의 글꼴을 변경하려면 가로 축 영역을 클릭하여 선택한 다음, 마우스 오른쪽 단추를 클릭하여 나타난 단축 메뉴에서 [글자 모양 편집]을 클릭합니다.

단위가 120 범위로 변경되었습니다.

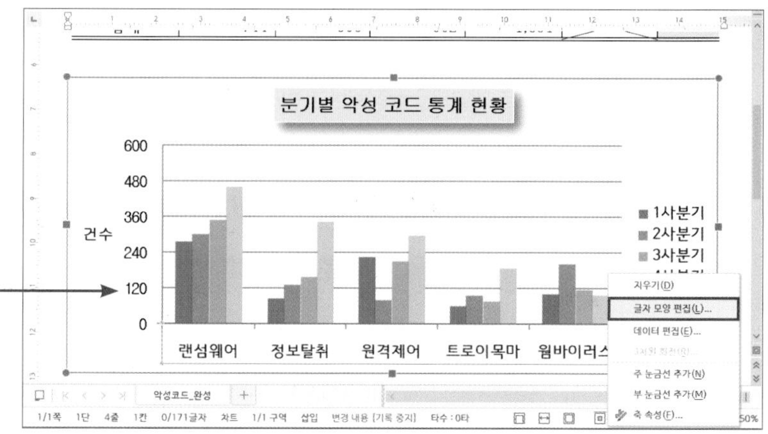

15 [차트 글자 모양] 대화상자가 나타나면 한글 글꼴은 '굴림체', '속성'의 크기는 '10pt', 글자색은 '빨강'으로 지정한 후 [설정]을 클릭하여 완성합니다.

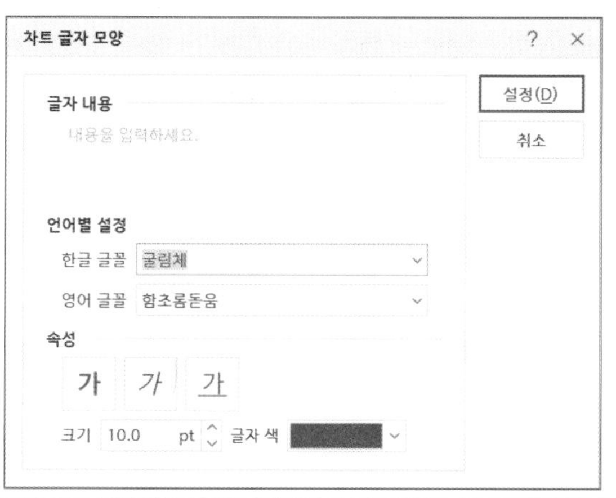

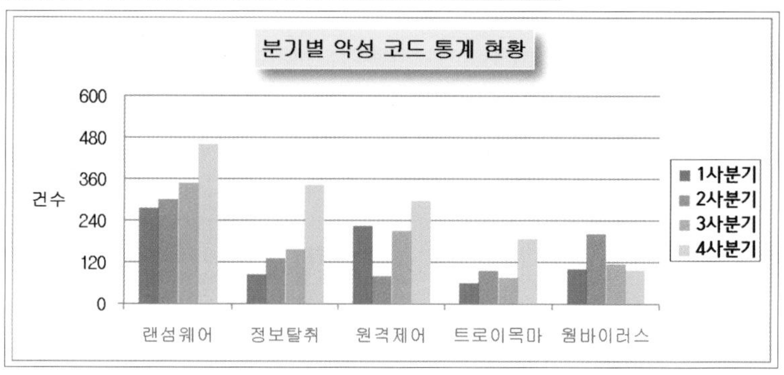

기초문제

1

다음과 같이 표를 작성한 후, 묶은 가로 막대형 차트를 삽입해 보세요.

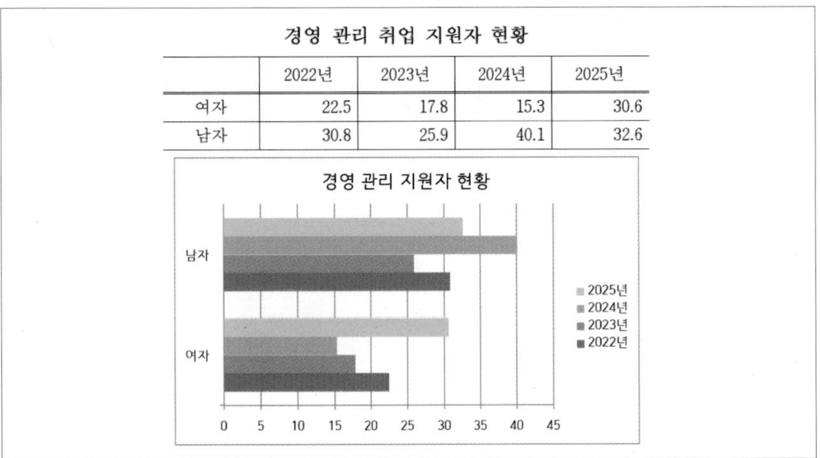

경영 관리 취업 지원자 현황

	2022년	2023년	2024년	2025년
여자	22.5	17.8	15.3	30.6
남자	30.8	25.9	40.1	32.6

2

차트의 배경색과 차트 계열색을 설정해보고, 범례는 아래쪽에 표시하고 데이터 레이블을 표시해 보세요.

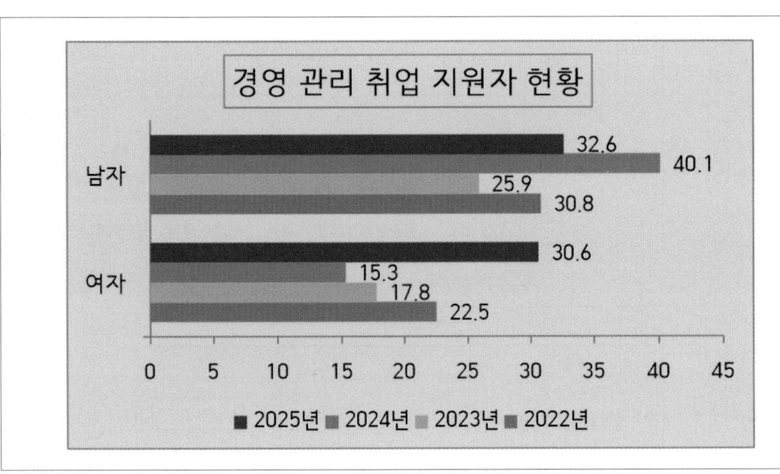

• 완성파일 : 자원현황_완성.hwpx

힌트
- [차트 구성 추가] – [데이터 레이블] – [표시]를 클릭하여 데이터 레이블을 차트에 표시합니다.
- [범례]를 선택한 후, 오른쪽 단추를 눌러 나타난 단축 메뉴에서 [범례 속성]을 클릭하여 '아래쪽'을 선택합니다.

3

다음과 같이 표를 작성하여 묶은 세로 막대형 차트를 만든 다음, 차트 제목은 원하는 글꼴과 색으로 변경해 보세요.

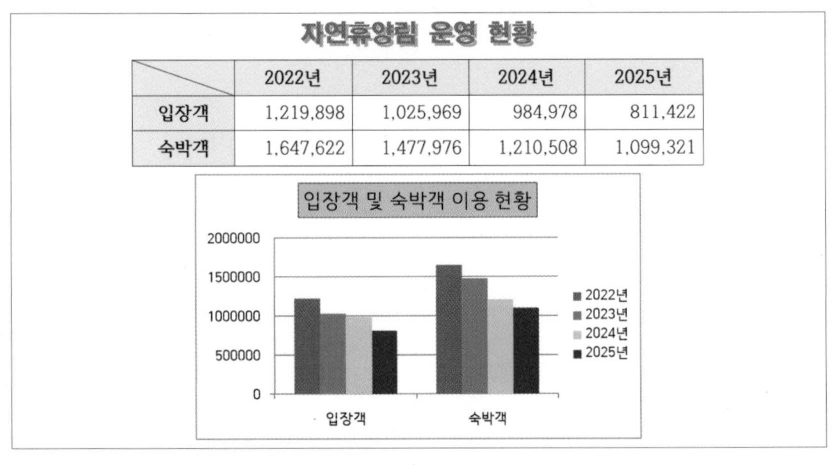

자연휴양림 운영 현황

	2022년	2023년	2024년	2025년
입장객	1,219,898	1,025,969	984,978	811,422
숙박객	1,647,622	1,477,976	1,210,508	1,099,321

• 완성파일 : 운영현황_완성.hwpx

심화문제

1) 다음의 표를 작성한 후, 가로 막대형 차트를 삽입해 보세요.

- 조건 : 차트 제목은 원하는 글꼴과 색으로 디자인
  범례는 위쪽으로 배치

연도별 1일 수송 현황

연도별 일평균 수송 현황(단위 : 천 명)

구분	2021년	2022년	2023	2024년	2025년
승하차	2,300	3,100	3,400	3,600	3,500
승 차	1,100	1,600	1,700	1,800	1,700
하 차	1,100	1,500	1,600	1,800	1,700
평 균	1,500.00	2,066.67	2,233.33	2,400.00	

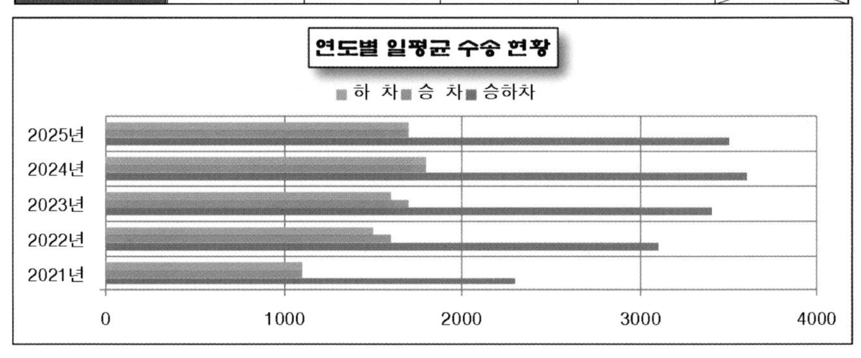

• 완성파일 : 수송현황_완성.hwpx

2) 다음의 표를 작성한 후, 꺾은선형 차트를 삽입해 보세요.

- 조건 : 차트 제목은 원하는 글꼴과 색으로 디자인
  세로 축 경계 값은 0~70으로 하되, 10 단위로 설정

연령대별 평생 학습 장애 요인

요인	20대	30대	40대	50대	평균	비고
시간문제	55.2	56.3	58.9	43.8	53.55	
동기부족	8.5	10.2	12.4	17.6	12.18	
학습비용	13.9	13.4	11.2	12.7	12.80	
기타문제	22.5	20.1	17.7	26.4	21.68	
합계	100.1	100	100.2	100.5	100.21	

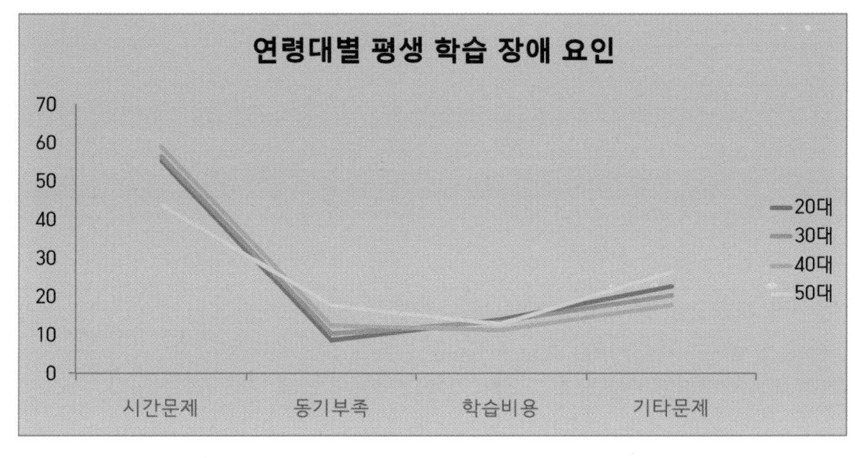

• 완성파일 : 평생학습_완성.hwpx

Section

18 그리기 개체 삽입과 편집하기

그리기 개체는 도형 등을 이용하여 문서 내용을 보다 시각적으로 표현할 수 있는 기능입니다. 여기에서는 여러 가지 도형을 삽입하고, 다양하게 편집하는 방법에 대해서 학습해 봅니다.

Preview

▲ 완성파일 : 제주도_완성.hwpx

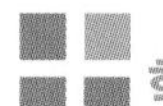

학습 내용

- 그리기 개체 중 원하는 도형을 삽입한 후, 크기를 지정하고 복사하는 방법에 대해 알아봅니다.
- 도형에 채우기 색, 선 색, 선 종류, 선 굵기, 그림자 모양 등을 지정하는 방법에 대해 알아봅니다.
- 문서에 다양한 도형을 삽입하여 내용과 어울릴 수 있도록 그리기 개체의 응용 방법에 대해 알아봅니다.

따라하기 01 그리기 개체 삽입하기

01 F7 을 눌러 나타난 [편집 용지] 대화상자에서 용지 방향을 '가로'로 지정하고 위쪽, 아래쪽, 왼쪽, 오른쪽은 각각 '20mm', 머리말과 꼬리말은 '0mm'로 지정하고 [설정]을 클릭합니다.

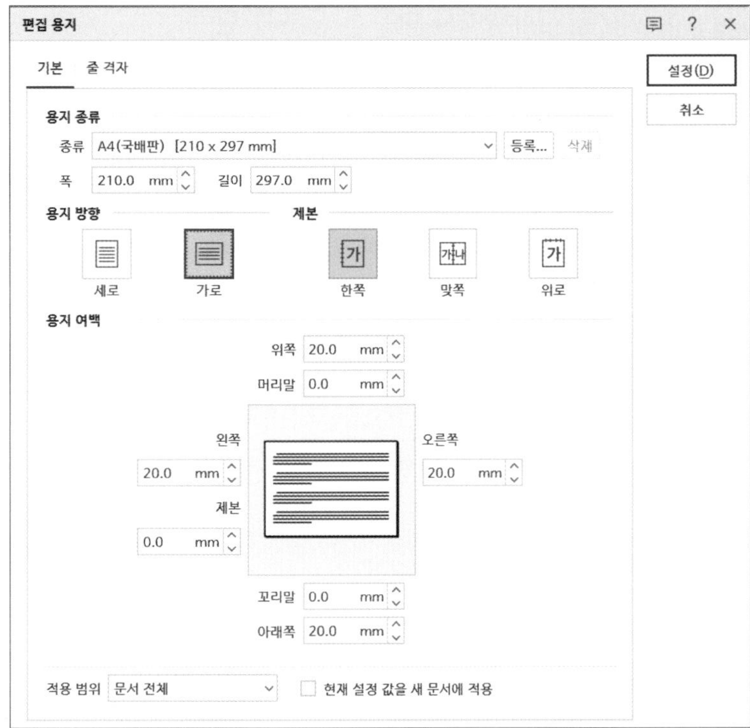

02 [입력]-[도형]을 클릭하여 '그리기 개체' 중 [직사각형]을 선택합니다.

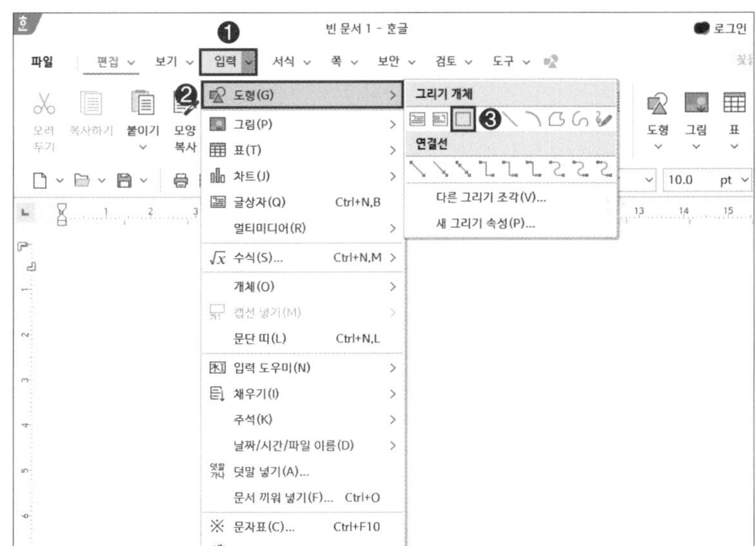

03 마우스 포인트가 '+'로 바뀌면 적당한 크기로 드래그합니다.

Plus Tip

- **그리기 개체 그리기 :** [입력] 탭에서 직사각형 아이콘을 선택해도 됩니다.

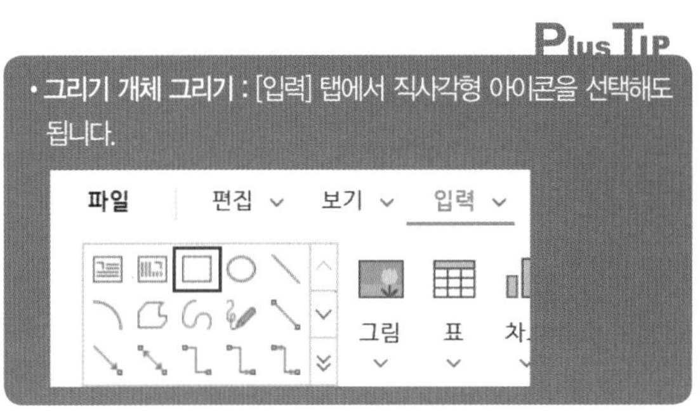

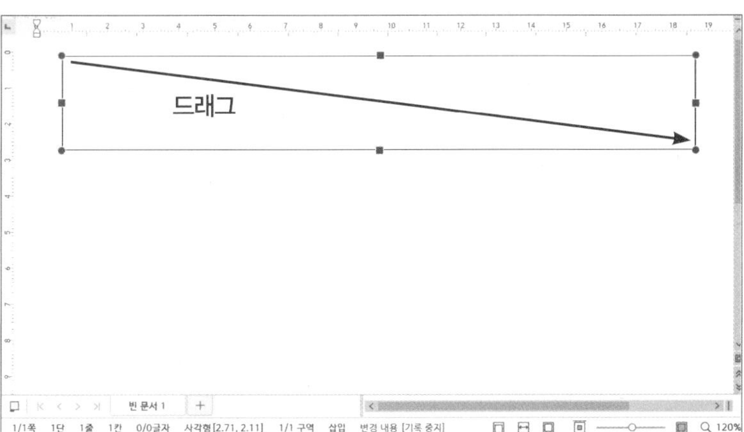

04 삽입한 사각형에서 마우스 오른쪽 단추를 클릭하여 나타난 단축 메뉴에서 [개체 속성]을 선택합니다.

Plus Tip
사각형을 더블클릭해도 [개체 속성] 대화상자가 나타납니다.

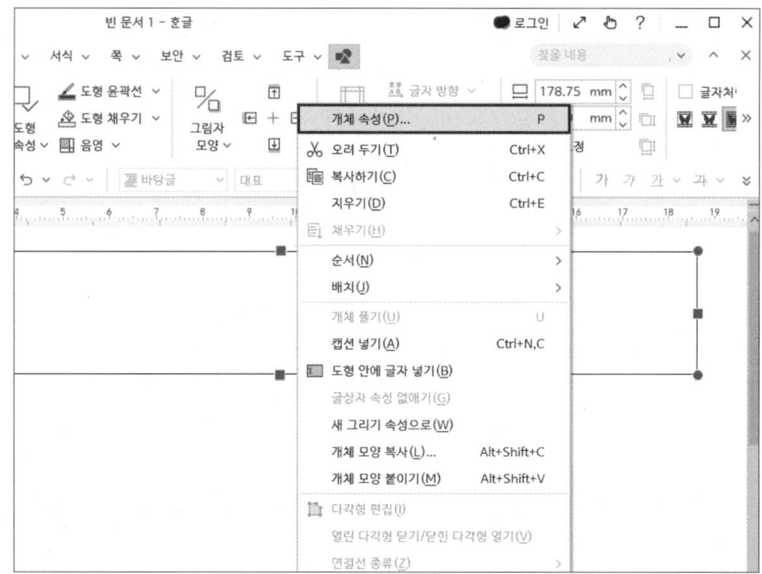

05 [개체 속성] 대화상자가 나타나면 [기본] 탭에서 본문과의 배치는 '어울림', 가로는 '종이', '왼쪽', '20mm', 세로는 '종이', '위', '20mm'로 설정합니다.

06 이어서 [선] 탭을 클릭한 후, 선 종류는 '없음'을 선택합니다. 사각형 모서리 곡률의 '곡률 지정'을 선택한 다음, '5%'로 지정합니다.

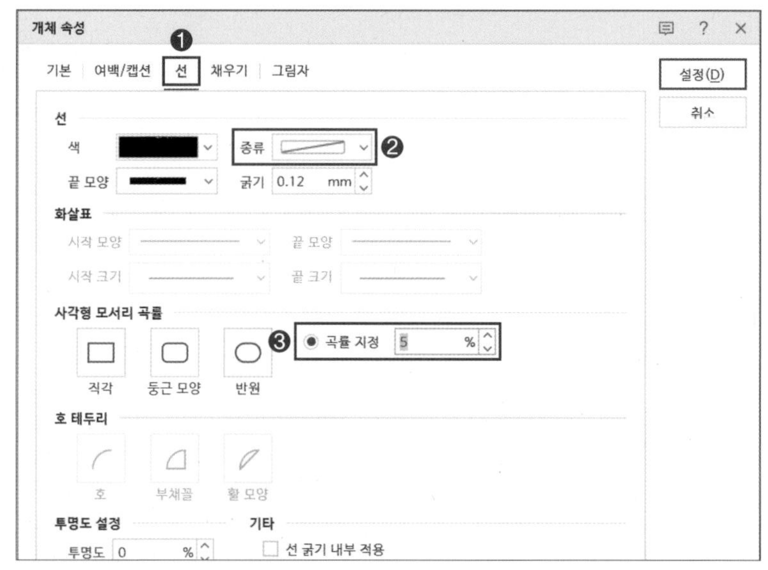

07 이번에는 [채우기] 탭을 클릭해서 면색을 지정합니다. 기본적으로 제공되는 색을 선택해도 되지만 직접 원하는 색을 지정해보기로 합니다. 면색의 [펼침] ∨ 단추를 클릭하여 [스펙트럼]을 클릭합니다.

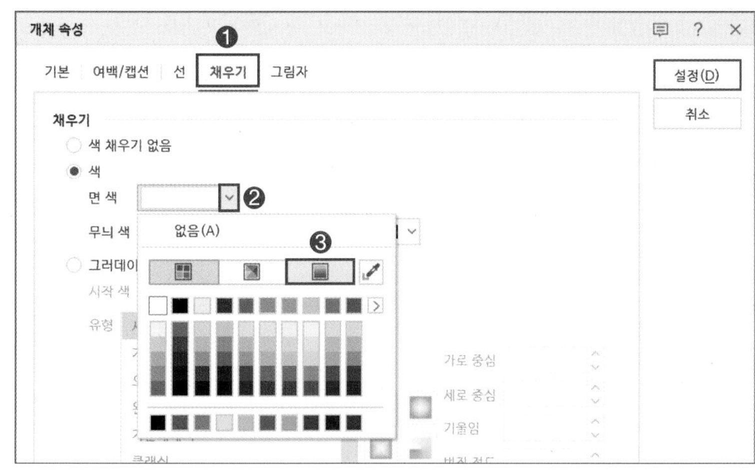

08 면색의 스펙트럼 창이 표시되면 R은 '20', G는 '143', B는 '208'을 입력하고 [적용]을 클릭합니다.

Plus Tip

- **RGB 색상표 :** RGB 색상표를 이용하면 원하는 색의 컬러 값을 직접 지정할 수 있습니다.

09 무늬 색의 [펼침] ∨ 단추를 클릭하여 '하양'을 선택하고, 무늬 모양 펼침 ∨ 단추를 클릭하여 '눈금 무늬'를 선택합니다. 모든 작업이 완료되었으면 [설정]을 클릭하여 [개체 속성] 창을 닫습니다.

10 이번에는 같은 방법으로 다음과 같이 도형 안에 직사각형을 하나 더 그린 다음, 마우스 오른쪽 단추를 클릭하여 나타난 단축 메뉴에서 [개체 속성]을 선택합니다.

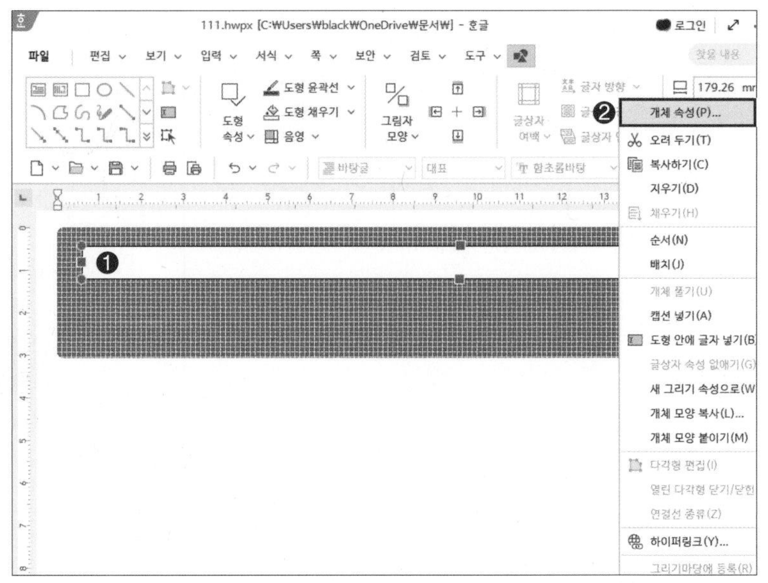

11 [개체 속성] 대화상자가 나타나면 [선] 탭에서 선 종류는 '없음', 사각형 모서리 곡률은 '반원'을 선택한 다음, [설정]을 클릭합니다.

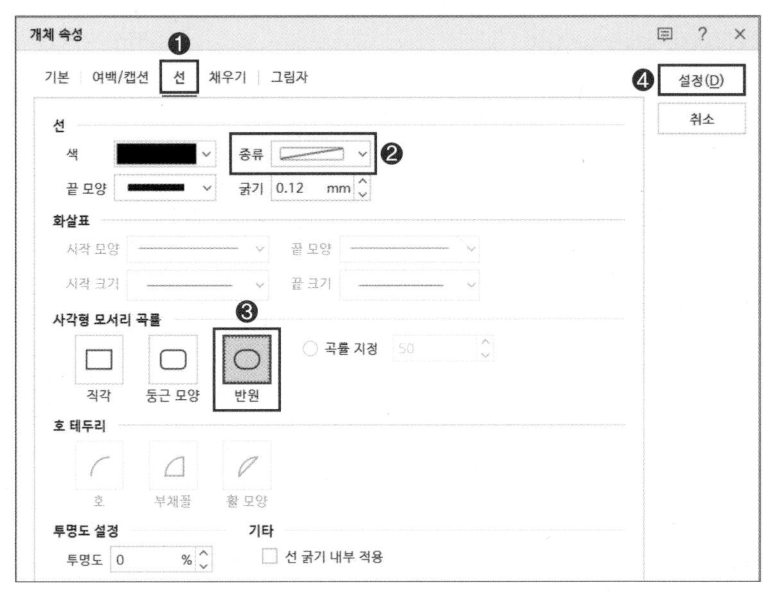

12 도형 안에 텍스트를 삽입하려고 합니다. 반원 사각형 도형에서 마우스 오른쪽 단추를 클릭하여 나타난 단축 메뉴에서 [도형 안에 글자 넣기]를 클릭합니다.

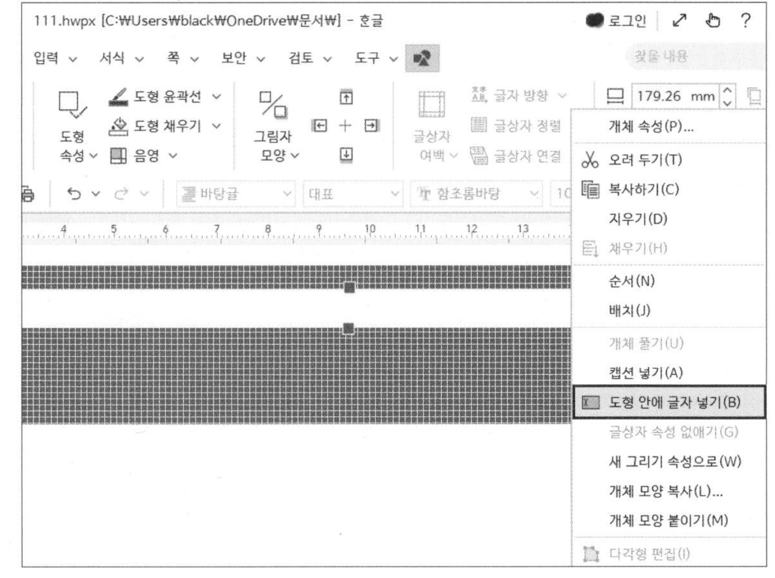

13 도형 안에 커서가 나타나면 "제주도에서 나 혼자 즐기기"를 입력하고, 서식 도구 모음에서 글꼴은 'HY견명조', 크기는 "25pt", 정렬은 가운데 정렬로 지정하고, 그림과 같이 도형의 높이를 보기 좋게 조절합니다.

PLUS TIP

글자 넣기 기능을 이용하면 원이나 다각형, 호 등의 그리기 개체를 글상자로 사용할 수 있습니다.

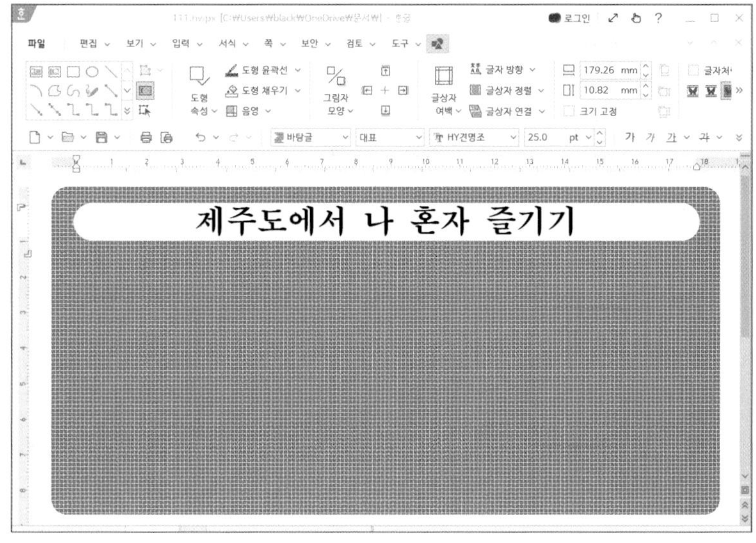

14 바깥쪽의 모서리가 둥근 직사각형 도형을 Ctrl 을 누른 상태로 드래그하여 하나 더 복사합니다.

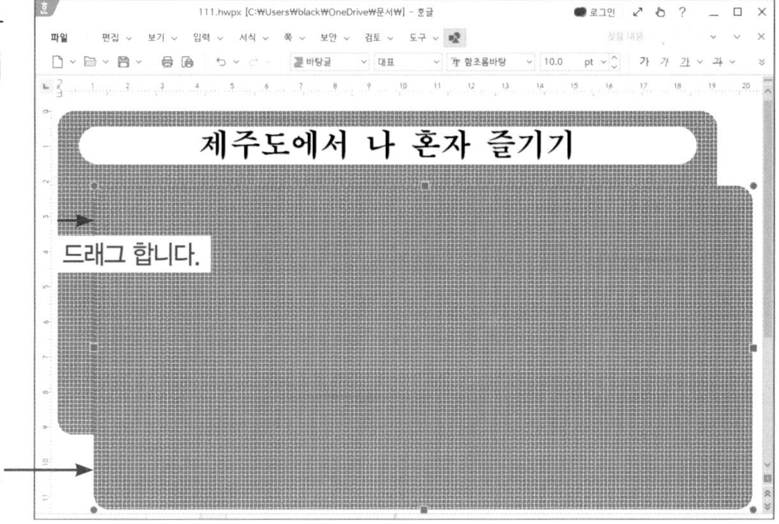

도형이 하나 더 만들어졌습니다.

15 [도형 서식]-[도형 채우기]를 클릭하여 '하양'을 선택한 다음, 그림과 같이 크기를 적당히 조절하여 하단에 배치합니다.

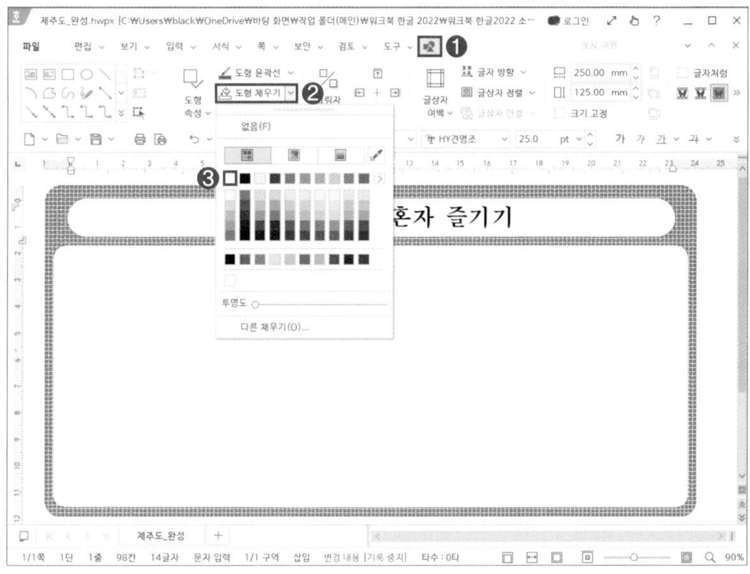

16 도형을 가운데 맞추기 위해 Shift 를 누른 상태로 3개의 도형(바깥 도형 1개와 안쪽 도형 2개)을 모두 클릭하여 선택합니다. [도형 서식] 탭에서 [맞춤] –[가운데 맞춤]을 클릭하여 선택한 도형을 모두 가운데 정렬시킵니다.

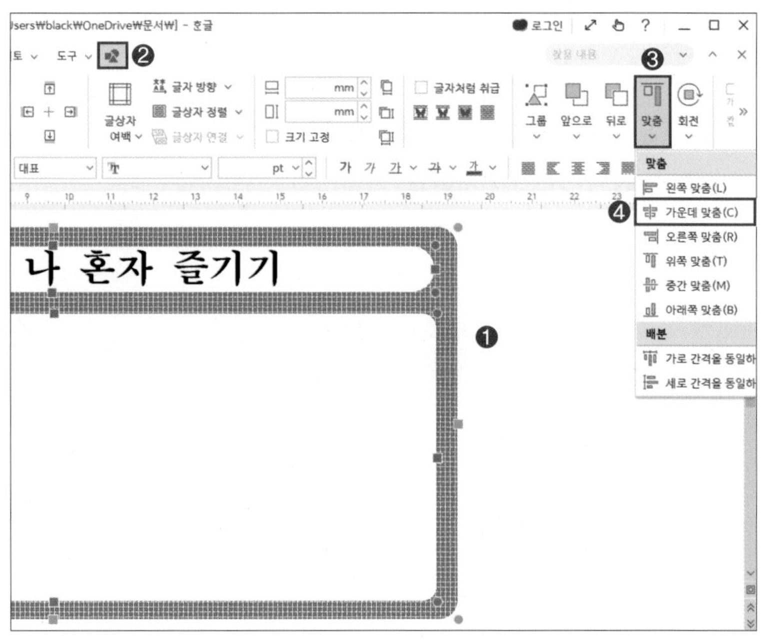

17 각 도형을 하나의 그룹으로 묶기 위해 [도형 서식] 탭의 [그룹]–[개체 묶기]를 클릭합니다. 이렇게 하면 3개의 도형이 하나의 개체로 인식되어 이동하거나 복사시 같이 처리됩니다.

Plus Tip

- 개체 묶기 단축키 : Ctrl + G
- 개체 풀기 단축키 : Ctrl + U

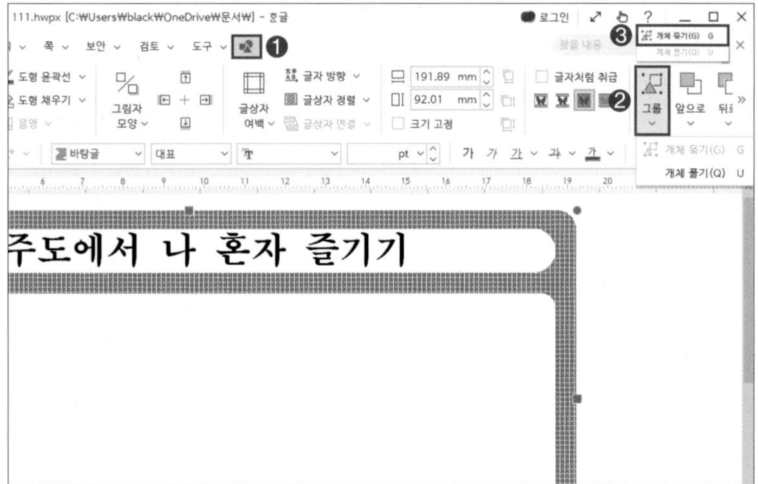

Power Upgrade

도형 그리기

- Ctrl : 마우스 포인터 위치가 도형의 중심이 되어 삽입됩니다.
- Shift : 정원, 직사각형 등 가로와 세로 비율이 1:1인 도형이 삽입됩니다.

도형 복사/이동

- Ctrl + **드래그** : 도형이 복사됩니다.
- Shift + **드래그** : 도형이 수직 또는 수평 방향으로 이동됩니다.
- Ctrl + Shift + **드래그** : 도형이 수평 또는 수직 방향으로 복사됩니다.

따라하기 02 도형 개체 편집하기

01 그리기 조각을 삽입하기 위해 [입력]-[그림]-[그리기 마당]을 클릭합니다.

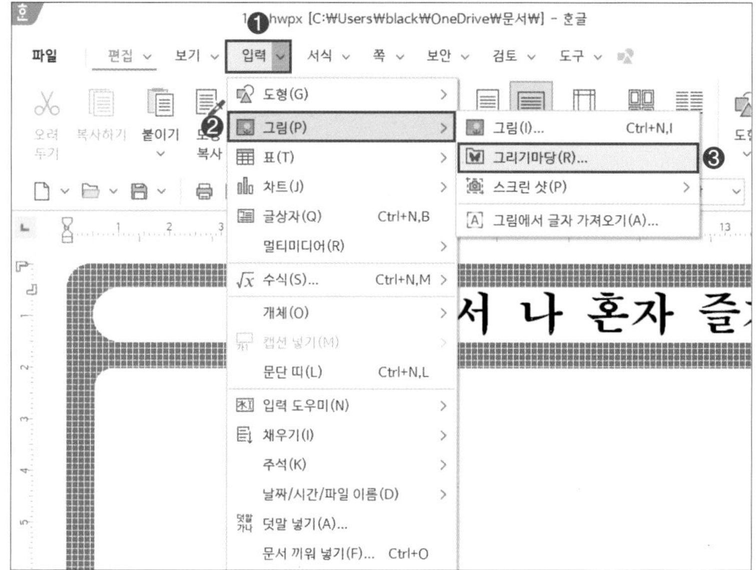

02 [그리기 마당] 대화상자가 나타나면 [그리기 조각] 탭에서 '순서도'를 선택합니다. 순서도 개체 목록에서 '순차적엑세스 저장소' 도형을 선택하고 [넣기]를 클릭합니다.

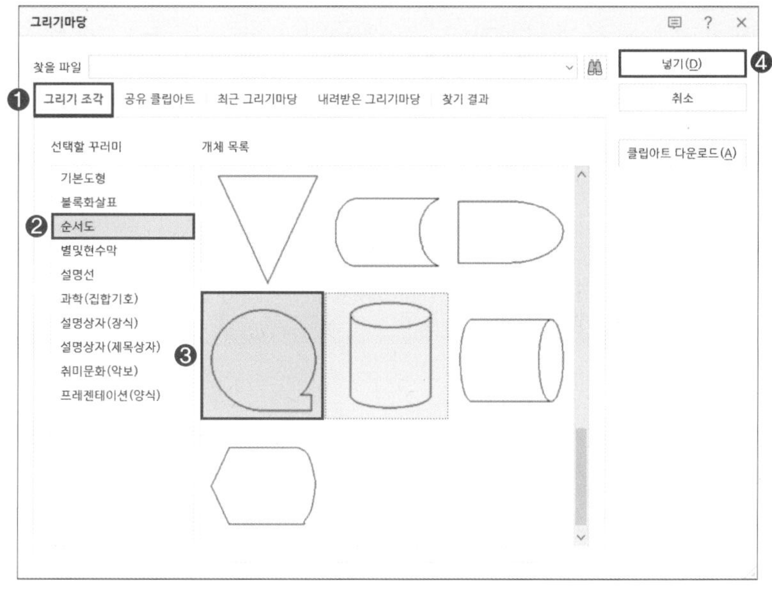

03 마우스 포인트가 '+'로 바뀌면 적당한 크기로 드래그하여 '순차적엑세스저장소' 도형을 삽입합니다.

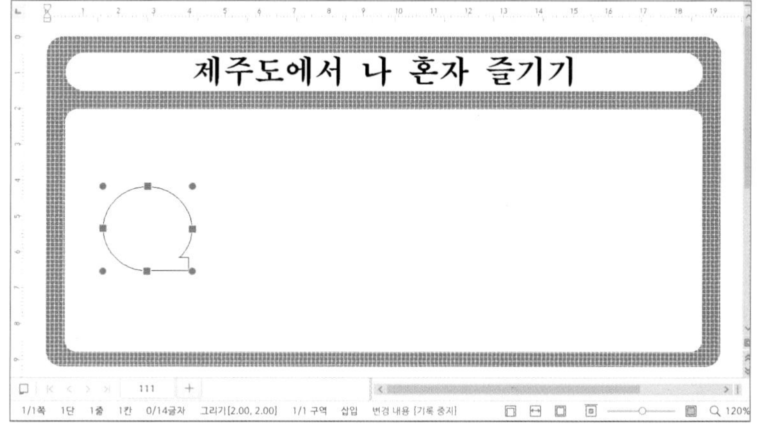

04 삽입된 도형을 Ctrl 을 누른 상태로 드래그하여 하나 더 복사합니다.

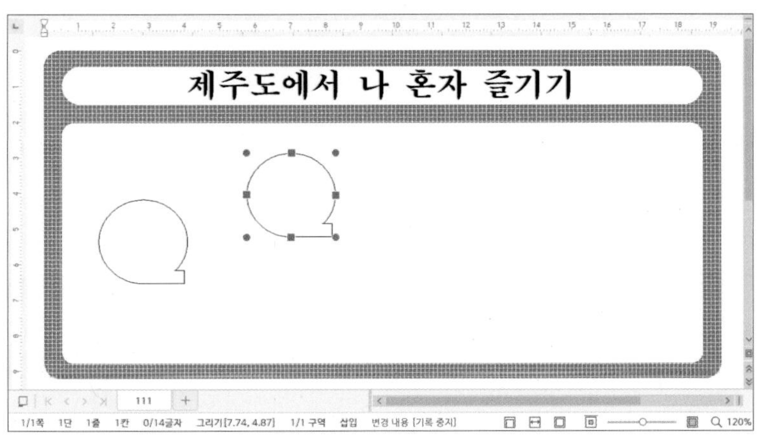

05 그룹으로 묶인 사각형 도형이 선택되지 않도록 하기 위해 사각형 도형을 더블클릭합니다. [개체 속성] 대화상자가 나타나면 [기본] 탭에서 '개체 보호하기'를 클릭하여 체크 표시를 한 후, [설정]을 클릭합니다.

Plus Tip

도형 등을 복사하고 드래그하는 작업을 하다보면 실수로 원하지 않은 도형까지 선택되어져 이동되거나 크기 변경 등이 발생할 수 있습니다. 이럴 때 변형되면 안될 도형에 [개체 보호]를 해놓으면 마우스로 클릭하더라도 선택되지 않아 보호를 할 수 있습니다. 개체 보호를 해제하려면 [도형] 탭에서 [개체 보호] 아이콘을 누른 다음, '모든 보호 개체 해제하기'를 실행하면 됩니다.

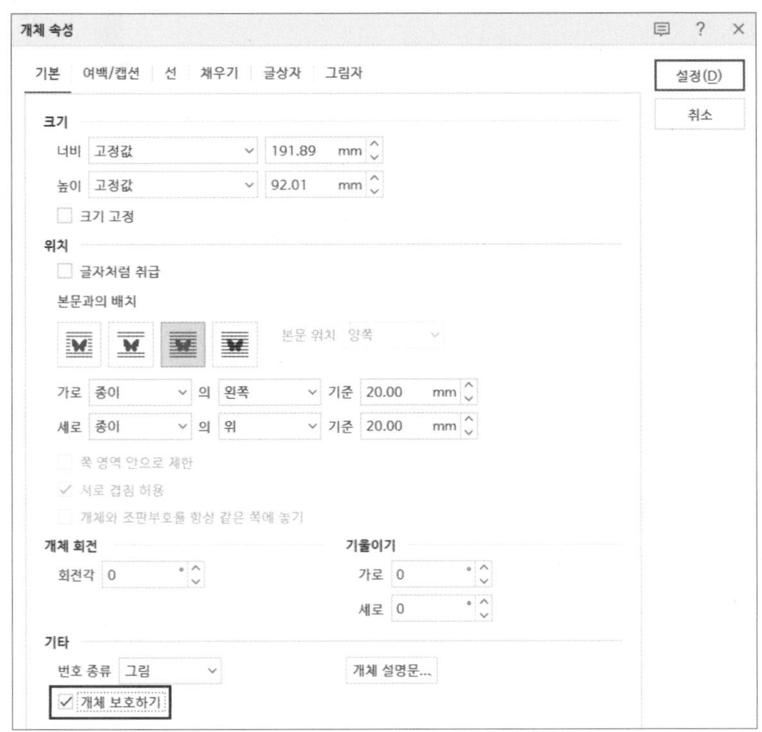

06 다음과 같이 도형 5개를 복사한 다음, Shift 를 누른 상태로 차례대로 클릭하여 모두 선택합니다. 도형의 간격을 같게 하기 위해 [도형] 탭에서 [맞춤]–[가로 간격을 동일하게]를 클릭합니다.

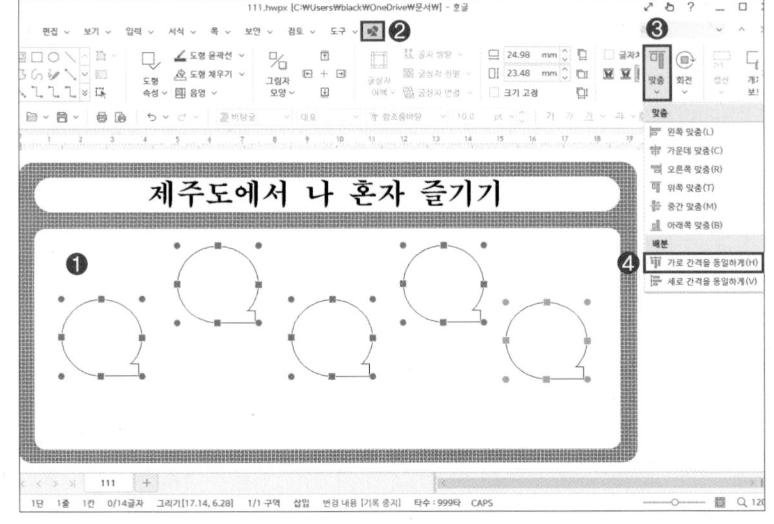

07 첫 번째 도형에 그림을 넣으려고 합니다. 도형 선택 후, 마우스 오른쪽 단추를 클릭하여 나타난 단축 메뉴에서 [개체 속성]을 클릭합니다.

Plus Tip

도형을 더블클릭해도 [개체 속성] 대화상자가 나타납니다.

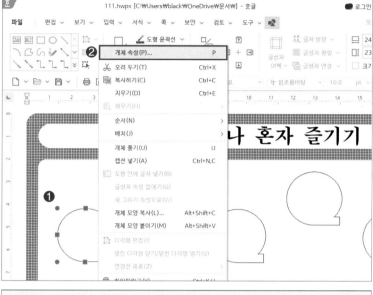

08 [개체 속성] 대화상자가 나타나면 [선] 탭에서 선 종류를 '없음'으로 설정합니다.

09 [채우기] 탭에서 '그림'을 클릭하여 체크 표시를 한 다음, [그림 선택]을 클릭합니다.

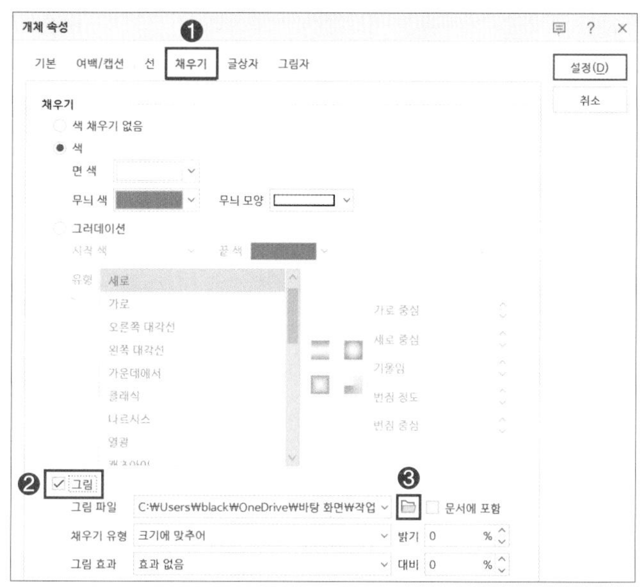

10 [그림 넣기] 대화상자가 나타나면 다운받은 소스 그림이 저장되어 있는 [이미지] 폴더를 선택한 다음, '제주1.jpg' 파일을 선택하고 [열기]를 클릭합니다.

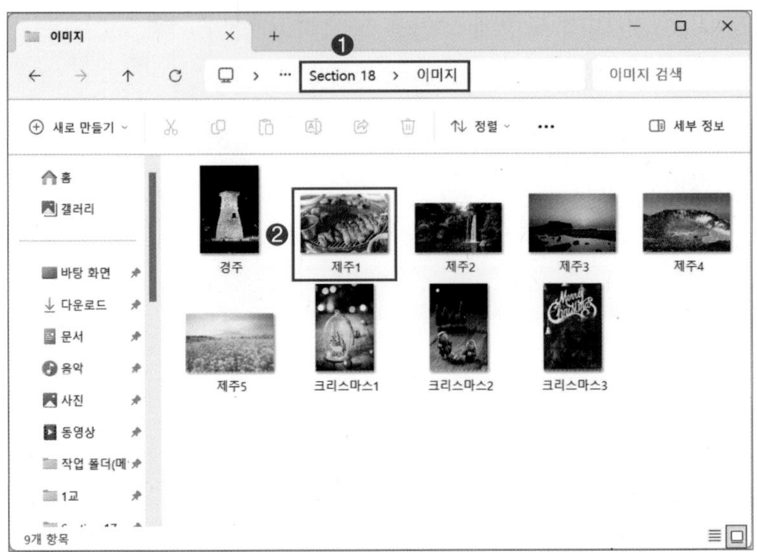

11 '문서에 포함'에 체크를 하고, 채우기 유형을 '크기에 맞추어'로 선택한 후 [설정]을 클릭합니다.

Plus Tip

• **문서에 포함** : 그림을 삽입하면 그림 파일이 문서 파일 안에 함께 저장되므로 그림 파일을 따로 보관하지 않아도 됩니다.

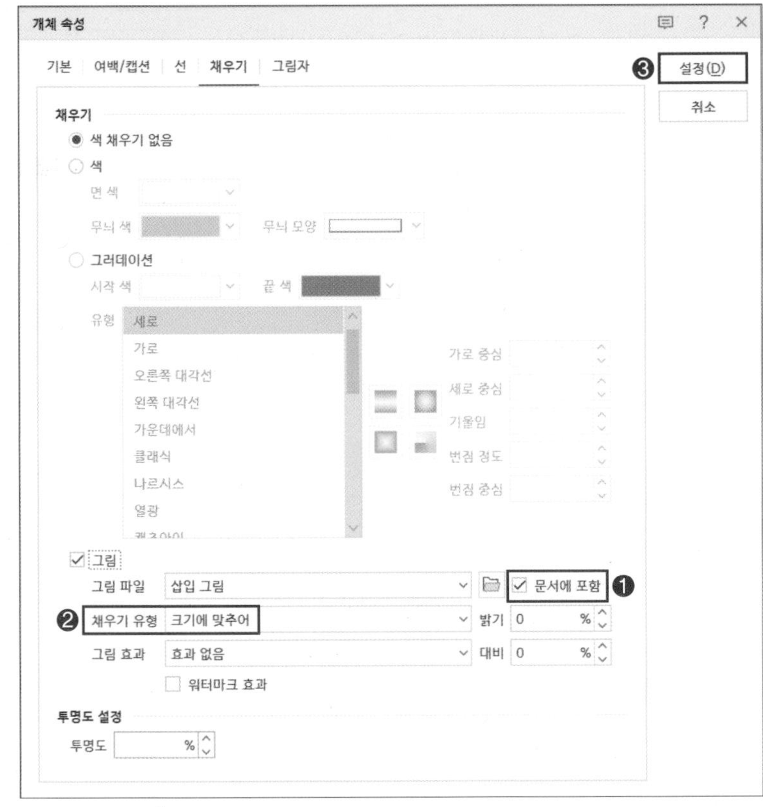

12 같은 방법으로 다음과 같이 그림을 채웁니다.

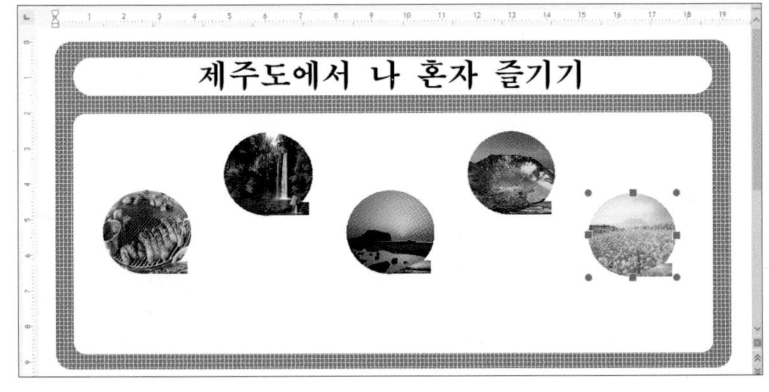

13 그리기 조각을 삽입하기 위해 [입력]–[그림]–[그리기마당]을 클릭합니다. [그리기마당] 대화상자가 나타나면 [그리기 조각] 탭에서 '취미문화(악보)'를 선택한 다음, 음표 그리기 조각을 선택 후 [넣기]를 클릭합니다.

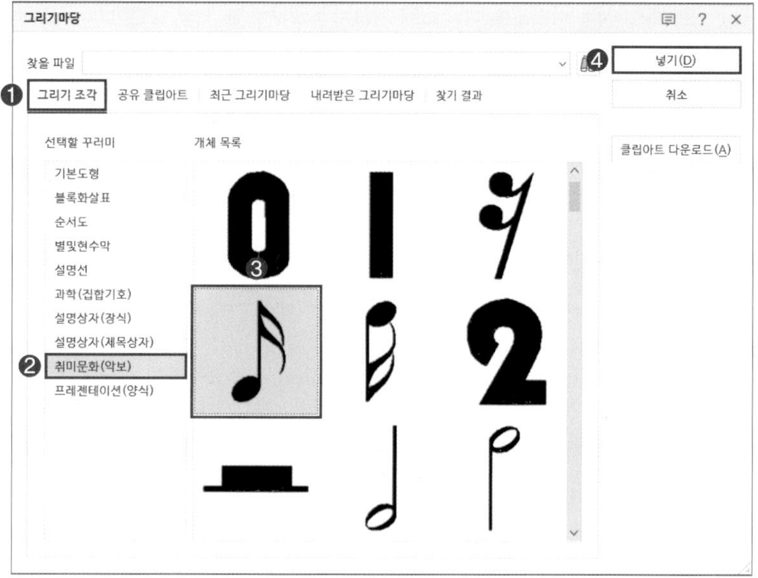

14 마우스 포인트가 '+'로 바뀌면 적당한 크기로 드래그하여 삽입합니다. 이어서 [도형 서식] 메뉴 탭에서 [도형 윤곽선]–[없음]을 선택하고, [도형 채우기]를 클릭하여 원하는 색을 선택합니다.

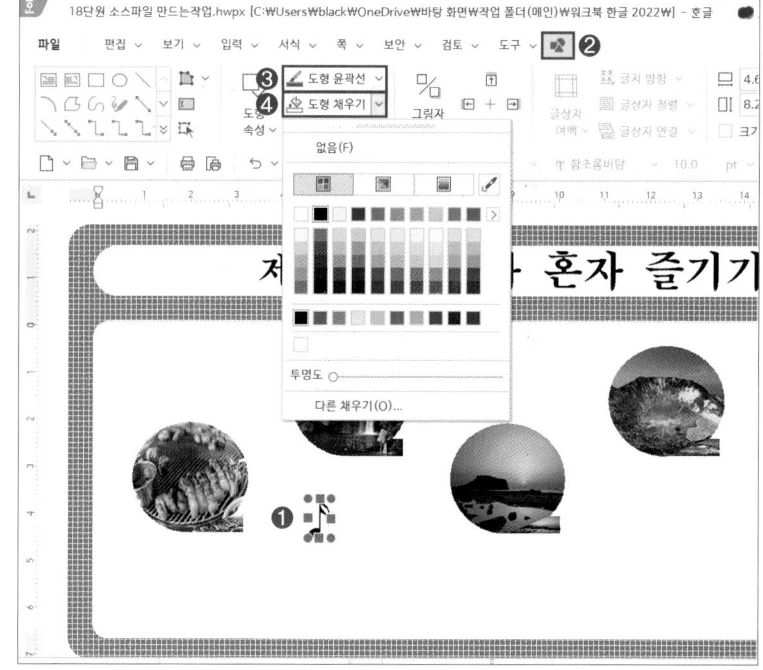

15 같은 방법으로 글상자와 그리기 조각을 삽입하여 배치하고, 도형 등도 크기를 조절하고 적절하게 배치하여 문서를 완성합니다.

기초문제

1

'공예.hwpx' 파일을 불러와 임의 색상의 도형들을 글 뒤로 삽입하고, 모든 도형의 선을 제거한 다음, 정사각형은 그림자 모양을 지정하고 회전시켜 보세요.

국제공예비엔날레 개최 안내

세계 공예(工藝) 문화를 한 자리에서 만날 수 있는 국제공예비엔날레(International Craft Biennale)가 교육 문화의 도시 청주에서 개최됩니다. 본 비엔날레는 '공예'라는 세계 공통 예술을 통해 동서양 공예의 참다운 가치(Value)와 공예 역사(History)를 한눈에 볼 수 있는 세계 최대 규모(規模)의 공예 축제로 전개됩니다. 특히, 전 세계 50여 개국에서 참신하고 수준 높은 작가(Craftsman) 1천여 명의 작품(作品)을 선보이며, 다양한 공예 체험(Experience) 프로그램도 마련하였습니다. 청소년에게는 신나는 공예 체험을, 예술인에게는 공예 문화의 새로운 지평을, 관람객에게는 일상의 아름다움과 문화 예술의 향취(香臭)를 느낄 수 있는 풍요롭고 뜻깊은 시간이 될 것입니다. 관심 있는 여러분의 많은 참여를 바랍니다.

• 완성파일 : 공예_완성.hwpx

힌트
- 도형을 삽입하여 임의의 색과 크기를 각각 지정한 후, [도형] 탭에서 [글 뒤로] 아이콘을 클릭하여 본문 뒤로 배치합니다.
- 정사각형을 선택한 후, '작게'의 그림자 모양을 지정하고 [회전]–[개체 회전]을 선택하여 회전시킵니다.

2

도형과 가로 텍스트 상자를 이용하여 다음과 같이 문서를 만들어 보세요.

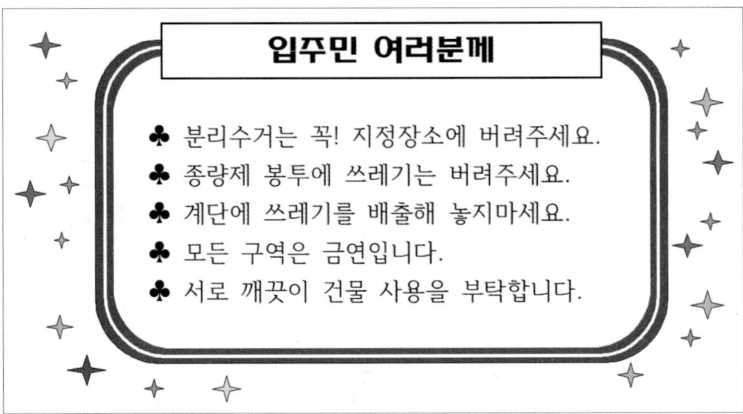

입주민 여러분께
♣ 분리수거는 꼭! 지정장소에 버려주세요.
♣ 종량제 봉투에 쓰레기는 버려주세요.
♣ 계단에 쓰레기를 배출해 놓지마세요.
♣ 모든 구역은 금연입니다.
♣ 서로 깨끗이 건물 사용을 부탁합니다.

• 완성파일 : 분리수거_완성.hwpx

힌트
- [입력]–[도형]–[가로 글상자]를 이용하여 도형 내에 글을 표현합니다.
- 별 모양은 [입력]–[도형]–[다른 그리기 조각]을 클릭하여 나타난 [그리기 마당] 대화상자에서 [그리기 조각] 탭의 '별및 현수막'에서 '포인트가 4개인 별'을 삽입한 후 복사해서 만듭니다.

3

도형과 가로 텍스트 상자, 글맵시를 이용하여 다음과 같이 문서를 만들어 보세요.

드림 어린이 집

원아모집

모집기간 : 2025. 1. 5 ~ 선착순
모집대상 : 0세 ~ 5세
프로그램 : 영어, 레고, 퍼포먼스, 숲체험
문의전화 : 02-1234-5678

• 완성파일 : 원아모집_완성.hwpx

심화문제

1) 편집 용지의 방향을 세로로 설정한 다음, 직사각형 도형을 삽입하여 그림으로 채우세요. 모서리가 둥근 직사각형을 그린 후, 텍스트 상자를 삽입하여 카드를 완성해 보세요.

- 삽입 이미지 : 크리스마스1.jpg, 크리스마스2.jpg, 크리스마스3.jpg
- 완성파일 : 카드_완성.hwpx

2) 직사각형과 세로 텍스트 상자를 이용하여 다음과 같이 문서를 만들어 보세요.

- 삽입 이미지 : 경주.jpg
- 완성파일 : 여행카드_완성.hwpx

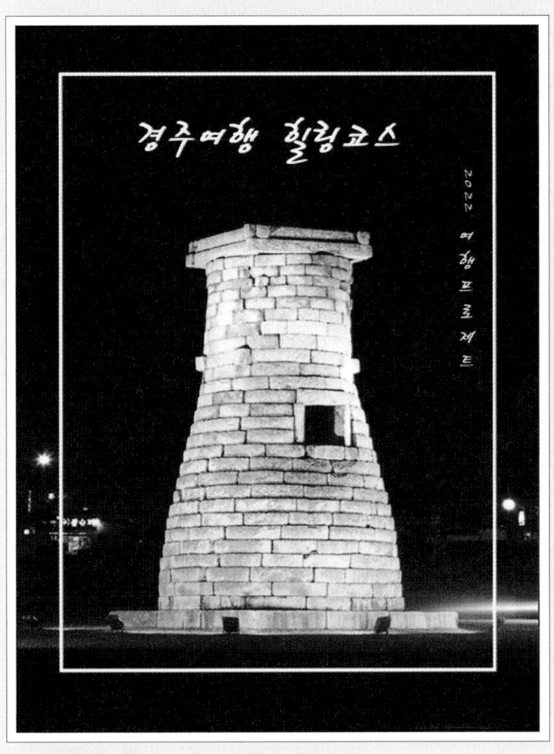

3) 사각형과 물결 도형을 이용하여 다음과 같이 만들어 보세요.

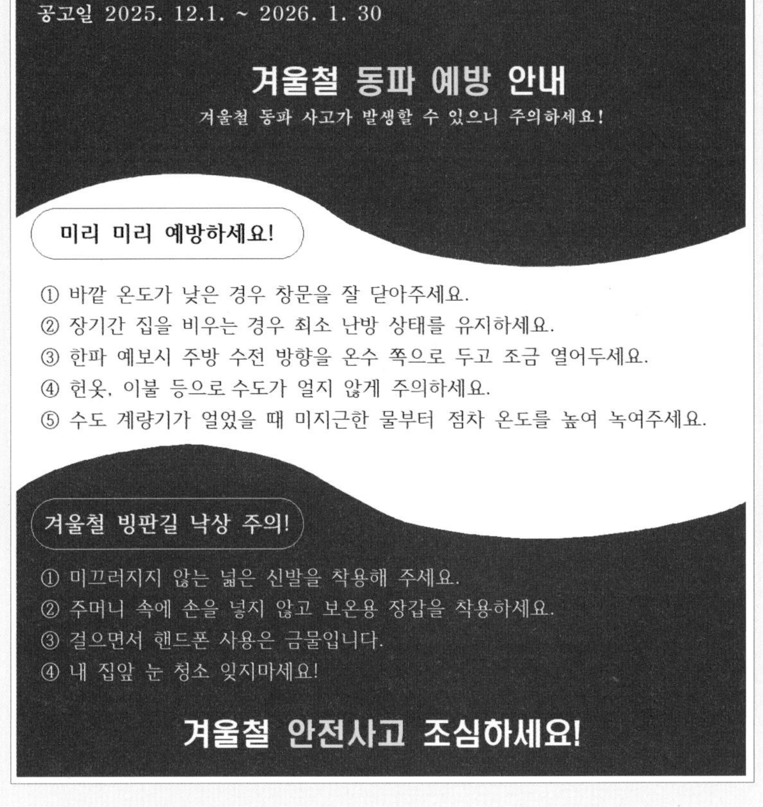

- 완성파일 : 안내장_완성.hwpx

Section

19 그림 삽입과 편집하기

작성한 문서에 그림을 삽입하면 보다 시각적인 문서를 만들 수 있습니다. 여기에서는 그림 파일을 삽입하고 일부분만 잘라 넣거나, 테두리와 그림 효과를 설정하여 문서를 꾸미는 등의 다양한 편집 방법을 학습해 봅니다.

Preview

강원도의 자연환경 - 강원도의 위치

강원도는 한반도 중앙부의 동측에 태백산맥을 중심으로 크게 구분되어 있다. 위도상으로는 북위 37도 02분에서 38도 37분에 걸치고 경도상으로는 동경 127도 05분에서 129도 22분에 걸쳐 있으며 북위 38도선은 본 도의 거의 중앙부를 통과하고 휴전선은 고성군 현내면 북위 38도 45분 근처에서 서남하하여 향로봉, 문등리 및 김화읍의 북방을 연결하는 북위 38도 20분선 부근에서 145km에 걸쳐 그어져 있다. 강원도 동서의 길이는 약 150km, 남북은 약 243km에 달하며, 동쪽은 약 314km에 걸쳐 해안선을 이루면서 이어져 있고, 서방은 황해도 및 경기도와 접해 있고 남쪽은 충청북도 및 경상북도, 북쪽은 함경남도 및 황해도와 접하여 경계를 이루고 있다.

강원도의 자연환경 - 강원도 여행

월정사는 한국불교를 대표하는 사찰로 템플스테이와 출가학교, 자연명상마을 등의 프로그램을 함께 운영하고 있음. 평창의 자연과 불교의 아름다움을 함께 느낄 수 있는 곳으로 예로부터 많은 관광객들이 찾다.

천연보호구역, 국립공원, 생물권보전지역으로 지정된 우리나라 식물자원의 보고이다. 설악산의 주요 경관으로는 호박바위, 기둥바위, 넓적바위 등이 공룡능선, 용아장성, 울산바위를 중심으로 발달해 있어 우리나라 제일의 암석지형의 경관미를 갖춘 국립공원이다.

▲ 완성파일 : 강원도_완성.hwpx

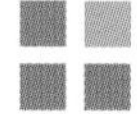

학습 내용

- 넣고 싶은 그림(이미지) 파일을 삽입하고, 다양하게 편집하는 방법에 대해 알아봅니다.
- 그림 서식을 설정하는 방법을 알아봅니다.

따라하기 01 그림 삽입하기

01 '강원도.hwpx' 파일을 불러온 다음, 그림을 삽입하기 위해 [입력]-[그림]-[그림]을 클릭합니다.
(단축키 : Ctrl + N, I)

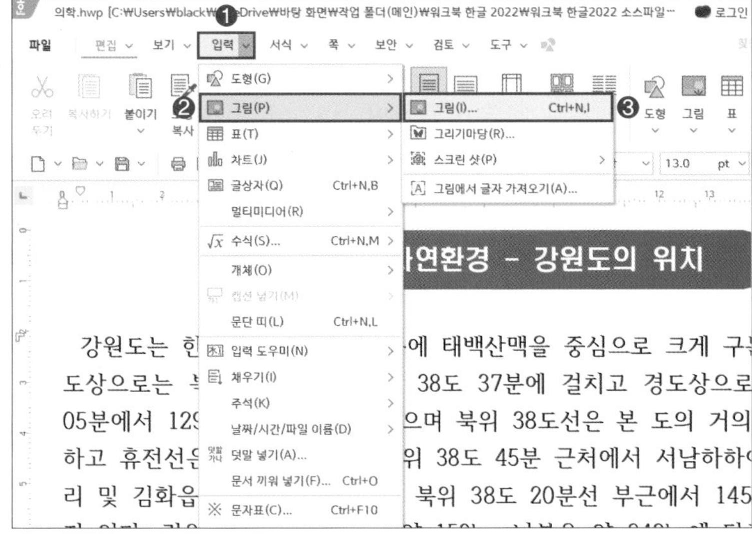

02 [그림 넣기] 대화상자가 나타나면 다운받은 소스 파일에서 '강원도1.jpg'를 선택합니다. '문서에 포함'과 '마우스 크기로 지정'에 체크 표시가 되었는지 확인하고 [열기]를 클릭합니다.

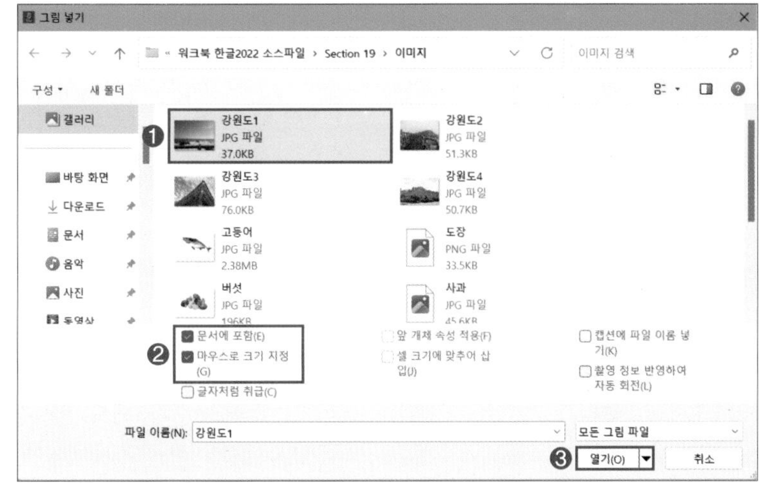

03 마우스 포인터가 '+'로 바뀌면 그림이 삽입될 위치에서 적당한 크기로 드래그합니다.

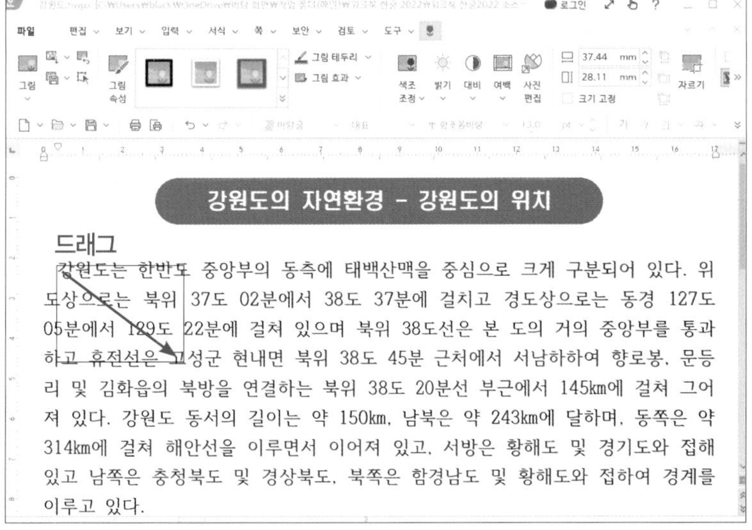

04 삽입한 그림이 크거나 작아서 조절하고 싶은 경우, 그림을 클릭하면 그림 주위에 크기 조절 핸들이 표시됩니다. 이곳에서 마우스로 드래그하여 크기를 조절할 수 있습니다.

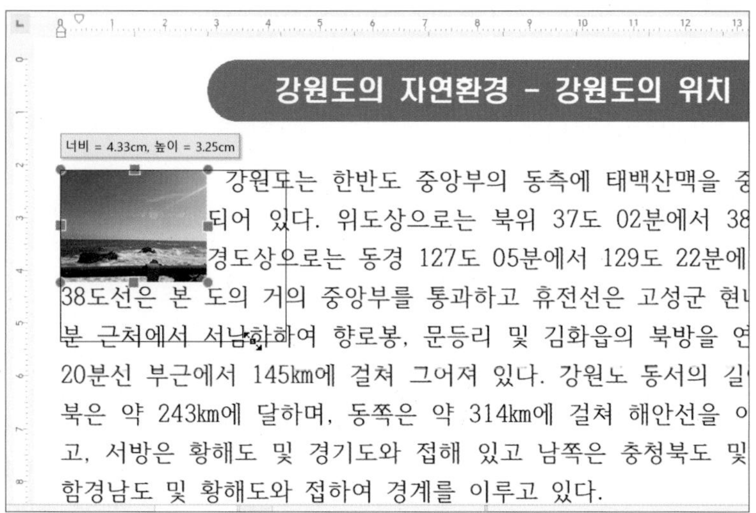

05 그림 속성을 설정하기 위해 그림에서 마우스 오른쪽 단추를 클릭하여 나타난 단축 메뉴에서 [개체 속성]을 클릭합니다.

Plus Tip

그림을 더블클릭해도 [개체 속성] 대화상자가 나타납니다.

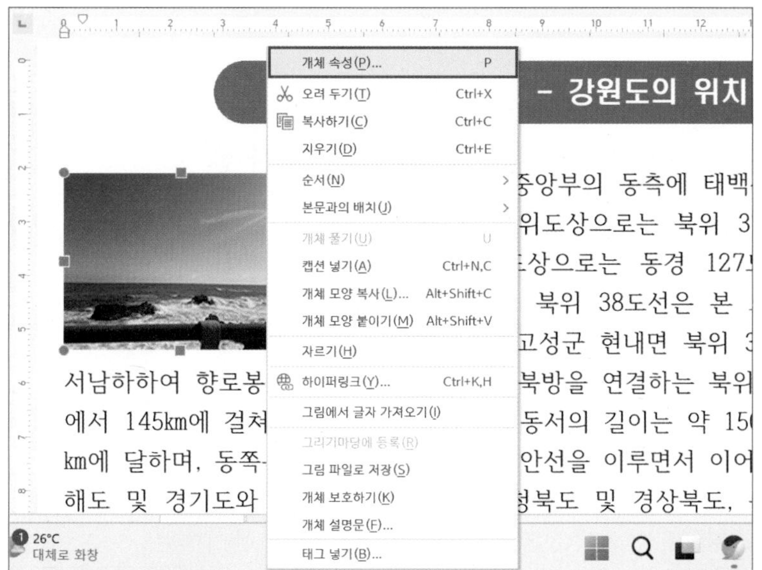

06 [개체 속성] 대화상자가 나타나면 본문과의 배치는 '어울림'으로 선택하고, 가로는 '종이'의 '왼쪽', 기준은 '20mm'을 입력합니다.

07 계속해서 [여백/캡션] 탭을 클릭하여 바깥 여백 오른쪽 값을 '3mm'로 지정하고 [설정]을 클릭합니다.

08 오른쪽 하단에도 또다른 그림을 삽입하려고 합니다. 앞에서와 동일한 방법으로 처리해도 되지만 약간 다른 방식으로 처리해 봅니다. 삽입한 그림을 Ctrl 을 누른 상태로 드래그하여 복사합니다.

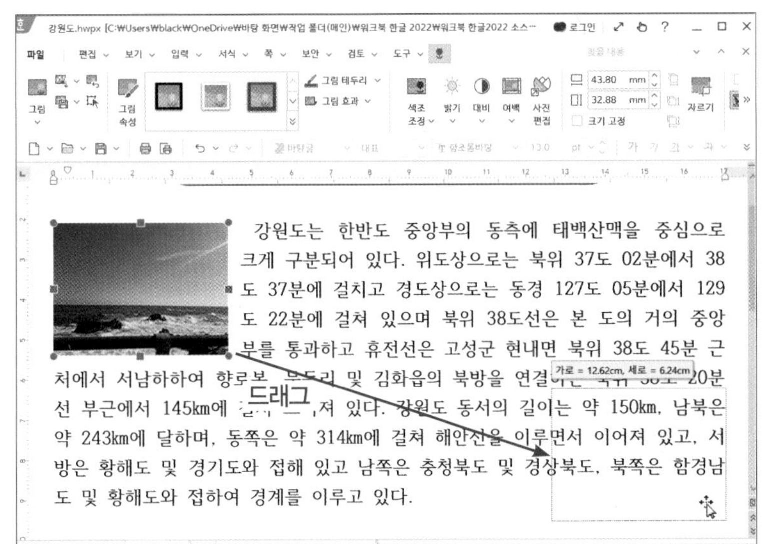

09 그림이 복사되었으면 이미지를 바꾸기 위해 [그림 서식] 메뉴 탭에서 [바꾸기/저장]-[그림 바꾸기]를 클릭합니다.

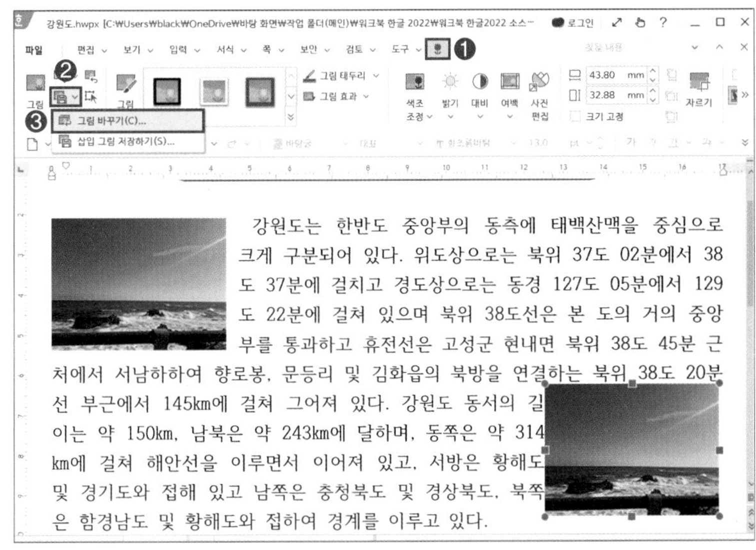

10 [그림 바꾸기] 대화상자가 나타나면 '강원도2.jpg'를 선택한 후, '문서에 포함'에 체크되어 있나 확인하고 [열기]를 클릭합니다.

11 그림이 변경되었으면 그림 속성을 설정하기 위해 그림을 더블클릭하여 [개체 속성] 대화상자를 부릅니다.

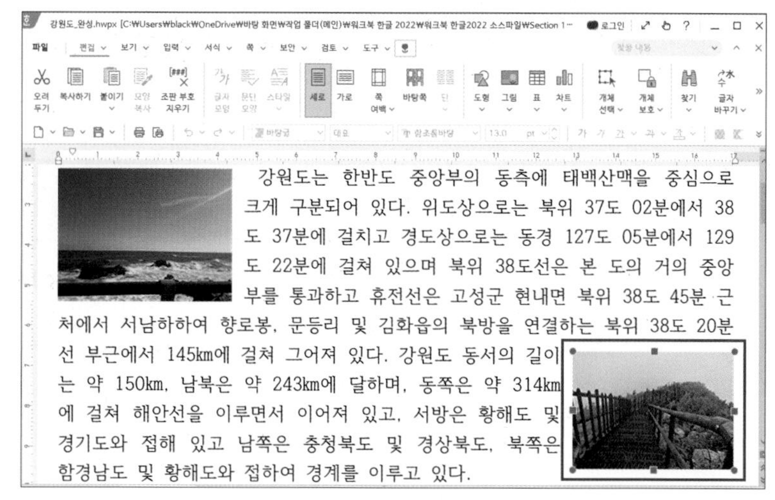

12 [개체 속성] 대화상자의 [기본] 탭에서 본문과의 배치를 가로는 '종이'의 '오른쪽', 기준은 '20'을 입력합니다.

13 계속해서 [여백/캡션] 탭에서 바깥 여백 왼쪽은 '3 mm', 오른쪽은 '0 mm'로 지정하고 [설정]을 클릭합니다.

14 그림의 일부만 사용하고 싶으면 자르기 기능을 이용하여 편집할 수 있습니다. [그림 서식] 메뉴 탭에서 [자르기]를 클릭합니다. 그림 주위에 자르기 조절점이 표시되면 조절점을 드래그하여 그림에서 불필요한 부분을 자릅니다.

Power Upgrade

[그림 넣기] 대화상자

- 문서에 포함 : 그림 파일 자체를 문서 파일 속에 포함합니다.
- 마우스로 크기 지정 : 원하는 위치에서 마우스를 드래그하여 그림을 삽입합니다.
- 글자처럼 취급 : 삽입할 그림에 글자처럼 취급 속성을 적용하여 그림 개체를 글자와 동일하게 취급합니다.
- 앞 개체 속성 적용 : 삽입할 그림에 이전 삽입한 그림의 속성을 적용하여 삽입합니다.
- 셀 크기에 맞추어 삽입 : '글자처럼 취급'을 선택했을 경우에만 선택할 수 있으며, 그림을 셀 크기에 맞추어 삽입합니다.

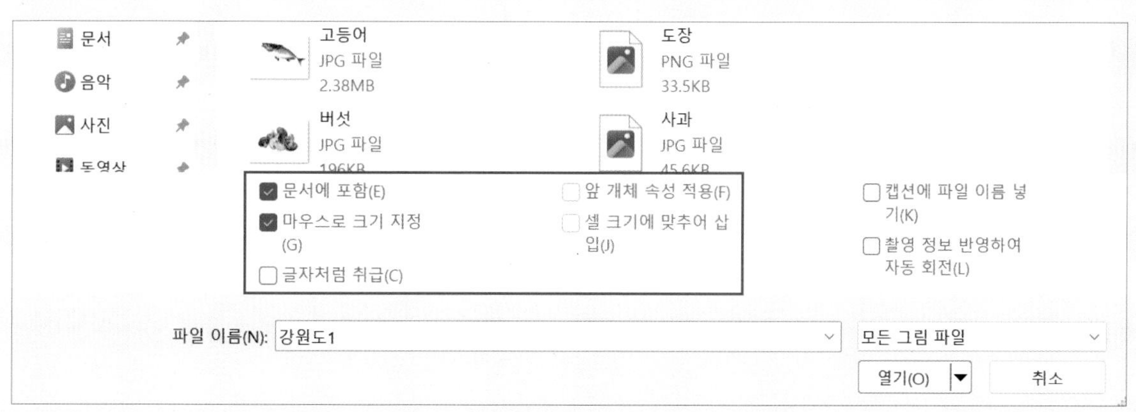

Power Upgrade

스크린 샷

[입력]－[그림]－[스크린 샷]을 클릭하면 화면의 일부 내용을 캡처하여 작업 중인 문서에 삽입할 수 있습니다. 예를 들어 작업 중인 문서에 현재 위치를 넣고 싶으면 인터넷에서 구글 지도를 띄운 후, [입력]－[그림]－[스크린 샷]－[화면 캡처]를 클릭합니다.

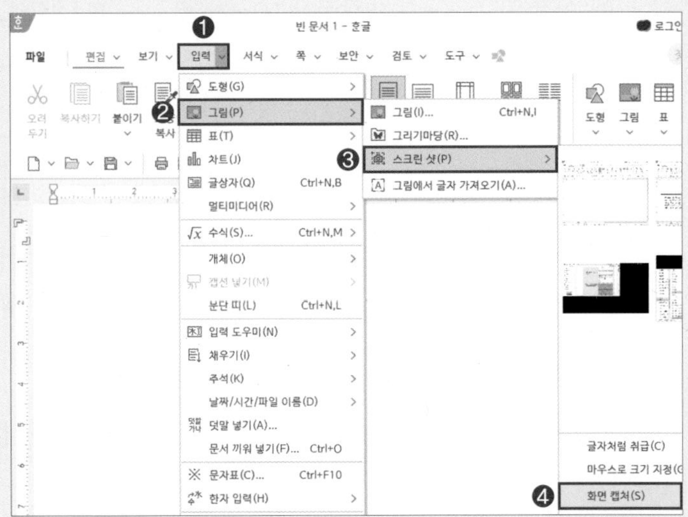

구글 지도에서 원하는 부분만큼 캡처할 화면을 드래그합니다.

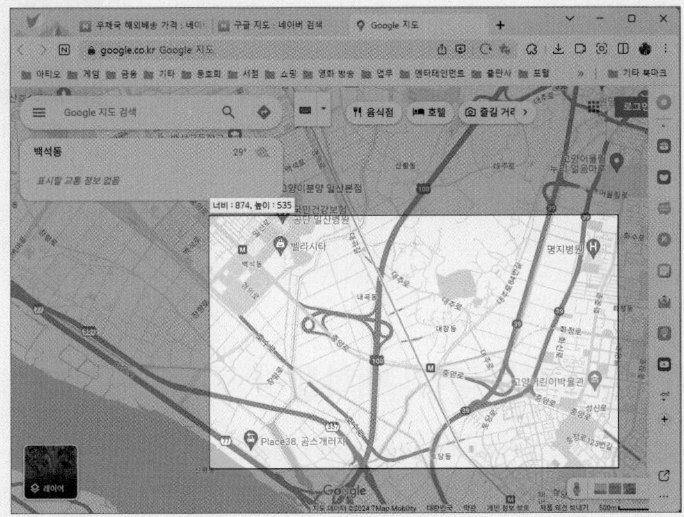

그러면 작업 중인 현재 문서에 지도가 삽입됩니다.

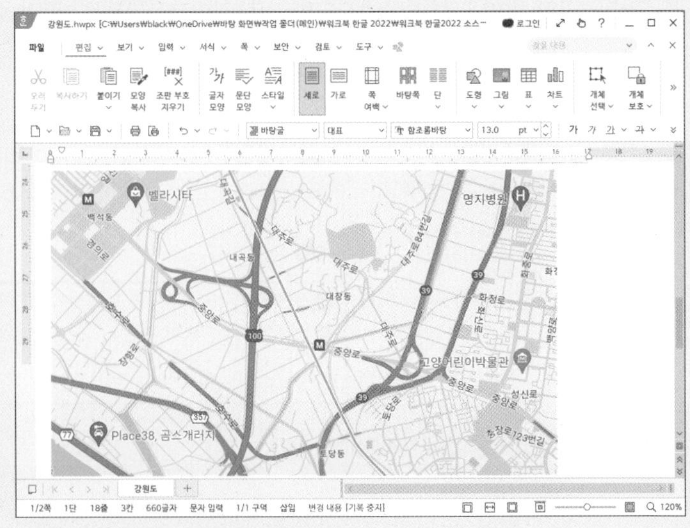

따라하기 02 그림 서식 설정하기

01 작업 중인 문서를 아래로 내려서 '강원도의 자연환경-강원도 여행' 아래에 그림이 삽입될 곳을 클릭하여 커서를 표시한 다음, [입력]-[그림]-[그림]을 클릭합니다.

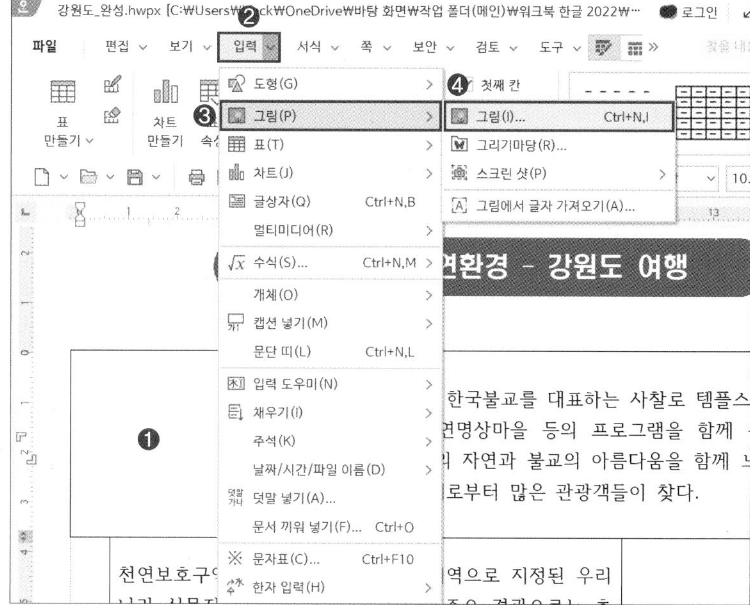

02 [그림 넣기] 대화상자가 나타나면 '강원도3.jpg'를 선택한 다음, '문서에 포함', '글자처럼 취급', '셀 크기에 맞추어 삽입'에 체크 표시를 하고 [열기]를 클릭합니다.

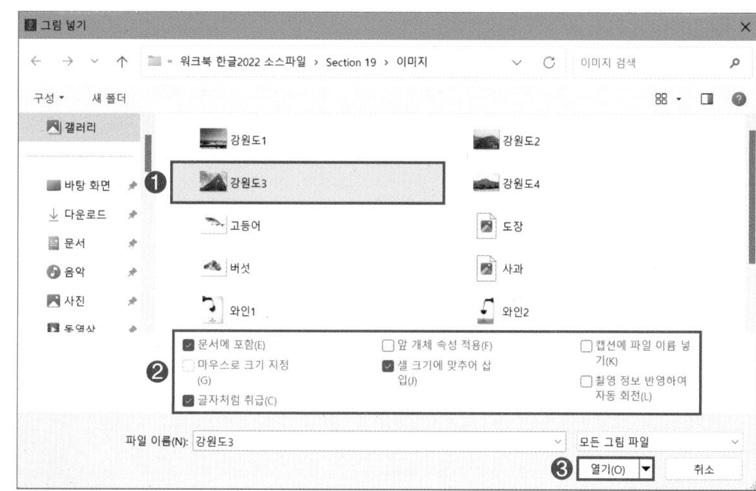

03 삽입된 그림을 선택한 다음, [그림] 탭에서 [그림 테두리]를 클릭하여 테두리 색은 '하양'을 선택합니다.

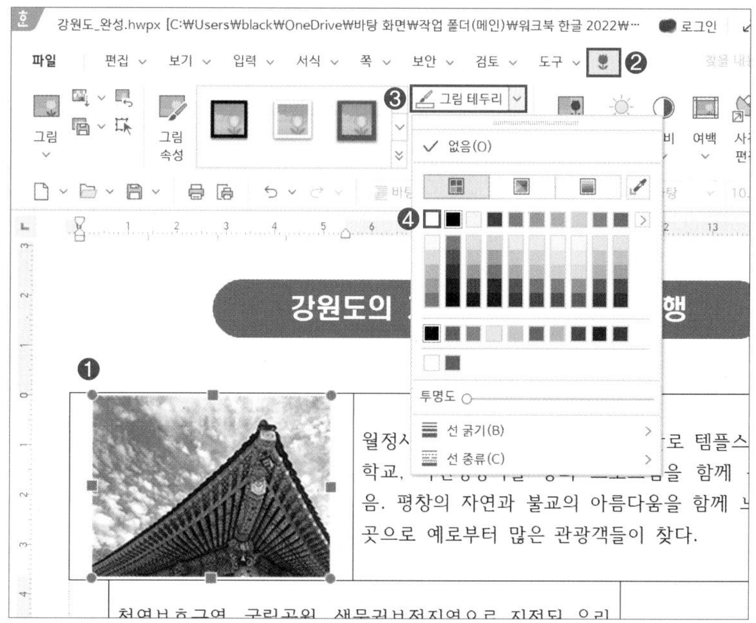

04 다시 [그림 테두리]-[선 굵기]에서 '2mm'을 선택하여 그림 테두리 두께를 설정합니다.

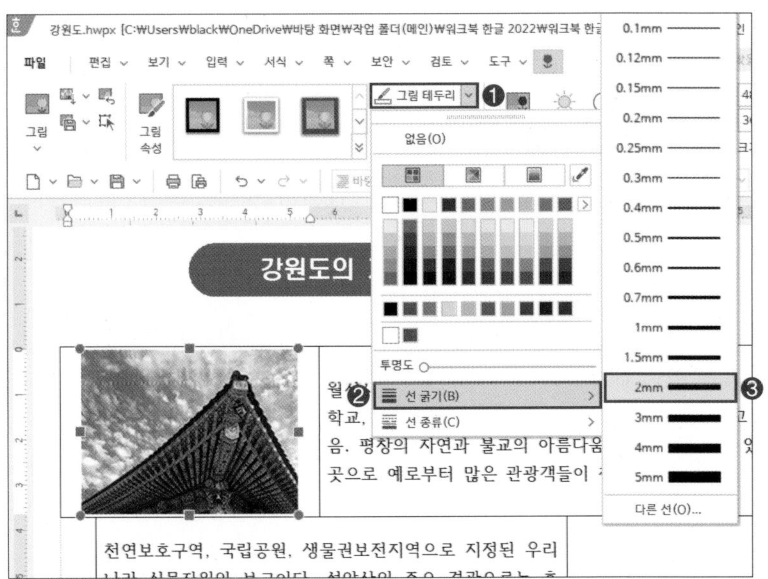

05 [그림] 탭에서 [그림 효과]-[그림자]를 클릭해서 '오른쪽 대각선 아래'를 선택하여 그림에 그림자 효과를 설정합니다.

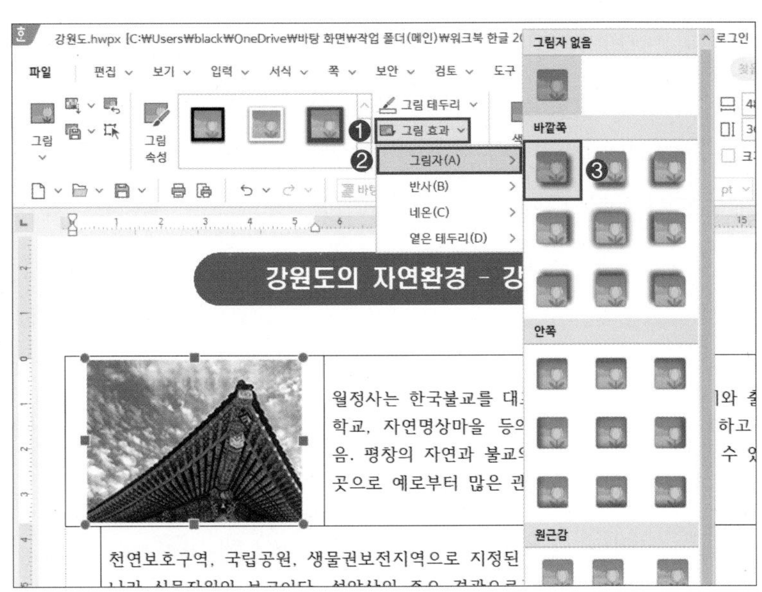

06 다시 맨 마지막 그림이 삽입될 셀에 커서를 이동시킨 다음, [입력]-[그림]-[그림]을 클릭합니다. [그림 넣기] 대화상자가 나타나면 '강원도4.jpg'를 선택한 다음, '문서에 포함', '글자처럼 취급', '앞 개체 속성 적용', '셀 크기에 맞추어 삽입'에 체크 표시를 한 후 [열기]를 클릭합니다.

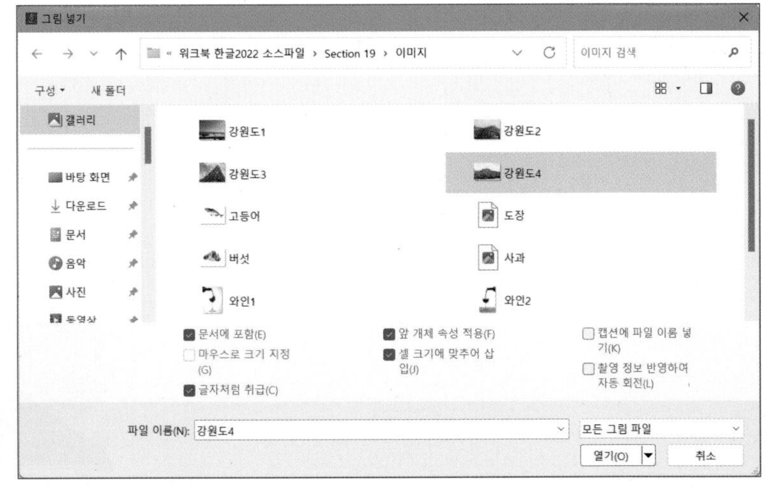

Plus Tip

'앞 개체 속성 적용'에 체크 표시를 하면 삽입할 그림에 이전 삽입한 그림의 속성을 적용하여 삽입됩니다.

07 다음과 같이 이전에 삽입한 그림 속성이 적용된 그림이 삽입됩니다.

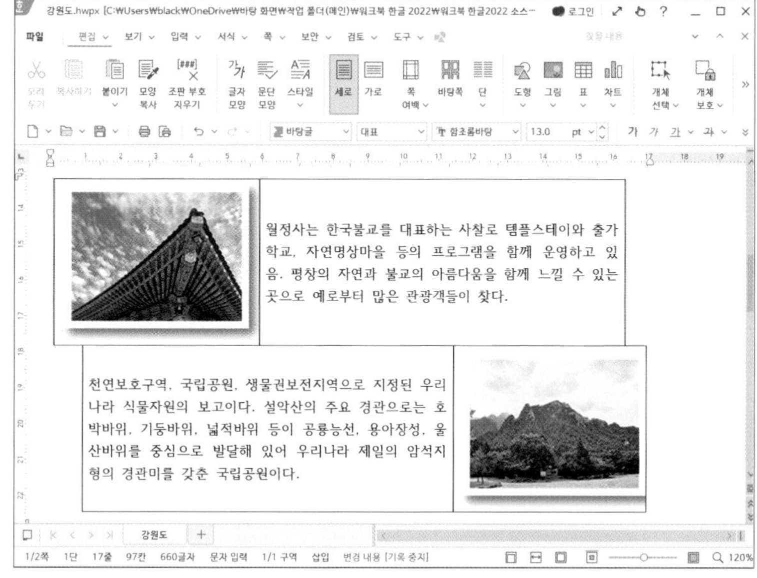

Power Upgrade

[그림 서식] 메뉴 탭

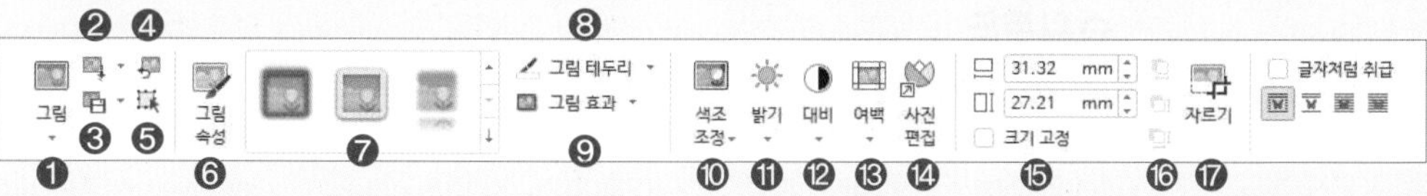

❶ **그림** : 그림 파일을 선택하여 현재 문서의 커서 위치에 삽입할 수 있습니다.
❷ **줄이기** : 문서 내 그림의 용량을 줄여 문서 크기를 작게 만들 수 있습니다. 단, 문서에 포함된 그림에만 적용됩니다.
❸ **바꾸기/저장** : 삽입한 그림을 다른 그림으로 바꿀 수 있으며, 선택한 그림을 컴퓨터에 저장할 수 있습니다.
❹ **원래 그림으로** : 그림에 적용된 다양한 효과를 없애고 원본 상태로 되돌립니다.
❺ **개체 선택** : 문서에 삽입된 그림을 선택할 수 있습니다.
❻ **그림 속성** : [개체 속성] 대화상자가 나타나며, 본문에 삽입한 개체의 크기, 위치, 회전 등의 속성을 변경할 수 있습니다.
❼ **스타일** : 다양한 효과로 그림자 테두리에 여러 가지 스타일을 제공합니다.
❽ **그림 테두리** : 선택한 그림에 테두리를 설정할 수 있습니다.
❾ **그림 효과** : 그림에 그림자, 반사, 네온, 옅은 테두리 효과를 설정할 수 있습니다.
❿ **색조 조정** : 그림에 회색조, 흑백, 워터마크, 효과 없음을 설정할 수 있습니다.
⓫ **밝기** : 그림의 밝기를 조절할 수 있습니다.
⓬ **대비** : 그림의 대비를 조절할 수 있습니다.
⓭ **여백** : 그림에 바깥 여백을 설정할 수 있습니다.
⓮ **사진 편집** : 간편 보정을 통해 사진을 선명하고 고급스러운 느낌으로 편집할 수 있습니다.
⓯ **너비 / 높이 / 크기 고정** : 그림의 너비, 높이를 조절하거나 크기를 고정할 수 있습닌다.
⓰ **너비를 같게 / 높이를 같게 / 너비 및 높이를 같게** : 선택한 여러 개 이미지의 너비/높이를 같게 만듭니다.
⓱ **자르기** : 그림에서 불필요한 부분을 잘라냅니다.

기초문제

1

다음과 같이 내용을 입력하고 '토마토.jpg' 그림을 삽입해서 완성해 보세요.

파워푸드 슈퍼푸드

토마토

토마토는 우리말로 '일년감'이라 하며, 우리나라에서는 토마토를 처음에는 관상용으로 심었으나 차츰 영양가가 밝혀지고 밭에 재배하여 대중화되었다. 요즘은 비닐하우스 재배도 하여 일년 내내 먹을 수 있다. **자료 출처 : 네이버 지식백과**

• 완성파일 : 슈퍼푸드_완성.hwpx

2

'슈퍼푸드음식.hwpx' 파일을 불러와 다음과 같이 이미지를 삽입하여 문서를 완성해 보세요.

• 삽입 이미지 : 버섯.jpg, 호박.jpg, 사과.jpg, 고등어.jpg, 요리사.png

슈퍼푸드

Superfood

미국의 영양학 권위자인 스티븐 프랫(Steven G. Pratt) 박사가 세계적인 장수 지역인 그리스와 오키나와의 식단에 공통적으로 등장하는 먹을거리 14가지를 선정하여 섭취를 권장한 건강 식품을 말한다. 대표적인 슈퍼푸드에는 아몬드와 블루베리, 브로콜리, 단호박, 밤, 콩, 케일, 귀리, 오렌지, 연어, 플레인 요구르트가 있다. 이들 슈퍼푸드는 영양소가 풍부하거나 면역력을 강화시키고 대부분 저칼로리라는 점이 특징이다.

	우리 몸의 콜레스테롤을 낮추고 항암 효과에 탁월합니다. 또한 버섯은 90% 이상이 수분이고 식이섬유가 풍부해 '만병의 근원'이라는 변비 예방 및 치료에 탁월합니다.
	노화를 억제하고 암·심장병·뇌졸중 등 성인병을 예방해줍니다. 또한 체내 신경조직을 강화해주어 각종 업무로 쌓인 스트레스와 불면증을 해소하는 데 효과적이랍니다.
	피로를 풀어주는 동시에 면역력을 증강시켜주고, 식이섬유의 일종인 펙틴은 혈중 콜레스테롤과 혈당을 낮춰주며 플라보노이드 성분은 동맥에 찌꺼기가 쌓이는 것을 막아줍니다.
	DHA 성분이 풍부하게 함유되어 있어 뇌세포를 성장, 발달시켜주어 두뇌회전을 원활하게 해주기 때문에 기억력과 학습능력 향상에 도움을 줍니다.

자료추출 : 삼성서울병원 건강상식

• 완성파일 : 슈퍼푸드음식_완성.hwpx

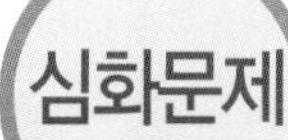

심화문제

1) 다음과 같이 글맵시와 그림(인터넷에서 검색)을 삽입하여 문서를 만들어 보세요.

세금포인트 온라인 할인

5%

쇼핑몰 Open

• 완성파일 : 할인_완성.hwpx

2) 그림과 표를 이용하여 다음과 같이 문서를 만들어 보세요.

• 삽입 이미지 : 백신.png

코로나19 백신패스 시행

백신패스 없이는 안돼요!

지역 유행 차단	미접종자 보호강화	청소년 유행 차단
접종 여부 상관 없이 수도권 4인, 비수도권 6인	마스크 착용이 어려운 다중 시설(식당, 카페)에 백신패스 적용	청서년 유행 억제를 위해 백신패스 예외 범위를 11세 이하로 조정

• 완성파일 : 백신_완성.hwpx

3) '와인.hwpx' 파일을 불러와 표와 그림을 이용하여 문서를 완성해 보세요.

• 삽입 이미지 : 와인1.jpg, 와인2.jpg

Wine

넓은 의미의 와인은 포도의 즙으로 만든 알코올성 음료뿐만 아니라 뭇 과실이나 꽃 혹은 약초를 발효시켜서 만든 알코올성 음료를 총칭하는 말이지만, 좁은 의미에서의 와인은 포도의 즙을 발효시켜서 만든 알코올성의 양조주다.

영어 단어인 와인은 단독으로 표기할 때는 포도를 이용한 과실주를 나타내는 것이 일반적이지만, 발효주 중에서도 과일을 발효한 술을 뜻하기도 한다. 즉, 포도주 외에도 다른 과일주를 뜻하기도 하는데, 이때는 해당 작물이나 곡류의 이름을 함께 병기하여 블루베리 와인, 라즈베리 와인, 아이스베리 와인, 체리 와인, 감 와인 등으로 쓴다.

• 완성파일 : 와인_완성.hwpx

Section

20 편집 용지와 인쇄 설정하기

전체적인 문서의 편집 용지를 설정한 후, 문서의 일부분을 새로운 구역으로 나누어 봅니다. 또한 문서를 인쇄할 때 선택해야 하는 항목과 워터마크의 특수 효과를 적용하는 방법에 대해서 학습해 봅니다.

Preview

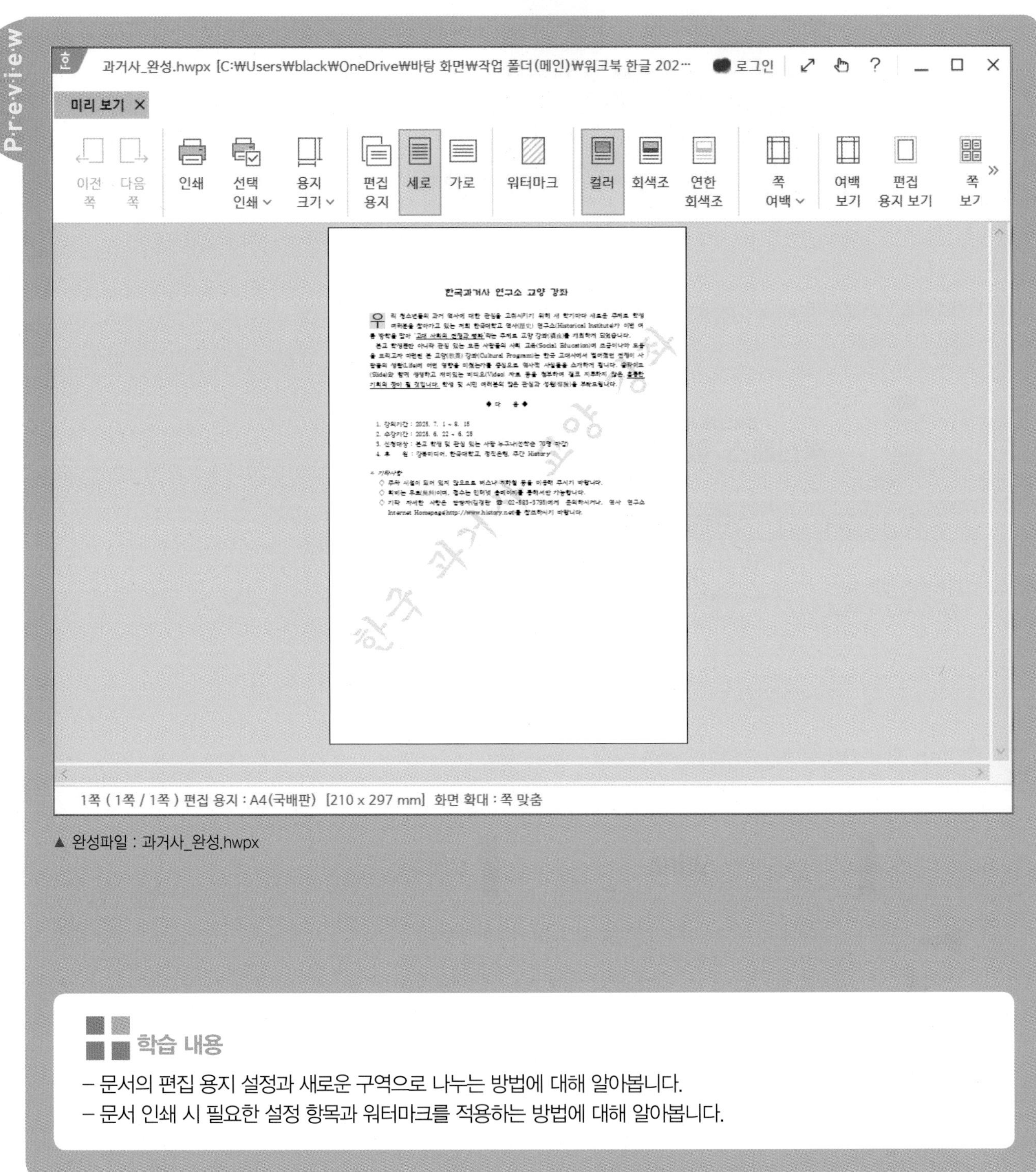

▲ 완성파일 : 과거사_완성.hwpx

학습 내용

– 문서의 편집 용지 설정과 새로운 구역으로 나누는 방법에 대해 알아봅니다.
– 문서 인쇄 시 필요한 설정 항목과 워터마크를 적용하는 방법에 대해 알아봅니다.

따라하기 01 편집 용지 설정과 나누기

01 다운받은 소스 파일에서 '과거사' 파일을 불러옵니다. 여기에서 '◆ 다음 ◆' 이후부터는 페이지를 분리해 보겠습니다.

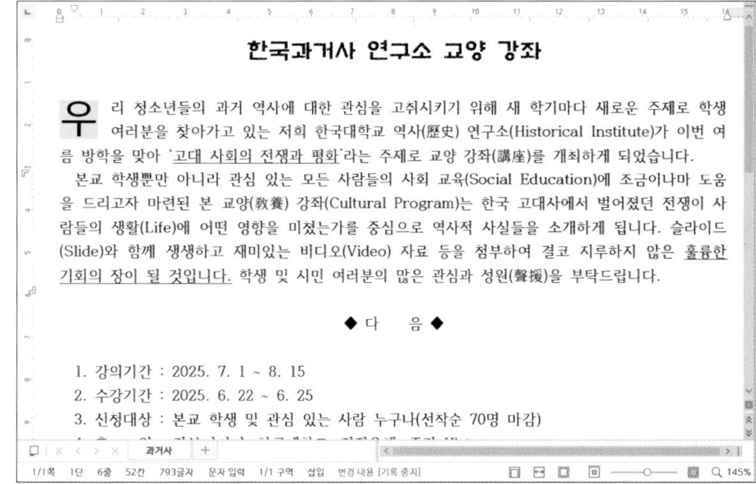

02 편집 용지를 설정하기 위하여 [쪽]-[편집 용지]를 선택합니다(단축키 : F7).

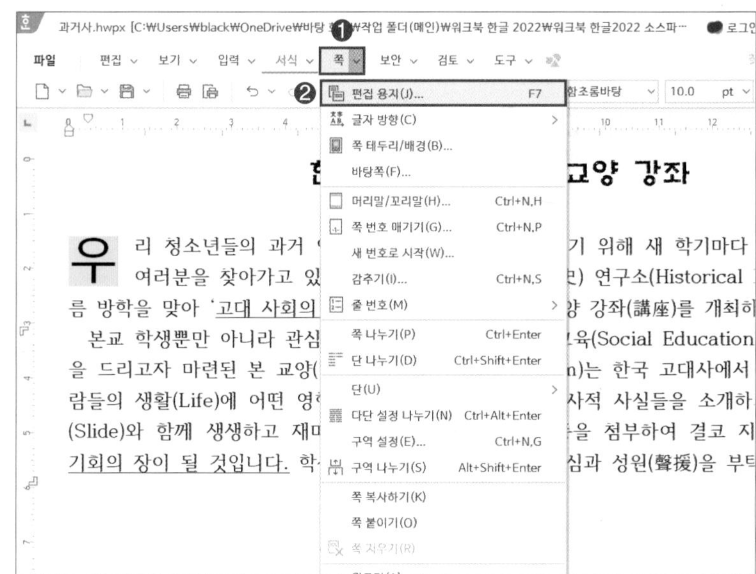

03 [편집 용지] 대화상자가 나타나면 [기본] 탭에서 용지 종류, 용지 방향, 용지 여백 등을 다음과 같이 각각 지정하고 [설정] 단추를 클릭합니다.

Plus Tip

• **[기본] 탭** : 용지 종류는 A4(국배판), 용지 방향은 세로가 기본값으로 설정되어 있으며, 용지 여백은 문서의 양과 편집 방법에 따라 상/하/좌/우/머리말/꼬리말의 여백을 설정할 수 있습니다.

04 '◆ 다 음 ◆' 이후부터 편집 용지를 나누기 위하여 해당 위치에 커서를 위치시킨 후, F7 키를 누릅니다.

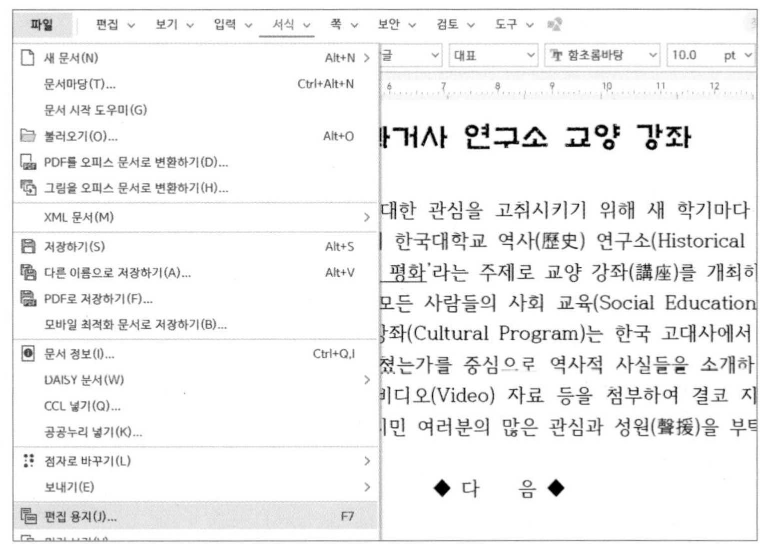

Plus Tip

[파일]-[편집용지]나 [쪽]-[편집용지]를 눌러도 됩니다.

05 [편집 용지] 대화상자의 [기본] 탭에서 적용 범위를 '새 구역으로' 선택하고 [설정] 단추를 클릭합니다.

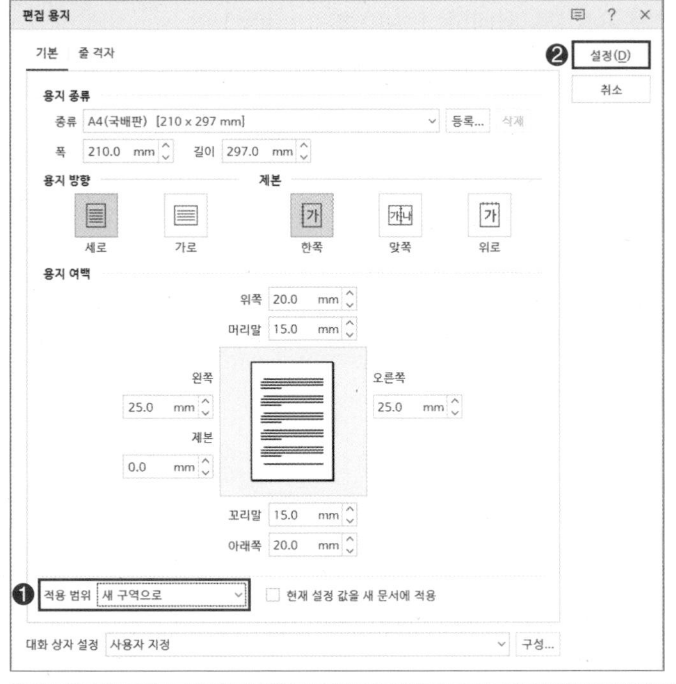

Plus Tip

• **적용 범위 :** 현재 편집 문서의 구역 수, 커서 위치, 블록 설정 상태 등에 따라 각각 설정할 수 있는 범위를 제시합니다.

06 구역이 나누어져 표시됩니다. 나누어진 구역을 확인하려면 [파일]-[미리 보기]를 선택하거나, 서식 도구 상자에서 [미리 보기] 아이콘을 클릭합니다.

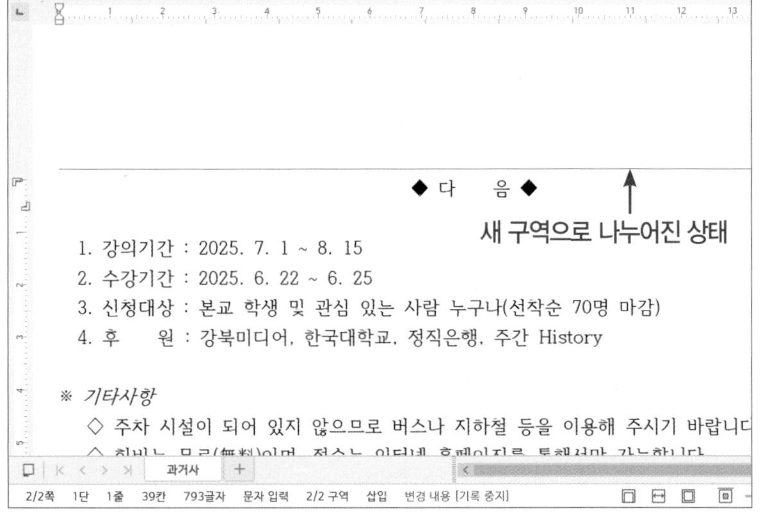

◆ 다 음 ◆
새 구역으로 나누어진 상태
1. 강의기간 : 2025. 7. 1 ~ 8. 15
2. 수강기간 : 2025. 6. 22 ~ 6. 25
3. 신청대상 : 본교 학생 및 관심 있는 사람 누구나(선착순 70명 마감)
4. 후 원 : 강북미디어, 한국대학교, 정직은행, 주간 History
※ 기타사항
◇ 주차 시설이 되어 있지 않으므로 버스나 지하철 등을 이용해 주시기 바랍니다
2/2쪽 1단 1줄 39칸 793글자 문자 입력 2/2 구역 삽입 변경 내용 [기록 중지]

07 [미리 보기] 탭에서 [쪽 보기] 아이콘을 클릭하고, [여러 쪽]-[1줄×2칸]을 선택합니다.

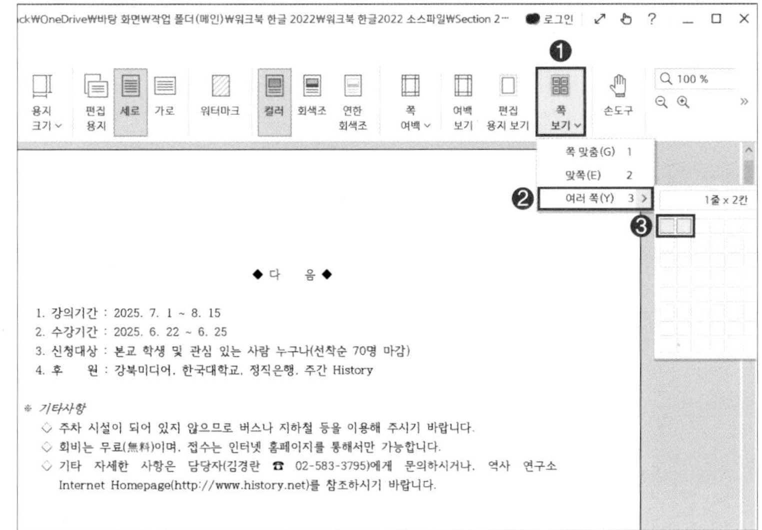

08 그 결과 문서가 새 구역으로 나누어진 상태를 확인할 수 있습니다.

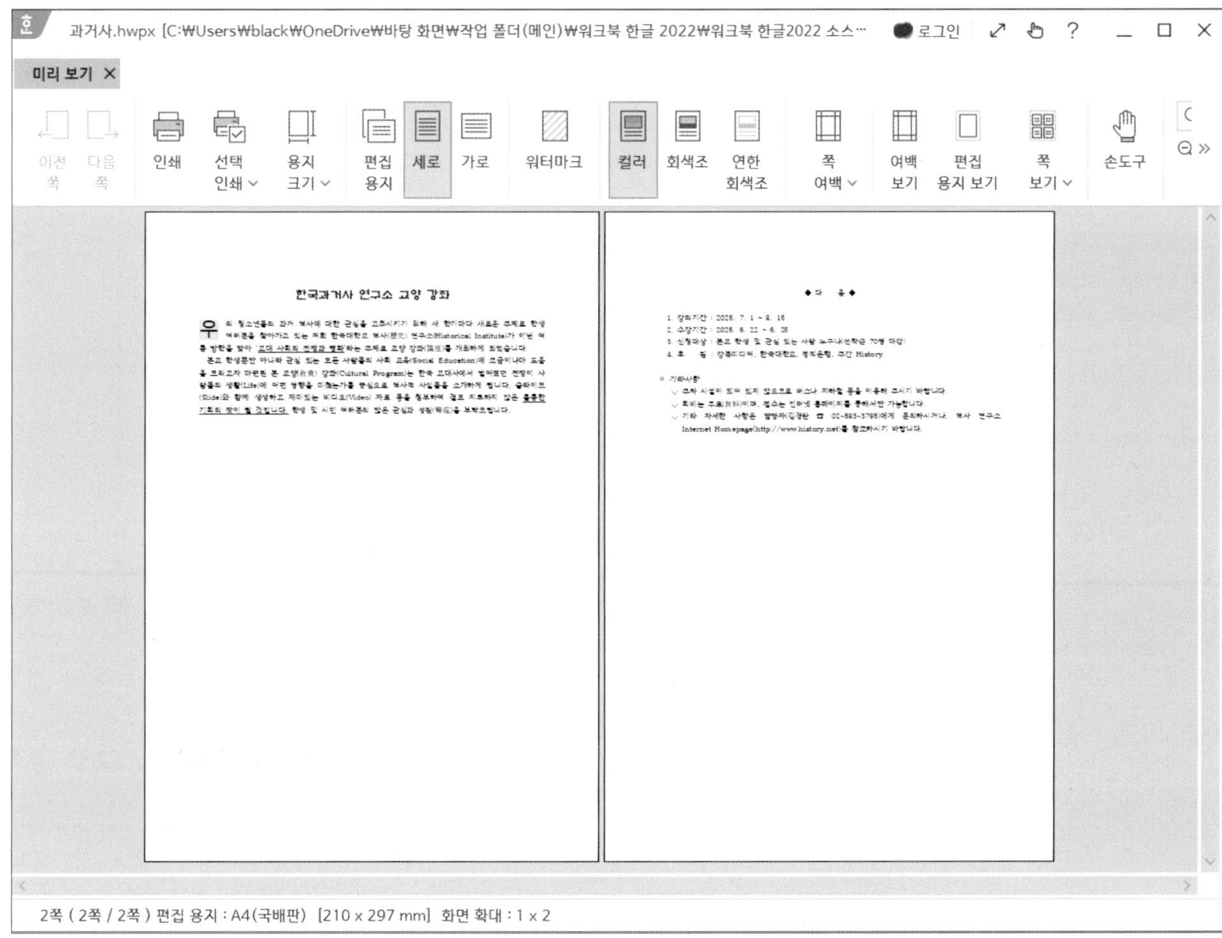

Plus Tip

• **미리 보기 종료 :** 미리 보기 화면을 종료하려면 [미리 보기] 탭에서 [닫기] 아이콘을 클릭하거나 ESC 를 누릅니다.

따라하기 02 문서 인쇄와 특수 효과 지정하기

01 문서를 인쇄하려면 [파일]-[인쇄]를 선택합니다(단축키 : Alt + P).

Plus Tip

• **인쇄** : 서식 도구 모음에서 [인쇄] 아이콘을 클릭해도 됩니다.

02 [인쇄] 대화상자가 나타나면 [기본] 탭에서 프린터를 선택한 후, 인쇄 범위(문서 전체), 인쇄 매수(1), 인쇄 방식(기본 인쇄) 등을 지정하고 [인쇄] 단추를 클릭하면 인쇄가 시작됩니다.

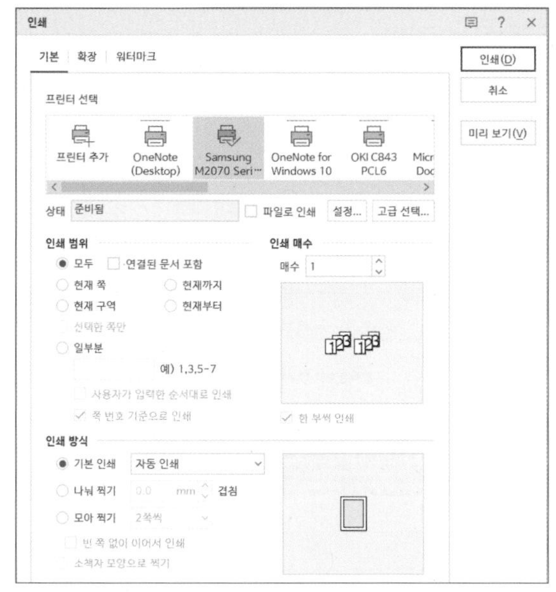

Plus Tip

• **프린터** : 프린터는 사용자나 사용 위치(장소)에 따라 다를 수 있으므로 인쇄 전에 반드시 확인을 해야 합니다.

03 인쇄 시 위조를 방지하기 위해 문서에 특수 효과를 적용하려면 [파일]-[미리 보기]를 선택합니다.

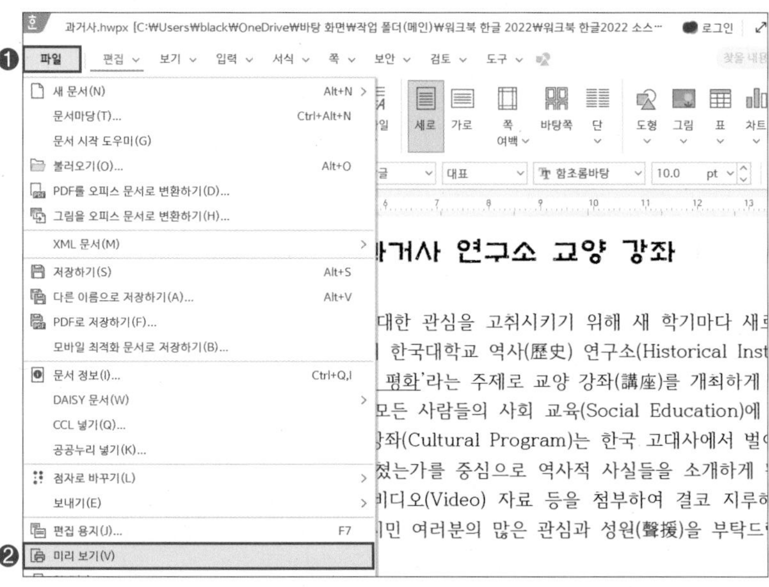

04 [미리 보기] 탭에서 [워터마크] 아이콘을 클릭합니다.

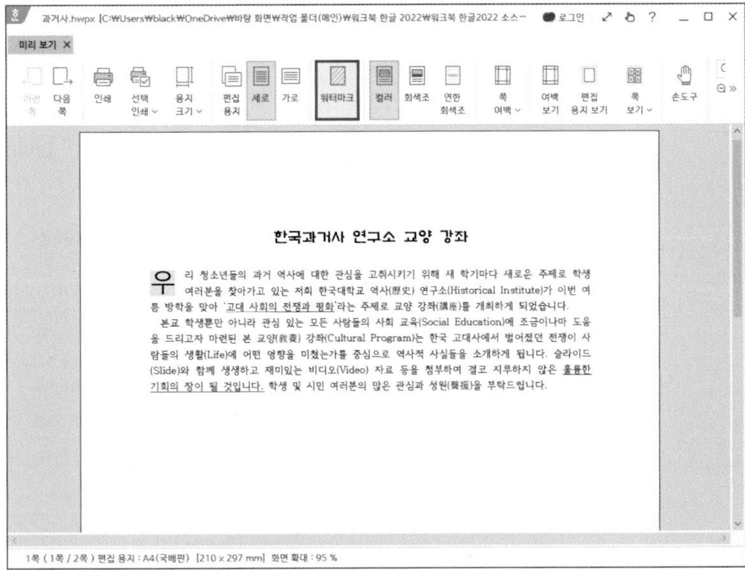

05 [인쇄] 대화상자의 [워터마크] 탭에서 '글자 워터마크'를 선택한 후, 글자를 입력하고 글꼴, 크기, 글자 색, 각도, 투명도, 배치 등을 지정하고 [설정] 단추를 클릭합니다.

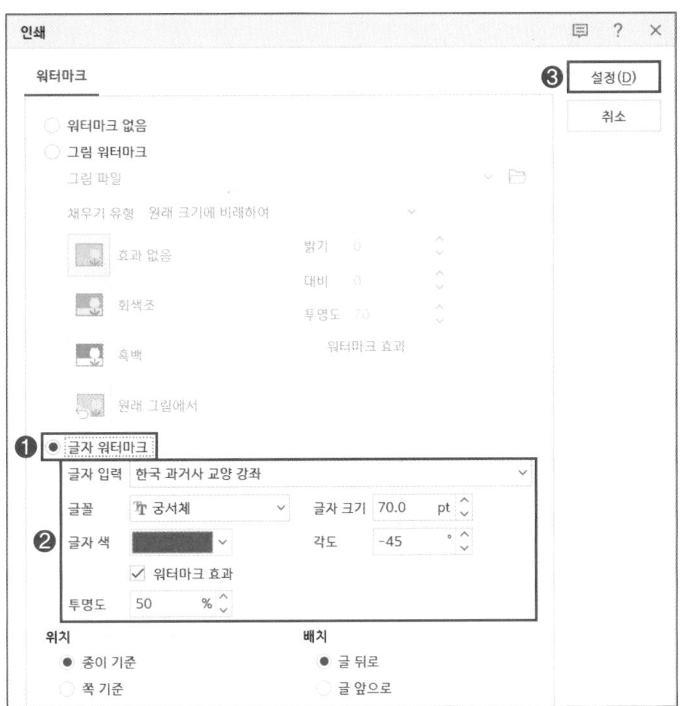

06 그 결과 미리 보기 화면을 보면 글자 워터마크가 적용된 것을 확인할 수 있습니다.

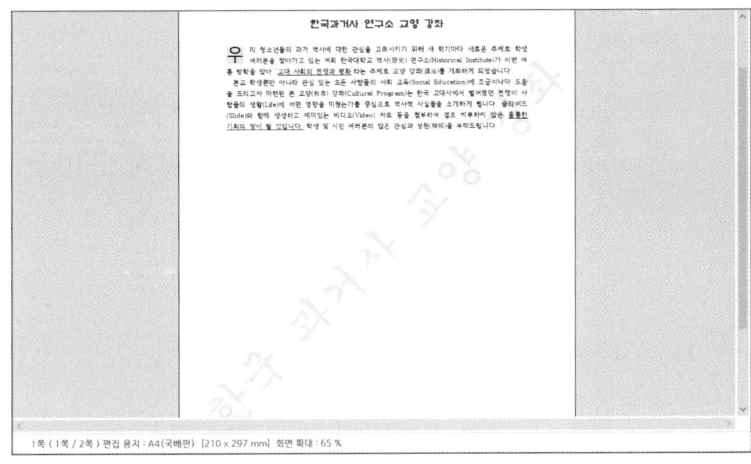

Plus Tip

- **워터마크 인쇄 :** 워터마크는 미리 보기 화면과 인쇄 시 확인할 수 있으며, 원래의 편집 화면에는 나타나지 않습니다.

기초문제

1

'전시회.hwpx' 파일을 불러와 위쪽/아래쪽/왼쪽/오른쪽 여백을 모두 '25mm'로 지정해 보세요.

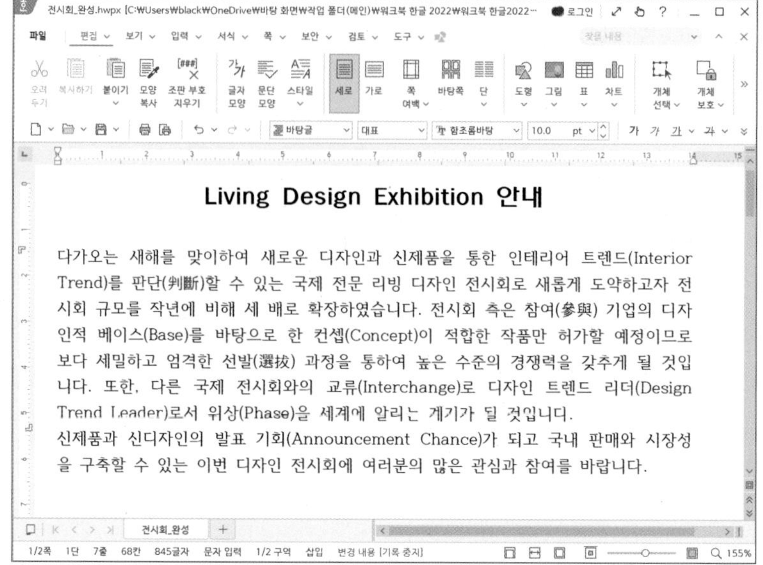

Living Design Exhibition 안내

다가오는 새해를 맞이하여 새로운 디자인과 신제품을 통한 인테리어 트렌드(Interior Trend)를 판단(判斷)할 수 있는 국제 전문 리빙 디자인 전시회로 새롭게 도약하고자 전시회 규모를 작년에 비해 세 배로 확장하였습니다. 전시회 측은 참여(參與) 기업의 디자인적 베이스(Base)를 바탕으로 한 컨셉(Concept)이 적합한 작품만 허가할 예정이므로 보다 세밀하고 엄격한 선발(選拔) 과정을 통하여 높은 수준의 경쟁력을 갖추게 될 것입니다. 또한, 다른 국제 전시회와의 교류(Interchange)로 디자인 트렌드 리더(Design Trend Leader)로서 위상(Phase)을 세계에 알리는 계기가 될 것입니다.
신제품과 신디자인의 발표 기회(Announcement Chance)가 되고 국내 판매와 시장성을 구축할 수 있는 이번 디자인 전시회에 여러분의 많은 관심과 참여를 바랍니다.

2

문서의 '● 다　　음 ●' 내용부터 새로운 구역으로 지정해 보세요.

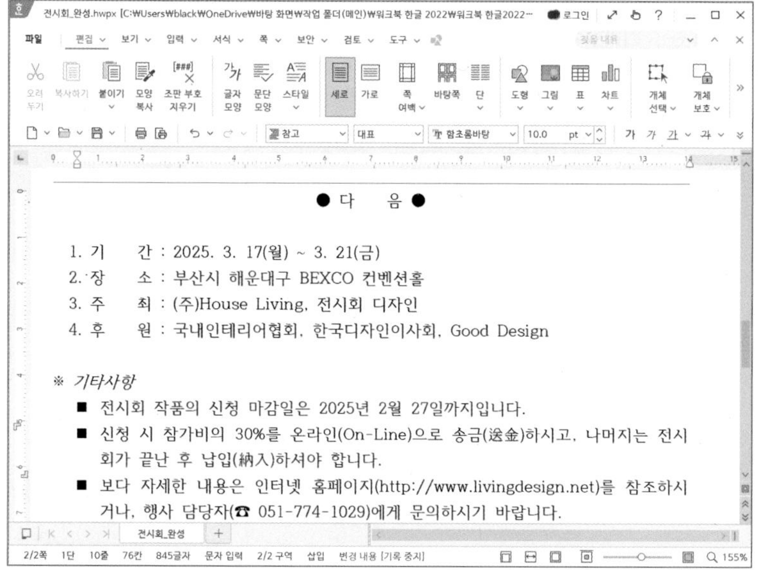

● 다　　음 ●

1. 기　　간 : 2025. 3. 17(월) ~ 3. 21(금)
2. 장　　소 : 부산시 해운대구 BEXCO 컨벤션홀
3. 주　　최 : (주)House Living, 전시회 디자인
4. 후　　원 : 국내인테리어협회, 한국디자인이사회, Good Design

※ *기타사항*

■ 전시회 작품의 신청 마감일은 2025년 2월 27일까지입니다.
■ 신청 시 참가비의 30%를 온라인(On-Line)으로 송금(送金)하시고, 나머지는 전시회가 끝난 후 납입(納入)하셔야 합니다.
■ 보다 자세한 내용은 인터넷 홈페이지(http://www.livingdesign.net)를 참조하시거나, 행사 담당자(☎ 051-774-1029)에게 문의하시기 바랍니다.

3

미리 보기에서 새 구역으로 나누어진 두 쪽을 확인해 보세요.

• 완성파일 : 전시화_완성.hwpx

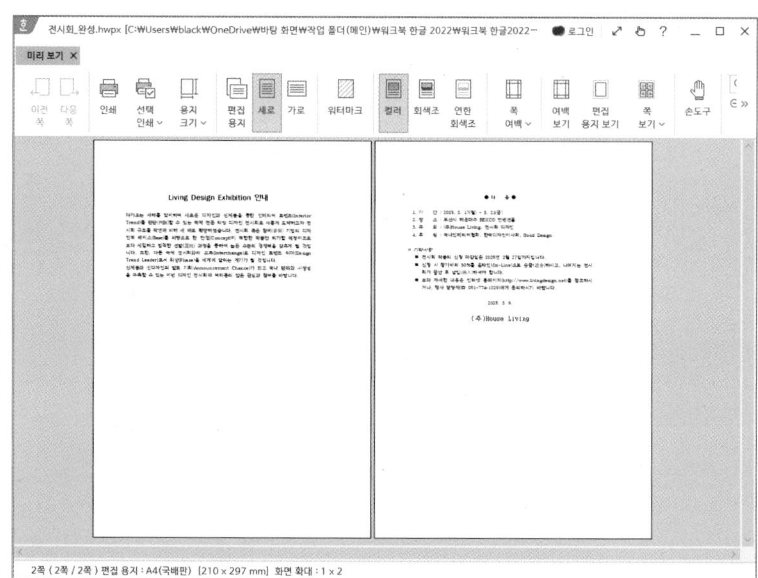

심화문제

1) '협조문.hwpx' 파일을 불러와 현재 쪽을 2장 인쇄해 보세요.

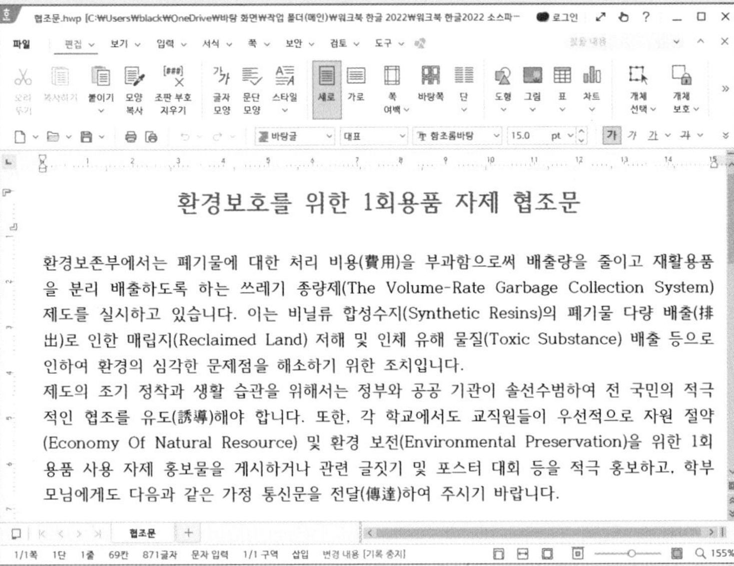

환경보호를 위한 1회용품 자제 협조문

환경보존부에서는 폐기물에 대한 처리 비용(費用)을 부과함으로써 배출량을 줄이고 재활용품을 분리 배출하도록 하는 쓰레기 종량제(The Volume-Rate Garbage Collection System) 제도를 실시하고 있습니다. 이는 비닐류 합성수지(Synthetic Resins)의 폐기물 다량 배출(排出)로 인한 매립지(Reclaimed Land) 저해 및 인체 유해 물질(Toxic Substance) 배출 등으로 인하여 환경의 심각한 문제점을 해소하기 위한 조치입니다.
제도의 조기 정착과 생활 습관을 위해서는 정부와 공공 기관이 솔선수범하여 전 국민의 적극적인 협조를 유도(誘導)해야 합니다. 또한, 각 학교에서도 교직원들이 우선적으로 자원 절약(Economy Of Natural Resource) 및 환경 보전(Environmental Preservation)을 위한 1회용품 사용 자제 홍보물을 게시하거나 관련 글짓기 및 포스터 대회 등을 적극 홍보하고, 학부모님에게도 다음과 같은 가정 통신문을 전달(傳達)하여 주시기 바랍니다.

2) 문서에 글자 워터마크(글꼴-태나무, 크기-65, 글자 색-파랑, 투명도 10)를 설정해 보세요.

제도의 조기 정착과 생활 습관을 위해서는 정부와 공공 기관이 솔선수범하여 전 국민의 적극적인 협조를 유도(誘導)해야 합니다. 또한, 각 학교에서도 교직원들이 우선적으로 자원 절약(Economy Of Natural Resource) 및 환경 보전(Environmental Preservation)을 위한 1회용품 사용 자제 홍보물을 게시하거나 관련 글짓기 및 포스터 대회 등을 적극 홍보하고, 학부모님에게도 다음과 같은 가정 통신문을 전달(傳達)하여 주시기 바랍니다.

◇ 다 음 ◇

1. 기 간 : 2025. 11. 20(목) ~ 12. 12(금)
2. 대 상 : 각 해당 학교 학생 및 학부모
3. 게시방법 : 다양한 Event 및 Campaign, 동사무소의 지역별 교육
4. 지 원 : 환경부, 환경연합회, 주민센터

※ *기타사항*
- 사이버 민원실은 민원인들의 방문 없이 민원을 인터넷상으로 신청하고 답변을 받아보실 수 있는 인터넷 민원 창구입니다.
- 자세한 내용은 환경보존부 Internet Homepage(http://www.emc.or.kr)를 참조하시거나 관리팀(☎ 032-5602-112)으로 문의(問議)하시기 바랍니다.

2025. 11. 10.

환경부홍보부

환경 보호 캠페인

3) 문서에 그림 워터마크(그림 파일-나무.PNG, 가운데로, 투명도 50)를 설정해 보세요.

• 완성파일 : 협조문_완성.hwpx

환경보호를 위한 1회용품 자제 협조문

환경보존부에서는 폐기물에 대한 처리 비용(費用)을 부과함으로써 배출량을 줄이고 재활용품을 분리 배출하도록 하는 쓰레기 종량제(The Volume-Rate Garbage Collection System) 제도를 실시하고 있습니다. 이는 비닐류 합성수지(Synthetic Resins)의 폐기물 다량 배출(排出)로 인한 매립지(Reclaimed Land) 저해 및 인체 유해 물질(Toxic Substance) 배출 등으로 인하여 환경의 심각한 문제점을 해소하기 위한 조치입니다.
제도의 조기 정착과 생활 습관을 위해서는 정부와 공공 기관이 솔선수범하여 전 국민의 적극적인 협조를 유도(誘導)해야 합니다. 또한, 각 학교에서도 교직원들이 우선적으로 자원 절약(Economy Of Natural Resource) 및 환경 보전(Environmental Preservation)을 위한 1회용품 사용 자제 홍보물을 게시하거나 관련 글짓기 및 포스터 대회 등을 적극 홍보하고, 학부모님에게도 다음과 같은 가정 통신문을 전달(傳達)하여 주시기 바랍니다.

◇ 다 음 ◇

1. 기 간 : 2025. 11. 20(목) ~ 12. 12(금)
2. 대 상 : 각 해당 학교 학생 및 학부모
3. 게시방법 : 다양한 Event 및 Campaign, 동사무소의 지역별 교육
4. 지 원 : 환경부, 환경연합회, 주민센터

※ *기타사항*
- 사이버 민원실은 민원인들의 방문 없이 민원을 인터넷상으로 신청하고 답변을 받아보실 수 있는 인터넷 민원 창구입니다.
- 자세한 내용은 환경보존부 Internet Homepage(http://www.emc.or.kr)를 참조하시거나 관리팀(☎ 032-5602-112)으로 문의(問議)하시기 바랍니다.

2025. 11. 10.

환경부홍보부

힌트

'그림 워터마크'를 지정한 후, 그림을 삽입합니다.

I • T • 워 • 크 • 북 • 시 • 리 • 즈

HANGEUL 2022

원리 쏙쏙 IT 실전 워크북 ㊲
한글 2022 기초부터 실무 활용까지

2024년 10월 1일 초판 인쇄
2024년 10월 10일 초판 발행

펴낸이 | 김정철
펴낸곳 | 아티오
지은이 | OA 연구소
마케팅 | 강원경
편 집 | 이효정
전 화 | 031-983-4092~3
팩 스 | 031-696-5780
등 록 | 2013년 2월 22일
정 가 | 14,000원
주 소 | 경기도 고양시 일산동구 호수로 336 (브라운스톤, 백석동)
홈페이지 | http://www.atio.co.kr

* 아티오는 Art Studio의 줄임말로 혼을 깃들인 예술적인 감각으로 도서를 만들어 독자에게 최상의 지식을 전달해 드리고자 하는 마음을 담고 있습니다.
* 잘못된 책은 구입처에서 교환하여 드립니다.

◐ **실습 파일 받아보기**

– 예제 소스는 아티오(www.atio.co.kr) 홈페이지의 [자료실]에서 다운받으시면 됩니다.